Liebe Schülerinnen und Schüler

Dans la continuité de vos apprentissages en classe de Première, WANDERLUST va vous accompagner pour cette deuxième année du cycle terminal et vous faire découvrir d'autres facettes de la thématique *Gestes fondateurs et mondes en mouvement* et des contenus culturels actuels ou fondateurs de l'identité des pays germanophones reliés aux huit axes thématiques du programme. Chaque chapitre offre un choix de supports variés et accessibles qui va vous permettre de travailler de manière progressive la langue parlée et écrite sous tous ses aspects. Vous serez par exemple amenés à recueillir des informations, à communiquer et à échanger vos idées, à justifier un point de vue, à analyser un document, à raconter, expliquer, argumenter, convaincre… En réalisant ces activités dans le cadre d'un travail collaboratif, vous allez pouvoir mobiliser vos compétences, interagir et vous impliquer TOUS en classe.

Pour optimiser votre implication dans les activités réalisées en cours, construire votre propos à l'oral comme à l'écrit et comprendre ce que vous lisez et entendez, vous devez mobiliser des connaissances lexicales et grammaticales. C'est pourquoi nous avons conçu des pages ***Training*** qui vous aident à mémoriser les différentes structures et le lexique en contexte de manière ludique. Dans le cadre d'un travail autonome et personnel, vous pouvez aussi utiliser ces pages en dehors de la classe.

Pour vous préparer efficacement aux épreuves communes de fin d'année qui concernent toutes les activités langagières, chaque chapitre vous propose systématiquement des pages dédiées. Les pages ***BAC – Épreuve 3*** vous entraînent aux deux parties de l'épreuve et les stratégies vous seront très utiles pour les différentes situations de communication écrite et orale le jour J ! Les pages ***Méthodologie BAC*** vous donnent des clés pour réussir en vous proposant des activités qui vous guident vers la production attendue et vous aident à vous approprier les nouveaux critères d'évaluation.

Pour vous entraîner en compréhension de l'oral en autonomie et approfondir certains aspects, vous pouvez accéder aux audios et aux vidéos sur le site lycee.editions-bordas.fr, ainsi que via l'application bordas Flash PAGE.

Avec WANDERLUST, vous allez progresser à votre rythme et gagner en assurance pour vous exprimer en allemand, vous engager activement en cours et développer vos compétences culturelles et langagières, ce qui sera un véritable atout non seulement pour réussir le baccalauréat, mais aussi pour votre futur parcours d'étudiant / étudiante et votre avenir professionnel.

Wir wünschen euch viel Spaß und viel Erfolg mit WANDERLUST !

Das Autorenteam

Sommaire des pages de début

AU FIL DES PAGES

ViDEO Vidéo · **MP3 18** MP3 élève · **CD 24** CD classe

Pour découvrir les différentes facettes des pays germanophones

2 doubles-pages de leçon par séquence

Tâches à réaliser dans le cadre d'un travail collaboratif favorisant l'engagement actif de tous les élèves dans les apprentissages

DYS

Textes au format DYS dans la version numérique en ligne

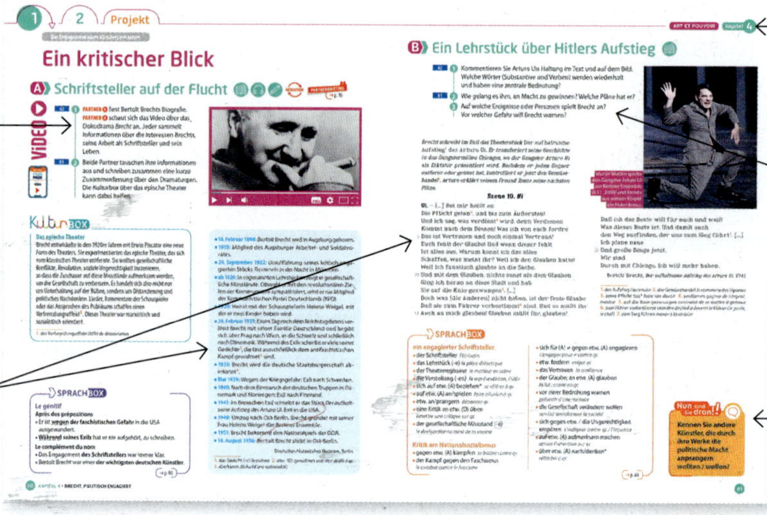

Rappel de l'axe

Didactisation progressive des documents

Mise en activité à partir d'une question fédérant les contenus de la double-page

Pour améliorer votre capacité de compréhension et votre expression à l'oral et à l'écrit

Synthèse et approfondissement du lexique de l'unité

Activités de manipulation de difficulté progressive pour favoriser la mémorisation

Activité de communication

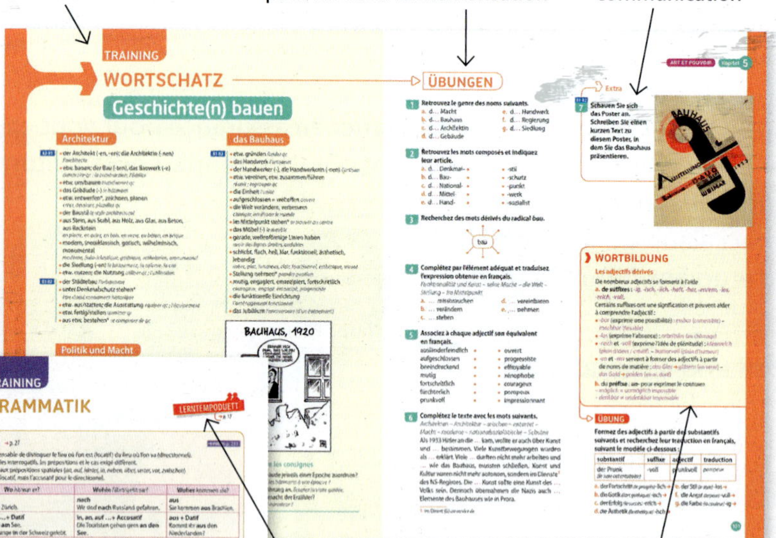

Rappel des règles de grammaire

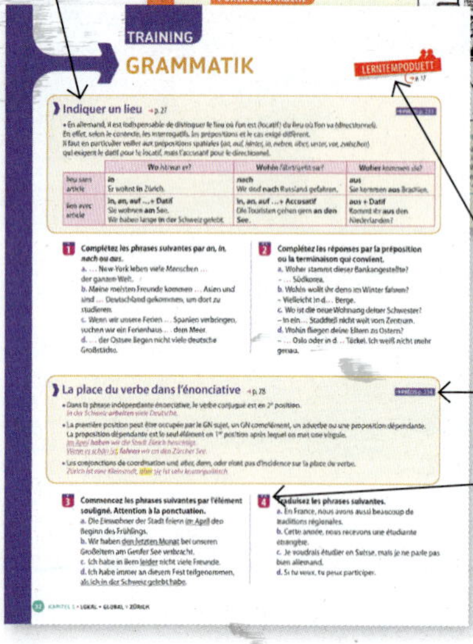

LERNTEMPODUETT

Réviser à son rythme

Renvoi vers le Précis grammatical

Exercices de difficulté graduée

Composition et dérivation des mots

Pour réinvestir vos acquis : approche par projet

Projet de fin de séquence vous permettant de réinvestir en autonomie les compétences et connaissances travaillées dans le chapitre

WORLDCAFE Travail collaboratif

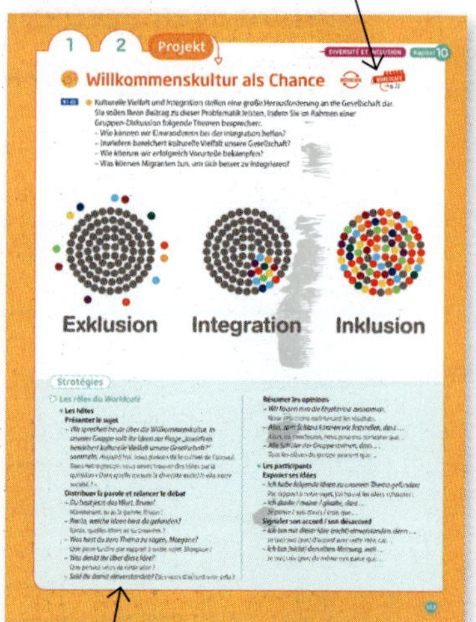

Des conseils méthodologiques pour favoriser l'autonomie

ACTIVITÉS LANGAGIÈRES (AL)

Écouter | Lire | Production orale | Interaction orale | Production écrite | Médiation

Flash PAGE vidéo | Flash PAGE audio

Pour vous entraîner à l'épreuve 3 du Baccalauréat BAC

Un entraînement progressif et efficace dans les cinq activités langagières → pp. 6-7

Partie 1 – Écrit

Partie 2 – Oral

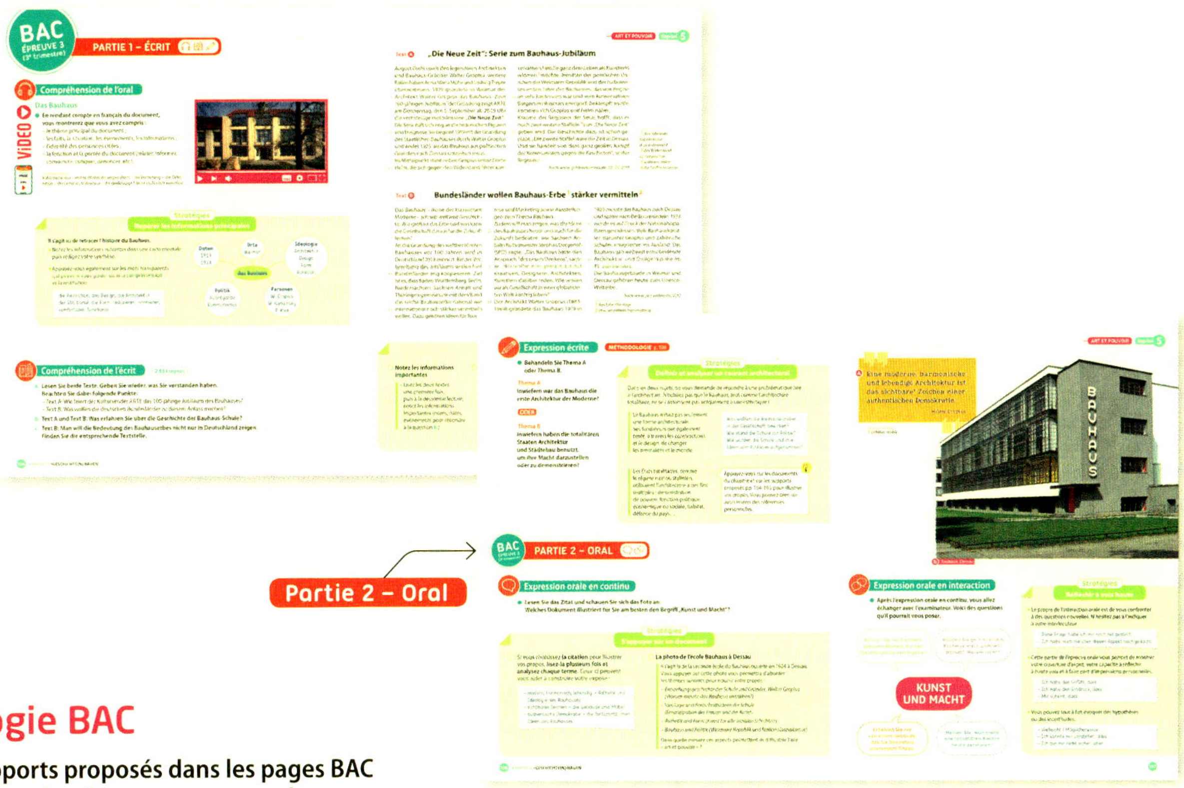

Méthodologie BAC

Pour l'un des supports proposés dans les pages BAC
- **une identification des éléments porteurs de sens,**
- **une analyse rigoureuse de la consigne,**
- **un guidage progressif pour répondre aux questions,**
- **les critères d'évaluation.**

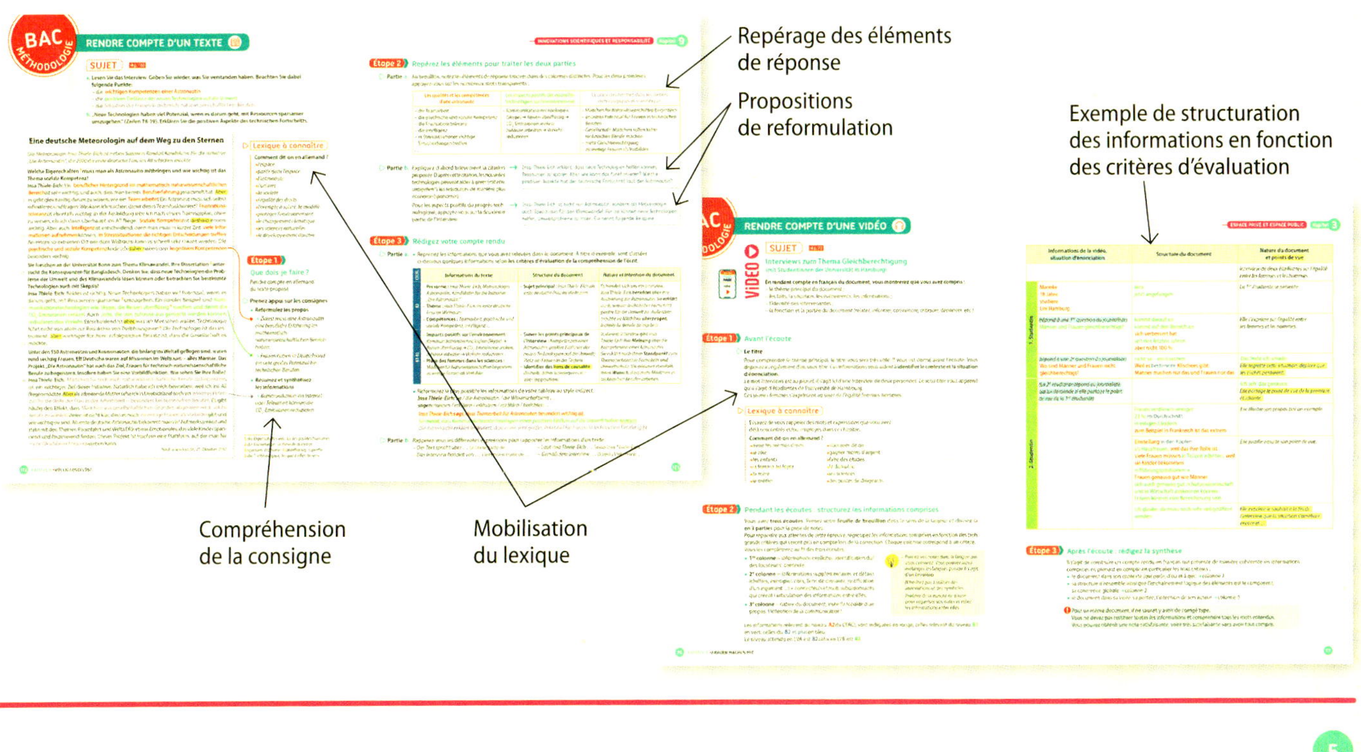

Repérage des éléments de réponse

Propositions de reformulation

Exemple de structuration des informations en fonction des critères d'évaluation

Compréhension de la consigne

Mobilisation du lexique

BAC ÉPREUVE 3

Objectifs de l'évaluation

Niveaux attendus à la fin des études du second degré :
LVA B2 **LVB** B1

- 3e trimestre
- 2 parties : écrit / oral
- 20 points : 10 points pour la compréhension, 10 points pour l'expression

PARTIE 1 : écrit – étude de dossier

Le candidat organise son temps comme il l'entend.

Compréhension de l'oral	Compréhension de l'écrit	Expression écrite
– Communication du titre du document support de l'évaluation – Document audio ou vidéo d'1 min 30 maximum – 3 écoutes espacées d'une minute (prise de notes possible lors de l'écoute) – Compte rendu du document en français de manière libre ou guidée	– 1 ou 2 textes – Longueur cumulée des textes = entre 2 500 et 4 500 signes – Compte rendu en allemand du ou des textes, à l'aide de questions portant sur l'ensemble du dossier	– 1 ou 2 questions en lien avec la thématique générale du dossier – Document iconographique possible – Rédaction en allemand

1 ou 2 textes
Calibrés entre 2 500 et 4 500 signes

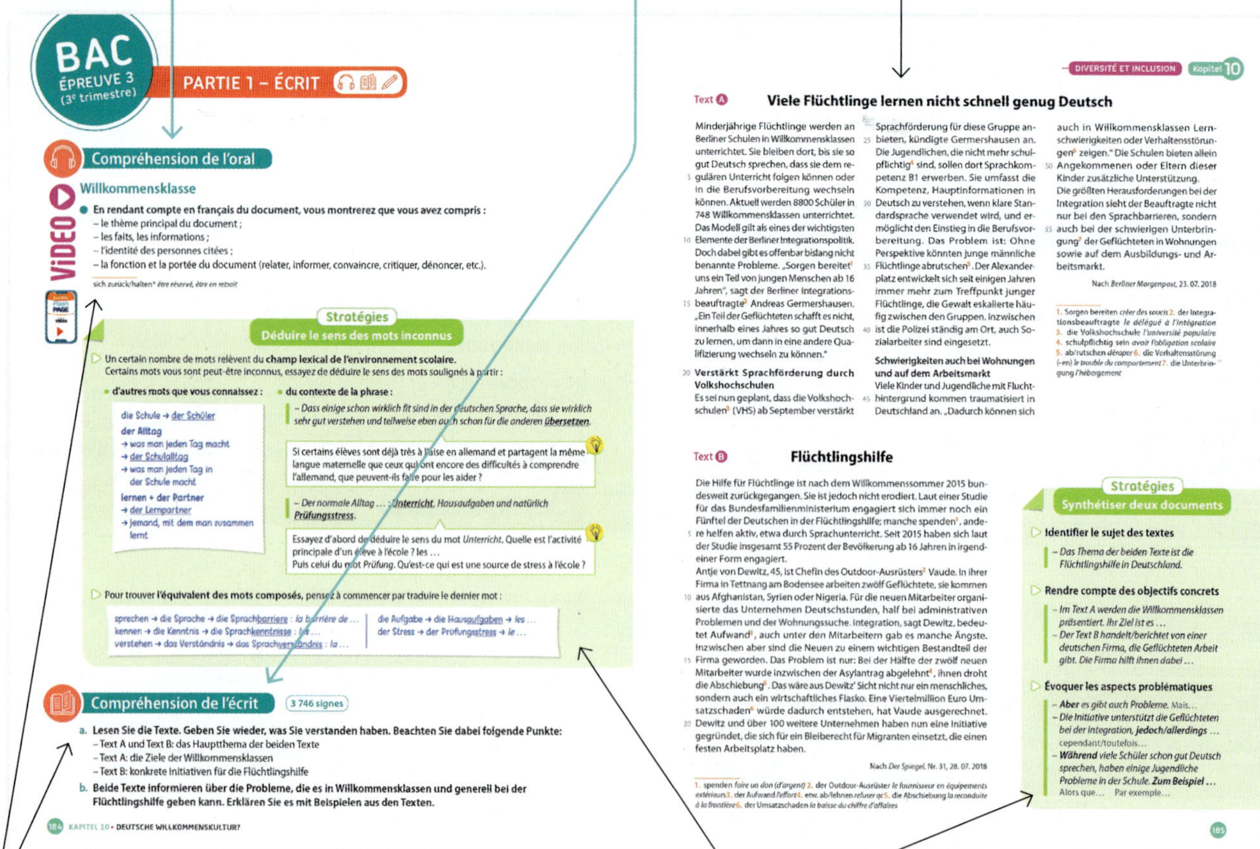
BAC ÉPREUVE 3 (3e trimestre) PARTIE 1 – ÉCRIT

Compréhension de l'oral

Willkommensklasse

VIDÉO

- **En rendant compte en français du document, vous montrerez que vous avez compris :**
  – le thème principal du document ;
  – les faits, les informations ;
  – l'identité des personnes citées ;
  – la fonction et la portée du document (relater, informer, convaincre, critiquer, dénoncer, etc.).

sich zurück/halten* *être réservé, être en retrait*

Stratégies – Déduire le sens des mots inconnus

Un certain nombre de mots relèvent du **champ lexical de l'environnement scolaire.**
Certains mots vous sont peut-être inconnus, essayez de déduire le sens des mots soulignés à partir :

- **d'autres mots que vous connaissez :**

die Schule → der Schüler
der Alltag
→ was man jeden Tag macht
→ der Schulalltag
→ was man jeden Tag in der Schule macht
lernen + der Partner
→ der Lernpartner
→ jemand, mit dem man zusammen lernt

- **du contexte de la phrase :**

– Dass einige schon wirklich fit sind in der deutschen Sprache, dass sie wirklich sehr gut verstehen und teilweise eben auch schon für die anderen ***übersetzen***.

Si certains élèves sont déjà très à l'aise en allemand et partagent la même langue maternelle que ceux qui ont encore des difficultés à comprendre l'allemand, que peuvent-ils faire pour les aider ?

– Der normale Alltag … : ***Unterricht***, *Hausaufgaben und natürlich* ***Prüfungsstress***.

Essayez d'abord de déduire le sens du mot *Unterricht*. Quelle est l'activité principale d'un élève à l'école ? les …
Puis celui du mot *Prüfung*. Qu'est-ce qui est une source de stress à l'école ?

Pour trouver **l'équivalent des mots composés,** pensez à commencer par traduire le dernier mot :

sprechen → die Sprache → die Sprachbarriere : *la barrière de …*
kennen → die Kenntnis → die Sprachkenntnisse : *les …*
verstehen → das Verständnis → das Sprachverständnis : *la …*
die Aufgabe → die Hausaufgaben → *les …*
der Stress → der Prüfungsstress → *le …*

Compréhension de l'écrit (3 746 signes)

a. **Lesen Sie die Texte. Geben Sie wieder, was Sie verstanden haben. Beachten Sie dabei folgende Punkte:**
– Text A und Text B: das Hauptthema der beiden Texte
– Text A: die Ziele der Willkommensklassen
– Text B: konkrete Initiativen für die Flüchtlingshilfe

b. **Beide Texte informieren über die Probleme, die es in Willkommensklassen und generell bei der Flüchtlingshilfe geben kann. Erklären Sie es mit Beispielen aus den Texten.**

184 KAPITEL 10 • DEUTSCHE WILLKOMMENSKULTUR?

DIVERSITÉ ET INCLUSION Kapitel 10

Text A **Viele Flüchtlinge lernen nicht schnell genug Deutsch**

Minderjährige Flüchtlinge werden an Berliner Schulen in Willkommensklassen unterrichtet. Sie bleiben dort, bis sie so gut Deutsch sprechen, dass sie dem regulären Unterricht folgen können oder in die Berufsvorbereitung wechseln können. Aktuell werden 8800 Schüler in 748 Willkommensklassen unterrichtet. Das Modell gilt als eines der wichtigsten Elemente der Berliner Integrationspolitik. Doch dabei gibt es offenbar bislang nicht benannte Probleme. „Sorgen bereitet[1] uns ein Teil von jungen Menschen ab 16 Jahren", sagt der Berliner Integrationsbeauftragte[2] Andreas Germershausen. „Ein Teil der Geflüchteten schafft es nicht, innerhalb eines Jahres so gut Deutsch zu lernen, um dann in eine andere Qualifizierung wechseln zu können."

Verstärkt Sprachförderung durch Volkshochschulen

Es sei nun geplant, dass die Volkshochschulen[3] (VHS) ab September verstärkt Sprachförderung für diese Gruppe anbieten, kündigte Germershausen an. Die Jugendlichen, die nicht mehr schulpflichtig[4] sind, sollen dort Sprachkompetenz B1 erwerben. Sie umfasst die Kompetenz, Hauptinformationen in Deutsch zu verstehen, wenn klare Standardsprache verwendet wird, und ermöglicht den Einstieg in die Berufsvorbereitung. Das Problem ist: Ohne Perspektive könnten junge männliche Flüchtlinge abrutschen[5]. Der Alexanderplatz entwickelt sich seit einigen Jahren immer mehr zum Treffpunkt junger Flüchtlinge, die Gewalt eskalierte häufig zwischen den Gruppen. Inzwischen ist die Polizei ständig am Ort, auch Sozialarbeiter sind eingesetzt.

Schwierigkeiten auch bei Wohnungen und auf dem Arbeitsmarkt

Viele Kinder und Jugendliche mit Fluchthintergrund kommen traumatisiert in Deutschland an. „Dadurch können sich auch in Willkommensklassen Lernschwierigkeiten oder Verhaltensstörungen[6] zeigen." Die Schulen bieten allein Angekommenen oder Eltern dieser Kinder zusätzliche Unterstützung.
Die größten Herausforderungen bei der Integration sieht der Beauftragte nicht nur bei den Sprachbarrieren, sondern auch bei der schwierigen Unterbringung[7] der Geflüchteten in Wohnungen sowie auf dem Ausbildungs- und Arbeitsmarkt.

Nach *Berliner Morgenpost*, 23. 07. 2018

1. Sorgen bereiten *créer des soucis* 2. der Integrationsbeauftragte *le délégué à l'intégration* 3. die Volkshochschule *l'université populaire* 4. schulpflichtig sein *avoir l'obligation scolaire* 5. ab/rutschen *déraper* 6. die Verhaltensstörung (-en) *le trouble du comportement* 7. die Unterbringung *l'hébergement*

Text B **Flüchtlingshilfe**

Die Hilfe für Flüchtlinge ist nach dem Willkommenssommer 2015 bundesweit zurückgegangen. Sie ist jedoch nicht erodiert. Laut einer Studie für das Bundesfamilienministerium engagiert sich immer noch ein Fünftel der Deutschen in der Flüchtlingshilfe; manche spenden[1], andere helfen aktiv, etwa durch Sprachunterricht. Seit 2015 haben sich laut der Studie insgesamt 55 Prozent der Bevölkerung ab 16 Jahren in irgendeiner Form engagiert.
Antje von Dewitz, 45, ist Chefin des Outdoor-Ausrüsters[2] Vaude. In ihrer Firma in Tettnang am Bodensee arbeiten zwölf Geflüchtete, sie kommen aus Afghanistan, Syrien oder Nigeria. Für die neuen Mitarbeiter organisierte das Unternehmen Deutschstunden, half bei administrativen Problemen und der Wohnungssuche. Integration, sagt Dewitz, bedeutet Aufwand[3], auch unter den Mitarbeitern gab es manche Ängste. Inzwischen aber sind die Neuen zu einem wichtigen Bestandteil der Firma geworden. Das Problem ist nur: Bei der Hälfte der zwölf neuen Mitarbeiter wurde inzwischen der Asylantrag abgelehnt[4], ihnen droht die Abschiebung[5]. Das wäre aus Dewitz' Sicht nicht nur ein menschliches, sondern auch ein wirtschaftliches Fiasko. Eine Viertelmillion Euro Umsatzschaden[6] würde dadurch entstehen, hat Vaude ausgerechnet. Dewitz und über 100 weitere Unternehmen haben nun eine Initiative gegründet, die sich für ein Bleiberecht für Migranten einsetzt, die einen festen Arbeitsplatz haben.

Nach *Der Spiegel*, Nr. 31, 28. 07. 2018

1. spenden *faire un don (d'argent)* 2. der Outdoor-Ausrüster *le fournisseur en équipements extérieurs* 3. der Aufwand *l'effort* 4. etw. ab/lehnen *refuser qc* 5. die Abschiebung *la reconduite à la frontière* 6. der Umsatzschaden *la baisse du chiffre d'affaires*

Stratégies – Synthétiser deux documents

Identifier le sujet des textes
– Das Thema der beiden Texte ist die Flüchtlingshilfe in Deutschland.

Rendre compte des objectifs concrets
– Im Text A werden die Willkommensklassen präsentiert. Ihr Ziel ist es …
– Der Text B handelt/berichtet von einer deutschen Firma, die Geflüchteten Arbeit gibt. Die Firma hilft ihnen dabei …

Évoquer les aspects problématiques
– ***Aber*** *es gibt auch Probleme.* Mais…
– Die Initiative unterstützt die Geflüchteten bei der Integration, ***jedoch/allerdings*** *…* cependant/toutefois…
– ***Während*** *viele Schüler schon gut Deutsch sprechen, haben einige Jugendliche Probleme in der Schule.* ***Zum Beispiel*** *…* Alors que… Par exemple…

185

Questionnement type BAC

Stratégies de compréhension de l'oral et de compréhension de l'écrit en lien avec les supports proposés

- Les documents supports de l'évaluation ainsi que les questions posées s'inscrivent dans le cadre du programme du cycle terminal et relèvent des axes culturels qui y sont définis. (→ voir BO n°1 du 22/1/2019).
- Les épreuves communes de contrôle continu s'inscrivent dans la progressivité entre les épreuves de Première et l'épreuve de Terminale.
- Les fiches d'évaluation et de notation permettent d'évaluer les prestations des candidats selon le rang de la langue concernée (LVA ou B).

PARTIE 2 – oral

10 minutes, sans temps de préparation – Choix entre 3 axes.

Expression orale en continu	Expression orale en interaction
– Exposé à partir de 2 documents iconographiques, 2 citations ou 1 document iconographique et 1 citation – 5 minutes pour justifier quel document illustre le mieux l'axe choisi	Échange avec l'examinateur sur des questions plus générales en lien avec l'axe choisi, par exemple sur le travail réalisé en classe sur l'axe choisi

Stratégies d'expression orale en continu en lien avec les supports proposés

2 sujets d'expression écrite aux choix

Stratégies d'expression écrite en lien avec les sujets proposés

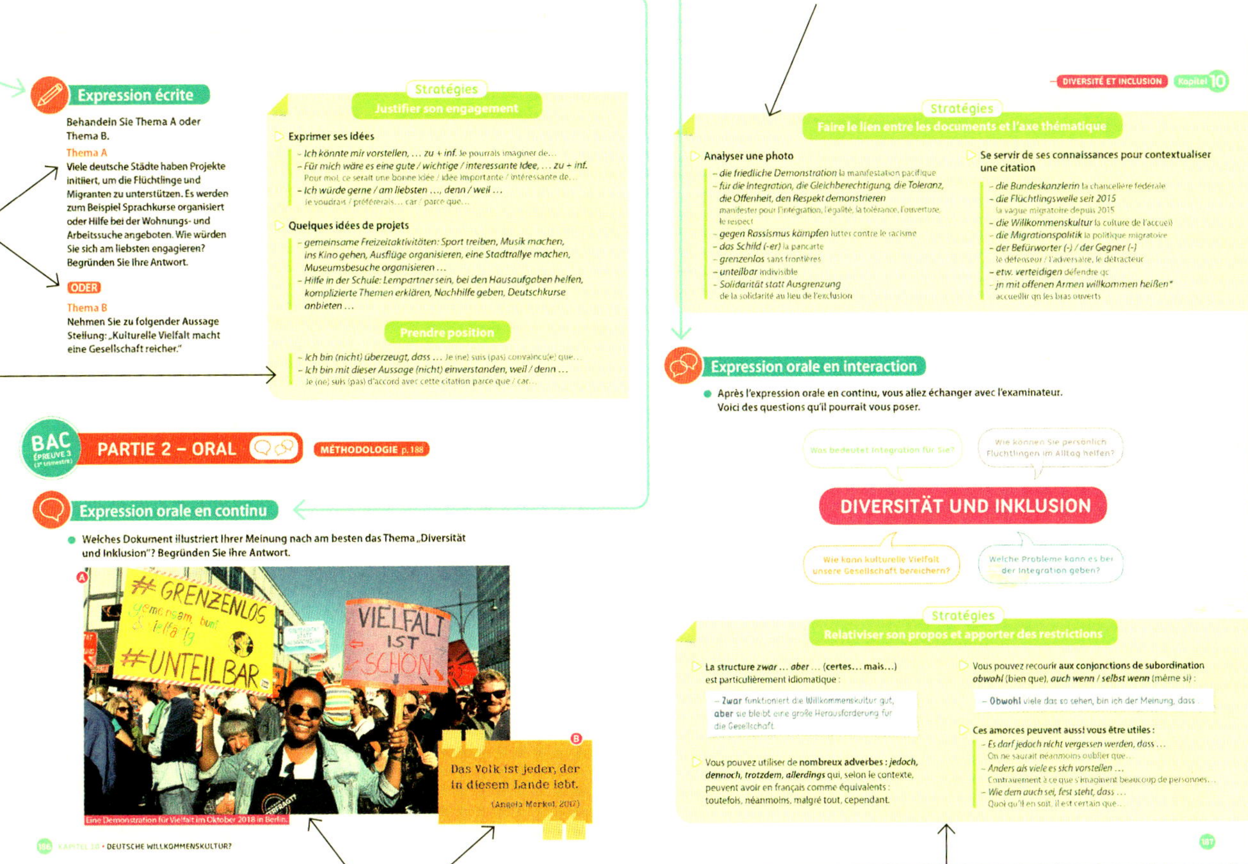

Expression écrite

Behandeln Sie Thema A oder Thema B.

Thema A

Viele deutsche Städte haben Projekte initiiert, um die Flüchtlinge und Migranten zu unterstützen. Es werden zum Beispiel Sprachkurse organisiert oder Hilfe bei der Wohnungs- und Arbeitssuche angeboten. Wie würden Sie sich am liebsten engagieren? Begründen Sie Ihre Antwort.

ODER

Thema B

Nehmen Sie zu folgender Aussage Stellung: „Kulturelle Vielfalt macht eine Gesellschaft reicher."

Stratégies – Justifier son engagement

Exprimer ses idées
- *Ich könnte mir vorstellen, … zu + inf.* Je pourrais imaginer de…
- *Für mich wäre es eine gute / wichtige / interessante Idee, … zu + inf.* Pour moi, ce serait une bonne idée / idée importante / intéressante de…
- *Ich würde gerne / am liebsten …, denn / weil …* Je voudrais / préférerais… car / parce que…

Quelques idées de projets
- *gemeinsame Freizeitaktivitäten: Sport treiben, Musik machen, ins Kino gehen, Ausflüge organisieren, eine Stadtrallye machen, Museumsbesuche organisieren …*
- *Hilfe in der Schule: Lernpartner sein, bei den Hausaufgaben helfen, komplizierte Themen erklären, Nachhilfe geben, Deutschkurse anbieten …*

Prendre position
- *Ich bin (nicht) überzeugt, dass …* Je (ne) suis (pas) convaincu(e) que…
- *Ich bin mit dieser Aussage (nicht) einverstanden, weil / denn …* Je (ne) suis (pas) d'accord avec cette citation parce que / car…

BAC ÉPREUVE 3 (3e trimestre) PARTIE 2 – ORAL — MÉTHODOLOGIE p. 188

Expression orale en continu

- Welches Dokument illustriert Ihrer Meinung nach am besten das Thema „Diversität und Inklusion"? Begründen Sie Ihre Antwort.

A

Eine Demonstration für Vielfalt im Oktober 2018 in Berlin.

B

Das Volk ist jeder, der in diesem Lande lebt.
(Angela Merkel, 2017)

186 KAPITEL 10 • DEUTSCHE WILLKOMMENSKULTUR?

DIVERSITÉ ET INCLUSION — Kapitel 10

Stratégies – Faire le lien entre les documents et l'axe thématique

Analyser une photo
- *die friedliche Demonstration* la manifestation pacifique
- *für die Integration, die Gleichberechtigung, die Toleranz, die Offenheit, den Respekt demonstrieren* manifester pour l'intégration, l'égalité, la tolérance, l'ouverture, le respect
- *gegen Rassismus kämpfen* lutter contre le racisme
- *das Schild (-er)* la pancarte
- *grenzenlos* sans frontières
- *unteilbar* indivisible
- *Solidarität statt Ausgrenzung* de la solidarité au lieu de l'exclusion

Se servir de ses connaissances pour contextualiser une citation
- *die Bundeskanzlerin* la chancelière fédérale
- *die Flüchtlingswelle seit 2015* la vague migratoire depuis 2015
- *die Willkommenskultur* la culture de l'accueil
- *die Migrationspolitik* la politique migratoire
- *der Befürworter (-) / der Gegner (-)* le défenseur / l'adversaire, le détracteur
- *etw. verteidigen* défendre qc
- *jn mit offenen Armen willkommen heißen** accueillir qn les bras ouverts

Expression orale en interaction

- Après l'expression orale en continu, vous allez échanger avec l'examinateur. Voici des questions qu'il pourrait vous poser.

Was bedeutet Integration für Sie?

Wie können Sie persönlich Flüchtlingen im Alltag helfen?

DIVERSITÄT UND INKLUSION

Wie kann kulturelle Vielfalt unsere Gesellschaft bereichern?

Welche Probleme kann es bei der Integration geben?

Stratégies – Relativiser son propos et apporter des restrictions

La structure *zwar … aber …* (certes… mais…) est particulièrement idiomatique :
- **Zwar** funktioniert die Willkommenskultur gut, **aber** sie bleibt eine große Herausforderung für die Gesellschaft.

Vous pouvez utiliser de **nombreux adverbes : *jedoch, dennoch, trotzdem, allerdings*** qui, selon le contexte, peuvent avoir en français comme équivalents : toutefois, néanmoins, malgré tout, cependant.

Vous pouvez recourir **aux conjonctions de subordination *obwohl*** (bien que), ***auch wenn / selbst wenn*** (même si) :
- **Obwohl** viele das so sehen, bin ich der Meinung, dass…

Ces amorces peuvent aussi vous être utiles :
- *Es darf jedoch nicht vergessen werden, dass …* On ne saurait néanmoins oublier que…
- *Anders als viele es sich vorstellen …* Contrairement à ce que s'imaginent beaucoup de personnes…
- *Wie dem auch sei, fest steht, dass …* Quoi qu'il en soit, il est certain que…

187

2 documents en lien avec l'axe traité dans le chapitre

Stratégies d'expression orale en interaction

Les stratégies BAC

Stratégies de réception

CECR Volume complémentaire au CECR (2018)

– Formulation d'hypothèses
– Repérage d'indices
– Identification, inférences
– Interprétation
– Mobilisation du répertoire

Stratégies d'interaction

CECR Volume complémentaire au CECR (2018)

Construction commune de sens :
– Reprise, relance
– Coopération verbale et non verbale
– Explicitation, illustration
– Négociation

▷ Stratégies de production

Volume complémentaire au CECR (2018)

– Répétition, paraphrase
– Adaptation du message
– Explicitation, illustration
– Correction, autocorrection
– Appui sur des connaissances culturelles et interculturelles propres

Tuto : Tutoriels vidéo pour l'oral

VALABLES POUR TOUTES LES MATIÈRES

Disponibles avec bordas Flash PAGE, sur lycee.editions-bordas.fr et dans le manuel numérique

- **Tuto** : Prendre la parole en public
- **Tuto** : Se présenter
- **Tuto** : Faire un exposé
- **Tuto** : Débattre
- **Tuto** : Mener une interview
- **Tuto** : Lire un texte littéraire

Chaque vidéo propose des conseils et des exercices (à faire par les élèves, seuls ou à deux, ou en groupe), avec pour chacune une fiche mémo et une grille d'évaluation en pdf.

SOMMAIRE

IDENTITÉS ET ÉCHANGES

1 Lokal + Global = Zürich

2 So fern, so nah

ESPACE PRIVÉ ET ESPACE PUBLIC

3 Frauen machen mit

ART ET POUVOIR

4 Brecht, politisch engagiert

Inwiefern war Brechts politisches Engagement ambivalent?

5 Geschichte(n) bauen

Inwiefern kann Architektur auch politisch sein?

CITOYENNETÉ ET MONDES VIRTUELS

6 #NetzCommunity

Wie kann man verantwortungsvoll mit sozialen Netzwerken umgehen?

SOMMAIRE

DIVERSITÉ ET INCLUSION

10 Deutsche Willkommenskultur?

› Kann man von einer deutschen Willkommenskultur für Migranten sprechen?

TERRITOIRE ET MÉMOIRE

11 Friedrich II., Preußenkönig und Aufklärer

› Wie erinnert man sich heute an Friedrich II.?

12 Erinnerungsstädte Wien und Berlin

› Inwiefern spielen Orte und Städte eine zentrale Rolle für die Erinnerung?

KOOPERATIV ANS ZIEL
POUR PROGRESSER EN COURS DE LANGUES*

Pourquoi s'intéresser aux méthodes collaboratives ?

Les méthodes collaboratives stimulent la participation et le travail actif de chaque élève en cours de langues. Il s'agit en effet d'une forme d'investissement des élèves qui ne repose pas uniquement sur la participation de ceux qui connaissent la réponse et osent prendre la parole.
Ces méthodes permettent une mise au travail efficace de tous les élèves dans un cadre moins compétitif, mais reposant sur le travail personnel, l'échange, une réalisation commune et la présentation orale du travail produit.

Pourquoi est-ce efficace ?

Le travail individuel précède le travail de groupe

Chaque élève vient dans le groupe avec le fruit de sa réflexion personnelle et ses notes, il participe d'autant plus efficacement à la discussion qu'il l'aura préparée.

Le groupe produit un travail commun

Les membres du groupe doivent se mettre d'accord sur une présentation commune. Ils doivent pour cela débattre, arbitrer, coopérer et échanger en allemand, qui est la langue de leur production commune.

Tous les élèves s'impliquent

En effet, le professeur désigne à la fin du travail de groupe un élève au hasard pour la présentation orale devant les autres. Le professeur ne se repose pas sur les volontaires.
Chaque élève sait qu'il peut être désigné pour présenter oralement en allemand et s'investit davantage dans la production commune.
Certaines méthodes permettent même à tous les élèves d'un groupe de présenter en même temps, donc à tous de prendre la parole !

Comment cela fonctionne-t-il ?

1 Une phase en plénière qui prépare le travail en groupe

En préambule, le professeur peut introduire le sujet, faire des liens avec les cours précédents, sonder les connaissances sur le sujet et présenter la méthode utilisée et les objectifs. Il peut aussi exposer oralement un point complexe qu'il juge être une entrave à la compréhension des documents.

2 Mise en œuvre

3 étapes : Think → Pair → Share.

1. Travail individuel (Think)

2. Échange avec un ou plusieurs pairs (Pair)

3. Présentation orale (Share)

3 Retour en plénière (ou en groupes élargis)

Échanges (prof-élèves et élèves-élèves) sur les présentations pouvant être complétés par des exercices ou une correction, élaboration de la trace écrite du cahier pour fixation de structures ou du lexique…

* D'après Wolfgang Mattes, *Methoden für den Unterricht. Kompakte Übersichten für Lehrende und Lernende*, Bildungshaus Schulbuchverlage, Schoeningh, 2011 • Rémy Danquin / Wolfgang Mattes, *52 méthodes pratiques pour enseigner*, Réseau Canopé, 2015

À quoi faut-il veiller ?

Qualité du travail de groupe

On doit aider les élèves à avoir un comportement adapté au travail de groupe. Le processus du travail de groupe pourra faire l'objet d'une évaluation par le professeur voire d'une auto-évaluation du groupe et être valorisé comme compétence transversale.

Le temps

Il est impératif de donner un temps limité à chacune des 3 étapes sinon le tout traîne en longueur. Certaines méthodes exigent davantage qu'une heure de cours. Les présentations peuvent par exemple s'effectuer au cours suivant pour laisser assez de temps pour le travail personnel et le travail de groupe.

Clarté des consignes et des objectifs

Une tâche formulée précisément favorise l'autonomie des groupes.

Posture du professeur

Le professeur doit être présent et observer, prendre des notes (par ex. les erreurs de langue les plus entendues pour une reprise ultérieure en plénière), mais il n'interviendra pas nécessairement dès qu'un groupe est en difficulté. Il peut également déléguer certaines tâches à d'autres élèves comme le respect du temps imparti, la recherche de vocabulaire…

Qualité des présentations orales

Les présentations orales ne doivent pas être de l'écrit oralisé, les élèves doivent prendre appui sur des notes sous forme de mots-clés et groupes infinitifs afin que leur prise de parole soit la plus naturelle possible.

Moduler la classe

Le travail collaboratif peut impliquer lors d'une séance une modification de la configuration des groupes ou une alternance : travail individuel et travail en binôme / groupe. Pour cette raison, il est préférable de disposer les tables de façon modulable et de sensibiliser les élèves à l'importance de déplacer le mobilier dans le calme.

Attribution de rôles

Lorsque vous avez des classes avec un nombre impair d'élèves, vous pouvez attribuer à un ou plusieurs élèves le rôle de modérateur.

Pancartes du modérateur

1 PARTNERBRIEFING

Briefing de binôme

→ p. 44, 59, 66, 80, 98, 115, 128, 131, 161, 192

Objectifs

- Travailler et présenter un document adapté à son niveau.
- Résumer le document présenté par son binôme.

Organisation

- Le professeur divise la classe en deux. Il a attribué le document A à chaque élève d'une moitié de la classe et le document B à chaque élève de la seconde moitié.

1. Chaque élève travaille sur son document : lecture / écoute, prise de notes, réponse aux consignes.
2. Chaque élève A s'assoit en face d'un élève B. L'élève A présente son document. L'élève B écoute, peut poser des questions puis il résume. Les rôles sont ensuite inversés.
3. L'élève présente en plénière (ou à plusieurs groupes) son propre document ou celui de son binôme (plus difficile).

Astuces et points de vigilance

- Si le travail individuel est donné comme travail à la maison, il doit impérativement être effectué par tous les élèves pour que le briefing en cours réussisse.
- Avec des élèves performants, on peut prévoir en présentation une synthèse des 2 documents.

2 PARTNERINTERVIEW

Interview de binôme

Objectifs

- Synthétiser un document écrit à l'aide de questions.
- Répondre aux questions sur un texte préparé.

Organisation

1. Chaque élève lit le document et formule des questions permettant de synthétiser le document.
2. Le professeur forme des binômes au hasard. L'élève A pose ses questions à l'élève B qui essaie d'y répondre. Ils revoient ensemble les réponses. On peut ensuite inverser les rôles (si on a le temps).
3. Les élèves exposent en plénière ou à un groupe élargi les réponses de leur binôme.

3 DREI-SCHRITT-INTERVIEW

Interview à 3

On peut ajouter à un ou plusieurs binômes une troisième personne. Ceci peut s'avérer très pratique si l'effectif de la classe est impair. La troisième personne aura le rôle du secrétaire. Dans ce cas, seul le secrétaire fait la prise de notes, ce qui allège le travail de l'interviewer.
Il peut donc y avoir 3 tours si l'on veut que chaque élève ait été intervieweur, interviewé et secrétaire.

Astuces et points de vigilance

- Il faut définir le nombre de questions. On peut en donner 2 et demander de compléter par d'autres.
- Il faut expliquer aux élèves qu'il ne s'agit pas de chercher des questions pièges pour mettre le binôme inutilement en difficulté.

4 LERNTEMPODUETT

Duo synchronisé

→ p. 32, 48, 70, 86, 102, 118, 134, 150, 166, 182, 198, 214

Objectif

- Faire des exercices d'entraînement (par ex. *Wortschatz* et *Grammatik*) ou de révision à son rythme.

Organisation

- Le professeur donne 3 ou 4 exercices.

1. Chaque élève commence par le 1er exercice.
2. Une fois le 1er exercice terminé, l'élève se lève ou lève la main.
3. Il rejoint à une table ou dans un coin un élève qui s'est manifesté à peu près au même moment pour échanger et comparer.
4. Il retourne à sa place et fait le 2e exercice et on reprend le processus.

Astuces et points de vigilance

- La méthode ne permet guère de faire plus de 3 tours, c'est pourquoi il est important de graduer les 3 exercices en difficulté (*dans le manuel, le degré de difficulté est indiqué par le nombre de* *).
- Les élèves ne sont pas obligés de faire tous les exercices, l'important est qu'ils les fassent entièrement à leur rythme. En plénière, on pourra procéder à une reprise partielle ou à une correction complète des exercices donnés.
- Un élève peut être extrêmement rapide et avoir fini son dernier exercice bien avant les autres, il peut alors venir en aide aux élèves en difficulté.

5 PARTNERPUZZLE

Puzzle de binômes

→ p. 65, 210

Objectif

- Travailler à 2 sur un document plutôt difficile.

Organisation

- Le professeur forme un nombre pair de binômes (ex. 21 élèves = 10 binômes + 1 modérateur).
- Il répartit 2 documents de difficulté égale aux binômes (5 binômes reçoivent le document A, 5 autres binômes reçoivent le document B).

Pas de travail individuel pour cette méthode, l'élève est directement placé avec son binôme.

1 Les élèves prennent ensemble connaissance du document et des consignes. Ils prennent des notes afin de l'expliquer le mieux possible.

2 Les binômes sont redistribués. Chaque élève se trouve face à un élève de l'autre groupe. L'élève A présente son document, l'élève B résume. L'élève A corrige si besoin. On inverse ensuite les rôles.

Astuces et points de vigilance

- La qualité du puzzle dépend des compétences de transmission, c'est pourquoi on attachera beaucoup d'importance à la phase plénière d'échanges et de fixation pour compenser les faiblesses du puzzle.
- Les binômes doivent être espacés pour ne pas se gêner.

6 GRUPPENPUZZLE

Groupes puzzles

→ p. 96

Objectifs

- Se partager le travail sur plusieurs documents traitant différents aspects d'un même thème.
- Présenter un sous-thème du sujet en tant qu'« expert ».

Organisation

- Le professeur forme des groupes dont l'effectif dépend du nombre de documents (3 documents = 3 groupes de 3 élèves ; 4 documents = 4 groupes de 4 élèves etc.).
- Chaque groupe reçoit l'ensemble des documents avec autant de sous-thèmes que d'élèves.

PHASE 1 Groupes d'origine
Répartition des thèmes de 1 à 5

1 Le groupe se répartit les sous-thèmes et chaque élève travaille le sien au sein du groupe.

2 Les élèves qui ont travaillé sur le même sous-thème se regroupent entre experts et élaborent une présentation commune.

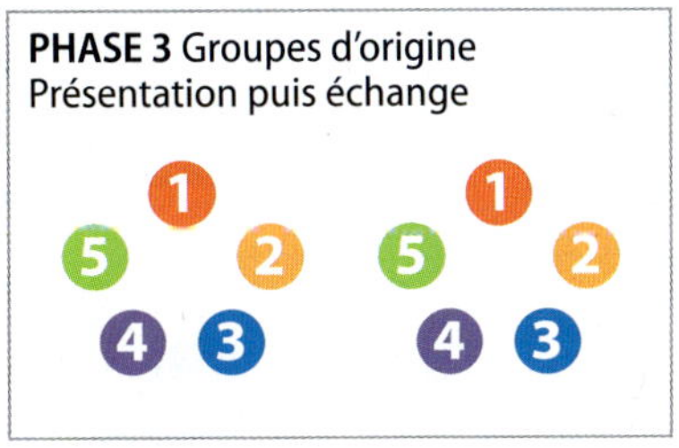

3 Chaque élève revient dans son groupe d'origine et présente à son groupe le résultat des experts.

Astuces et points de vigilance

- Cette méthode exige plus d'une heure de cours.
- Si l'effectif ne permet pas de respecter le dispositif : vous pouvez faire appel à un modérateur ou indiquer dans un groupe que 2 élèves (au lieu d'1) traiteront du même sous-thème (définissez-le) et qu'ils auront à se partager la présentation orale.
- Il est important que les élèves décident eux-mêmes de la répartition des documents au sein du groupe, cela les responsabilise et renforce leur autonomie.
- Ne donnez pas le travail individuel en devoir maison tant que les groupes n'ont pas été formés et qu'ils ne se sont pas réparti le travail.

7 GRUPPENMIX

Mélange de groupes

→ p. 27, 112

Organisation

- Il s'agit d'une variante plus courte du *Gruppenpuzzle*. Dans le *Gruppenmix*, les groupes ne sont mélangés qu'une fois. Afin que les élèves prennent connaissance du document, ils auront besoin d'une phase de travail individuel.

1 **Phase 1 :** vous regroupez les élèves qui ont lu le même document. En groupe, ils doivent en élaborer la présentation. Pendant ce travail, vous distribuez à chaque participant d'un groupe un numéro ou une couleur (qui détermine son groupe de phase 2).

2 **Phase 2 :** les élèves ayant le même numéro ou la même couleur se regroupent. Il y aura donc dans chaque nouveau groupe, un (ou deux) représentant(s) des groupes de la 1re phase. Le (les) représentant(s) soumet(tent) aux autres leur présentation.

3 On peut conclure par quelques présentations en plénière.

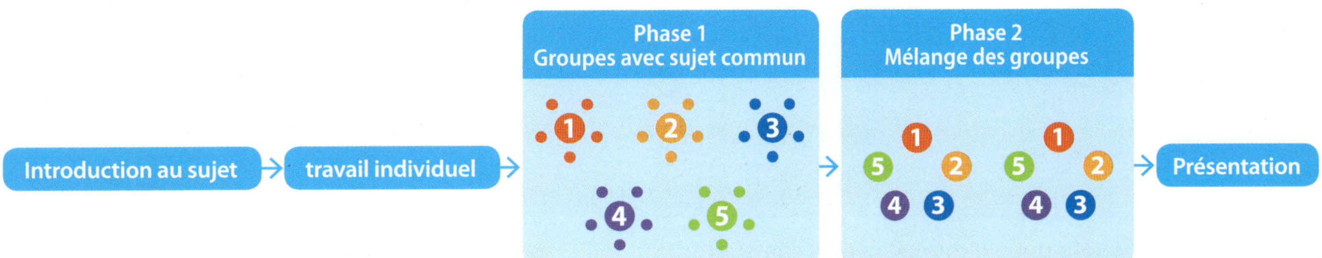

8 PRO-KONTRA-DEBATTE
Débat contradictoire

Objectif
- Discuter en fin de séquence d'un sujet dont les avis sont tranchés.

Organisation
- Le professeur divise au hasard les élèves en 2 groupes : *Pro* et *Kontra*.
- Le professeur sera le modérateur.

1 Chaque groupe cherche des arguments pour défendre sa position et désigne un avocat.

2 Les avocats de chaque groupe prennent la parole chacun leur tour et présentent les arguments principaux en 1-2 minutes. Les autres peuvent réagir et le débat commence.

3 À la fin, on vote pour le groupe le plus convaincant.

Astuces et points de vigilance
- Les élèves se voient assigner un groupe, ils doivent également apprendre à défendre une position qui n'est pas la leur.
- Le tour de parole doit être strictement respecté c'est pourquoi il est préférable que ce soit le professeur qui modère.

9 WORLD CAFÉ

→ p. 183

Objectifs

- Faire échanger les élèves entre eux sur une problématique travaillée lors de la séquence.
- Maximiser l'expression orale en interaction.

Organisation

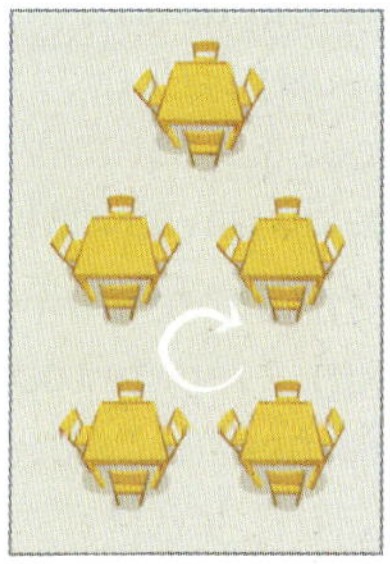

Préparation

- Le professeur détermine 3 ou 4 sujets sur un thème global à traiter. Les sujets doivent permettre le débat et l'échange d'opinions (pas de *Ja-Nein-Fragen*).
- Il forme autant de groupes de tables que de sujets. Sur chaque groupe de tables se trouveront les feuilles sur lesquelles figurent les sujets numérotés en titre (une feuille par sujet) ainsi que des feuilles vierges et des stylos.

Déroulement

1. La classe est divisée en groupes selon le nombre de tables (ne pas dépasser 5 élèves par groupe). Chaque groupe s'installe à une table et désigne un(e) élève qui sera l'hôte et le modérateur de la discussion.
2. Tous les hôtes présentent le 1er sujet. Les élèves prennent 3 à 5 minutes pour y réfléchir et noter leurs idées sur des feuilles vierges.

   Les hôtes amorcent la discussion en distribuant la parole. Ils notent les idées importantes et animent en relançant si possible par d'autres questions.

   À la fin de la discussion, les hôtes résument les opinions et les échanges d'après leurs notes.
3. Les hôtes restent à leur table, conservent le résumé où ils notent le numéro du groupe. Les autres élèves du groupe rejoignent une autre table.

   Les élèves sont accueillis par un autre hôte qui leur résume les échanges du groupe précédent. Tous les hôtes introduisent alors le 2e sujet et le processus recommence.

Exploitation

- Vous pouvez ramasser et regrouper les résumés par groupe afin de les relire.
- Ces notes peuvent servir de base à un travail à la maison ou à une synthèse en plénière.

Astuces et points de vigilance

- Cette méthode exige plus d'une heure de cours.
- Les groupes doivent être synchronisés. Vous veillerez donc au temps imparti (adapté au niveau des élèves) pour chaque phase en annonçant chaque phase aux élèves : réflexion (3 à 5 min), discussion (7 à 9 min), résumé de l'hôte (1 min).
- Chaque élève doit prendre au moins une fois la parole à chaque table.
- Il n'est guère possible de faire plus de 4 tours, c'est pourquoi 4 groupes avec 4 questions constituent un maximum.

10 GALERIEGANG

Galerie d'exposition

→ p. 33, 167

Objectifs

- Présenter le travail d'un groupe (par ex. projet final).
- Plusieurs présentations ont lieu en même temps, tous les participants du groupe sont amenés à présenter.

Organisation

- Le professeur définit des groupes. Il faut autant de groupes que de sujets à travailler : 4 sujets = 4 groupes de 4 élèves, 5 sujets = 5 groupes de 5.
  Si ce n'est pas possible, reportez-vous aux astuces ci-dessous.
  On peut faire précéder d'une phase de travail individuel si nécessaire (documents à lire).
- Le professeur prépare pour chaque membre d'un groupe une étiquette différente sur laquelle il indique une lettre (un chiffre ou une couleur). Il répète l'opération pour chaque groupe en conservant les mêmes lettres (chiffres ou couleurs). Cela lui permettra de définir les groupes de la phase 2.

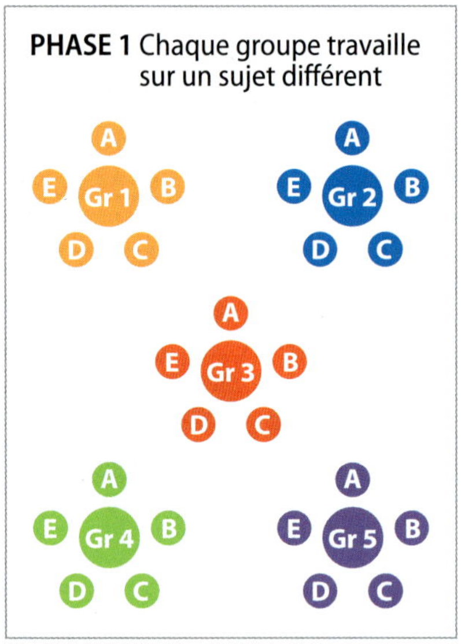

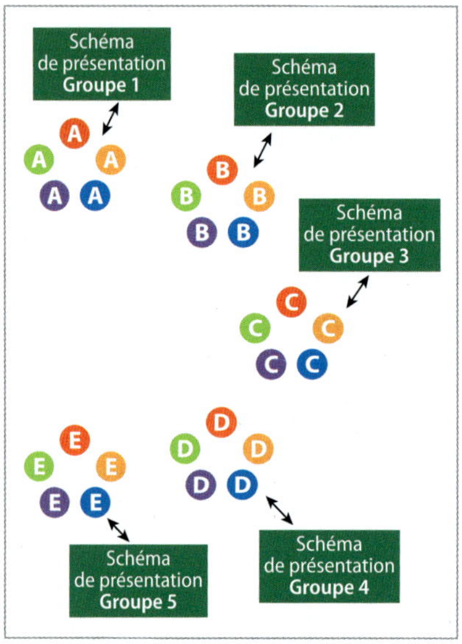

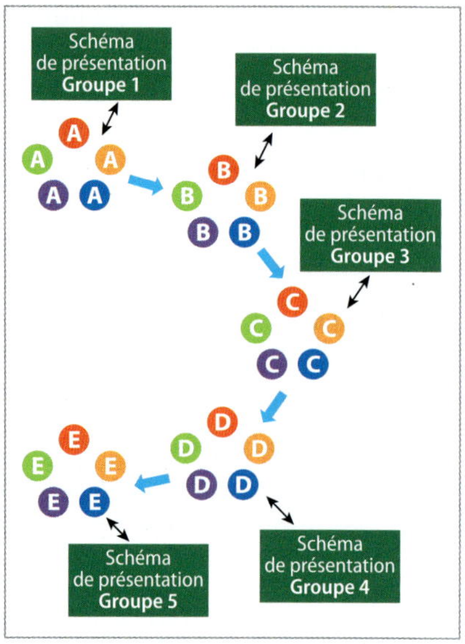

1. Les élèves travaillent en groupe à la présentation commune d'un sujet (carte mentale, affiche…). Pendant ce temps, le professeur distribue à chaque élève sa lettre (de A à E sur le schéma). Le visuel élaboré en commun reste sur la table ou est affiché au mur.

2. Le professeur regroupe devant un visuel tous ceux qui ont la même lettre. Il donne un temps imparti (3-4 minutes). L'élève qui a participé à l'élaboration de ce visuel fait la présentation.

3. À l'issue du temps imparti, les groupes changent de table (ou de mur) dans le sens des aiguilles d'une montre. On recommence jusqu'à ce que tous les groupes aient consulté toutes les productions et que tous les élèves aient fait une présentation.

Astuces et points de vigilance

- Si vous n'avez pas l'effectif pour le dispositif, vous devez ajouter (et non enlever) 1 participant à un ou plusieurs groupes. Lors de la présentation, 2 élèves du même groupe se partageront la présentation. Dans ce cas, ces 2 élèves d'un même groupe reçoivent la même lettre (chiffre ou couleur). Par exemple : 17 élèves : 3 groupes de 4 + 1 groupe de 5
  20 élèves : 4 groupes de 5 élèves
- Afin de ne pas perdre de temps, il est préférable que les élèves restent debout autour du visuel.
- Espacez bien les visuels pour que les groupes ne se gênent pas et circulent facilement. Vous pouvez également utiliser les murs du couloir si votre salle est trop exiguë.

11 MINDMAP
Carte mentale

Objectifs
- Élaborer en groupe un support de présentation et de révision.
- Synthétiser sur un schéma clair ses idées.

Organisation

1. Placer au centre le thème.
2. Placer les branches principales qui correspondent par exemple aux questions d'une consigne.
3. Placer les branches secondaires avec les informations et réponses (mots-clés, groupes infinitifs, phrases difficiles).

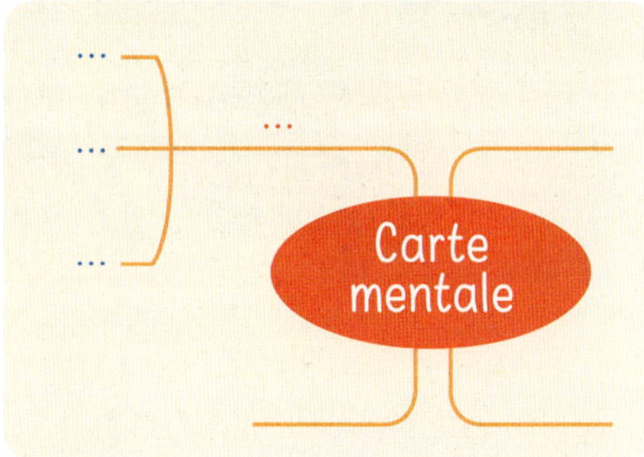

Astuces et points de vigilance

- Une carte mentale est rarement satisfaisante au premier jet, il faut toujours prévoir un brouillon.
- Utilisez des couleurs et des tailles de lettres différentes pour différencier les branches principales des branches secondaires, cela facilitera la présentation.

12 TISCHSET
Set de table

→ p. 115, 129, 177

Objectifs
- Faire un brainstorming sur une question vue en cours.
- Faire le bilan d'une séquence (lexique, structures).

Organisation
- Le professeur crée des groupes de 3 ou 4.
- Il distribue une feuille A3 (le set de table) avec en tête la consigne, une case centrale et autour autant de cases que de membres.

1. Les élèves remplissent leur case à tour de rôle avec leurs idées sur la question. À chaque tour, on peut voir les réponses des autres.
2. Chaque élève expose et explique ce qu'il a écrit. Les idées, mots-clés qui synthétisent sont notés par le groupe dans la case commune.
3. Un élève par groupe sera désigné par le professeur pour présenter la case commune aux autres.

Exemples de sets :

Pour 3 élèves

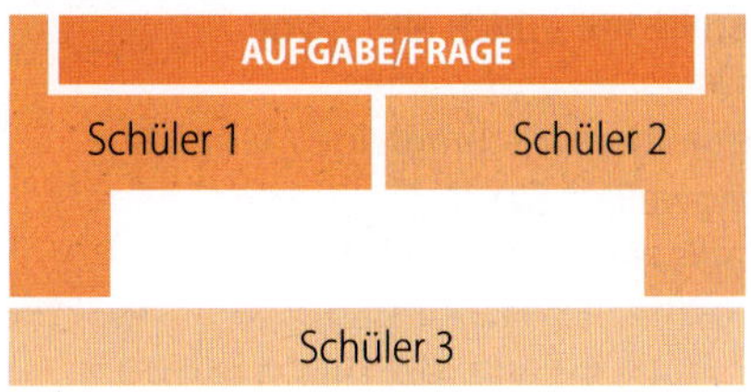

Pour 4 élèves

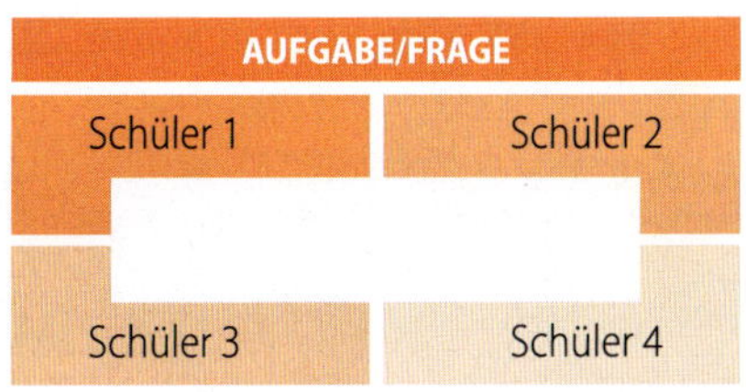

Astuces et points de vigilance

- La tâche ne doit pas être trop fermée afin d'apporter une diversité de réponses.
- Il peut arriver qu'un groupe ne joue pas le jeu, ne remplisse pas la case commune ou la remplisse d'absurdités. Le résultat étant montré à tous, on peut désamorcer la situation en amenant le groupe à justifier ses réponses (ou non réponses) et les autres élèves à commenter. Il est fort peu probable que cela se reproduise.

SPRACHBOX

Willkommen in Zürich

- die Schweiz; in der Schweiz liegen* *la Suisse ; se trouver en Suisse*
- eine schweizerische Stadt *une ville suisse*
- an einem See liegen* *se trouver au bord d'un lac*
- in der Mitte liegen* *être au centre*
- sich im Herzen von (D) … befinden* *se trouver au cœur de…*
- nicht weit von; in der Nähe von *non loin de ; à côté de*
- die Bank (-en) *la banque*
- Ich stelle mir Zürich als … vor. *Je m'imagine Zurich comme…*
- eine saubere ≠ schmutzige / lebendige ≠ langweilige Stadt *une ville propre ≠ sale / vivante ≠ ennuyeuse*
- eine angenehme ≠ stressige / sichere ≠ gefährliche Stadt *une ville agréable ≠ stressante / sûre ≠ dangereuse*

→ p. 30

Kapitel 1

IDENTITÉS ET ÉCHANGES

Lokal + Global = Zürich

Was bedeutet es, eine lokale Identität in einer globalen Stadt zu haben?

- Présenter Zurich, ville globale (p. 26)
- Rendre compte de traditions et de différences culturelles (p. 28)
- Indiquer un lieu (p. 27)
- La phrase déclarative (p. 28)

Projekt

Présenter des habitants de Zurich d'origines diverses (p. 33)

MÉDIATION — GALERIEGANG

BAC ÉPREUVE 3

Partie 1 – Écrit

VIDEO Frankfurt: eine vielfältige Stadt (p. 34)

Stratégie : Savoir écouter et regarder une vidéo (p. 34)

Multikulti am Main, www.deutschlandfunk.de (p. 34)

Stratégie : Comprendre les articulations du discours (p. 35)

Stratégies : Situer dans l'espace – Organiser son travail de rédaction (p. 36)

Partie 2 – Oral

MÉTHODOLOGIE p. 38

Stratégie : Exploiter ce qui a été vu en classe de 1re (p. 37)

Stratégie : Moduler son débit lors de sa présentation orale (p. 37)

Zürich: eine europäische Stadt

A2 1 Was charakterisiert die Stadt Zürich?

B1 2 Wie stellen Sie sich Zürich vor?

Global erfolgreich

A Zürich: eine Kleinstadt?

A2 1 Welche Aspekte von Zürich werden in folgenden Texten präsentiert?

B1 2 Inwiefern kann Zürich mit größeren Städten wie London oder Paris konkurrieren?

a Zürich und die EU

Man kann in Europa zwei Trends beobachten. Erstens profitieren kleine exportstarke Nationen mehr als die größten Volkswirtschaften[1]. Zweitens schlägt das Zentrum die Peripherie. Länder im geographischen Zentrum Europas profitieren nämlich deutlich stärker als EU-Mitglieder im Süden oder Osten des Kontinents. Von dem Wegfall von Grenzen[2] profitieren besonders Städte. Obwohl die Schweiz nicht der EU angehört, verkörpert[3] sie die beiden Tendenzen, denn das Land ist klein und exportorientiert und liegt im Zentrum der EU. Außerdem ist die Stadt Zürich (400 000 Einwohner) attraktiv geworden, dort ist das Durchschnittseinkommen[4] höher als in London oder Brüssel.

Nach www.bertelsmann-stiftung.de, 08. 05. 19

1. die Volkswirtschaft *l'économie d'un pays* 2. der Wegfall von Grenzen *la suppression des frontières* 3. verkörpern *incarner* 4. das Durchschnittseinkommen *le revenu moyen*

b Zürich und die Banken

Zürich gehört zu den bedeutendsten Finanzzentren der Welt. In Europa rangiert Zürich nach London auf Platz zwei. Etwa ein Drittel aller Banken in der Schweiz hat ihren Hauptsitz[1] in der Region Zürich. Die Sicherheit, der Wohlstand oder auch die Weltoffenheit der Bevölkerung sind wichtige Wohlfühlfaktoren[2]. Die guten Infrastrukturen – wie der Flughafen oder der öffentliche Verkehr – machen die Region Zürich sehr attraktiv. Dort findet man auch die wichtige Börse SIX Swiss Exchange.

Nach www.finanzplatz-zuerich.ch

1. der Hauptsitz *le siège d'une entreprise*
2. der Wohlfühlfaktor *le facteur de bien-être*

c Die ETH Zürich: beste Hochschule in Kontinentaleuropa

Europas Universitäten müssen sich vor der US-amerikanischen Konkurrenz nicht verstecken. Fast die Hälfte der Institutionen in den Top 200 des Hochschulrankings[1] befindet sich in Europa. Die ETH Zürich (Eidgenössische Technische Hochschule) behauptet ihren Platz als beste Hochschule außerhalb der USA und Großbritanniens. Die ETH Zürich ist also einmal mehr beste Hochschule außerhalb des englischsprachigen Raums.

Nach www.handelszeitung.ch

1. das Hochschulranking *le classement des universités*

SPRACHBOX

die Stadt Zürich
- die Hochschule (-n), die Universität (-en) *l'université*
- weltbekannt *connu dans le monde entier*
- die Börse *la bourse*
- der Flughafen (¨) *l'aéroport*
- der öffentliche Verkehr *les transports publics*
- der Stadtteil (-e); der Stadtkreis (-e) *le quartier ; l'arrondissement*

die Bevölkerung
- etw. (D) an/gehören *appartenir à qc ; faire partie de qc*
- der Wohlstand; wohlhabend sein *la prospérité ; être aisé*
- jn an/ziehen* *attirer qn*
- aus … (D) stammen *être originaire de…*
- die Herkunft *l'origine*
- vertreten sein *être représenté*
- jeder dritte … *un … sur trois*
- der Anteil *la part*
- steigen* ≠ sinken* *augmenter ≠ baisser, diminuer*
- sich ein/leben *s'adapter (à sa nouvelle vie)*
- Freunde gewinnen* *se faire des amis*
- offen ≠ zurückhaltend *ouvert ≠ réservé*
- jn an/sprechen* *s'adresser à qn*
- mit jm in Kontakt kommen* *entrer en contact avec qn*

→ p. 30

B Eine Stadt, 175 Nationen

VIDEO

B1

1. Was erfahren wir über die Einwohner der Stadt?
2. Was hat sich im Laufe der Zeit verändert?

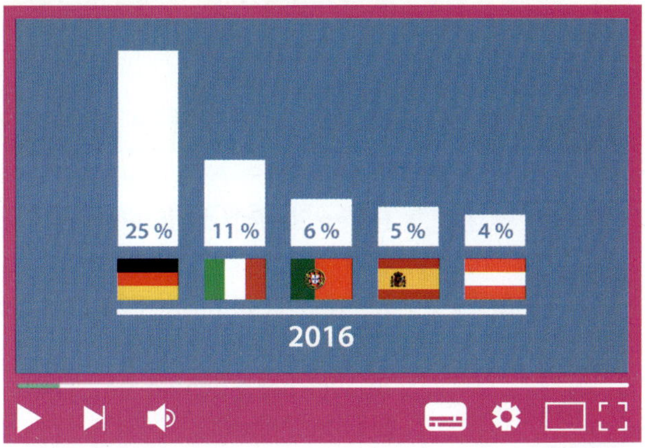

Hochs und Tiefs erleben *connaître des hauts et des bas* – die Seuche *l'épidémie* – die Verhütungspille *la pilule contraceptive* – das Bevölkerungswachstum *la croissance de la population* – die steigenden Mietpreise *les prix des loyers à la hausse* – die Umverteilung *la répartition*

KulturBOX

Schweizer: eine vielfältige Identität

Es bleibt schwierig, eine Schweizer Identität zu definieren. In diesem Land von 8,5 Millionen Einwohnern leben nämlich vier Sprachgemeinschaften: Die meisten Schweizer sind deutschsprachig (73% der Bevölkerung), aber es leben auch französischsprachige Schweizer im Westen (23%) und italienischsprachige (6%) im Südosten. Die vierte Sprache heißt Rätoromänisch und wird von immer weniger Schweizern gesprochen. Außerdem besteht die Schweiz aus 26 Kantonen, die alle eine gewisse Autonomie haben.

C Jung, multikulturell und einsam

MÉDIATION GRUPPENMIX → p. 19

CD 1-2 MP3 1-2

bordas Flash PAGE audio

A2-B1

1. Sie arbeiten an einem der drei Dokumente (Diana, Olga, Aman) und bilden dann eine Expertengruppe, um eine Präsentation davon vorzubereiten (z. B. Mindmap).
2. In Dreiergruppen präsentiert jeder seinen Mitschülern die Expertenpräsentation.
3. Vergleichen Sie im Plenum die Erlebnisse und Eindrücke dieser drei jungen Menschen aus Zürich.

Hördokument „Diana"
vereinbaren *concilier* – es liegt an … *cela est dû à…* – der Expat (-s) *le cadre expatrié*

Hördokument „Olga"
der Wissenschaftler *le scientifique* – das Hochdeutsch *l'allemand standard*

Aman

Nach Zürich emigrierten in den letzten zehn Jahren viele Deutsche, aber auch viele Briten, Amerikaner, Spanier, Franzosen – und Inder. Einer von ihnen ist der 32-jährige Amandeep Singh. In der Schweiz nennt man ihn Aman, das ist einfacher, sagt er. Nach einem MBA in Kalkutta arbeitete er bei Infosys, einem der größten Informatikunternehmen[1] Indiens. Da er sich bewährte[2], bekam er das Angebot, für die Schweizer Infosys-Filiale zu arbeiten. Er konnte einfach nicht nein sagen.

Seit fünf Jahren lebt er in Zürich. Er versteht ein bisschen Deutsch, aber auf dem Arbeitsplatz spricht man meistens Englisch. Außerdem hat er neben der Arbeit zu wenig Zeit, um Deutsch zu lernen. „Zürich ist kosmopolitisch", sagt Aman. Die Stadt gefällt ihm, auch wenn es schwierig ist, von den Zürchern akzeptiert zu werden. Als Asiat oder Afrikaner ist es noch schwieriger denn als Europäer. „Man muss ein offener Typ sein", sagt er.

Daniel Fritzsche, www.nzz.ch, 29. 09. 18

1. das Informatikunternehmen *l'entreprise d'informatique* 2. sich bewähren *faire ses preuves*

SPRACHBOX

Indiquer un lieu

Localisation
- **In** Zürich leben viele Deutsche.
- Die meisten Ausländer wohnen **in** diesem Viertel.
- Die Stadt liegt **an** einem See.

Direction
- Ich bin vor 5 Jahren **nach** Zürich gekommen.
- Viele Europäer wollen **in die** Schweiz emigrieren.

Provenance
- Meine ganze Familie kommt **aus** Indien.
- Die meisten Kollegen kommen **aus** dem Ausland.

→ p. 32

Nun sind Sie dran!!

Schreiben Sie einen kurzen Artikel über Zürich als globale Stadt.

Über Traditionen und kulturelle Unterschiede berichten

Typisch Zürcher?

A) Zürcher Tradition

CD 3-5 MP3 3-5

bordas Flash PAGE audio

A2 1 Hören Sie sich die Interviews an und machen Sie sich Notizen zu diesen Festen.

B1 2 Kennen Sie ähnliche Feste bei Ihnen und woanders?

3 Welche Zürcher Tradition finden Sie seltsam? An welcher möchten Sie teilnehmen? Begründen Sie Ihre Antwort.

der Böög wird zu Sechseläuten verbrannt.

das Zeichen *le signe*
sich von … verabschieden *dire au revoir à…*

das Samichlausschwimmen

das Eis brechen* *briser la glace*

das Schifferstechen auf der Limmat

die Zunft zur Schiffleuten *la compagnie des marins* – das adlige Turnier (-e) *le tournoi pour les nobles* – der Helm *le casque* – die stumpfe Lanze *la lance émoussée*

SPRACHBOX

La place du verbe dans l'énonciative

- Im April **feiern** wir den Frühlingsbeginn.
- Bei uns **ist** es höflich, sich nach einer Dame zu setzen.
- Als ich jung war, **habe** ich immer an diesem Fest teilgenommen.
- Maravan **arbeitet** in Zürich, aber seine Familie **wohnt** in Sri Lanka.

→ p. 32

SPRACHBOX

Traditionen von hier und dort

- an etw. (D) teil/nehmen* *participer à qc*
- das Fest (-e); etw. feiern *la fête ; fêter qc*
- das Frühlingsfest, das Sommerfest *la fête du printemps, de l'été*
- ins Wasser springen* *sauter à l'eau*
- die Glocke (-n); der Glockenturm (¨-e) *la cloche ; le clocher*
- läuten *sonner, retentir*
- der Umzug (¨-e) *le défilé*
- die Herausforderung; jn heraus/fordern *le défi ; lancer un défi à qn*
- brennen*; etw. verbrennen* *brûler (intrans.) ; brûler qc*
- etw. mit etw. verbinden* *relier qc à qc*
- von einer Sprache zur anderen wechseln *passer d'une langue à l'autre*
- der Empfang; jn empfangen* *l'accueil ; accueillir qn*
- offen ≠ zurückhaltend *ouvert ≠ réservé*

kulturelle Missverständnisse

- das Missverständnis (-se) *le malentendu*
- komisch, seltsam *étrange, curieux*
- das ist mir fremd *cela m'est étranger*
- jm etw. an/bieten* *proposer qc à qn*
- (un)höflich *(im)poli*
- respektvoll *respectueux*
- überrascht *surpris*
- sich verlegen fühlen *se sentir embarrassé*
- sich (D) nicht trauen, etw. zu tun *ne pas oser faire qc*

→ p. 30

B) Zwischen zwei Kulturen

A2 1 Inwiefern ist Maravan von seiner Gemeinde abhängig?

2 Wie stellte er sich seine Zukunft in der Schweiz vor, bevor er Andrea kennenlernte?

B1 3 Wie verhalten sich die jungen Tamilinnen, als Andrea auf sie zukommt? Wie interpretieren Sie ihre Reaktion?

4 Welches kulturelle Missverständnis tritt zwischen Andrea und Maravan auf?

Maravan arbeitet als Koch in einem Zürcher Restaurant.
Dort hat er Andrea, eine schweizerische Kollegin, kennengelernt.

Maravan hatte wenig Kontakt zu Frauen. Die unverheirateten Töchter in der tamilischen Gemeinde waren zu behütet[1], um mit Männern Beziehungen zu pflegen. [...] Und wen sie heirateten, bestimmten traditionsgemäß die Eltern. Es gab schon Schweizerinnen, die sich für ihn interessierten. Aber sie galten[2] wegen ihres freizügigen Lebenswandels als[2] schlechte Frauen. Sich mit einer von ihnen einzulassen[3] würde Schande[4] über seine Familie in Sri Lanka bringen[4]. Und dass sie es früher oder später erfahren würde, dafür sorgte die Gemeinschaft der tamilischen Flüchtlinge, die Diaspora. Er hatte sich damit abgefunden[5], das Leben eines Junggesellen zu führen, und vertröstete sich[6] auf eine vage Zukunft als Ehemann und Vater in Sri Lanka.
Aber seit dem Auftauchen von Andrea regten sich Gefühle, die er durch seine tiefe und mächtige Leidenschaft, das Kochen, überwunden[7] geglaubt hatte.

Andrea besucht Maravan zum zweiten Mal bei ihm zu Hause.

Vor der Theodorstraße 94 stand eine Gruppe junger Tamilinnen zweiter Generation. Sie lachten und schwatzten[8] in breitem Dialekt. Als sie sahen, dass Andrea auf sie zukam, sprachen sie etwas leiser und wechselten die Sprache. Sie machten ihr Platz und grüßten artig. Sobald sie im Treppenflur verschwunden war, hörte Andrea sie wieder auf Schweizerdeutsch plaudern[8].
Im Flur roch es nach [...] Zwiebeln und Gewürzen. [...] Vor Maravans Tür blieb sie einen Moment stehen, bevor sie auf den Knopf drückte, [...] dann drehte sich der Schlüssel im Schloss und er stand vor ihr. [...]
„Darf ich reinkommen?"
Er führte sie in seine Wohnung. Sie war so, wie sie sie in Erinnerung hatte: aufgeräumt und gelüftet. Im Wohnzimmer vor dem Hausaltar[9] brannte die Tonlampe. Wie beim letzten Mal lief keine Musik, durch das offene Fenster drangen die Geräusche der Straße.
Auf dem niedrigen Tisch standen eine Teekanne und eine Tasse, den Kissen[10] auf der einen Seite sah man an, dass Maravan eben noch dort gegessen hatte. Er bot ihr den Platz gegenüber an.
„Macht es dir etwas aus, wenn ich mich hier hinsetze?"
Sie zeigte auf den Stuhl vor dem PC.
„Bitte", sagte er achselzuckend. „Magst du Tee?"
„Danke, keinen Tee. Ich bleibe nicht lange. Ich wollte nur etwas fragen."
Sie setzte sich auf den Stuhl. Maravan blieb vor ihr stehen. [...]
„Hast du keinen zweiten Stuhl?"
„In der Küche."
„Willst du ihn nicht holen?"
„Bei uns ist es unhöflich, Respektspersonen auf gleicher Höhe zu begegnen."
„Ich bin keine Respektsperson."
„Für mich schon."
„Quatsch. Hol einen Stuhl und setz dich."
Maravan setzte sich auf den Boden. Andrea schüttelte nur den Kopf.

Martin Suter, *Der Koch*, 2010

1. behüten *chaperonner, surveiller*
2. gelten* als *passer pour*
3. sich mit jm ein/lassen* *s'acoquiner avec qn*
4. Schande bringen* *couvrir de honte*
5. sich mit etw ab/finden* *s'accomoder de qc*
6. sich vertrösten *se consoler*
7. überwinden* *surmonter*
8. schwatzen = plaudern *bavarder*
9. der Hausaltar *l'autel domestique*
10. das Kissen *le coussin*

Nun sind Sie dran!!

Welche Traditionen oder kulturellen Besonderheiten finden Sie seltsam? Erzählen Sie von kulturellen Missverständissen, die Sie erlebt haben.

TRAINING

WORTSCHATZ

Lokal + Global = Zürich

eine globale Stadt

A2-B1
- liegen* *se situer*
- in der Mitte von … *au milieu de…*
- berühmt *célèbre*
- (welt)bekannt *connu (dans le monde entier)*
- der Ausländer (-); ausländisch *l'étranger ; étranger (adj.)*
- aus dem Ausland kommen* *venir de l'étranger*
- kosmopolitisch *cosmopolite*
- offen *ouvert, tolérant*
- attraktiv *attirant*

B1-B2
- sich befinden* *se trouver*
- im Herzen von … *au cœur de…*
- an der Kreuzung von … *au croisement de…*
- die Weltstadt (¨-e) *la ville-monde*
- der Anteil *la part*
- jn an/ziehen* *attirer qn*
- sich nieder/lassen* *s'installer*

lokale Traditionen

A2-B1
- das Fest (-e); etw. feiern *la fête ; fêter qc*
- bei etw. mit/machen *participer à qc*
- sich verkleiden *se déguiser*
- die Glocke (-n) *la cloche*
- läuten *sonner, retentir*
- der Feiertag (-e) *le jour férié*
- jm etw. an/bieten* *proposer qc à qn*
- etw. komisch, seltsam, normal finden* *trouver qc bizarre, étrange, normal*

B1-B2
- an etw. (D) teil/nehmen* *participer à qc*
- die Tracht *le costume traditionnel*
- der Umzug *le défilé*
- die Herausforderung (-en); jn heraus/fordern *le défi ; lancer un défi à qn*
- die Höflichkeit; höflich *la politesse ; poli*
- der Empfang; jn empfangen* *l'accueil ; accueillir qn*
- der Respekt; respektvoll *le respect ; respectueux*

eine angenehme Stadt

A2-B1
- das Viertel (-); der Stadtteil (-e) *le quartier*
- die Innenstadt *le centre-ville*
- die Bank (-en) *la banque*
- die Börse *la bourse*
- die Hochschule (-n), die Universität (-en) *l'université*
- der Flughafen (¨) *l'aéroport*
- der See (-n) *le lac*
- der Fluss (¨-e) *le fleuve, la rivière*
- angenehm ≠ stressig *agréable ≠ stressant*
- jm gefallen* *plaire à qn*

B1-B2
- der Stadtkreis (-e) *l'arrondissement*
- der Finanzplatz (¨-e) *la place financière*
- die öffentlichen Verkehrsmittel *les transports publics*
- sauber ≠ schmutzig *propre ≠ sale*
- sicher ≠ gefährlich *sûr ≠ dangereux*
- lebendig ≠ langweilig *vivant ≠ ennuyeux*
- der Wohlstand; wohlhabend sein *la prospérité ; être aisé*

sich (nicht) einleben

A2-B1
- der Dialekt (-e) *le dialecte*
- die Muttersprache *la langue maternelle*
- die Fremdsprache (-n) *la langue étrangère*
- multikulturell, multikulti *multiculturel*
- die Herkunft *l'origine*
- deutschsprachig *germanophone*
- sich zu Hause, heimisch ≠ fremd fühlen *se sentir chez soi ≠ étranger*

B1-B2
- einheimisch; der Einheimische (-n, -n) *local ; l'habitant du pays, le local, l'autochtone*
- aus … (D) stammen *être originaire de…*
- sich ein/leben *s'adapter, s'intégrer*
- Teil der Gesellschaft sein *faire partie intégrante de la société*
- mit etw. / jm verbunden sein *être relié à qc / qn*
- einer Gemeinde an/gehören *faire partie d'une communauté*
- eine Tradition an/nehmen* *adopter une tradition*
- aufgeschlossen ≠ zurückhaltend *ouvert ≠ réservé*
- das Missverständnis (-se) *le malentendu*
- sich verlegen fühlen *se sentir embarrassé*

Comprendre les consignes

- Wie stellen Sie sich Zürich vor? *Comment imaginez-vous Zurich ?*
- Inwiefern kann man sagen, dass …? *Dans quelle mesure peut-on dire que… ?*

ÜBUNGEN

1 **Retrouvez le genre des noms suivants.**

a. d… Gemeinde
b. d… Fest
c. d… Tracht
d. d… Viertel
e. d… Herkunft
f. d… Glocke
g. d… Herausforderung
h. d… Empfang

2 **Trouvez l'intrus.**

a. die Bank – die Hochschule – die Herkunft – der Flughafen – der See
b. angenehm – sauber – multikulturell – vielfältig – schmutzig
c. der Ausländer – das Fest – der Umzug – die Tracht – sich verkleiden
d. der Respekt – berühmt – höflich – der Empfang – anbieten

3 **Associez à chaque adjectif son contraire.**

gefährlich •	• lebendig
langweilig •	• aufgeschlossen
zurückhaltend •	• sicher
fremd •	• schmutzig
sauber •	• heimisch

4 **Associez les éléments afin de former des groupes infinitifs cohérents.**

aus der Schweiz •	• niederlassen
jm einen Sitz •	• verbunden sein
sich in einem Viertel •	• anbieten
an einem Sommerfest •	• anziehen
mit einer Gemeinde •	• stammen
junge ausgebildete Leute •	• teilnehmen

5 **Complétez le texte avec les mots suivants.**

Bank – Fremdsprachen – Gruppe – junge – liegt – niedergelassen – Viertel – öffentlichen Verkehrsmitteln – Stadtkreis

Seit ein paar Monaten hat sich meine Familie im 4. … von Zürich … . Unsere Wohnung … nicht weit von der ETH, an der ich Physik studiere. Mein Vater arbeitet bei einer … und kann dorthin mit den … fahren. In unserem … leben viele … Ausländer. Ich gehöre einer … an, die Treffen mit ihnen organisiert, damit wir im gegenseitigen Austausch unsere Kenntnisse in … verbessern.

Extra

A2-B1 **6** **Was charakterisiert eine globale Stadt?**

New York
Paris
London
Hongkong
Tokio
Zürich
Frankfurt am Main
Amsterdam
Madrid
Mumbai
Seoul

WORTBILDUNG

Les adjectifs dérivés de noms géographiques

Les adjectifs dérivés de noms géographiques de villes se forment en ajoutant le suffixe *-er*.
L'adjectif porte une majuscule et il est invariable.
→ *das **Wiener** Schnitzel* l'escalope viennoise
→ *die **Berliner** Mauer* le mur de Berlin

Cette forme sert également à former les noms désignant les habitants d'une ville ou de certains pays (***-erin*** pour le féminin).
→ ***der Berliner*** le Berlinois
→ ***die Schweizerin*** la Suissesse

! Le dérivé de *Zürich* est ***Zürcher*** et celui de *München* est ***Münchner***.
L'adjectif « suisse » a deux traductions possibles : *schweizerisch* ou la forme invariable *Schweizer*.
→ ***das Schweizer Messer*** le couteau suisse

ÜBUNG

Formez des adjectifs ou des noms avec les noms de ville suivants.

a. der Flughafen von Peking → …
b. die Straßen von Warschau → …
c. eine Frau aus Athen → …
d. die Wolkenkratzer von New York → …
e. das Opernhaus von Paris → …
f. die Museen von Wien → …
g. ein Taxi von London → …
h. die Sehenswürdigkeiten von Frankfurt → …
i. das Rathaus von München → …

TRAINING

GRAMMATIK

LERNTEMPODUETT
→ p. 17

Indiquer un lieu → p. 27

→ PRÉCIS p. 233

- En allemand, il est indispensable de distinguer le lieu où l'on est (locatif) du lieu où l'on va (directionnel).
En effet, selon le contexte, les interrogatifs, les prépositions et le cas exigé diffèrent.
Il faut en particulier veiller aux prépositions spatiales (*an, auf, hinter, in, neben, über, unter, vor, zwischen*) qui exigent le datif pour le locatif, mais l'accusatif pour le directionnel.

	Wo ist/war er?	**Wohin** fährt/geht sie?	**Woher** kommen sie?
lieu sans article	**in** Er wohnt **in** Zürich.	**nach** Wir sind **nach** Russland gefahren.	**aus** Sie kommen **aus** Brasilien.
lieu avec article	**in, an, auf ...+ Datif** Sie wohnen **am** See. Wir haben lange **in** der Schweiz gelebt.	**in, an, auf ...+ Accusatif** Die Touristen gehen gern **an den See.**	**aus + Datif** Kommt ihr **aus den** Niederlanden?

1 (*) **Complétez les phrases suivantes par *an, in, nach* ou *aus*.**

a. ... New-York leben viele Menschen ... der ganzen Welt.
b. Meine meisten Freunde kommen ... Asien und sind ... Deutschland gekommen, um dort zu studieren.
c. Wenn wir unsere Ferien ... Spanien verbringen, suchen wir ein Ferienhaus ... dem Meer.
d. ... der Ostsee liegen nicht viele deutsche Großstädte.

2 (**) **Complétez les réponses par la préposition ou la terminaison qui convient.**

a. Woher stammt dieser Bankangestellte?
– ... Südkorea.
b. Wohin wollt ihr denn im Winter fahren?
– Vielleicht in d... Berge.
c. Wo ist die neue Wohnung deiner Schwester?
– In ein... Stadtteil nicht weit vom Zentrum.
d. Wohin fliegen deine Eltern zu Ostern?
– ... Oslo oder in d... Türkei. Ich weiß nicht mehr genau.

La place du verbe dans l'énonciative → p. 28

→ PRÉCIS p. 234

- Dans la phrase indépendante énonciative, le verbe conjugué est en 2e position.
*In der Schweiz **arbeiten** viele Deutsche.*
- La première position peut être occupée par le GN sujet, un GN complément, un adverbe ou une proposition dépendante.
La proposition dépendante est le seul élément en 1re position après lequel on met une virgule.
*Im April **haben** wir die Stadt Zürich besichtigt.*
*Wenn es schön ist, **fahren** wir an den Zürcher See.*
- Les conjonctions de coordination *und, aber, denn, oder* n'ont pas d'incidence sur la place du verbe.
*Zürich **ist** eine Kleinstadt, aber sie **ist** sehr kosmopolitisch.*

3 (*) **Commencez les phrases suivantes par l'élément souligné. Attention à la ponctuation.**

a. Die Einwohner der Stadt feiern im April den Beginn des Frühlings.
b. Wir haben den letzten Monat bei unseren Großeltern am Genfer See verbracht.
c. Ich habe in Bern leider nicht viele Freunde.
d. Ich habe immer an diesem Fest teilgenommen, als ich in der Schweiz gelebt habe.

4 (**) **Traduisez les phrases suivantes.**

a. En France, nous avons aussi beaucoup de traditions régionales.
b. Cette année, nous recevons une étudiante étrangère.
c. Je voudrais étudier en Suisse, mais je ne parle pas bien allemand.
d. Si tu veux, tu peux participer.

I bi en Zürcher / e Zürcherin*

MÉDIATION
GALERIEGANG → p. 22

A2-B1
CD 6-9
MP3 6-9
bordas Flash PAGE audio

- Ihre Gruppe hört sich eins der Interviews an und erstellt eine Präsentation des oder der Interviewten (Mindmap, Plakat).
- Jede Gruppe präsentiert ihre Arbeit nach der Methode des Galeriegangs.

* *Forme dialectale de* Ich bin ein Zürcher / eine Zürcherin

Genf *Genève* – das UNHCR *le Haut Commissariat des Nations Unies pour les réfugiés* – die Vereinten Nationen *les Nations Unies* – es lohnt sich *cela vaut la peine* – das Stipendium *la bourse d'études* – gut bezahlt *bien payé*

Stratégies

▷ Présenter un document audio sous forme de carte mentale

- Pour concevoir une carte mentale à partir d'un document audio, il faut définir le sujet central du document et y raccrocher les informations entendues.
- Ces informations doivent être regroupées en catégories globales qui seront les branches secondaires de la carte.

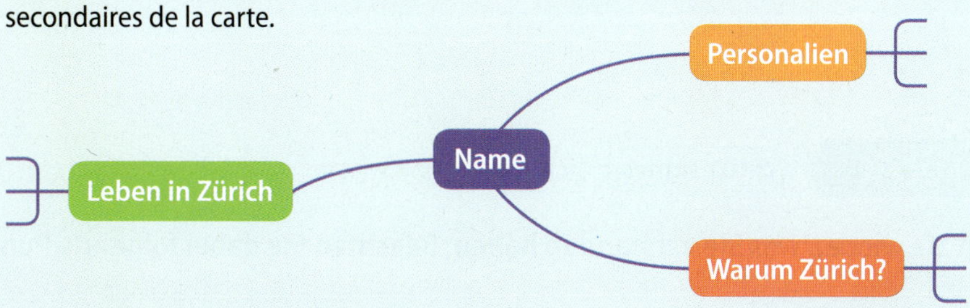

- La carte mentale est utilisée dans ce projet comme support à l'expression orale. Elle ne doit donc pas contenir de phrases, mais des mots-clés, des groupes infinitifs et les mots que vous ne connaissiez pas encore et que vous avez dû chercher pour ce projet.

BAC
ÉPREUVE 3
(3e trimestre)

PARTIE 1 – ÉCRIT

Compréhension de l'oral

VIDEO

bordas Flash PAGE vidéo

Frankfurt: eine vielfältige Stadt

- **En rendant compte en français du document, vous montrerez que vous avez compris :**
  - le thème principal du document,
  - les informations,
  - l'identité des personnages,
  - la fonction et la portée du document (relater, informer, convaincre, critiquer, dénoncer, etc.).

die Sikh-Religion *le sikhisme (une religion indienne)* – Das kommt auch nicht von ungefähr, dass … *Ce n'est pas un hasard si…* – die Würde *la dignité* – das Flair *l'ambiance, l'atmosphère* – die Bereicherung *ici, la source de richesse* – die Bewegung *le mouvement* – die Stärke *la force*

Stratégies

Savoir écouter et regarder une vidéo

Il est important lors du visionnage que l'image devienne une aide et non une distraction.

- **L'image n'est pas une transcription des paroles**
  Dans une vidéo, le son et l'image sont souvent complémentaires, mais l'un ne se substitue pas à l'autre. C'est pourquoi il est erroné de penser que les images correspondent aux paroles. Les images donnent un cadre et illustrent le propos.

On voit K. Singh jouer avec sa fille et sa femme, mais parle-t-il vraiment d'elles à ce moment-là ?

- **Que faire des indications écrites ?**

Des informations sont parfois insérées dans l'image sous forme de sous-titres ou de légendes.
→ Elles peuvent être utiles, en particulier quand elles indiquent le nom et la fonction de la personne qui parle.
→ Elles peuvent aussi constituer des informations complémentaires qui justement ne seront pas énoncées oralement.

Pendant l'interview de K. Singh apparaissent des bulles avec des renseignements sur son parcours. Ces informations ne sont nulle part exprimées à voix haute. Si vous le jugez utile, vous pouvez les reprendre dans votre compte rendu.

Compréhension de l'écrit

3 102 signes

a. Lesen Sie den Text. Geben Sie wieder, was Sie verstanden haben. Beachten Sie dabei folgende Punkte:
- das Hauptthema des Textes
- die angeführten Beispiele

b. Wie sehen Hilime Arslaner und Mirjam Wenzel die Multikulturalität der Stadt? Positiv oder negativ?

c. Analysieren Sie den Standpunkt des Journalisten. Ist er neutral-informativ oder nicht?

Multikulti am Main

Hilime Arslaner führt mich durch ihren Frankfurter Stadtteil Bornheim. Hier lebt die 45 Jahre alte Diplom-Volkswirtin[1] mit türkischen Wurzeln[2] schon seit Jahrzehnten. Sie liebt ihren Stadtteil auch deswegen, weil Menschen ganz unterschiedlicher Herkunft sich hier zuhause fühlen:

„Wir sind jetzt auf dem Bornheimer Markt. Dem legendären Bornheimer Markt. Hier trifft sich samstags ganz Frankfurt, kann man schon fast sagen. Hier kann man sehr gut einkaufen und Sie sehen auch die bunte Vielfalt jetzt an den Theken[3] hier. Und die Menschen – das ist eine sehr, sehr lockere Atmosphäre und ein typischer Markt."

Mit knapp 13 Prozent der Gesamtbevölkerung stellen die Menschen mit türkischen Wurzeln vor den Kroaten, Italienern und Polen die größte Gruppe der insgesamt rund 370.000 Frankfurter, die [...] einen Migrationshintergrund haben. Das Zusammenleben der Menschen mit ganz verschiedenen kulturellen oder religiösen Herkunftsgeschichten klappt hier tatsächlich gut, versichert Hilime Arlsaner:

„Ich lebe seit meinem fünften Lebensjahr hier im Stadtteil Bornheim. Bornheim ist ein Ausschnitt aus Gesamt-Frankfurt[4] – Frankfurt als eine sehr vielfältige Stadt, bunte Stadt und Bornheim ist meiner Meinung nach das Herz davon. Verschiedene Kulturen. Hier pulsiert so das Frankfurter Leben."[...]

Jeder zweite Frankfurter Einwohner hat inzwischen einen Migrationshintergrund. In Grundschulen lernen mehr als zwei Drittel Kinder, deren Wurzeln im Ausland liegen. Viele sind Muslime.

Gleichzeitig hatte Frankfurt am Main einen relevanten jüdischen Bevölkerungsanteil – bis zum Holocaust. Doch seit Jahrzehnten steigt die Zahl der Juden in Frankfurt wieder deutlich an. Jüdisches Leben wird zunehmend wieder Teil des Alltags in der Mainmetropole. [...]

Gemeinsame Treffen mit Rabbinern, Imamen und christlichen Geistlichen[5] werden ebenso organisiert wie Führungen im Jüdischen Museum selbst – für viele Jugendliche ist das überhaupt der erste Museumsbesuch, den sie erleben. Nicht nur bei muslimischen Jugendlichen in der Multikulti-Stadt am Main muss das Interesse an der jüdischen Geschichte in Deutschland geweckt werden, sondern auch bei jüdischen Neubewohnern oder Gästen in Frankfurt, betont Museumschefin Mirjam Wenzel:

„Und die Herausforderung[6] für uns ist es, angesichts dieser neuen Pluralität jüdischen Lebens neue Blicke auf die Geschichte zu werfen und auch die Gegenwart[7] ins Museum zu holen."

Eine kulturell gemischte Gegenwart, wie sie sich jeden Samstag auf dem Bornheimer Markt spiegelt. Seit 2010 zogen wegen der Wirtschaftskrise in ihrem Land auch wieder vermehrt Griechen und Spanier in die Mainmetropole. Als sogenannte Gastarbeiter[8] waren Menschen aus diesen Ländern ja schon einmal in den 60er- und 70er-Jahren verstärkt nach Deutschland geholt worden.

Hilime Arslaner hält die Integrationskapazität der alten Handelsmetropole am Main für groß. Doch sie vergisst die sozialen Konflikte nicht, die sich auch in ihrem Lieblingsstadtteil Bornheim tagtäglich zeigen. Vor allem ist Frankfurt am Main sehr, sehr teuer geworden – für Menschen mit und ohne Migrationshintergrund.

Nach Ludger Fittkau, *deutschlandfunk.de*, 2017

1. die Volkswirtin *l'économiste (f.)* 2. die Wurzel (-n) *la racine* 3. die Theke *le stand, le comptoir*
4. ein Ausschnitt aus Gesamt-Frankfurt *un concentré de tout ce qu'est Francfort*
5. der Geistliche *le membre du clergé (catholique ou protestant)* 6. die Herausforderung *le défi*
7. die Gegenwart *le présent* 8. der Gastarbeiter *le travailleur immigré*

Stratégies
Comprendre les articulations du discours

▷ Dans un texte, il est important de repérer les articulations du discours fréquentes à l'écrit.

- ***Hier** lebt die 45 Jahre alte Volkswirtin.* ici : se réfère à un lieu cité auparavant
- *Sie liebt ihren Stadtteil auch **deswegen**, weil …* pour cette raison : annonce la cause qui suit
- *Das Zusammenleben … klappt hier **tatsächlich** gut.* en effet, effectivement
- ***Doch** sie vergisst die sozialen Konflikte nicht.* or, cependant
- ***Nicht nur** bei muslimischen Jugendlichen, **sondern auch** bei jüdischen Neubewohnern …* non seulement… mais aussi…
- *Frankfurt ist **meiner Meinung nach** …* à mon avis
- ***Vor allem** ist Frankfurt am Main …* surtout

Expression écrite

Behandeln Sie Thema A oder Thema B.

Thema A
Warum sind einige Städte wie Frankfurt, Zürich oder Berlin für Menschen aus der ganzen Welt attraktiv geworden?

ODER

Thema B
Inwiefern sind internationale Städte Beispiele für eine gelungene Integration?

Stratégies

Situer dans l'espace

- *In dieser Stadt sind die Leute …*
  Dans cette ville, les gens sont…
- *Es ist eine Stadt, wo …*
  (verbe en dernière position)
  C'est une ville où…
- ***Dort** kann man …* On peut y…
- *Viele Menschen **kommen nach** …*
  Beaucoup de personnes viennent à…

Organiser son travail de rédaction

- Ne commencez pas tout de suite à rédiger votre texte.
- Prenez le temps de lire attentivement la consigne et de réfléchir à ce qui a été vu en classe par rapport au sujet proposé.
- Notez ensuite au brouillon toutes les idées et exemples qui vous viennent en tête, comme :

  eine attraktive Stadt, sich zuhause fühlen, sich in einer Stadt einleben …

- Puis choisissez les éléments que vous voulez mettre dans votre rédaction.
- Enfin, rédigez votre texte en respectant la structure en trois parties : une introduction, votre argumentation, une conclusion.

BAC ÉPREUVE 3 (3e trimestre) — PARTIE 2 – ORAL

MÉTHODOLOGIE p. 38

Expression orale en continu

- **Schauen Sie sich die folgenden Bilder an. Welches Bild illustriert Ihrer Meinung nach am besten das Thema „Identität und Austausch"? Begründen Sie Ihre Antwort.**

A

Frankfurter Fußballmannschaft: Eintracht Frankfurt

B

Zazie Beetz, deutsch-amerikanische Schauspielerin, in Berlin und New York aufgewachsen.

1. die Eintracht *le nom de l'équipe de football de Francfort signifie également l'entente, la concorde*

Stratégies
Exploiter ce qui a été vu en classe de 1re

Les axes traités en Terminale sont les mêmes que ceux de 1re. Vous pouvez donc prendre appui sur ce qui a été vu l'an dernier. Il faut éviter le hors-sujet.

Si vous avez travaillé avec ***Wanderlust 1re***, vous avez peut-être traité le **chapitre 2 *Heim(at)weh***. Vous pouvez relier le lexique et les expressions aux personnes de ces images.

ORIGINES

- Die Herkunft der Fußballspieler ist vielfältig.
- Die Schauspielerin ist in Deutschland und Amerika aufgewachsen.
- Die Fußballmannschaft symbolisiert …

ÊTRE CHEZ SOI

- Die Fußballspieler erleben eine Zugehörigkeit.
- Frankfurt ist der Ort, wo sie hingehören. Sie sind vielfältig, aber sie haben viel gemeinsam.
- Die Schauspielerin fühlt sich in Berlin und New York bestimmt zuhause. Sie lebt zwischen zwei Kulturen.

Expression orale en interaction

- **Après l'expression orale en continu, vous allez échanger avec l'examinateur. Voici des questions qu'il pourrait vous poser.**

IDENTITÄT UND AUSTAUSCH

Würden Sie gern in einer internationalen Stadt leben? Warum (nicht)?

Ist für Sie die Tradition wichtig? Welche Traditionen mögen Sie besonders?

Interessieren Sie sich für andere Kulturen? Welche und warum?

Inwiefern ist die Migration für viele Menschen eine Chance?

Warum debattiert man Ihrer Meinung nach so oft über Migration?

Stratégies
Moduler son débit lors de sa présentation orale

Vous devez capter l'attention de votre interlocuteur en adoptant un débit naturel.

- **N'hésitez pas à faire une pause entre les différentes parties de votre exposé.** Ces pauses permettront de marquer la structuration de votre propos que votre interlocuteur pourra ainsi percevoir.
- **Ralentissez votre débit** quand vous énoncez des informations que vous considérez comme importantes.
- Pour être plus persuasif et rendre votre exposé plus vivant, **regardez votre interlocuteur dont vous pouvez parfois solliciter l'accord tacite** en ajoutant :

  Nicht wahr? *N'est-ce pas ?*
- **N'oubliez pas de clore votre exposé par une phrase.**

  – Vielen Dank für Ihre Aufmerksamkeit. *Merci de votre attention.*

! Ne vous laissez pas déstabiliser si votre interlocuteur prend des notes pendant votre exposé. Cela ne signifie pas qu'il relève des fautes qui vous pénaliseront. C'est au contraire plutôt bon signe. Il prend seulement des notes pour se souvenir de ce que vous avez dit et pouvoir approfondir quelques points lors de l'expression en interaction.

BAC MÉTHODOLOGIE

S'EXPRIMER À L'ORAL

SUJET

→ p. 36

Schauen Sie sich die folgenden Bilder an. Welches Bild illustriert Ihrer Meinung nach am besten das Thema „Identität und Austausch"? Begründen Sie Ihre Antwort.

Expression orale en continu

▷ Pour l'épreuve d'expression orale en continu, vous allez devoir **choisir le document** qui, selon vous, illustre le mieux l'axe thématique « Identités et échanges ». Il s'agit ici de donner et d'**expliquer votre choix**, il n'y a donc pas de mauvaise réponse ! En revanche, il va falloir bien **justifier votre choix** (*Begründen Sie Ihre Antwort*, Étape 2) et faire référence le plus possible à des exemples et des aspects culturels vus en classe ou issus de votre culture personnelle (Étape 3).

Cette partie de l'épreuve sert à évaluer votre capacité à exprimer votre point de vue selon les critères suivants :

A2 Peut **exprimer un avis en termes simples**. Le discours est bref et les éléments en sont juxtaposés.

B1 Peut **exposer un point de vue de manière simple** en l'illustrant par des exemples et des références (inter)culturelles. Le discours est structuré (relations de causalité, comparaisons, etc.).

B2 Peut **développer un point de vue pertinent et étayé**, y compris par des reformulations sans rompre le fil du discours. Peut nuancer un propos en s'appuyant sur des références (inter)culturelles.

La correction et la richesse de la langue sont aussi prises en compte dans les critères d'évaluation.

Étape 1 Vérifiez le lexique

Dans le chapitre, vous avez appris un certain nombre de mots dont vous aurez besoin pour vous exprimer. Vérifiez que vous en maîtrisez le sens et traduisez-les en français.

- sich zu Hause fühlen
- einer Gruppe an/gehören
- zusammen spielen
- in Eintracht leben
- aufgeschlossen / offen
- multikulturell / multikulti
- aus … stammen
- vielfältig
- die Herkunft
- jn empfangen*

A Frankfurter Fußballmannschaft: Eintracht Frankfurt

- die doppelte Nationalität / Staatsangehörigkeit haben
- aus verschiedenen Ländern stammen
- sich zu Hause fühlen
- zwischen zwei Kulturen leben
- zwei Muttersprachen haben
- sehr gut Deutsch / Englisch sprechen*
- zwei Heimaten haben
- berühmt sein
- eine internationale Karriere machen

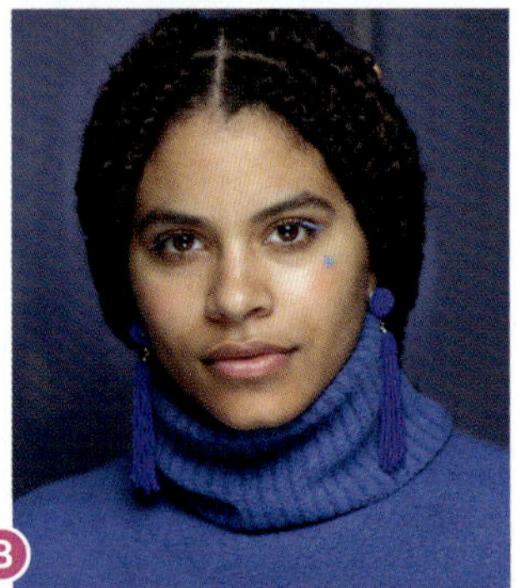

B Zazie Beetz, deutsch-amerikanische Schauspielerin, in Berlin und New York aufgewachsen

Étape 2 Justifiez le choix du document

▷ Lors de cette étape, vous allez devoir **montrer en quoi le document choisi illustre l'axe thématique.**

– ***Ich finde, dass*** *das Dokument B besonders gut zu unserer Thematik passt, denn diese Schauspielerin fühlt sich in Deutschland und in Amerika zu Hause.*
Je trouve que le document B va particulièrement bien avec notre thématique car cette actrice se sent chez elle en Allemagne et en Amérique.

– ***Ich habe mich für*** *das Bild der Schauspielerin / Fußballmannschaft* ***entschieden****, denn …*
J'ai choisi la photo de l'actrice / l'équipe de foot car…

– ***Meiner Meinung nach*** *illustriert das Dokument A am besten die Thematik „Identität und Austausch", weil es sehr gut darstellt, dass Menschen aus verschiedenen Kulturen in Eintracht leben und zusammenarbeiten können.* **À mon avis**, le document A illustre le mieux la thématique « Identités et échanges » parce qu'il montre bien que des personnes de cultures différentes peuvent vivre en harmonie et travailler ensemble.

Étape 3 Étoffez votre propos avec des exemples étudiés en classe

Lors de cette partie de l'épreuve, il s'agira surtout de faire le lien entre le document retenu et l'axe thématique. À cette fin, il sera pertinent d'étayer vos propos par des exemples et des documents étudiés en classe.

Document A

– *Im Unterricht haben wir auch über offene Städte gesprochen. Wir haben zum Beispiel die Stadt … kennengelernt. Dort …* En cours, nous avons aussi parlé de villes accueillantes. Nous avons par exemple vu la ville…. Là-bas…

– *Das Foto erinnert mich an ein Video über Menschen, die aus dem Ausland stammen. Das Video zeigt …* La photo me rappelle une vidéo sur des gens d'origine étrangère. Cette vidéo montre…

– *Ich finde das Dokument A sehr interessant, denn viele Menschen stellen sich Deutschland nicht als ein vielfältiges / multikulturelles Land vor.* Je trouve le document A très intéressant car beaucoup de gens ne se représentent pas l'Allemagne comme un pays divers / multiculturel.

Document B

– *Wir haben im Unterricht eine ähnliche Person kennengelernt. Es handelt sich um eine Frau / einen Mann, die / der …* En cours, nous avons fait la connaissance d'une personne similaire. Il s'agit d'une femme / d'un homme qui…

– *Diese Schauspielerin könnte auch eine Romanfigur sein. Im Unterricht haben wir einen Romanauszug gelesen, in dem …* Cette actrice pourrait aussi être un personnage de roman. En cours, nous avons lu un extrait de roman dans lequel…

Expression orale en interaction

À l'issue de l'expression orale en continu, l'examinateur va vous poser des questions en lien avec le support choisi et l'axe thématique. Cette partie sert à **mettre en valeur votre capacité à interagir**, à **vous reprendre**, à **expliquer et illustrer vos propos**.
Lors de cette étape, vous serez évalué(e) selon les critères suivants :

A2 Peut **répondre et réagir de manière simple.**
B1 Peut **engager, soutenir et clore une conversation simple sur des sujets familiers**. Peut faire référence à des aspects (inter)culturels.
B2 Peut **argumenter et chercher à convaincre**. Peut réagir avec pertinence et **relancer la discussion**, y compris pour amener l'échange sur un terrain familier ou sur celui d'aspects (inter)culturels.
La correction et la richesse de la langue sont aussi prises en compte dans les critères d'évaluation.

Voici quelques questions que l'examinateur pourrait vous poser et quelques éléments de réponse :

Würden Sie gern in einer internationalen Stadt leben? Warum (nicht)?

Parlez des villes que vous appréciez ou dont vous rêvez. Vous pouvez bien sûr sortir de l'espace germanophone.
gefallen – an/ziehen**
lebendig – interessant – kulturell – jung – international
offen – aufgeschlossen
sich ein/leben – sich zu Hause fühlen

Ist für Sie die Tradition wichtig? Welche Traditionen mögen Sie besonders?

Vous pouvez ici vous référer à des fêtes traditionnelles et mentionner les valeurs qu'elles véhiculent.
zu Weihnachten / zu Chanukka / zum Zuckerfest
à Noël / Hanouka / l'Aïd
feiern – an etw. (D) teil/nehmen – zusammen essen / spielen*
der Respekt – die Toleranz – die Freundschaft – das Zusammenleben

Warum debattiert man Ihrer Meinung nach so oft über Migration?

C'est l'occasion de montrer que vous vous intéressez à l'actualité. Veillez à garder une position neutre.
Die Menschen sind sehr mobil geworden. Viele Migranten kommen nach Europa.
In einigen Ländern ist dieses Phänomen neu. Die Einheimischen stellen sich also Fragen über die Migration.
In den Debatten spricht man über die positiven und auch über die negativen Aspekte der Migration.

Inwiefern ist die Migration für viele Menschen eine Chance?

Vous avez sûrement parlé en cours du sort de certains migrants. Vous pouvez donc vous y référer.
Im Unterricht haben wir die Geschichte eines Migranten / einer Migrantin gelesen. Für ihn / sie war es eine Chance, denn …
Für seine / ihre neue Heimat war es auch eine Chance, denn …

Interessieren Sie sich für andere Kulturen? Welche und warum?

die Kultur aus …
sich für etw. interessieren
die Musik – der Tanz – die Küche – die Sprache – die Kunst – die Geschichte
die Sprache / tanzen / kochen lernen
*angenehm / spannend / exotisch finden**
glücklich / offen / solidarisch sein
Spaß haben / lachen / feiern

Verbreitung der deutschen Sprache weltweit

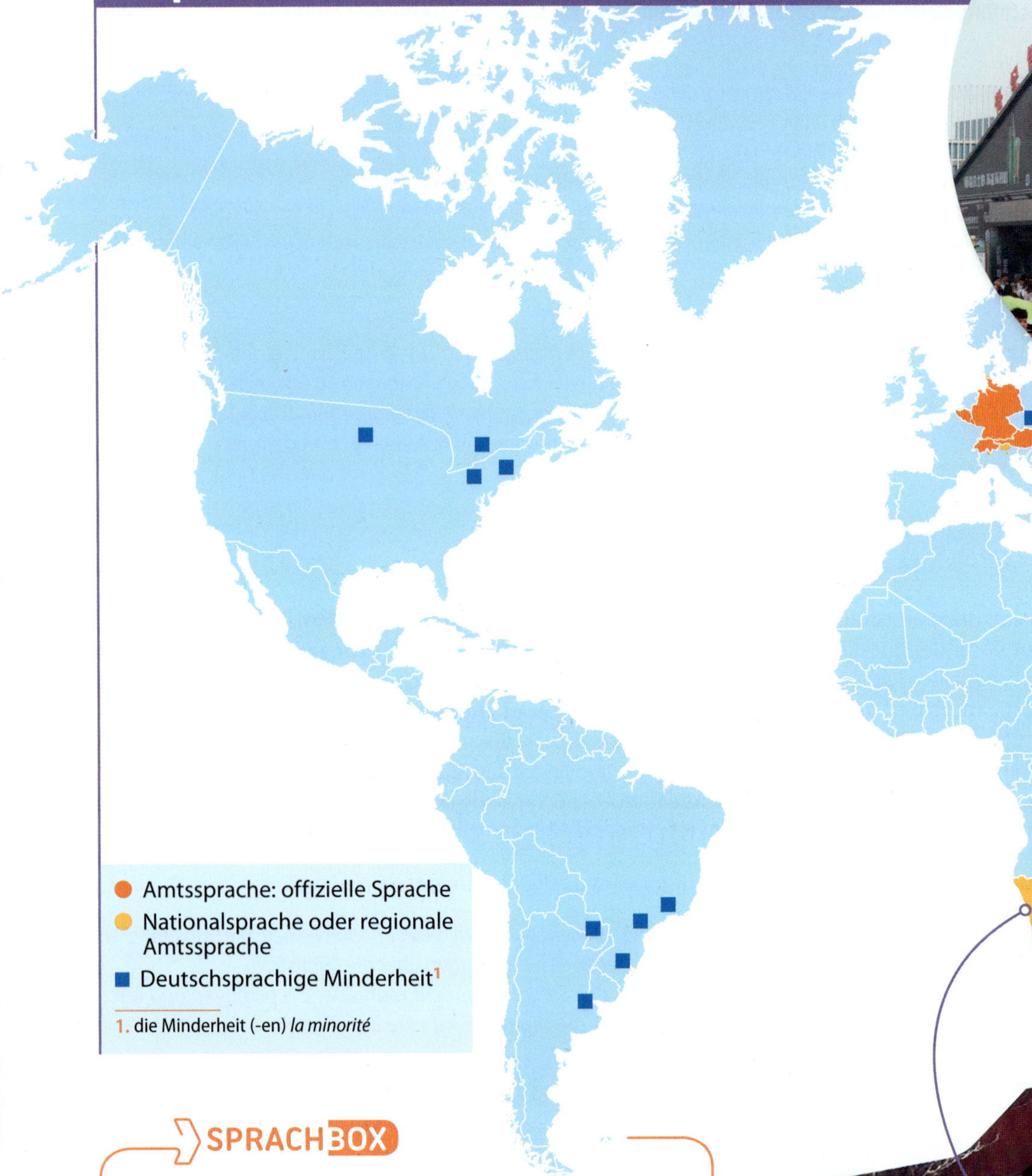

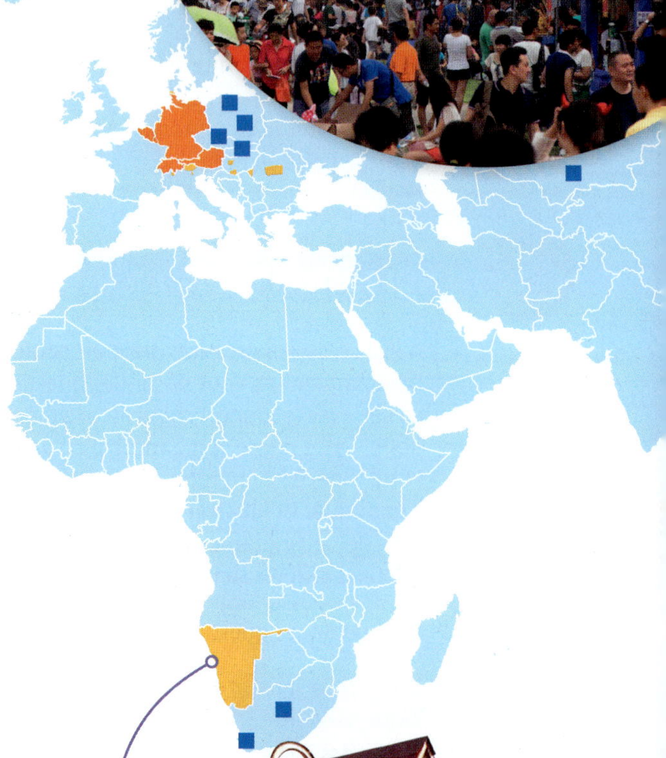

Die Luisen-Apotheke in Windhuk (Namibia)

SPRACHBOX

sein Erstaunen ausdrücken

- Ich finde es überraschend, erstaunlich, dass …
  Je trouve surprenant, étonnant que…
- Ich hätte nie gedacht, dass … *Je n'aurais jamais pensé que…*
- Ich habe nie von … / davon gehört.
  Je n'ai jamais entendu parler de … / Je n'en ai jamais entendu parler.

Hypothesen aufstellen

- vielleicht, bestimmt / sicher(lich), wahrscheinlich
  peut-être, sûrement, probablement
- Es mag / könnte sein, dass … *Il se peut / pourrait que…*
- Ich vermute, dass … *Je suppose que…*
- Ich würde sagen, dass …, aber ich bin mir nicht sicher.
  Je dirais que… mais je n'en suis pas sûr/e.
- Man kann sich vorstellen, dass … *On peut s'imaginer que…*

→ p. 46

Oktoberfest in Tsingtau (China)

So fern, so nah

Welche Spuren haben die Deutschen in der Welt hinterlassen?

- Rendre compte de l'émigration allemande en Amérique (p. 42)
- Expliquer les tensions dues à la colonisation allemande en Afrique (p. 44)
- Exprimer une quantité (p. 43)
- Produire des énoncés complexes (p. 45)

Projekt

Expliquer la présence et l'influence allemandes hors d'Europe (p. 49)

BAC ÉPREUVE 3

MÉTHODOLOGIE p. 54

Partie 1 – Écrit

VIDEO Neue Welt – Neues Leben (p. 50)

Stratégie : Déduire le sens de mots inconnus (p. 50)

Der deutsch-brasilianische Fußballkönig, www.spiegel.de (p. 50)

Stratégies : Identifier les indications chronologiques – Quelques adverbes pour exprimer l'hypothèse (p. 51)

Stratégies : Exprimer son accord et le justifier – Le lexique de la tradition et la transmission (p. 52)

Partie 2 – Oral

Stratégie : Formuler des hypothèses (p. 53)

Stratégie : Prendre appui sur les questions de l'examinateur (p. 53)

Ein Stück Deutschlands in Übersee

A2 1 Sehen Sie sich die Weltkarte an. Was stellen Sie fest? Wussten Sie es?

B1 2 Was zeigen die Bilder von Windhuk und Tsingtau? Stellen Sie Hypothesen auf.

Ab ins Paradies?

Kultur BOX

Bremerhaven liegt an der Nordsee und ist der Hafen der Stadt Bremen. Aus Bremerhaven wanderten viele Deutsche nach Amerika aus. Das Auswandererhaus ist ein Museum und informiert über die Geschichte dieser Auswanderer.

A) Deutschland: ein Auswanderungsland

VIDEO

B1

1 Sehen Sie sich das Video an und erzählen Sie von der Auswanderung Deutscher und Europäer nach Amerika (Zeitraum, Zahl, Gründe, Reisebedingungen).

2 Aus welchen Gründen sind so viele Deutsche nach Amerika emigriert?

3 Inwiefern ist das Museum auch für Amerikaner interessant?

bordas Flash PAGE vidéo

die Reise ins Ungewisse *le voyage dans l'inconnu*
der Dampfer *le bateau à vapeur*
dicht an dicht *côte à côte*
das Schnarchen *le ronflement*
der Geruch (¨-e) *l'odeur*
das Monatsgehalt (¨-er) *le salaire mensuel*
die Überfahrt überstehen* *survivre à la traversée*
die medizinische Untersuchung *l'examen médical*

B) Kein Schnee in Brasilien

VIDEO

B1

1 Sehen Sie sich das Video an. Beschreiben Sie den Kontext (Zeit, Ort, Figuren).

2 Was erzählt der Sprecher, um die Dorfbewohner zu überzeugen und zu beeindrucken?

3 Wie ging das Leben in Amerika weiter? Stellen Sie Hypothesen auf.

bordas Flash PAGE vidéo

Die Szene spielt Anfang der 1840er Jahre im Hunsrück, einer Bergregion am Rhein. Dort war der letzte Winter sehr kalt und viele Dorfbewohner sind verhungert. Der Bauernjunge Jakob Simon geht an diesem Tag auf den Dorfplatz.

SPRACHBOX

die Heimat verlassen

- nach Amerika aus/wandern = emigrieren *émigrer en Amérique*
- seine Verwandten, sein Dorf verlassen* *quitter sa famille, son village*
- aus seiner Heimat flüchten / fliehen* *fuir son pays*
- aus religiösen, wirtschaftlichen Gründen *pour des raisons religieuses, économiques*
- die Verfolgung; verfolgt werden* *la persécution ; être persécuté*
- (nicht) ein/wandern dürfen *(ne pas) avoir le droit d'immigrer*
- der Vorfahre (-n, -n) ≠ der Nachkomme (-n, -n) *l'ancêtre ≠ le descendant*
- der Erfolg (-e); erfolgreich sein *le succès ; avoir du succès, réussir dans la vie*
- Spuren hinterlassen* *laisser des traces*
- seine Sprache, seine Traditionen bewahren *conserver sa langue, ses traditions*

Werbung machen

- jn von etw. überzeugen *convaincre qn de qc*
- jn bewegen*, etw. zu tun *inciter qn à faire qc*
- für etw. werben*; für etw. Werbung machen *faire la publicité pour qc*
- jn beruhigen *rassurer qn*
- Argumente an/führen *apporter des arguments*

→ p. 46

C Brasilien: eine neue Heimat

B1

1 Lesen Sie den Text und ziehen Sie eine Parallele zum Video. Erklären Sie, warum Deutsche im 19. Jahrhundert nach Brasilien emigrierten und was aus ihnen geworden ist.

2 Inwiefern kann das Schicksal dieser Deutschen uns helfen, das Schicksal der heutigen Migranten zu verstehen? Finden Sie ein Zitat aus dem Text.

Einwanderung? Das können Deutsche wirklich gut

Blumenau im brasilianischen Bundesstaat Santa Catarina

Ich bin in der brasilianischen Stadt Joinville „gestrandet[1]", weil dieses Jahr die Deutsch-Brasilianischen Wirtschaftstage dort stattfanden. Sie sind traditionell seit mehr als 30 Jahren das wichtigste Begegnungsforum von deutschen und brasilianischen Unternehmern – und wurden diesmal eben in Joinville organisiert.

Vor dem Hintergrund der aktuellen Flüchtlingsdebatte habe ich viele Dinge dort intensiver verstanden. Warum? Weil diese Stadt total geprägt[2] wurde durch europäische, vor allem deutsche Immigranten, die ab Mitte des 19. Jahrhunderts in den brasilianischen Süden strömten[3]. Nicht nur in Joinville, sondern auch in anderen Städten des brasilianischen Bundesstaats Santa Catarina wie Blumenau hinterließen sie tiefe Spuren. Der deutschstämmige Bürgermeister von Joinville, Udo Döhler, kann auch nach vier Generationen noch seine Gäste auf Deutsch begrüßen.

Was für einen Mut und was für ein Gottvertrauen[4] müssen diese Menschen gehabt haben. Wie perspektivlos muss ihre eigene Existenz in der deutschen Heimat gewesen sein, um sich mit Sack und Pack auf den Weg ins ferne Brasilien zu machen. Der brasilianische Staat kümmerte sich damals allerdings kaum um seine neuen Bürger. Dann waren die Immigranten auf sich selbst gestellt[5] – und zwar total! Die deutschen Einwanderer wussten dies nicht nur für sich, sondern auch für ihre neue Heimat zu nutzen: Die Wirtschaftskraft Santa Catarinas liegt landesweit an sechster Stelle – und das bei kaum sieben Millionen Einwohnern.

Nach über 150 Jahren erscheint die deutsche Immigration in Brasilien als ein Musterbeispiel für gelungene[6] Integration, von der beide Seiten profitieren. Dabei darf man den harten Überlebenskampf der Gründergenerationen nicht vergessen: Ohne ihn wären diese Erfolge undenkbar.

Nach Hildegard Stausberg, *Die Welt*, 27. 09. 2015

1. stranden *échouer* 2. prägen *marquer* 3. in den Süden strömen *affluer vers le Sud* 4. das Gottvertrauen *la confiance en Dieu* 5. auf sich gestellt sein *ne pouvoir compter que sur soi* 6. gelungen *réussi*

SPRACHBOX

Déterminer / quantifier des personnes

- **Viele** ≠ **Wenige** sind in dieses Land ausgewandert.
- **(Nicht) Alle** hatten einen Reisepass.
- **Andere** sind in ihrer Heimat geblieben.
- **Einige / Manche** haben ihre Verwandten nie wiedergesehen.
- **Die einen** wollten ihre Heimat verlassen, **die anderen** sind im Dorf geblieben.
- **Einer / Eine** hat auf der Liste eine Verwandte gefunden.
- **Keiner** wollte zurück in die Heimat.

→ p. 48

Nun sind Sie dran!!

Schreiben Sie den Brief eines Auswanderers, in dem er von den Gründen der Auswanderung und von seinen Hoffnungen erzählt.

Die durch die deutsche Kolonisierung entstandenen Spannungen erklären

Kontakte … Konflikte

Kultur BOX

Die deutsche Kolonialgeschichte

Erst ab 1879 wurde Deutschland ein koloniales Reich. Bis 1919 waren Tansania, Kamerun, Togo, Namibia und einige Inseln in Ozeanien deutsche Kolonien. In Namibia (damals Deutsch-Südwestafrika) schlugen[1] die deutschen Siedler die Rebellion der einheimischen Herero mit extremer Gewalt nieder[1]. Bis heute ist die Frage der Anerkennung des Völkermordes[2] an den Herero ein Streitfall zwischen Deutschland und Namibia.

1. nieder/schlagen* *réprimer* 2. der Völkermord *le génocide*

A Afrika hin, Afrika her

A2-B1

1. Jeder Partner liest die Kulturbox. MÉDIATION PARTNERBRIEFING → p. 16
   PARTNER A liest den Text a.
   PARTNER B liest den Text b.
   Beide Partner machen sich Notizen zum zusammengefassten Buch.
2. Beide Partner tauschen ihre Informationen aus.
3. Eine Zweiergruppe präsentiert der Klasse ihre Ergebnisse. In einem kurzen Text erklären die Schüler, welchen Roman sie lesen möchten und warum.

a Der Schrei der Hyänen
A. Paluch/R. Habeck

1899 kommt Arabella in der deutschen Kolonie Südwest an, um einen Farmer zu heiraten. Fünf Jahre später wird Arabella von den Hereros verschleppt[1]. Als Arabella wieder bei den Deutschen lebt, ist sie von einem Schwarzen schwanger[2]. Um Zeit zu gewinnen, geht sie eine Beziehung mit dem Offizier Paul von Kavea ein. Aber die Zweifel, ob das Kind von ihm ist, wachsen.

Das Kind, Nele, wird geboren und ist entgegen jeder Wahrscheinlichkeit[3] und Erwartung weiß. Auf Nele baut sich eine stolze Familientradition auf. Zwei Generationen später steht Nele, inzwischen Senatorin, in Hamburg, am Kindbett ihrer Tochter Kriemhild und kann es nicht glauben, dass das Kind schwarz ist. Um Schande von der Familie abzuwenden, nimmt sie ihrer Tochter das Kind weg und setzt es aus[4].

Obwohl der Roman hauptsächlich in Afrika spielt, ist er durch die Themen – Gewalt, Schuld, Heimat – ein Deutschland- und ein Afrika-Roman. Gleichzeitig ist er eine Familiengeschichte über die Unmöglichkeiten, sichere Grenzen der Abstammung zu ziehen.

www.literaturkritik.de

1. verschleppen *déporter* 2. schwanger *enceinte* 3. entgegen jeder Wahrscheinlichkeit *contre toute probabilité* 4. aus/setzen *abandonner*

b Die ‚DDR-Kinder' von Namibia – Heimkehrer in ein fremdes Land
Constance Kenna

Ende der 70er Jahre begann die namibische Befreiungsbewegung SWAPO, kleine Kinder aus Flüchtlingslagern[1] in die DDR zu schicken, weil sie in den Lagern nicht mehr sicher waren. So waren ab 1979 insgesamt 430 schwarze Kinder in der DDR. Sie verbrachten ihre ganze Kindheit dort, gingen zur Schule und lernten Deutsch wie ihre Muttersprache. Im August 1990, wenige Monate nach der Unabhängigkeit Namibias, wurden sie nach Namibia gebracht – in ihre Heimat, die für sie jedoch ein unbekanntes Land war. Entsprechend war der Kulturschock: Für die eigenen Familien waren sie Fremde, Deutsche. Für die Deutschstämmigen in Namibia wiederum waren sie zwar überraschend deutsch, aber eben doch schwarz. Sie standen zwischen den Kulturen, zwischen zwei Welten. Was wurde dort aus ihnen? Constance Kenna hat ihre Geschichte aufgearbeitet und vor allem eigene Beiträge der jungen Leute gesammelt, in denen sie Eindrücke in der DDR und in Namibia beschreiben.

Klaus Hess Verlag

1. das Flüchlingslager *le camp de réfugiés*

B Welche Spuren hinterlassen?

B1

1. Was erfährt man über einige Straßennamen in Namibia?
2. Welche Parallele ziehen die Journalisten zwischen Namibia und Deutschland?
3. Welche anderen Spuren haben die Deutschen in Namibia hinterlassen?

Straßenschilder in Windhuk (Namibia)

Namibia will keine deutschen Straßennamen mehr

Von der Mozartstraße rollt das Taxi auf die Bismarckstraße, vorbei an der Post- und Vogelsangstraße: Was ein Viertel in Berlin sein könnte, ist ein Ort gut 8000 Kilometer südlich von Deutschland. Mitten in Windhuk, der Hauptstadt Namibias, erregen solche Straßennamen seit Jahrzehnten die Aufmerksamkeit deutscher Urlauber. Lachend zeigen sie auf die Schilder: Eine Bahnhofstraße in Afrika? Das gibt es doch gar nicht, denken viele.

Doch für viele einheimische Politiker sind die Namen inzwischen vor allem eine Erinnerung an die dunkle Vergangenheit der deutschen Kolonialherrschaft von 1884 bis 1915. Sie fordern[1] neue Straßennamen. Ziel der Umbenennungen[2] ist es, von den Helden des afrikanischen Befreiungskampfes zu erzählen, nicht von den brutalen Kolonialisten, wie der Sprecher der Stadt Windhuk, Scheifert Shigwedha, erklärt.

Die Umbenennungen in Namibia erinnern auch an die jahrelange Debatte um Straßennamen im Afrikanischen Viertel in Berlin-Wedding. […]

Bis heute erinnern in Berlins Afrikanischem Viertel fast zwei Dutzend Straßen und Plätze an die Zeit, als die Deutschen im 19. Jahrhundert neben anderen europäischen Mächten „einen Platz an der Sonne" ergattern wollten. Das Kaiserreich ging etwa im damaligen Deutsch-Südwestafrika skrupellos vor, um seine Herrschaft zu festigen[3]. Der Widerstand der Herero und Nama wurde von 1904 bis 1908 brutal niedergeschlagen, Zehntausende wurden getötet. Historiker sehen darin den ersten Völkermord des 20. Jahrhunderts.

Trotz allem sind die Spuren des deutschen Einflusses in dem afrikanischen Land mit rund 2,5 Millionen Einwohnern weiter sehr präsent. In Namibia wird Bier gebraut. Zudem gibt es mit der „Allgemeinen Zeitung" die einzige deutschsprachige Tageszeitung außerhalb Europas.

Nach Florian Pütz und Esteban Engel, *Frankfurter Rundschau*, 07. 06. 18

1. fordern *revendiquer*
2. die Umbenennung *le changement de nom*
3. festigen *consolider*

SPRACHBOX

Kolonien und Konflikte

- der Siedler (-) *le colon*
- einen Kolonialkrieg, einen Unabhängigkeitskrieg führen *mener une guerre coloniale, d'indépendance*
- sich für überlegen halten* *se croire supérieur*
- Vorurteile gegen jn haben *avoir des préjugés envers qn*
- jn an/greifen* *attaquer qn*
- sich über etw. / jn schämen *avoir honte de qc / qn*
- die Schande *la honte*
- seine Abstammung verschweigen* *taire, cacher ses origines*
- sich ausgegrenzt fühlen *se sentir exclu*

als Minderheit leben

- einheimisch *local, du pays, autochtone*
- mit seiner Vergangenheit konfrontiert werden* *être confronté à son passé*
- seine Sprache, Kultur aufrecht/erhalten* *maintenir sa langue, culture*
- sich ein/leben *trouver ses marques, s'intégrer, s'accoutumer*
- einer Gemeinde an/gehören *appartenir à une communauté*

→ p. 46

SPRACHBOX

Produire des énoncés complexes

- Sie weiß nicht, dass sie afrikanischer Abstammung **ist**.
- Im Roman wird erklärt, was aus den namibischen Kindern **wurde**.
- Da das Leben damals sehr hart **war**, fuhren viele Leute ins Ausland.
- Obwohl es gefährlich **war**, ist die ganze Familie dorthin emigriert.

→ p. 48

Nun sind Sie dran!

Was würden Sie von Ihrer Heimat oder Identität aufrechterhalten, wenn Sie im Ausland leben würden? Warum?

TRAINING

WORTSCHATZ

So fern, so nah

die Heimat verlassen

A2-B1

- weg/fahren* *s'en aller, partir*
- ins Ausland fahren* *aller à l'étranger*
- seine Heimat, seine Verwandten verlassen* *quitter son pays, sa famille*
- etw. mit/nehmen* *emporter qc*
- mit dem Schiff, Zug, Auto fahren* *partir en bateau, train, voiture*
- fliegen* *aller en avion*

B1-B2

- aus/wandern, emigrieren ≠ ein/wandern, immigrieren *émigrer ≠ immigrer*
- der Auswanderer (-) ≠ der Einwanderer (-) *l'émigré ≠ l'immigré*
- aus seiner Heimat flüchten / fliehen* *fuir son pays*
- vor dem Krieg, der Not, der Verfolgung flüchten / fliehen* *fuir la guerre, la misère, la persécution*
- die Verfolgung *la persécution*
- aus religiösen, wirtschaftlichen Gründen *pour des raisons religieuses, économiques*

emigrieren

B1-B2

- sich nieder/lassen* *s'installer*
- erfolgreich sein; der Erfolg *avoir du succès, réussir dans la vie ; le succès, la réussite*
- sich ein/leben *s'adapter, s'habituer à un endroit*
- einer Gemeinde an/gehören *appartenir à une communauté*
- seine Sprache, seine Traditionen bewahren *conserver sa langue, ses traditions*
- seine Kultur, seine Religion aufrecht/erhalten* *maintenir sa culture, sa religion*
- der Vorfahre (-n, -n) ≠ der Nachkomme (-n, -n) *l'ancêtre ≠ le descendant*
- Spuren hinterlassen* *laisser des traces*
- etw. beeinflussen *influencer qc*

Kontakt zu den Anderen

A2-B1

- Kontakt zu jm haben *avoir des contacts avec qn*
- mit jm in Kontakt kommen* *entrer en contact avec qn*
- jm begegnen; die Begegnung *rencontrer qn ; la rencontre*
- das Volk (¨er) *le peuple*

B1-B2

- mit jm in Konflikt geraten* *entrer en conflit avec qn*
- der Einheimische (adj. substantivé) *l'habitant du pays, le local, l'autochtone*
- sich (nicht) mit den Einheimischen vermischen *(ne pas) se mélanger aux personnes locales, aux autochtones*
- friedliche ≠ kriegerische Beziehungen haben *avoir des relations pacifiques ≠ conflictuelles*
- Vorurteile gegen jn haben *avoir des préjugés envers qn*

Kolonialgeschichte

B1-B2

- die Kolonie, die Siedlung *la colonie*
- eine Kolonie gründen *fonder une colonie*
- der Siedler (-) *le colon*
- einen Kolonialkrieg führen *mener une guerre coloniale*
- sich für überlegen halten* *se croire supérieur*
- jn an/greifen* *attaquer qn*
- die Abstammung *l'origine, l'ascendance*
- afrikanischer Abstammung sein *être d'origine africaine*
- mit seiner Vergangenheit konfrontiert werden* *être confronté à son passé*
- sich für / über etw. / jn schämen *avoir honte de qc / qn*
- die Schande *la honte*
- etw. an/erkennen; die Anerkennung *reconnaître qc ; la reconnaissance*

Hypothesen aufstellen

A2-B1

- vielleicht *peut-être*
- bestimmt, sicher(lich) *sûrement*
- vermutlich *probablement*
- wahrscheinlich *probablement, sans doute*
- etw. glauben *croire qc*

B1-B2

- Es mag / könnte sein, dass … *Il se peut / pourrait que…*
- etw. vermuten *supposer qc*
- sich (D) nicht sicher sein *ne pas en être sûr*
- nicht behaupten können *ne pas pouvoir affirmer*
- sich (D) etw. vor/stellen *s'imaginer qc*

Comprendre les consignes

- Welche Parallele(n) ziehen Sie zwischen …? *Quel(s) parallèle(s) établissez-vous entre… ?*
- Aus welchen Gründen …? *Pour quelles raisons… ?*
- Beschreiben Sie den Widerspruch zwischen … *Décrivez la contradiction entre…*

ÜBUNGEN

1 **Retrouvez le genre des noms suivants.**

a. d… Heimat
b. d… Begegnung
c. d… Schiff
d. d… Sprache
e. d… Vorfahre
f. d… Krieg
g. d… Volk
h. d… Abstammung

2 **Associez les éléments afin de former des groupes infinitifs cohérents.**

mit Einheimischen •	• flüchten
sich für seine Abstammung •	• hinterlassen
aus seiner Heimat •	• in Konflikt geraten
kulturelle Spuren •	• recherchieren
sich im Ausland •	• niederlassen
über seine Vorfahren •	• schämen

3 **Associez chaque item à son contraire.**

einheimisch •	• sich niederlassen
friedlich •	• ausländisch
emigrieren •	• behaupten
der Nachkomme •	• einwandern
flüchten •	• kriegerisch
vermuten •	• der Vorfahre

4 **Complétez le texte à trous par les mots ci-dessous.**

religiösen – ließen … nieder – Gold – Vorfahren – erkennt … an – Auswanderer – verfolgt – Gemeinde

15 % der Australier haben deutsche … . Die ersten deutschen … kamen Mitte des 19. Jahrhunderts aus … Gründen. Viele wurden in Deutschland wegen ihrer Religion (Lutheraner) … . Später, im 20. Jahrhundert kamen viele Deutsche, um … zu suchen oder um Bauern zu werden. Die meisten … sich in Queensland … . Viele Australier der deutschen … wurden aber während des 1. Weltkriegs in Australien interniert oder deportiert. Aber heute … Australien den Beitrag der deutschen Auswanderer …, besonders in der Erforschung der australischen Natur.

Extra

B1 5 **Kennen Sie andere Völker, die emigriert oder geflüchtet sind? Erzählen Sie, wohin und warum sie ausgewandert sind und welche Spuren sie in der neuen Heimat hinterlassen haben.**

WORTBILDUNG

Les noms de continents, pays et habitants

Le nom de nombreux pays ou continents se terminent en ***-ien***

→ *Brasil**ien**, As**ien**, Ozean**ien**, Ind**ien**, Ital**ien**, Argentin**ien**, Austral**ien***

Les noms des habitants d'un pays ou d'un continent sont :

a. des masculins terminés par ***-er***
→ *der Europä**er**, der Amerikan**er**, der Afrikan**er**, der Brasilian**er**, der Ind**er***

b. des masculins dits faibles terminés par ***-e*** qui prennent *-n* ou *-en* sauf au nominatif
→ *der Brit**e**, der Chines**e**, der Franzos**e***

c. au féminin, on ajoute le suffixe ***-in***
→ *die Brasilianer**in**, die Amerikaner**in**, die Afrikaner**in**, die Chines**in**, die Französ**in***

Pour indiquer la nationalité allemande, on utilise un **adjectif substantivé**.

– masculin → *der Deutsch**e**, einØ Deutsch**er***
– féminin → *die Deutsch**e**, eine Deutsch**e***
– pluriel → *die Deutsch**en**, Ø Deutsch**e***

ÜBUNG

Complétez par le nom qui convient.

a. Sie kommen aus Brasilien. Sie sind …
b. Sie hat die französische Nationalität. Sie ist …
c. Er hat einen amerikanischen Pass. Er ist …
d. Sein Vater kommt aus Deutschland. Er ist …
e. Meine Eltern kommen aus Afrika. Sie sind …
f. Mein Kollege hat einen indischen Pass. Er ist …

GRAMMATIK

LERNTEMPODUETT → p. 17

Les quantificateurs → p. 43

→ PRÉCIS p. 231

- On peut utiliser des quantificateurs afin d'indiquer si la quantité des personnes ou des objets dont on parle est plus ou moins importante.
- Si l'on gradue de l'absence à la totalité, on obtient les quantificateurs suivants :
  keiner (aucun) < ***einer*** (l'un) < ***wenige*** (peu de) < ***einige / manche*** (quelques) < ***viele*** (beaucoup) < ***die meisten*** (la plupart) < ***alle / jeder*** (tous, chaque)
  Keiner *wollte mit dem Schiff fahren.* ***Einige*** *wollten fliegen, aber* ***die meisten*** *haben den Zug genommen.*
- *Keiner* et *einer* sont des pronoms. Les autres quantificateurs peuvent être à la fois des pronoms et des déterminants indéfinis.

1 **Choisissez le quantificateur adéquat.**

a. … Schüler meiner Klasse haben das Auswandererhaus in Bremerhaven schon besichtigt. *(einer – keiner – viele)*

b. … kennt die Geschichte dieser Flüchtlinge. *(keiner – viele – die meisten)*

c. … haben sich mit den Einheimischen vermischt. *(einer – wenige – keiner)*

2 **Parmi les quantificateurs ci-dessous, lequel utiliseriez-vous pour traduire les GN soulignés ?**

die meisten – alle – keiner – wenige – einige

a. Tous les enfants ont eu le mal de mer. → …

b. Quelques habitants viennent d'Asie. → …

c. La plupart des étudiants sont étrangers. → …

d. Aucun n'a voyagé. → …

e. Peu de gens connaissent ce continent. → …

La proposition subordonnée → p. 45

→ PRÉCIS p. 234

- La proposition subordonnée n'est pas autonome. Elle n'a de sens qu'accompagnée d'une proposition principale dont elle est séparée par une virgule.
  Er hat uns gestern gesagt, dass er in seiner Heimat bleiben möchte.
- Elle est introduite par une conjonction de subordination (*dass, weil, wenn, als, da* …) ou par un interrogatif (s'il s'agit d'une interrogation indirecte).
  Er interessiert sich für Brasilien, ***weil*** *er dort Verwandte hat.*
  Meine Schwester würde gern Namibia besichtigen, ***wenn*** *sie mehr Geld hätte.*
  Ich frage mich, ***wann*** *er uns endlich einen Brief schreiben wird.*
- Le verbe conjugué de la subordonnée occupe la dernière position.
  Viele Einwohner verließen ihr Haus, obwohl die Situation nicht so schlimm ***war****.*
  Als wir das Auswandererhaus besucht ***haben****, sind wir sehr lange vor dem Dampfer geblieben.*

3 **Intégrez la première phrase à l'amorce en procédant aux modifications nécessaires.**

a. Er reist jedes Jahr nach Afrika.
→ Er hat mir erzählt, dass …

b. Was sollen wir mitbringen?
→ Wir wissen noch nicht, was …

c. Ihre Familie wurde politisch verfolgt.
→ Ihre Familie kam in dieses Land, weil …

d. Er besichtigt ein Land.
→ Er hat immer gute Kontakte zu den Einheimischen, wenn …

e. Ich kann hier meine Muttersprache weiter sprechen.
→ Ich glaube nicht, dass …

4 **Transformez la seconde phrase en une subordonnée en effectuant les changements nécessaires.**

a. In Namibia findet man eine deutsche Gemeinde. Viele deutsche Auswanderer emigrierten dorthin. (*cause* – weil)

b. Er fühlt sich nie wohl. Er muss sehr lange fliegen. (*temps* – wenn)

c. Die meisten Franzosen glauben: Deutschland hatte nie Kolonien. (*complétive* – dass)

d. Einige Einwohner wollen ihre Kultur bewahren. Sie haben sich gut eingelebt. (*contradiction* – obwohl)

e. Sie vergaßen ihre Vorurteile. Sie begegneten zum ersten Mal diesem Volk. (*temps* – als)

Spuren der deutschen Architektur

B1-B2

CD 10 MP3 10

bordas Flash PAGE audio

- Hören Sie sich das Interview an und machen Sie sich Notizen über den deutschen Einfluss des Bauhaus in Tel Aviv. (Wann, wer, warum? …)

der Sandkasten *le bac à sable* – gewölbt *courbé, bombé*

Tel Aviv

Dessau

- Verfassen Sie dann einen Text über den Einfluss deutscher Architektur in der Welt.
Zuerst führen Sie das Thema ein. Nachdem Sie die wichtigsten Informationen aus dem Interview wiedergegeben haben, nennen Sie ein anderes Beispiel: Swakopmund in Namibia oder Blumenau in Brasilien. Sie können den historischen Hintergrund kurz präsentieren und von den Menschen erzählen (Siedler oder Auswanderer, Gemeinde, Kontakte zu den Einheimischen …).

Swakopmund (Namibia)

Blumenau (Brasilien)

Stratégies

▷ Comprendre un document audio

- **Repérer les indications chronologiques**
  - les groupes prépositionnels : *nach …* (après), *vor …* (avant), *während …* (pendant), *am Anfang* (au début), *am Ende* (à la fin)
  - les subordonnées de temps : *wenn …* (lorsque = à chaque fois que, dans le passé), *als …* (lorsque = au moment où, dans le passé)
- **Distinguer les personnes dont on parle et à qui on parle**
Dans une interview ou un dialogue, quand on entend *sie*, il peut s'agir du pronom de la politesse (*Sie*) et non de la 3e personne du pluriel. Le contexte aide à déterminer si ce pronom est utilisé pour s'adresser à l'interlocuteur. Pour éviter cette confusion, on remplace la 3e personne du pluriel par des expressions telles que *diese Leute*.
- **Repérer une cause**
  - les conjonctions / adverbes : *denn* (car), *deswegen / deshalb* (c'est pourquoi), *nämlich* (en effet)
  - les subordonnées : *weil* (parce que), *da* (comme, puisque)

▷ Établir des comparaisons et faire des parallèles

- **Exprimer la similitude avec *wie***
  - *Wie in Deutschland …* Comme en Allemagne …
- **Utiliser le comparatif**
  - *Es ist so schön / bunt wie …* C'est aussi beau / coloré que…
  - *Es ist kleiner / höher als …* C'est plus petit / plus haut que…
- **Expressions utiles**
  - *Es sieht … (D) ähnlich.* Cela ressemble à…
  - *Es erinnert an … (A).* Cela rappelle…
  - *Man kann … mit … verbinden.* On peut relier… à…
  - *Man findet den Einfluss … (G) wieder.* On retrouve l'influence de…

BAC
ÉPREUVE 3
(3e trimestre)

PARTIE 1 – ÉCRIT

Compréhension de l'oral

VIDEO

Neue Welt – Neues Leben

- **En rendant compte en français du document, vous montrerez que vous avez compris :**
  – le thème principal de la vidéo ;
  – les faits, la situation, les informations ;
  – la fonction et la portée du document (relater, informer, convaincre, critiquer, dénoncer, etc.).

bordas Flash PAGE vidéo

die Gefahr *le danger* – ernähren können *pouvoir nourrir* – sie sind aufgebrochen *ils sont partis* – sich leisten können *pouvoir se permettre* – der Knecht (-e) *le valet* – das Gehalt *le salaire* – die Ersparnisse *les économies*

Stratégies

Déduire le sens de mots inconnus

Dans les trois phrases suivantes, il est possible que vous ne connaissiez pas certains mots. Essayez d'en déduire le sens à partir des autres éléments de la phrase que vous avez compris.

À votre avis, quel est le mot manquant dans les phrases suivantes ?

→ *So sind ganz viele in die neue Welt …*
Il y en a vraiment beaucoup qui sont … pour rejoindre ce nouveau monde.

→ *Wie viel musste man denn für die … bezahlen?*
Combien devait-on payer pour le / la … ?

→ *Ein Monats… musste man schon in Reserve haben.*
Il fallait avoir en réserve l'équivalent d'un mois de …

Compréhension de l'écrit

2 553 signes

a. Lesen Sie den Text. Geben Sie wieder, was Sie verstanden haben. Beachten Sie dabei folgende Punkte :
– die Karriere der Hauptfigur
– die Rassismusprobleme

b. Wie verstehen Sie diesen Schlüsselsatz im Text (Z. 25):
„Doch ist er das wirklich, ein König des Fußballs?"

c. Was meinen Sie? Welche Absicht[1] verfolgt der Journalist Andreas Bocke mit der Veröffentlichung dieses Artikels?

1. die Absicht *l'intention*

Der deutsch-brasilianische Fußballkönig

Am 11. Juli 1971 wurde der brasilianische Fußballspieler Pelé König des Fußballs. Vor Pelé gab es einen anderen brasilianischen Fußballspieler, der auch König wurde. Seine Geschichte war aber tragischer als die Geschichte Pelés. Dieser erste König des Fußballs hieß Arthur Friedenreich, er ist berühmt geworden durch Brasiliens ersten Sieg bei der Südamerikameisterschaft[1]. 1919 fand das Turnier statt, mit dem der Mythos von Friedenreich begann. „Arthur war ein ganz großer Spieler in Brasilien", erinnert sich Pelé, der damals noch nicht geboren war. „Mein Vater hat oft von seinen Toren[2] geschwärmt[3]."

Friedenreich wurde am 18. Juli 1892 in Luz, einem Viertel von São Paulo, geboren, doch seine Wurzeln liegen in Europa, genauer: in Hamburg. Von dort emigriert sein Vater, der Ingenieur Oscar Friedenreich, nach Brasilien. Seine Mutter ist eine schwarze Brasilianerin. Arthurs Hautfarbe[4] ist braun.

Er lebt bis dahin zwischen den Welten. Als Sohn eines deutschen Vaters führt er ein privilegiertes Leben, andererseits erlebt er wegen seiner Hautfarbe oft Vorurteile. Im Brasilien des frühen 20. Jahrhunderts dürfen nur weiße reiche Brasilianer Fußball spielen. Bis 1909 ist es Friedenreich verboten, in einem Club zu spielen. Dieser rassistische Paragraf wird 1909 geändert. Doch der neue Paragraf schützt ihn nicht vor dem Rassismus in den brasilianischen

1. die Südamerikameisterschaft *le championnat d'Amérique du Sud*
2. das Tor (-e) *le but (marqué au football)*
3. schwärmen *s'extasier*
4. die Hautfarbe *la couleur de peau*

Stadien. Der Spieler muss sich vor den Spielen die Haare mit Pomade glätten[5] und die Haut mit Mehl[6] weißen.
Aber trotzdem freut er sich immer noch, Fußball zu spielen. Er entwickelt eine effektive Technik, überrascht die anderen Spieler mit eleganten Körpertäuschungen.
Die Leichtigkeit[7] seines Spiels kontrastiert mit dem rigiden Spiel der Europäer. Für Friedenreich ist der Fußball nichts anderes als ein Spiel. Mitte der zwanziger Jahre gewinnt die brasilianische Mannschaft gegen Frankreich 7:2. In seiner Heimat trägt Friedenreich zu dieser Zeit schon den Namen „Pé de Ouro" - Goldfuß. In Paris nennt man ihn „Roi du Football".
Doch ist er das wirklich, ein König des Fußballs? […] 1934 ist Friedenreich schon 42 Jahre alt und beendet seine Karriere. Er beginnt in einer Brauerei[8] zu arbeiten. Am 6. September 1969 stirbt er einsam und arm in São Paulo.
In Europa hat man Friedenreich schon lange vergessen. In seiner Heimatstadt erinnert heute zumindest ein Denkmal an ihn, den ersten Meister des Balls, der ein sehr diskreter König geblieben ist. Zu einer Zeit, in der das große Spiel noch gar nicht richtig begonnen hatte.

Nach Andreas Bocke, „Der erste König des Fußballs", www.spiegel.de

5. glätten *lisser, aplatir*
6. das Mehl *la farine*
7. die Leichtigkeit *la légèreté*
8. die Brauerei *la brasserie (pour la fabrication de la bière)*

Stratégies

Identifier les indications chronologiques

- *vor / nach* avant / après
- *bis … / bis dahin* jusqu'à… / jusque là
- *Mitte des 19. Jahrhunderts* au milieu du 19e siècle
- *im frühen / späten 20. Jahrhundert* au début / à la fin du 20e siècle
- *in den zwanziger / dreißiger Jahren* dans les années vingt / trente
- *zu einer Zeit, in der …* à une époque où…

Quelques adverbes pour exprimer l'hypothèse

- *vielleicht, möglicherweise* peut-être
- *wahrscheinlich, vermutlich* probablement
- *anscheinend* apparemment
- *offensichtlich* de toute évidence

Expression écrite

MÉTHODOLOGIE p. 54

Behandeln Sie Thema A oder Thema B.

Thema A

Lesen Sie folgende Aussagen. Welche Aussage finden Sie am interessantesten und warum? Begründen Sie Ihre Antwort.

« Ich heiße Patrick und komme aus Amerika. Ich habe deutsche Vorfahren. Aber wir haben die deutsche Sprache und die deutschen Traditionen vergessen. Wir sind jetzt Amerikaner, Deutschland ist so weit weg! »

« Ich bin Carmen und ich wohne in Südamerika, in Chile. In unserem Land haben viele Menschen deutsche Wurzeln. Zu Hause spreche ich Deutsch mit meinen Eltern. Ich finde es toll, dass wir die Sprache und die Tradition bewahrt haben. »

ODER

Thema B

Wählen Sie eine ausländische Gemeinschaft, die in Ihr Land immigriert ist. Erklären Sie, warum und welche Traditionen oder kulturelle Aspekte sie Ihrem Land gebracht hat.

« Ich heiße Wladimir und komme aus Dresden. Meine Großeltern sind Russlanddeutsche. Sie haben zuerst in Russland gelebt und dann sind sie nach Deutschland gekommen. Sie sprechen immer noch zusammen Russisch und manchmal auch mit meinen Eltern. Leider kann ich sie nicht verstehen. »

Stratégies

Exprimer son accord et le justifier

- *Ich bin mit dieser Aussage einverstanden. Tatsächlich …*
  Je suis d'accord avec cette déclaration. Effectivement…
- *Ich bin nämlich auch der Meinung, dass …*
  Je suis en effet aussi d'avis que…
- *Ich teile Carmens Meinung, weil …*
  Je partage l'avis de Carmen parce que…
- *Patrick hat völlig Recht, wenn er sagt, dass …*
  Patrick a complètement raison quand il dit que…

Le lexique de la tradition et la transmission

- *eine Tradition pflegen* entretenir une tradition
- *etw. vermitteln* transmettre qc
- *zu etw. (D) bei/tragen** contribuer à qc
- *Sie haben zu dem Wirtschaftswunder beigetragen.*
  Ils ont contribué au miracle économique.
- *eine ökonomische, kulturelle Rolle spielen*
  jouer un rôle économique, culturel
- *die Sprache, die Küche, die Musik beeinflussen*
  influencer la langue, la cuisine, la musique

BAC ÉPREUVE 3 (3e trimestre)

PARTIE 2 – ORAL

Expression orale en continu

- **Schauen Sie sich die folgenden Bilder an. Welches Bild illustriert Ihrer Meinung nach am besten das Thema „Identität und Austausch"? Begründen Sie Ihre Antwort.**

A Junge Frau mit ihrem deutschen und ihrem türkischen Pass

B *Wilkommen im Land der Träume* – Deutsche Auswanderer kommen in New York an, 1887

Stratégies
Formuler des hypothèses

- *Ich kann mir vorstellen, dass / wie diese Menschen …* J'imagine que / de quelle manière ces personnes…
- *Ich vermute, dass diese Frau …* Je suppose que cette femme…
- *Dieser Mann ist anscheinend …* Cet homme est apparemment…
- *Das Bild lässt ahnen, dass diese Leute …* Cette image laisse supposer que ces gens…
- *Diese Frau erinnert mich an (A) …* Cette femme me rappelle…
- *Diese Leute stellen … dar.* Ces gens représentent…

Expression orale en interaction

- **Après l'expression orale en continu, vous allez échanger avec l'examinateur. Voici des questions qu'il pourrait vous poser.**

Wo würden Sie gern im Ausland wöhnen? Erklären Sie warum.

Warum ist es wichtig, Fremdsprachen zu lernen?

IDENTITÄT UND AUSTAUSCH

Finden Sie es interessant, mehrere Muttersprachen zu haben?

Kennen Sie Leute, die zwischen verschiedenen Kulturen leben?

Stratégies
Prendre appui sur les questions de l'examinateur

La plupart des questions posées par l'examinateur exigeront une réponse précise et vous y répondrez directement.

Parfois vous aurez besoin d'un peu de temps pour y réfléchir.

Au lieu de laisser s'installer un silence, vous pouvez réagir en produisant du discours.

Répéter la question en la reformulant

- *Sie fragen mich / Sie wollen wissen, wo ich gern im Ausland wohnen würde.*
- *Sie möchten also wissen, ob ich es interessant finde, Fremdsprachen zu lernen.*

Souligner la complexité du sujet

- *Diese Frage ist nicht leicht zu beantworten.*
  Il n'est pas facile de répondre à cette question.
- *Ich kann Ihnen dazu leider nicht viel sagen, denn …*
  Malheureusement, je ne peux pas vous en dire grand-chose car…
- *Ich weiß nicht, was ich darauf antworten könnte.*
  Je ne sais pas ce que je pourrais répondre à cela.
- *Mir fällt dazu nichts ein.* Rien ne me vient à l'esprit sur cette question.
- *Ich habe mir diese Frage noch nie gestellt.*
  Je ne me suis encore jamais posé cette question.

BAC MÉTHODOLOGIE

EXPRESSION ÉCRITE

SUJET → p. 51

Lesen Sie folgende Aussagen. Welche Aussage finden Sie am interessantesten und warum? Begründen Sie Ihre Antwort.

▷ Pour l'épreuve d'expression écrite, vous allez devoir **choisir l'un des sujets proposés. Lisez-les plusieurs fois rapidement** et faites **un choix après y avoir réfléchi quelques minutes**. Il ne faudra pas changer d'avis en cours de route, sinon vous manquerez de temps !
Cernez le type de sujet (argumentation, lettre, narration, article…) et choisissez celui dans lequel vous serez le plus à l'aise ! Mobilisez ensuite vos connaissances et répertoriez les documents étudiés en classe (texte, audio, vidéo, document iconographique) sur lesquels appuyer votre propos.

Cette partie de l'épreuve sert à évaluer votre capacité à argumenter à l'écrit selon les critères suivants :

A2 Peut traiter le sujet, même si la **production** est **courte.**

B1 Peut traiter le sujet et produire un écrit **intelligible et relativement développé,** y compris en faisant référence à quelques éléments (inter)culturels.

B2 Peut traiter le sujet et produire un écrit **clair, détaillé et globalement efficace,** y compris en prenant appui sur certains éléments (inter)culturels pertinents.

La correction et la richesse de la langue sont aussi prises en compte dans les critères d'évaluation.

Étape 1 Analysez le sujet

« Ich heiße Patrick und komme aus Amerika. Ich habe deutsche Vorfahren. Aber wir haben die deutsche Sprache und die deutschen Traditionen vergessen. Wir sind jetzt Amerikaner, Deutschland ist so weit weg! »

« Ich bin Carmen und ich wohne in Südamerika, in Chile. In unserem Land haben viele Menschen deutsche Wurzeln. Zu Hause spreche ich Deutsch mit meinen Eltern. Ich finde es toll, dass wir die Sprache und die Tradition bewahrt haben. »

« Ich heiße Wladimir und komme aus Dresden. Meine Großeltern sind Russlanddeutsche. Sie haben zuerst in Russland gelebt und dann sind sie nach Deutschland gekommen. Sie sprechen immer noch zusammen Russisch und manchmal auch mit meinen Eltern. Leider kann ich sie nicht verstehen. »

Sur ce type de sujet, vous devez choisir parmi différentes déclarations présentées sous forme de bulles. Chaque bulle représente une opinion ou une expérience différente que vous devez identifier. Essayez de résumer en une phrase chaque point de vue.

Patrick n'a plus de liens avec ses origines allemandes.

La famille de Carmen a gardé des liens avec la culture allemande malgré la distance.

Wladimir ne comprend pas ses grands-parents et ses parents lorsqu'ils parlent russe.

Vous pouvez désormais choisir le témoignage que vous jugez le plus intéressant et pour lequel vous avez quelque chose à dire en prenant appui sur des documents exploités en classe ou des exemples de votre entourage ou qui vous sont personnels.

Étape 2 Préparez votre brouillon

▷ Vous devez associer des idées et des mots au témoignage choisi.

Patrick
– Vorfahren: nach Amerika aus/wandern
– die Sprache und die Kultur nicht bewahren
– eine neue Heimat haben
– seine Wurzeln vergessen*
– sich als Amerikaner betrachten

Carmen
– Vorfahren: nach Südamerika aus/wandern
– die Sprache und Tradition bewahren
– die deutsche Kultur aufrecht/erhalten*
– seine deutschen Wurzeln bewahren

Wladimir
– Großeltern: aus dem Ausland kommen*
– Russen mit deutschen Wurzeln
– Deutsch und Russisch als Muttersprachen haben
– seine Großeltern nicht verstehen können

- Vous devez également justifier votre choix. Vous devez donc utiliser les éléments linguistiques adéquats (*weil, denn, deshalb, aus diesem Grund …*).
- Vous devez rédiger au minimum 100 mots (environ 10 lignes). Vous n'avez donc ni le temps ni la place de rédiger une introduction et une conclusion trop longues. L'essentiel se situe dans votre développement.

Le plan

Partie 1. Carmens Erfahrung

früher / im 18. Jahrhundert
der Vorfahre (-n)
nach Südamerika aus/wandern / emigrieren
aus Deutschland fliehen* / flüchten / Deutschland verlassen*
vielleicht aus religiösen oder wirtschaftlichen / ökonomischen Gründen
ein neues Leben an/fangen* / eine neue Heimat finden*

heute
eine deutsche Gemeinde
die Sprache und Tradition bewahren
die deutsche Kultur aufrecht/erhalten*
seine deutschen Wurzeln bewahren

Partie 2. Mein Kommentar

warum interessant?
an die Auswanderung der Deutschen erinnern
viele Amerikaner mit deutschen Wurzeln
eine positive Erfahrung haben

warum wichtig?
seine Herkunft nicht vergessen*
zwei Sprachen können
eine vielfältige Identität haben

Vous pouvez ensuite rédiger votre introduction et votre conclusion.

L'introduction

Rappeler le témoignage — Carmen kommt aus Chile und hat deutsche Vorfahren. Ihre Familie hat ihre deutschen Wurzeln bewahrt.

Reprise du sujet — Ich werde erklären, warum ich ihre Aussage am interessantesten finde.

La conclusion

Rappel de l'axe — Carmen ist also ein gutes Beispiel für die Thematik „Identität und Austausch". Sie hat eine vielfältige Identität und Kontakte mit verschiedenen Kulturen.

Personnalisation (si possible) — Ich kann Carmens Geschichte sehr gut verstehen. Ich habe auch ausländische Wurzeln. Meine Vorfahren kommen aus … Wir haben auch unsere Kultur und Sprache bewahrt.

Étape 3 Rédigez et relisez-vous

Lorsque votre plan est structuré et équilibré, débutez la rédaction.
- Présentez une **copie soignée et structurée** : sautez des lignes entre l'introduction, le développement et la conclusion. Faites un alinéa entre chaque partie.
- Veillez notamment à la **place du verbe conjugué** (en 2e position dans la phrase indépendante et en dernière position dans la subordonnée)

Lorsque vous avez terminé votre rédaction, **relisez-vous attentivement** et vérifiez :
- les majuscules aux noms communs, aux noms propres,
- les accords sujets-verbes,
- la conjugaison,
- la ponctuation.

Auf Thomas Manns Spuren

Deutscher Schriftsteller und Demokrat in der Welt

Max Oppenheimer (1885-1954), *Porträt Thomas Manns*, 1926

Thomas Mann gilt als einer der weltweit bedeutendsten deutschen Schriftsteller des 20. Jahrhunderts. Zu seinen bekanntesten Werken zählen der Roman *Buddenbrooks: Verfall einer Familie* (1901), die Erzählung *Der Tod in Venedig* (1912) und der Roman *Der Zauberberg* (1924).
Der Schriftsteller Heinrich Mann ist sein älterer Bruder.

- **6. Juni 1875**: Thomas Mann wird als zweitältester Sohn einer Kaufmannsfamilie in Lübeck geboren.
- **1905**: Heirat mit Katia Pringsheim, mit der er sechs Kinder hat (Erika, Klaus, Golo, Monika, Elisabeth und Michael).
- **1929**: Thomas Mann erhält den Nobelpreis für Literatur.
- **1933**: Emigration, Exil in der Schweiz.
- **1936**: Die deutsche Staatsbürgerschaft wird ihm aberkannt[1].
- **1938**: Übersiedlung in die USA (Ostküste), Gastprofessur an der Universität Princeton.
- **1940-1945**: 58 Rundfunkansprachen[2] an die Deutschen, zu denen ihn die BBC, London, eingeladen hat.
- **1941-1942**: Umzug nach Kalifornien; Einzug in das eigene Haus in Pacific Palisades, einem Stadtteil von Los Angeles.
- **1944**: Thomas Mann bekommt die amerikanische Staatsbürgerschaft.
- **1952**: Rückkehr nach Europa (Schweiz).
- **1955**: Thomas Mann stirbt am 12. August in der Schweiz.

1. jm eine Staatsbürgerschaft ab/erkennen* *priver, déchoir qn de sa nationalité* 2. die Rundfunkansprache (-n) *l'allocution à la radio*

Das Geburtshaus von Thomas Mann in Lübeck

In diesem „Buddenbrookhaus" in der Mengstraße 4 befindet sich heute das Heinrich- und Thomas-Mann-Zentrum.

David Hockney, *Pacific Coast Highway & Santa Monica*, 1990

Mein Opapa

Frido Mann (1940-), Thomas Manns ältester Enkel[1], beschreibt das Haus und das Leben in Pacific Palisades während des Exils in den USA.

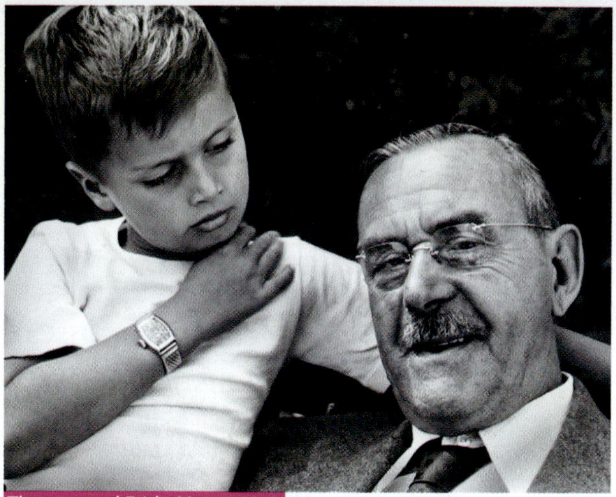

Thomas und Frido Mann, 1948

Erste Erinnerungen. [...] Ich warte in dem schon am Morgen sommerlich hellen Badezimmer meiner Großmutter Katia in Pacific Palisades darauf, von ihr angekleidet zu werden. Heute, so geht es mir durch den Kopf – oder war es gestern oder vorgestern? – ist ein Attentat auf Hitler verübt worden. Wer ist Hitler? Er ist jedenfalls der Inbegriff[2] des Bösen und des Lebensbedrohlichen[3], und irgendetwas Wichtiges und Befreiendes[4] gegen ihn ist gelungen, worüber alle im Haus sehr froh sind. [...]

Während der regelmäßigen, mehrwöchigen Aufenthalte in Pacific Palisades im Sommer oder Herbst und meistens auch über die Weihnachtsfeiertage ab 1942 reihen sich meine ersten schemenhaften Eindrücke immer mehr zu bleibend prägnanten Bildern aneinander [...]. Sowohl im langgestreckten[5], zweistöckigen Haus als auch im großen Garten kann ich mich frei bewegen. Besondere Heiligtümer[6] bleiben das Arbeits- und das Schlafzimmer meines Großvaters, genannt Opapa. In Letzterem darf ich mich nur manchmal beim ersten Morgenkaffee beider Großeltern aufhalten, wo der Tag bereits mit angeregter Unterhaltung[7] beginnt. [...]

Im Arbeitszimmer pflegt unser Großvater meinem Bruder Toni und mir nachmittags auf dem hellen Sofa Märchen vorzulesen, von Hauff, aus Tausendundeiner Nacht und vor allem von Hans Christian Andersen. Die Rezitationsweise des meisterhaften Vorlesers ist ein solches Fest, dass ich oft schon kaum mehr auf den Inhalt [...] achte. Von dieser Stimme geht eine starke suggestive Kraft aus. Je häufiger und tiefer sie auf mich wirkt, desto anhaltender[8] sind die Nachschwingungen[9]. Ich glaube es heute noch zu spüren, wenn ich selber vorlese. [...]

Genauso gern wie im Großelternhaus spiele ich auch draußen auf der *porch*, der Veranda, wo bei schönem Wetter manchmal gefrühstückt wird. Ein schier unermesslicher Tummelplatz[10] ist der weitläufige Garten mit den Palmen und den Zitronen-, Öl- und Eukalyptusbäumen und Pfeffersträuchern und dem großen, schnell wachsenden, warmen Rasen[11]. [...]

Von den zahlreichen Gästen in Pacific Palisades erinnere ich mich an erstaunlich wenige. Ich weiß heute, dass die Musiker Otto Klemperer, Artur Rubinstein, Igor Strawinsky, Arnold Schönberg und Theodor W. Adorno dort verkehrt haben [...] Als Schriftsteller tauchen insbesondere Franz Werfel, Lion Feuchtwanger und Bruno Frank mit ihren Gattinnen im Haus auf[12].

Frido Mann, *Achterbahn. Ein Lebensweg*, 2008

1. der Enkel (-) *le petit-fils*
2. der Inbegriff (-e) *l'incarnation*
3. das Lebensbedrohliche *ce qui menace la vie*
4. etw. Befreiendes *qc de libérateur*
5. langgestreckt *allongé*
6. das Heiligtum (¨-er) *le sanctuaire*
7. die Unterhaltung (-en) = die Konversation (-en)
8. anhaltend *persistant, durable*
9. die Nachschwingung (-en) *ici, le retentissement*
10. ein schier unermesslicher Tummelplatz (¨-e) *ici, un terrain de jeux vraiment immense*
11. der Rasen *le gazon*
12. auf/tauchen *apparaître, surgir*

1. Beschreiben Sie Thomas Manns Haus und Garten in Pacific Palisades.
2. Wie wirkt Thomas Mann als Vorleser auf seinen Enkel? Zitieren Sie die entsprechenden Textstellen.
3. Welche politische Haltung herrscht im Haus? Auf welches historische Ereignis wird angespielt[1]? Machen Sie eine kleine Recherche!
4. In den 1940er Jahren wurde Pacific Palisades auch als „Weimar am Pazifik", als Zufluchtsort[2] und inoffizielle Hauptstadt für deutschsprachige Künstler und Intellektuelle in den USA bekannt. Welche Indizien finden Sie dazu im Text?

1. auf etw. (A) an/spielen *faire allusion à qc* 2. der Zufluchtsort (-e) *le refuge*

Eine zentrale Stimme des deutschen Exils

Circa 132.000 deutsche Staatsbürger fanden zwischen 1933 und 1945 Aufnahme in den USA, darunter ungefähr 700 Schriftsteller und Autoren, die vor der NS-Diktatur in ihrer Heimat geflohen waren. Als Thomas Mann am 21. Februar 1938 in den USA ankam, sprach er den berühmt gewordenen Satz: **„Wo ich bin, ist Deutschland."**

Thomas Mann und das „andere" Deutschland

Interview mit Thomas Manns jüngster Tochter, Elisabeth Mann Borghese (1918-2002), Volkmar von Zühlsdorff und Helga Prinzessin zu Löwenstein über Thomas Manns Rolle als Repräsentant eines „anderen" Deutschlands im amerikanischen Exil.

VIDEO

bordas Flash PAGE vidéo

In dieser Szene wird Thomas Mann durch den Schauspieler Armin Mueller-Stahl dargestellt.

jm behagen = jm gefallen* – sich auf etw. ein/lassen* *ici* = etw. akzeptieren – etw. auf/greifen* *reprendre qc (une idée)* – die Sparte (-n) = der Bereich (-e), der Sektor (-en) – der Glanz *la magnificence* – der Ruhm *la gloire* – verschmitzt *malicieux, de façon malicieuse* – rüber kommen* *ici, traverser l'Atlantique* – die Gestalt (-en) = die Person (-en)

Volkmar von Zühlsdorff (1912-2006), Jurist, Publizist, Diplomat. Von 1936 bis 1942 Geschäftsführer der deutschen Akademie der Künste und Wissenschaften im Exil.
Helga Prinzessin zu Löwenstein (1910-2004), Ehefrau des Gründers der deutschen Akademie der Künste und Wissenschaften im Exil.

5. Warum wollte Thomas Mann die Schweiz verlassen und sein Exil in den USA fortsetzen?

6. Welche Rolle spielte er unter den Exil-Deutschen? Welches Deutschland repräsentierte er?

Der Redner Thomas Mann

VIDEO

bordas Flash PAGE vidéo

Hilde Kahn Reach, Thomas Manns Sekretärin in Pacific Palisades

7. Wie wirkt der Redner Thomas Mann auf Hilde Kahn Reach (seine Sekretärin)? Welchen Sieg kündigt er an?

Das Shrine Auditorium befindet sich in Los Angeles. – getröstet *consolé* – der Verderber (-) *le destructeur, le corrupteur* – das Schicksal *le destin*

Thomas Manns Appelle an die Deutschen

MÉDIATION PARTNERBRIEFING → p. 16

Es handelt sich um Radioansprachen an die deutschen Hörer der BBC (London).

1 Deutsche Hörer!
Ein deutscher Schriftsteller spricht zu euch, dessen Werk und Person von euren Machthabern[1] verfehmt[2] sind [...]. Mein Werk wird eines Tages zu euch zurückkehren, das weiß ich, wenn auch ich selbst es nicht mehr kann. Solange ich lebe aber, und selbst als Bürger der neuen Welt, werde ich ein Deutscher sein, und leide unter dem Schicksal Deutschlands und all dem, was es nach dem Willen verbrecherischer Gewaltmenschen[3] seit sieben Jahren, moralisch und physisch, der Welt zugefügt[4] hat.

(Oktober 1940)

2 Deutsche, lasst es nicht bis zum Äußersten kommen[5]! Ihr solltet selbst die niederträchtige[6] [...] Herrschaft[7] von euch schütteln[8], [...] ihr solltet beweisen[9], was die Welt immer noch zu glauben sich zwingt, daß National-Sozialismus und Deutschland nicht ein und dasselbe sind.

(August 1941)

Thomas Mann, *Deutsche Hörer! Radiosendungen nach Deutschland aus den Jahren 1940 – 1945*

1. der Machthaber (-) *le dirigeant* 2. verfehmt sein *être mis au ban, être proscrit* 3. nach dem Willen verbrecherischer Gewaltmenschen *selon la volonté de despotes criminels* 4. jm etw. zu/fügen *infliger qc à qn* 5. es bis zum Äußersten kommen lassen *laisser se produire une situation extrêmement néfaste* 6. niederträchtig *infâme* 7. die Herrschaft *le règne* 8. etw. von sich schütteln *se débarrasser de qc* 9. etw. beweisen* *prouver qc*

Thomas Mann am 30. Oktober 1942 in Los Angeles

SPRACHBOX

Hoffnungen und Entäuschungen

- die Hoffnung (-en) ≠ die Hoffnungslosigkeit *l'espoir ≠ le désespoir*
- der Hoffnungsschimmer (-) *la lueur d'espoir*
- hoffnungsvoll ≠ hoffnungslos *plein d'espoir ≠ sans espoir, désespéré*
- etw. hoffen, sich (D) erhoffen *espérer qc*
- von etw. (D) träumen *rêver de qc*
- eine Hoffnung erfüllt sich *un espoir devient réalité*
- die Erwartung (-en) *l'attente*
- enttaüschen *décevoir*
- die Enttäuschung (-en) *la déception*
- eine bittere Enttäuschung *une déception amère*
- eine Erwartung wird enttäuscht *une attente est déçue*

8. a. PARTNER **A** liest Auszug **1** und beantwortet folgende Fragen:
Wie definiert sich Thomas Mann?
Wie beurteilt das NS-Regime ihn und sein Werk?
b. PARTNER **B** liest Auszug **2** und beantwortet folgende Frage:
Was erhofft sich und fordert Thomas Mann von den Deutschen in Deutschland?
c. Danach tauschen beide Partner ihre Informationen aus.
d. Im Plenum diskutieren die Schüler: Wurden Thomas Manns Hoffnungen erfüllt?

Thomas Manns demokratischer Geist und sein Erbe

Im Jahr 2016 kaufte die Bundesrepublik Deutschland Thomas Manns ehemalige Villa in Kalifornien, um sie vor einem Abriss[1] zu beschützen. Das Haus wurde restauriert und dient heute als Residenz für deutsche Künstler und Intellektuelle in den USA („Thomas-Mann-Fellows"). Es handelt sich um einen Ort des kulturellen transatlantischen Dialogs.

1. der Abriss *la démolition*

Die Eröffnung des Thomas-Mann-Hauses

„Heute Abend richtet sich die Aufmerksamkeit unserer transatlantischen Gemeinschaft auf ein anderes „Weißes Haus". Dieses Haus hier war tatsächlich nicht nur das Heim einer Familie, nicht nur ein Ort, an dem gedacht und geschrieben wurde, der Mittelpunkt von „Weimar am Pazifik", ein Zentrum für Literatur, Musik, Film und Kunst. Nein, es war auch ein politisches „Weißes Haus", und Thomas Manns Arbeitszimmer war gewissermaßen das Oval Office der Exil-Opposition gegen Hitlers Terrorherrschaft in Berlin. [...]

Falls heute Abend einige Nachbarn unter uns sein sollten, möchte ich mich als Präsident der Bundesrepublik Deutschland ganz offiziell für den Baulärm entschuldigen. Im Gegenzug kann ich Ihnen aber ein paar wirklich interessante neue Nachbarn versprechen. Lassen Sie mich nun diese neuen Nachbarn willkommen heißen: die ersten Thomas-Mann-Fellows, Jutta Allmendinger, Yiannos Manoli, Burghart Klaußner und Heinrich Detering. Herzlich willkommen am San Remo Drive! [...]

Allen neuen Fellows möchte ich Folgendes mit auf den Weg geben[1]: Ihre Arbeit hier wird wichtig sein. [...] Um den Horizont für diese Arbeit abzustecken[2], lassen Sie mich ein letztes Mal Thomas Manns zeitlose Worte zitieren, [...] „Sofern es [...] um die Anpassung[3] der menschlichen Gesellschaft an die Erfordernisse der Weltstunde[4] geht, ist gewiss mit Konferenzbeschlüssen, technischen Maßnahmen, juridischen Institutionen wenig getan. Notwendig zunächst ist eine Wandlung[5] des geistigen Klimas, ein neues Gefühl für die Schwierigkeit und den Adel des Menschseins[6]."

Liebe Freunde, ich frage Sie: Welche Gesellschaftsform wäre besser geeignet für „die Schwierigkeit und den Adel", für die Herausforderung und das Abenteuer des Menschseins als die unsere – eine freie und demokratische Gesellschaft! Das Ringen[7] um Demokratie, das Ringen um eine freie und offene Gesellschaft ist das, was uns, die Vereinigten Staaten und Deutschland, auch weiterhin verbinden wird.

Dafür haben wir dieses Haus erworben. Dafür haben wir es wunderschön, wohnlich und einladend ausgestattet. Mögen die Fellows dieses Haus mit demokratischem Geist erfüllen – und mit Debatten, die Kontinente überbrücken. In meiner morgigen Rede werde ich auf all das näher eingehen. Aber für mich ist eben das der Kern[8], dem dieser historische Ort und diese neuen Fellowships verschrieben sein sollen: eine Wandlung des geistigen Klimas, ein neuer Geist, in dem die Demokratie gedeihen[9] wird. Ich bin sicher, Thomas Mann wäre stolz, dass sein geliebtes Zuhause am San Remo Drive eine transatlantische Zukunft hat.

Vielen Dank."

Auszug aus der Rede des Bundespräsidenten Frank-Walter Steinmeier zur Eröffnung des Thomas-Mann-Hauses in Los Angeles, 19. 06. 2018.

Jutta Allmendinger ist eine deutsche Soziologin und Präsidentin des Wissenschaftszentrums Berlin für Sozialforschung.

Yiannos Manoli ist Professor für Mikroelektronik an der Albert-Ludwigs-Universität Freiburg.

Burghart Klaußner ist Schauspieler.

Heinrich Detering ist Professor für Neuere deutsche Literatur und Vergleichende Literaturwissenschaft an der Georg-August-Universität Göttingen. Von 2011 bis 2017 war er Präsident der Deutschen Akademie für Sprache und Dichtung.

1. etw. mit auf den Weg geben* *donner un conseil pour le parcours envisagé*
2. etw. ab/stecken *esquisser les contours de qc*
3. die Anpassung (-en) *l'adaptation*
4. die Erfordernisse der Weltstunde *les exigences du moment historique*
5. die Wandlung (-en) *la transformation*
6. der Adel des Menschseins *la noblesse de l'existence humaine*
7. das Ringen *la lutte*
8. der Kern (-e) *ici, le cœur*
9. gedeihen* *prospérer*

9. Mit welchem anderen Haus vergleicht der Bundespräsident das Thomas-Mann-Haus? Warum ist in seinen Augen das Thomas-Mann-Haus so bedeutsam?

10. Wie beschreibt der Bundespräsident die Rolle der „Thomas-Mann-Fellows"?

11. Der Bundespräsident zitiert in seiner Rede Thomas Mann. Inwiefern ist dieses Zitat Ihrer Meinung nach heute noch aktuell? Diskutieren Sie im Plenum.

SPRACHBOX

seine Meinung äußern

- die Meinung (-en) ≠ die Gegenmeinung (-en) *l'opinion, l'avis ≠ l'avis contraire*
- seine Meinung vertreten* *exprimer son opinion, son avis*
- Ich bin der Meinung, dass … *Je suis d'avis que…*
- Ich stimme dir zu. *Je partage ton avis.*
- Ich bin anderer Meinung. *Je suis d'un avis différent.*
- Ich muss dir widersprechen. *Je dois te contredire.*
- Ich denke / glaube / finde, dass … *Je pense / crois / trouve que…*
- Ich bin fest davon überzeugt, dass … *Je suis fermement convaincu que…*
- Ich habe den Eindruck / das Gefühl, dass … *J'ai l'impression / le sentiment que…*
- meiner Meinung nach *à mon avis*

nuancieren

- besonders *en particulier, surtout*
- sicher *sûrement, certainement*
- wirklich *vraiment*
- auf jeden Fall ≠ auf keinen Fall *en tout cas ≠ en aucun cas*
- in der heutigen Zeit; heutzutage *de nos jours*
- in der heutigen Welt *dans le monde actuel*

Eine transatlantische Begegnungsstätte

VIDEO

bordas Flash PAGE vidéo

Bundespräsident Frank-Walter Steinmeier hat das ehemalige Haus des Schriftstellers Thomas Mann in Los Angeles wiedereröffnet. Die Villa soll künftig als transatlantische Begegnungsstätte dienen.

12. Welche zusätzlichen Informationen liefert das Video und welche Person spielt neben Bundespräsident Steinmeier eine zentrale Rolle bei der Wiedereröffnung des Thomas-Mann-Hauses?

13. Welches Profil wird für ein Thomas-Mann-Fellowship in diesem Residenzhaus der Bundesrepublik Deutschland erwartet? Wie lange können die Stipendiaten in Pacific Palisades bleiben und was sind ihre konkreten Aufgaben? Informieren Sie sich auf der Internetseite: www.vatmh.org/de

Kreatives Atelier

Thomas Mann und sein Wirken – von gestern bis heute

B1

Schreiben Sie in Gruppen eine Präsentation über Thomas Mann für eine Ausstellung an Ihrer Schule. Jede Gruppe sucht in den verschiedenen Dokumenten nach Informationen und behandelt einen der folgenden Aspekte:
– Thomas Mann, ein Verfechter[1] der Demokratie,
– Das Thomas-Mann-Haus in Pacific Palisades, ein besonderer Ort (gestern und heute).

1. der Verfechter *le défenseur*

Patriarchalische Organisation der Familie. Der Ehemann trifft alle Entscheidungen für die Familie.

1900

1910

Clara Zetkin gründet den „Internationalen Frauentag".

In Deutschland erhalten die Frauen zum ersten Mal das aktive[1] und passive[2] Wahlrecht. Erste Wahl: 19. Januar 1919.

1918

1933 – **1945**

Abschaffung des Internationalen Frauentages durch die Nationalsozialisten.

Der Artikel 3 im Grundgesetz[3] lautet: „Männer und Frauen sind gleichberechtigt."

Niemand darf wegen seines Geschlechtes[4], seiner Abstammung, seiner Rasse, seiner Sprache, seiner Heimat und Herkunft, seines Glaubens, seiner religiösen oder politischen Anschauungen benachteiligt[5] oder bevorzugt[6] werden.

1949

1957

Reform des Familienrechts: Frauen dürfen nun selbst entscheiden, ob sie berufstätig sein möchten oder nicht.

Partnerschaftliche Aufgabenteilung in der Ehe

SPRACHBOX

- sich um den Haushalt kümmern *faire les tâches ménagères*
- die Aufgabenteilung *le partage des tâches*
- wählen *voter*
- das Wahlrecht *le droit de vote*
- gleichberechtigt sein *avoir les mêmes droits*
- die Gleichberechtigung *l'égalité des droits*
- Karriere machen *faire carrière*
- berufstätig sein *exercer un métier*
- Hausfrau sein *être femme au foyer*
- die Gleichstellung zwischen Mann und Frau *l'égalité femme-homme*
- sich wandeln *changer, évoluer*

→ p. 68

1. das aktive Wahlrecht *le droit de vote*
2. das passive Wahlrecht *le droit d'éligibilité*
3. das Grundgesetz *la Loi fondamentale (constitution allemande)*
4. das Geschlecht *le sexe*
5. benachteiligen *désavantager*
6. bevorzugen *avantager*
7. die Elternzeit *le congé parental*

ESPACE PRIVÉ
ET ESPACE PUBLIC

Kapitel 3

Frauen machen mit

Elternzeit[7] für Väter

1977 – 2005 – 2007

Angela Merkel,
erste Bundeskanzlerin

Wie hat sich die Rolle der Frau in den vergangenen Jahrzehnten gewandelt?

- Parler des inégalités femmes-hommes (p. 64)
- Découvrir des femmes méritantes (p. 66)
- Comparer (p. 65)
- Les possessifs et le génitif saxon (p. 67)

Projekt

Présenter une femme célèbre qui s'est illustrée dans les sciences, les arts ou la politique (p. 71)

BAC ÉPREUVE 3

Partie 1 – Écrit

MÉTHODOLOGIE p. 76

VIDEO Interviews zum Thema Gleichberechtigung (p. 72)

Stratégie : Rendre compte d'une interview (p. 72)

Was bedeutet es, heute Frau zu sein? www.meinplan.at – *Wahnsinn, eine Frau zu sein*, www.rowohlt.de (p. 73)

Stratégie : Comprendre le sens des verbes de modalité (p. 73)

Stratégie : Mettre en relation des événements (p. 74)

Partie 2 – Oral

Stratégie : Relier la citation à l'axe concerné (p. 75)

Stratégie : Argumenter avec des exemples précis (p. 75)

Frauen früher und heute

A2 Bilden Sie eine Zweiergruppe. Sehen Sie sich die Fotos an und lesen Sie die Informationen. Verfassen Sie dann zu zweit einen Text, der die Rolle der Frau in der deutschen Gesellschaft in den verschiedenen Epochen präsentiert.

Tief verwurzelte Vorurteile

A Ungleiche Chancen

B1
1. Wie wurde die Frau im 19. Jahrhundert betrachtet?
2. Was wurde den Frauen nicht erlaubt?
3. Wie änderte sich die Situation?

Die meisten Menschen waren im 19. Jahrhundert der Ansicht, dass Jungen und Männer mehr wert[1] seien als Mädchen und Frauen und deshalb mehr Rechte hätten. Eltern wünschten sich lieber einen Sohn als eine Tochter. Männer betrachtete[2] man als klüger und fähiger als Frauen. Zu dieser Zeit hatten die Frauen nicht dieselben Bildungsmöglichkeiten wie die Männer und ihre Berufschancen waren limitiert.
Die Frauenrechtlerinnen dieser Zeit begannen für eine Chancengleichheit der Frauen und Männer zu kämpfen, denn sie sahen, dass sie nicht dieselben Möglichkeiten hatten wie ihre Brüder. […]
Erst ab 1893 gab es die ersten sogenannten „Gymnasialkurse" für Mädchen. Junge Frauen hatten nach und nach die Möglichkeit, die Schule mit dem Abitur abzuschließen. An der Schweizer Universität in Zürich durften sich Frauen schon ab 1863 auch offiziell einschreiben[3]. In Deutschland konnten die Frauen erst ab dem Jahr 1909 studieren. Doch viele Menschen waren damit nicht einverstanden. Auch viele Professoren protestierten gegen die Studienmöglichkeit für Frauen. Die meisten Studentinnen konzentrierten sich zu dieser Zeit auf Fächer, die als „frauentypisch" betrachtet wurden – zum Beispiel im Bereich der Gesundheit, Pflege[4] und Erziehung[5].

Nach www.helles-koepfchen.de, 22. 10. 2011

1. mehr wert sein *avoir plus de valeur* 2. betrachten *considérer* 3. sich ein/schreiben* *s'inscrire*
4. die Pflege *l'aide à la personne* 5. die Erziehung *l'éducation*

Kultur BOX

Die drei „K"
Jahrhunderte lang war das deutsche Frauenbild von den sogenannten drei „K" geprägt: Kinder, Küche und Kirche. Die Frau kochte, machte den Haushalt und zog die Kinder groß. 1918 erhielten die Frauen in Deutschland erstmals das Wahlrecht. Doch im Nationalsozialismus wurde die Frauenbewegung in Deutschland verboten. Eine Frau war in erster Linie Mutter und sollte viele Kinder bekommen. Gleichzeitig wurden die deutschen Frauen aus ihren Berufen gedrängt[1] und verloren das passive Wahlrecht.

1. jn aus etw. drängen *chasser, exclure qn de qc*

SPRACHBOX

Recht auf Bildung
- gegen jn Vorurteile haben *avoir des préjugés vis-à-vis de qn*
- das Unrecht *l'injustice*
- (nicht) die gleichen Rechte haben *(ne pas) avoir les mêmes droits*
- die Bildungsmöglichkeit (-en); die Studienmöglichkeit (-en) *l'accès à la formation ; aux études*
- frauentypische Arbeiten *des travaux typiquement féminins*
- (nicht) klug, fähig sein *(ne pas) être intelligent, capable*
- die Frauenrechtlerin (-nen) *la féministe*
- für Chancengleichheit kämpfen *lutter pour l'égalité des chances*
- etw. erlauben ≠ etw. verbieten* *autoriser qc ≠ interdire qc*
- jn diskriminieren *discriminer qn*
- von etw. ausgeschlossen sein *être exclu de qc*
- das Recht auf Bildung fordern *revendiquer le droit à l'instruction*

erfolgreiche Frauen
- die Erfindung (-en) *l'invention*
- etw. (A) erfinden* *inventer qc*
- in der Öffentlichkeit (nicht) bekannt sein *(ne pas) être connu du grand public*
- Frauen in Spitzenpositionen *des femmes à des postes-clés, à des postes de direction*
- die Parität zwischen Männern und Frauen erreichen *obtenir la parité entre hommes et femmes*
- Erfolg haben; erfolgreich sein *avoir du succès*
- wissenschaftliche Arbeiten durch/führen *mener des travaux scientifiques*
- eine besondere Begabung haben *avoir un talent particulier*
- das Vorbild (-er) *le modèle, l'exemple*

→ p. 68

B Eine mutige Forscherin

MÉDIATION

PARTNERPUZZLE → p. 18

VIDEO

B1

1. **PARTNER A** schaut sich das Video über die Gleichberechtigung an der Universität Wien und Lise Meitner an.
   PARTNER B liest den Auszug aus der Rede zur Namensgebung einer Kölner Schule.
2. Danach tauschen beide Partner ihre Informationen aus.
3. Im Plenum kann eine Zweiergruppe unter Bezug auf den historischen Kontext Lise Meitners Leben und Werk mit Hilfe der Informationen präsentieren.

das Gehirn sei zu klein *le cerveau serait trop petit* – promovieren *soutenir une thèse* – die Kernspaltung *la fission nucléaire*

Rede anlässlich der Namensgebung der Lise-Meitner-Gesamtschule in Köln

Die Wissenschaftshistorikerin Prof. Dr. Ute Deichmann hielt anlässlich der Namensgebung einer Schule in Köln am 9. September 1999 folgenden Vortrag über das Leben und Werk von Lise Meitner.

Lise Meitner war eine außergewöhnliche Frau und eine der bedeutendsten Naturwissenschaftlerinnen des 20. Jahrhunderts. Ihr Leben kann Vorbild sein für alle. Lise Meitner ist darüber hinaus eine Person, die in Deutschland großes Unrecht erfahren hat. Ich denke hier nicht nur an die Diskriminierungen gegen sie als Frau, sondern vor allem an das große Unrecht, das ihr als Jüdin in der Nazizeit geschah. Sowohl ihr großer wissenschaftlicher Erfolg als auch die bitteren Konsequenzen ihrer Emigration aus Berlin sind nur vor dem Hintergrund der wissenschaftlichen und politischen Entwicklungen im damaligen Deutschland zu verstehen. Daher ist Lise Meitners Geschichte auch eine deutsche Geschichte.

Im Jahre 1905 schloss Lise Meitner ihr Studium mit einer Doktorarbeit über Radioaktivität ab. Kurze Zeit später ging sie, vom Ruf[1] Max Plancks angezogen, nach Berlin.

Frauen waren damals von preußischen Universitäten noch ausgeschlossen. So musste Lise Meitner Max Planck erst um Erlaubnis bitten, seine Vorlesungen besuchen zu dürfen. Sie hatte Glück. Planck war ein konservativer preußischer Wissenschaftler, der nichts vom Frauenstudium hielt, bei besonderer Begabung aber Ausnahmen[2] machte. Lise Meitner war eine solche Ausnahme. Damals war die einzige Möglichkeit für eine Frau, in einem wissenschaftlichen Labor zu arbeiten, einen Mann zu finden, der an einer Zusammenarbeit interessiert war. Und Lise Meitner traf solch einen Mann, den fast gleichaltrigen Chemiker Otto Hahn, der auch über Radioaktivität forschen wollte. Eine über 30jährige Zusammenarbeit begann.

Otto Hahn erhielt - ohne Lise Meitner - 1946 den Nobelpreis für die Entdeckung der Kernspaltung[3]. Die Tatsache, dass Lise Meitner den Nobelpreis, den sie nach Meinung vieler bedeutender Wissenschaftler verdient[4] hatte, nicht erhielt, wird heute als eine der gravierendsten Fehlentscheidungen des Stockholmer Nobelkomitees angesehen.

Die Namensgebung Ihrer Schule ist ein sichtbares Zeichen des Gedenkens an Lise Meitner. Sie trägt dazu bei[5], historisches Unrecht bewusst zu machen, und ist insofern auch ein politischer Akt.

Nach www.mgporz.de

1. der Ruf *la réputation* 2. die Ausnahme *l'exception* 3. die Kernspaltung *la fission nucléaire* 4. verdienen *mériter* 5. zu etw. bei/tragen* *contribuer à qc*

SPRACHBOX

Comparer

Le comparatif d'égalité
- Frauen sind **so** begabt **wie** Männer.

Le comparatif d'inégalité
- Früher gab es an den Universitäten **nicht so** viele Frauen **wie** heute.

Le comparatif de supériorité
- Früher war die Rollenverteilung ungerecht**er als** heute.
- Heute haben die Frauen **bessere** Bildungsmöglichkeiten **als** früher.

→ p. 70

Nun sind Sie dran!

Oft gibt es an der Universität mehr Jungen als Mädchen in den wissenschaftlichen Studiengängen. Wie kann man das erklären?

Trotzdem erfolgreich

A Wer war Hedy Lamarr?

MÉDIATION

PARTNERBRIEFING → p. 16

VIDEO

bordas Flash PAGE vidéo

A2-B1

1. **PARTNER A** schaut sich den Trailer zum Film „Geniale Göttin" an.
   PARTNER B liest den Artikel über Hedy Lamarr.
2. Danach tauschen die Partner ihre Informationen aus und erklären die zwei Seiten dieser Frau: eine öffentliche und eine private. Warum hatte Hedy wohl das Gefühl, nicht ernst genommen zu werden?
3. Im Plenum präsentiert jeder sein Dokument (oder das des Partners).

etw. Bedeutendes *qc de significatif* – die Inspirationsquelle *la source d'inspiration* – das Patent *le brevet industriel*

Die Geschichte von Hedy Lamarr klingt wie eine Art Abenteuerfilm. Sie war als Schauspielerin berühmt und viele fanden, sie sei die schönste Frau der Welt. Sie selbst soll aber einmal gesagt haben: „Jedes Mädchen kann schick sein. Du musst nur still[1] stehen und dumm dreinschauen[2]."

Aber Hedy Lamarr war alles andere als dumm. Sie interessierte sich für Technik und war auch Erfinderin. Eine ihrer Ideen ist heute noch sehr wichtig. Man braucht sie etwa, um mit dem Handy ins Internet zu gehen, und für das WLAN[3].

Geboren wurde sie 1914 in Wien. Als junge Frau heiratete sie einen reichen Mann, der sehr eifersüchtig[4] war und ihr verbot, weiter als Schauspielerin zu arbeiten. Sie verließ ihn und ging nach Hollywood. Dort wurde sie ein Star!

Hedy entwickelte zusammen mit dem Komponisten George Antheil ein „geheimes Kommunikationssystem": das Frequenz-Sprung-Verfahren[5]. Damit konnte man Torpedos steuern[6], um die deutschen Schiffe im 2. Weltkrieg zu versenken.

Sie bot ihre Technik der amerikanischen Armee an. Aber die lehnte ab[7]. Schade, denn diese Erfindung hätte zur Kapitulation des Dritten Reiches beitragen[8] können.

Erst viel später erkannten Fachleute, wie nützlich[9] diese Erfindung war. Heute ist das Frequenz-Sprung-Verfahren ein wichtiger Teil der Mobilkommunikation und für die kabellose Verbindung ins Internet.

Hedy Lamarr konnte also viel mehr als still rumstehen und dumm gucken!

Nach Stefanie Paul, www.ntz.de, 25. 08. 2018

1. still sein = nicht sprechen 2. drein/schauen = gucken 3. das WLAN = *le WiFi* 4. eifersüchtig *jaloux* 5. das Frequenz-Sprung-Verfahren *l'étalement de spectre par saut de fréquence* 6. steuern *diriger* 7. ab/lehnen *refuser* 8. zu etw. bei/tragen* *contribuer à qc* 9. nützlich *utile*

SPRACHBOX

schön und klug
- die Schauspielerin (-nen) *l'actrice*
- etw. Nützliches erfinden* *inventer qc d'utile*
- berühmt *célèbre*
- für sein Aussehen bewundert werden* *être admiré pour son physique*
- jm etw. (nicht) zu/trauen *(ne pas) croire qn capable de qc*
- jn (nicht) ernst nehmen* *(ne pas) prendre qn au sérieux*
- vor jm (keinen) Respekt haben *(ne pas) respecter qn*

gleiches Geld für gleiche Arbeit
- sich durch/setzen *s'imposer*
- gleich viel / genauso viel verdienen wie … *gagner autant d'argent que…*
- mehr ≠ weniger verdienen als … *gagner plus ≠ moins d'argent que…*
- im Vergleich zu (D), verglichen mit (D) *en comparaison avec*
- das Erreichte *les acquis*
- der Anteil nimmt zu ≠ nimmt ab *la proportion augmente ≠ diminue*
- weibliche Vorbilder haben *avoir des modèles féminins*
- die Zahl der berufstätigen Frauen steigt ≠ sinkt / geht zurück *le nombre de femmes actives augmente ≠ baisse / diminue*

→ p. 68

B› Mit Familie erfolgreich

CD 11 MP3 11

bordas Flash PAGE audio

B1-B2 Hören Sie sich den Podcast aus der Reihe „Aktuelle Frauen" an und fassen Sie die Karriere von Ursula von der Leyen zusammen.

Volkswirtschaftslehre-Studium *des études d'économie politique*
die Verteidigungsministerin *la ministre de la Défense*
zurück/treten* *démissionner*

C› Keine Zukunft ohne Gleichberechtigung

B1 **1** Welche positiven Aspekte zur Gleichberechtigung nennt Ursula von der Leyen?

B1-B2 **2** Was findet sie problematisch?

Heute, am Weltfrauentag, haben wir allen Grund zu feiern: „Wir", das heißt Frauen und Männer. Denn Gleichberechtigung bringt uns alle voran, nicht nur die Frauen.

Es ist zwar viel erreicht, aber gesichert[1] ist das noch keineswegs. Solange Frau und Mann für gleiche Arbeit nicht gleiches Geld verdienen, ist es für Selbstzufriedenheit[2] zu früh. Und obwohl erfolgreiche Frauen ihren Exotenstatus in vielen Berufen weitgehend abgelegt haben, bleiben sie doch und vor allem in Spitzenpositionen deutlich unterrepräsentiert.

So waren 2018 noch immer nur acht Prozent der Vorstände[3] börsennotierter[4] deutscher Firmen Frauen. […] Und noch immer gibt es keine Frau an der Spitze eines deutschen DAX[5]-Unternehmens. Auch im Vergleich mit Frankreich, Polen, Schweden und den USA ist das beschämend[6].

Noch mehr Grund zur Sorge[7] bereitet mir der Eindruck, dass die erreichten Erfolge fragil sind. Obwohl Frauen immer besser ausgebildet sind und viele auch Karriere machen, nimmt ihr Anteil auf vielen Feldern aktuell sogar wieder ab. Zum Beispiel stellt der Gender Gap Report des World Economic Forum 2018 fest, dass der Anteil von Frauen in vielen westlichen Parlamenten rückläufig[8] ist. Auch der Bundestag ist leider keine Ausnahme: In der aktuellen Legislaturperiode sind rund 31 Prozent der Abgeordneten[9] weiblich, sechs Prozentpunkte weniger als zuvor. […]

Nur mit gelebter Gleichberechtigung von Mann und Frau erreichen wir den gesellschaftlichen Zusammenhalt[10], der so wichtig ist für jede lebendige und moderne Demokratie.

Ursula von der Leyen, handelsblatt.com, 08. 03. 2019

1. gesichert *ici, garanti* 2. die Selbstzufriedenheit *l'auto-satisfaction* 3. der Vorstand (¨-e) *ici, le dirigeant* 4. börsennotiert *coté en bourse* 5. DAX = Deutscher-Aktien-Index 6. beschämend *honteux* 7. die Sorge *l'inquiétude* 8. rückläufig *en baisse* 9. die Abgeordneten *les députés* 10. der gesellschaftliche Zusammenhang *la cohésion sociale*

SPRACHBOX

Les possessifs et le génitif saxon

- Hedy Lamarr**s** Erfindung ist nützlich. **Ihre** Erfindung ist heute noch aktuell.
- Hedy**s** Sohn ist stolz auf **seine** Mutter.

→ p. 70

Nun sind Sie dran!

Finden Sie, dass wir auch heute immer noch in einer männerdominierten Welt leben? Diskutieren Sie in der Klasse darüber.

TRAINING

WORTSCHATZ

Frauen machen mit

ungleiche Rollenverteilung

A2-B1

- Vorurteile haben *avoir des préjugés*
- nicht gleichberechtigt sein *ne pas avoir les mêmes droits*
- kein Recht auf Bildung haben *ne pas avoir droit à l'éducation*
- Hausfrau sein *être femme au foyer*
- nicht an der Universität studieren dürfen *ne pas avoir le droit d'étudier à l'université*
- das Unrecht *l'injustice*
- jn ungerecht behandeln *traiter qn de manière injuste*
- jn diskriminieren *discriminer qn*
- betrachten als *considérer comme*
- sogenannte frauentypische Berufe *des métiers soit-disant typiquement féminins*
- (keinen) Respekt vor jm haben *(ne pas) respecter qn*

B1-B2

- Frauen für dümmer halten* als Männer *considérer que les femmes sont plus bêtes / sottes que les hommes*
- Frauen nicht ernst nehmen* *ne pas prendre les femmes au sérieux*
- Frauen unterschätzen *sous-estimer les femmes*
- weibliche Erfolge öffentlich nicht würdigen *ne pas honorer publiquement les succès féminins*

Frauen von heute

A2-B1

- studieren *faire des études*
- sein Studium absolvieren *effectuer ses études*
- beruflich erfolgreich sein *réussir dans son métier*
- Karriere machen *faire carrière*
- gleichwertig sein *avoir la même valeur*
- miteinander in Harmonie leben *vivre ensemble en harmonie*
- die Gesellschaft weiter/bringen* *faire avancer la société*
- Familie und Arbeit vereinbaren / in Einklang bringen* *concilier la vie de famille et le travail*

B1-B2

- die Frauenquote, der Frauenanteil *le quota de femmes, la part de femmes*
- gut ausgebildet sein *avoir une bonne formation*
- die gesetzliche Gleichstellung von Frauen und Männern *l'égalité femme-homme inscrite dans la loi*
- sich in einer Männerwelt durch/setzen *s'imposer dans un monde dominé par les hommes*
- gleichberechtigte Partner sein *être des partenaires égaux en droits*
- bessere Aufgabenteilung im Haushalt *une meilleure répartition des tâches ménagères*

Wunsch nach Gleichberechtigung

B1-B2

- das Recht auf Bildung verlangen / fordern *revendiquer / exiger le droit à l'éducation*
- die Frauenrechtlerin (-nen) *la féministe*
- gleichen Lohn für gleiche Arbeit fordern *exiger le principe « à travail égal, salaire égal »*
- wissenschaftliche oder technische Berufe ergreifen* *exercer des métiers scientifiques ou techniques*
- gegen das Unrecht protestieren *protester contre les injustices*
- weibliche Vorbilder haben *avoir des modèles féminins*
- Parität zwischen Männern und Frauen fordern *exiger la parité hommes-femmes*
- gegen Diskriminierung kämpfen *lutter contre les discriminations*
- Posten in Spitzenpositionen an/streben *viser des postes haut placés*
- sich für die Gleichberechtigung ein/setzen *s'engager pour l'égalité des droits*

im Laufe der Zeit

A2-B1

- früher, damals *avant, à l'époque*
- im 19. Jahrhundert *au 19e siècle*
- zur Zeit unserer Großeltern *à l'époque de nos grands-parents*
- heute, heutzutage, in unserer Zeit *aujourd'hui, à notre époque*
- aktuell *actuellement*
- in Zukunft *à l'avenir*

Comprendre les consignes

- Vergleichen Sie … *Comparez…*
- Lesen Sie den Auszug aus der Rede. *Lisez l'extrait du discours.*

ÜBUNGEN

1 **Retrouvez les mots composés et ajoutez un *-s* de liaison si nécessaire. Donnez ensuite l'article défini correspondant.**

a. d… Frauen-	-gleichheit
b. d… Chancen-	-position
c. d… Gleich-	-möglichkeit
d. d… Spitzen-	-berechtigung
e. d… Bildung-	-quote

2 **Associez à chaque définition le terme qui convient.**

die drei K – Hausfrau – Frauenrechtlerin – Parität – Studienmöglichkeit – Vorurteile

a. eine Frau, die für die gleichen Rechte zwischen Männern und Frauen kämpft
b. die gleiche Anzahl von Männern und Frauen im Parlament oder in einer Firma
c. Kinder, Küche, Kirche
d. eine Frau, die nicht berufstätig ist
e. den Zugang zur Universität gestatten
f. eine falsche Einstellung einer Gruppe gegenüber

3 **Classez les termes selon qu'ils expriment quelque chose de positif ou de négatif, puis traduisez-les en français.**

gut ausgebildet sein – nicht ernst genommen werden – gleichberechtigt sein – weniger verdienen als Männer – kein Recht auf Bildung haben – Vorurteile haben – studieren dürfen – sich in einer Männerwelt durchsetzen – jn unterschätzen

4 **Complétez le texte avec le terme qui convient.**

Ausbildung – Beruf – weniger Geld – gleichberechtigt – Kinder – gleichen Rechte – ungerecht – Vorurteilen

Das Gesetz in Deutschland besagt, dass Männer und Frauen … sind. Das bedeutet, dass sie die … … haben. Jedoch bekommen Frauen für einen Job oft … … bezahlt als Männer, die den gleichen … ausüben. Das liegt an den …, denn viele Menschen denken, dass Frauen weniger lange arbeiten, wenn sie … bekommen. Das ist aber …, denn Frauen haben die gleiche … wie Männer und sind genauso gut im Beruf.

Extra

B1-B2 **5** **Notieren Sie drei Wörter, die mit K beginnen und die Frauen von heute charakterisieren. Vergleichen Sie sie dann mit den 3 K Ihrer Klassenkameraden. Sie können auch einen anderen Anfangsbuchstaben wählen.**

WORTBILDUNG

Le féminin des noms

a. Pour former le féminin, il suffit d'**ajouter le suffixe *-in***
– *der Wissenschaftler* → ***die*** *Wissenschaftler**in***
le scientifique → la scientifique
– *der Forscher* → ***die*** *Forscher**in***
le chercheur → la chercheure
– *der Kanzler* → ***die*** *Kanzler**in***
le chancelier → la chancelière

b. Tous les noms féminins terminés par *-in* forment leur **pluriel** en ajoutant ***-nen***
– *die Schauspielerin* → *die Schauspielerin**nen***

• Certains noms féminins sont des adjectifs substantivés.
die Abgeordnete, eine Abgeordnete la député, une député
die Deutsche, eine Deutsche l'Allemande, une Allemande

ÜBUNGEN

1 **Indiquez le féminin des noms ci-dessous.**

der Wissenschaftler – der Politiker – der Feminist – der Professor – der Techniker – der Schauspieler – der Student – der Abiturient – der Ingenieur – der Erfinder – der Minister – der Autor – der Präsident – der Journalist – der Bundeskanzler – der Schriftsteller – der Pädagoge

2 **Formez d'abord le masculin, puis le féminin des adjectifs substantivés sur le modèle suivant :**

der Bekannte → ein Bekannter
die Bekannte → eine Bekannte
der Neue – der Fremde – der Vorsitzende – der Alte

TRAINING

GRAMMATIK

LERNTEMPODUETT → p. 17

La comparaison → p. 65

→ PRÉCIS p. 232

- Le comparatif d'égalité : ***so*** **+ adjectif +** ***wie***
  *Frauen sind **so** klug **wie** Männer.*
- Le comparatif d'inégalité : ***nicht so*** **+ adjectif +** ***wie***
  *Es gibt **nicht so** viele Frauen **wie** Männer in Spitzenpositionen.*
- Le comparatif de supériorité : **adjectif +** ***-er*** **+** ***als***
  *Im 19. Jahrhundert hielt man Männer für fähig**er als** Frauen.*

Les voyelles *a*, *o* et *u* de la plupart des adjectifs d'une seule syllabe sont infléchies.
*alt → **ä**lter* *groß → gr**ö**ßer* *klug → kl**ü**ger*

! Quelques exceptions à retenir :

Au degré zéro	*gut*	*gern*	*viel*	*hoch*
Comparatif de supériorité	*besser*	*lieber*	*mehr*	*höher*

1 (*) **Complétez l'amorce en utilisant le comparatif de supériorité de l'adjectif souligné.**

a. Diese Frau ist erfolgreich. Aber sie könnte noch … sein.
b. Heutzutage ist die Aufgabenteilung im Haushalt gut. Aber sie könnte noch … sein.
c. Das Zusammenleben zwischen Männern und Frauen ist harmonisch. Aber es könnte noch … sein.
d. Der Anteil der Frauen in diesem Unternehmen ist hoch. Aber er könnte noch … sein.

2 (**) **Complétez les phrases en utilisant les adjectifs ci-dessous au comparatif de supériorité et ajoutez la marque du cas si nécessaire.**

dumm – gern – gut – intelligent – klein – viel – wenig

Im 19. Jahrhundert hielten die Menschen die Mädchen für … als die Jungen. Manche glaubten, dass das Gehirn der Frauen … sei als das der Männer. Deshalb wünschten sich viele Mütter … einen Sohn als eine Tochter. Hedy Lamarr war weitaus … als viele Menschen dachten. Heute sind die Frauen … ausgebildet als früher. Deshalb haben sie … Chancen, Karriere zu machen. Trotzdem verdienen die Frauen auch heute noch in vielen Berufen … als die Männer.

La possession → p. 67

→ PRÉCIS p. 231

- Comme en anglais, le possessif est **différent selon que le possesseur de la 3e personne du singulier est masculin ou neutre** *(sein Beruf)* **ou féminin** *(ihr Beruf)*.
- Le possessif est **différent** selon que l'on s'adresse à **plusieurs personnes que l'on tutoie** *(eure Erfindung)* ou **que l'on vouvoie** *(Ihre Erfindung)*.
- Les possessifs **se déclinent** sur le modèle de l'article indéfini ***ein-***. Le génitif saxon se forme en ajoutant un *-s* au nom propre : *Lise Meitners Mut*

Possesseur	ich	du	er, es	sie (fém.)	wir	ihr*	sie (pl.)	Sie**
Possessif	mein-	dein-	sein-	ihr-	unser-	euer-, eur-	ihr-	Ihr-

*pour plusieurs personnes que l'on tutoie **une ou plusieurs personnes que l'on vouvoie

3 (*) **Complétez les phrases avec les possessifs qui conviennent selon les possesseurs.**

a. Carola und du engagiert euch für mehr Gleichberechtigung. Das ist … Engagement.
b. Wir wünschen uns Chancengleichheit. Das ist … Wunsch.
c. Er ist Journalist. Das ist … Beruf.
d. Lise Meitner und Otto Hahn arbeiteten zusammen. Das war … Zusammenarbeit.
e. Du suchst Informationen über das Wahlrecht. Das ist … Aufgabe.
f. Ich schreibe eine Zusammenfassung über die Frauenbewegung. Das ist … Beitrag.

4 (**) **Complétez par la marque ou le possessif qui convient en n'oubliant pas de le décliner.**

Hedy Lamarr wurde durch … Schönheit berühmt. Doch sie wollte mehr aus … Leben machen. Nach vielen Jahren erzählte sie … Sohn von … Erfindung. Der Sohn war sehr überrascht zu erfahren, dass … Mutter eine Erfinderin war. Hedy entwickelte … Technik mit dem Komponisten George Antheil. Wir alle profitieren heute von Hedy Lamarr… Technik, wenn wir mit … Handy ins Internet gehen.

Meine bevorzugte Pionierin

B1-B2

- Stellen Sie eine Wissenschaftlerin oder eine erfolgreiche Frau aus einem deutschsprachigen Land vor, die Sie beeindruckt hat.
  – Präsentieren Sie zuerst eine kurze Biografie der Person.
  – Erklären Sie, was diese Frau Besonderes gemacht hat.
  – Sagen Sie anschließend, warum Sie diese Frau ausgewählt haben.
  – Sie können eine dieser berühmten Frauen wählen und Recherchen über sie machen oder eine Frau Ihrer Wahl vorstellen.

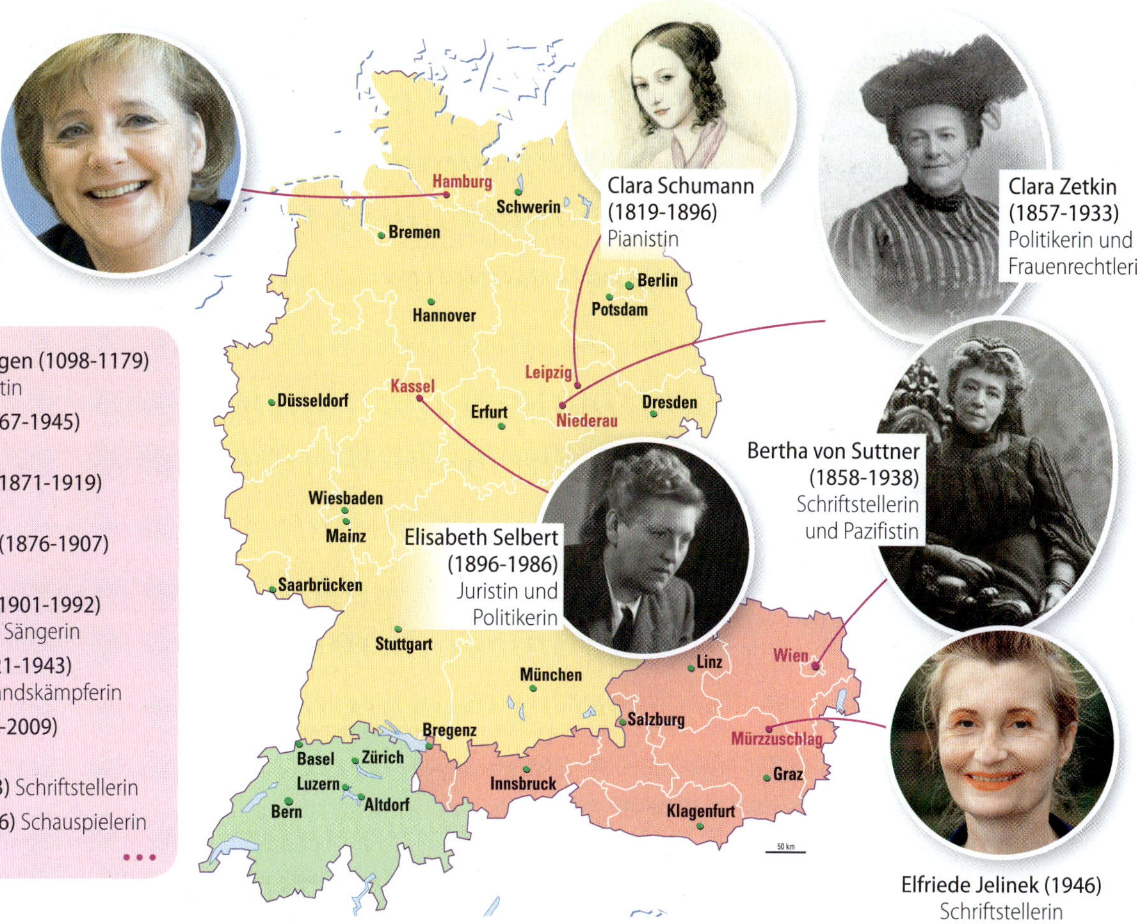

Angela Merkel (1954) Politikerin

Clara Schumann (1819-1896) Pianistin

Clara Zetkin (1857-1933) Politikerin und Frauenrechtlerin

Bertha von Suttner (1858-1938) Schriftstellerin und Pazifistin

Elisabeth Selbert (1896-1986) Juristin und Politikerin

Elfriede Jelinek (1946) Schriftstellerin

- Hildegard von Bingen (1098-1179) Äbtissin, Komponistin
- Käthe Kollwitz (1867-1945) Künstlerin
- Rosa Luxemburg (1871-1919) Politikerin
- Paula Modersohn (1876-1907) Malerin
- Marlene Dietrich (1901-1992) Schauspielerin und Sängerin
- Sophie Scholl (1921-1943) Studentin, Widerstandskämpferin
- Pina Bausch (1940-2009) Choreografin
- Herta Müller (1953) Schriftstellerin
- Diane Krüger (1976) Schauspielerin

...

Stratégies

Structurer son exposé

- **Dans l'introduction, présentez la femme choisie (nom, date de naissance et éventuellement de mort, lieux de vie).**
  – *Ich möchte … vorstellen / präsentieren.*
  – *Ich möchte nun einen Vortrag / ein Referat über … halten.*
  – *Sie wurde am … in … geboren.*
- **Dans le développement, vous évoquerez sa biographie ainsi que ce qui l'a rendue célèbre.**
  – *Sie wurde durch ihr Engagement für … bekannt.*
  – *Sie setzte sich für … ein.*
  – *Sie trug zur Verbesserung der / des … bei.*
  – *Außerdem interessierte sie sich für …*
- **Dans la conclusion, vous justifierez ce choix.**
  – *Ich habe diese Frau gewählt, weil …*
  – *Diese Frau ist bewundernswert, weil …*
  – *Ich habe mich entschieden, diese Frau vorzustellen, denn …*
  – *Mich fasziniert diese Frau besonders, weil …*
  – *Das Besondere an dieser Frau ist, dass …*
- **Pour clore votre exposé, vous pouvez ouvrir sur une problématique actuelle.**
  – *Zusammenfassend kann man sagen, dass das Leben dieser Frau zeigt, wie schwer es die Frauen früher hatten … / wie ungerecht …*
  – *Schließlich / Zum Schluss kann man sich fragen, ob …*
  – *Abschließend können wir uns folgende Frage stellen …*

BAC
ÉPREUVE 3
(3e trimestre)

PARTIE 1 – ÉCRIT

Compréhension de l'oral

MÉTHODOLOGIE p. 76

VIDEO

bordas Flash PAGE vidéo

Interviews zum Thema Gleichberechtigung
(mit Studentinnen der Universität in Hamburg)

- **En rendant compte en français du document, vous montrerez que vous avez compris :**
  – le thème principal du document ;
  – les faits, la situation, les événements, les informations ;
  – l'identité des intervenantes ;
  – la fonction et la portée du document (relater, informer, convaincre, critiquer, dénoncer, etc.).
- Indiquez ensuite dans quelle mesure la vidéo et les textes illustrent l'axe thématique « l'espace public et l'espace privé ».

die Einstellung in den Köpfen *ici, les idées reçues*

Stratégies
Rendre compte d'une interview

S'aider du titre et des questions

Le titre du document vous donne déjà des clés sur ce que vous allez entendre.

Vous pourrez alors anticiper le contenu.

Les questions posées par le journaliste aident à la compréhension des réponses.

→ Wo sind Frauen nicht gleichberechtigt?
→ Wie siehst du das?

Concentrez-vous sur les pronoms interrogatifs. Ils permettent de comprendre les questions partielles et les réponses qui sont données.

Repérer le champ lexical prédominant

Le sujet et le contexte sont une aide précieuse pour définir le champ lexical.

Vous pourrez ainsi reconnaître des mots que vous avez lus ou appris récemment.

Le champ lexical prédominant ici est celui de l'égalité entre les hommes et les femmes.

(nicht) gleichberechtigt, Berufe, verdienen, Hausfrau, Führungsposition …

Il vous sera donc facile de comprendre des mots et expressions.

Compréhension de l'écrit

3 103 signes

a. **Lesen Sie beide Texte. Geben Sie wieder, was Sie verstanden haben.**
b. **Text A: Aus welcher Perspektive wird in diesem Text berichtet? Ist die Journalistin neutral und objektiv? Begründen Sie Ihre Antwort mit den entsprechenden Textstellen.**
c. **Text B: Was wird von der idealen Frau von heute erwartet?**

Text A

Was bedeutet es, heute Frau zu sein?

Wir feiern den Weltfrauentag! Was heißt Frausein[1] eigentlich für mich? Hurra! Wir jubeln über 100 Jahre Frauenwahlrecht in Österreich! Wir feiern den Weltfrauentag!
Die Zeiten, in denen Mädchen und Frauen in Österreich massiv benachteiligt wurden, scheinen lange her zu sein. Frauen können ohne Erlaubnis ihrer Männer ein selbstbestimmtes Berufsleben führen und jeden Beruf ergreifen, den sie möchten. Fantastisch!

Sind wir wirklich gleichberechtigt?

In den westlichen Ländern schaut es auf den ersten Blick zum Thema Gleichberechtigung wirklich gut aus. In den letzten Jahrzehnten und Jahrhunderten wurde unglaublich viel erkämpft[2]!
Dennoch gibt es noch immer viel zu tun, denn bis heute ist nachgewiesen[3], dass Frauen in Österreich weniger verdienen als Männer. In der Führungsetage[4] dominieren weiterhin die Männer. Frauen werden oft weniger ernst genommen, ihre Kompetenzen werden häufiger in Frage gestellt als die der männlichen Kollegen. [...]
Der #metoo Hashtag machte weltweit auf sexuelle Belästigung und Übergriffe aufmerksam, denen Frauen ausgesetzt sind. Gewalt an Frauen, sogar Morde[5] gelangen immer öfter an die Öffentlichkeit. So ganz rosarot, blumig und leicht ist die Lebensrealität von Frauen in Österreich aus meiner Sicht dann doch auch wieder nicht.

Ich erlebe immer wieder Momente, in denen ich denke: „Als Mann wäre mir das nicht passiert."

Was bedeutet es für mich, eine Frau zu sein?

Unsere Identität ist stark mit unseren Werten verknüpft[6]. Immer wieder frage ich mich, was für eine Frau ich sein will. Was soll ich von Feminismus halten? Welche Rechte habe ich als Frau? Welche weiblichen Vorbilder hatte ich in meiner Kindheit?
Solche und unendlich viele weitere Fragen muss jede für sich selbst beantworten. Das Thema Frausein und alles, was damit einhergeht[7], ist wirklich umfassend! Ich finde es interessant zu wissen, vor welchen Herausforderungen Frauen heute auf der ganzen Welt stehen.
Ich habe mir vorgenommen, dass ich ein gutes Allgemeinwissen über die Geschichte der Frau erwerben will, den historischen Kontext zu Ungerechtigkeiten kennen möchte und mir weibliche Vorbilder suchen werde. In 10 Sekunden möglichst viele berühmte Männer aus Wissenschaft, Politik, Musik oder Kunst aufzuzählen? Easy! Und Frauen?

Nach Claudia Dießner, www.meinplan.at, 08. 03. 2019

1. das Frausein *le fait d'être une femme* 2. etw. erkämpfen *obtenir qc de haute lutte* 3. es ist nachgewiesen *il est prouvé* 4. in der Führungsetage *à l'étage supérieur (de la direction)* 5. Morde *des meurtres* 6. verknüpft sein *être lié* 7. was damit einhergeht *ce qui en découle*

Text B

Mit Beobachtungsgabe und Humor analysiert Florian Schroeder in seinem neuen Buch den „Wahnsinn, eine Frau zu sein": klug und pointiert, lustig und liebevoll.

„Wie muss die Frau sein? Sie muss topmodelmagerschlank[1] sein, sie muss Kinder wollen, und sie muss sie im richtigen Moment wollen, also nicht mit 20, aber auch nicht mit 40. 20 ist zu früh, 40 zu spät. [...] Wenn sie dann Kinder hat, muss sie arbeiten, Karriere machen – selbstbewusst sein, aber nicht als Emanze, [...] und vor allem: gut drauf. Und während sie Karriere macht, darf sie keine Rabenmutter sein, und während sie zu Hause ist, muss sie trotzdem Karriere machen. [...] Ihrem Partner muss sie außerdem Liebhaberin[2], Mutter, beste Freundin, alles auf einmal sein, und den Stress, den sie dabei hat, den DARF MAN NIEMALS SPÜREN!"

Nach www.rowohlt.de, 07. 06. 2017

1. topmodelmagerschlank *supermince comme un mannequin*
2. die Liebhaberin *la maîtresse, l'amante*

Stratégies

Comprendre le sens des verbes de modalité

Dans un texte ou un article, il est important de comprendre les verbes de modalité pour interpréter correctement les informations et éviter les contresens.

- *dürfen* permission, avec une négation → interdiction
- *müssen* obligation, avec une négation → caractère non obligatoire
- *sollen* devoir
- *können* pouvoir, capacité
- *wollen* la volonté
- *mögen* aimer, exprime le souhait si employé au subjonctif II (*möchte*)

! L'ajout d'une négation transforme la phrase en son contraire.

Expression écrite

- **Behandeln Sie Thema A oder Thema B.**

Thema A
Themen wie Emanzipation, Gleichberechtigung und Feminismus sind auch heute noch aktuell, obwohl im Gesetz steht, dass Männer und Frauen gleichberechtigt sind. Erklären Sie, in welchen Bereichen es doch noch Ungleichheiten gibt.

ODER

Thema B
Was ist für Sie eine perfekte Frau? Sind Sie der Meinung, dass eine Frau perfekt sein muss? Warum? Warum nicht?

Stratégies
Mettre en relation des événements

Opposition
- *im Gegensatz zu früher* contrairement au passé
- *anders als vor 50 Jahren* à la différence d'il y a 50 ans
- *nicht wie in den letzten Jahrzehnten* autrement que ces dernières décennies
- *im Gegenteil* au contraire

Comparaison
- *auch heute noch* encore de nos jours
- *heutzutage wie früher* aujourd'hui comme auparavant
- *wie seit eh und je* comme depuis toujours
- *im Vergleich zu früher* comparé à autrefois

Situer dans le temps
- *Seitdem …* depuis que…
- *Seit zehn Jahren* depuis dix ans
- *Heute / heutzutage / in unserer Zeit* aujourd'hui / de nos jours / à notre époque
- *im letzten Jahrhundert / vor hundert Jahren* au siècle dernier / il y a cent ans
- *damals / früher* à l'époque / auparavant

BAC ÉPREUVE 3 (3e trimestre) — PARTIE 2 – ORAL

Expression orale en continu

- **Lesen Sie die beiden Zitate. Welches illustriert Ihrer Meinung nach am besten das Thema „Privatsphäre und öffentliche Sphäre"?**

Marie Juchacz (1879-1956) war eine Sozialreformerin, Frauenrechtlerin und SPD-Politikerin. Sie war die erste Frau, die in einem deutschen Parlament (Weimarer Nationalversammlung) am 19. Februar 1919 eine Rede hielt.

A
Meine Herren und Damen, es ist das erste Mal, dass in Deutschland die Frau als freie und gleiche im Parlament zum Volke sprechen darf. […] Was diese Regierung getan hat, das war eine Selbstverständlichkeit[1]: Sie hat den Frauen gegeben, was ihnen bis dahin zu Unrecht vorenthalten[2] worden ist.
(19. Februar 1919)

1. die Selbstverständlichkeit *l'évidence*
2. jm etw. zu Unrecht vor/enthalten* *priver qn de qc à tort*

Ursula von der Leyen

B
Nur mit gelebter Gleichberechtigung haben wir eine Zukunft.
Gleichberechtigung bleibt ein steiniger[1] Weg. Doch sie bringt uns alle weiter – Frauen wie auch Männer. Sie ist eine elementare Frage der Demokratie.
(8. März 2019)

1. ein steiniger Weg *un chemin semé d'embûches*

Stratégies
Relier la citation à l'axe concerné

Zitat A

– *nicht die gleichen Rechte haben* ne pas avoir les mêmes droits
– *das Leben auf die Privatsphäre beschränken* limiter l'existence à la sphère privée
– *am öffentlichen Leben nicht teilnehmen können* ne pas pouvoir participer à la vie publique
– *nicht wählen dürfen* ne pas avoir le droit de vote
– *die Gesellschaft nicht mitbestimmen können* ne pas pouvoir influer sur la société

Zitat B

– *Frauen sind in der Öffentlichkeit noch nicht ganz gleichberechtigt.* L'égalité des femmes dans la vie publique n'est pas encore tout à fait acquise.
– *Beispiele: Gehaltsunterschiede, zu wenig Frauen in Führungspositionen, in der Politik …* Exemples : des différences de salaires, trop peu de femmes à des postes à responsabilité, en politique…
– *Gleichberechtigung ist für die Gesellschaft insgesamt positiv.* L'égalité femme-homme est profitable à toute la société.

Se servir de ses connaissances pour mieux argumenter

- **le rôle de la femme auparavant**

– *die drei „K"* les trois « K »
– *die patriarchalische Organisation der Familie* l'organisation patriarcale de la famille
– *die Rolle der Frau im Dritten Reich* le rôle de la femme pendant le IIIe Reich
– *Artikel 3 im Grundgesetz* article 3 de la Loi fondamentale

- **des femmes célèbres pour leur engagement**

– *Lise Meitner lebte in einer Zeit, als Frauen nicht studieren durften.* Lise Meitner vécut à une époque où les femmes n'avaient pas le droit d'étudier.
– *Hedy Lamarrs Erfindung wurde nicht ernst genommen, weil sie eine Frau war.* L'invention de Hedy Lamarr ne fut pas prise au sérieux parce qu'elle était une femme.
– *Sophie Scholl musste für ihren Mut mit ihrem Leben bezahlen.* Sophie Scholl a payé son courage de sa vie.

Expression orale en interaction

- **Après l'expression orale en continu, vous allez échanger avec l'examinateur. Voici des questions qu'il pourrait vous poser.**

Privatsphäre und öffentliche Sphäre

Wie sehen Sie die ideale Aufgabenteilung in der Familie?

Wie stellen Sie sich Ihr Leben als berufstätige Mutter vor?

Könnten Sie sich vorstellen, später als Familienvater zu Hause zu bleiben und auf Ihren Beruf zu verzichten?

Finden Sie, dass alle Frauen heutzutage gleichberechtigt sind?

Glauben Sie, dass Frauen heutzutage die gleichen Chancen auf dem Arbeitsmarkt haben wie Männer?

Stratégies
Argumenter avec des exemples précis

- *Zum Beispiel haben die Frauen …* Les femmes ont par exemple…
- *Ein gutes Beispiel dafür ist…* Le / La… est un bon exemple.
- *Man kann beispielsweise … nennen.* On peut citer par exemple…

BAC MÉTHODOLOGIE

RENDRE COMPTE D'UNE VIDÉO

VIDEO

bordas Flash PAGE vidéo

SUJET → p. 72

Interviews zum Thema Gleichberechtigung
(mit Studentinnen der Universität in Hamburg)

En rendant compte en français du document, vous montrerez que vous avez compris :
– le thème principal du document ;
– les faits, la situation, les événements, les informations ;
– l'identité des intervenantes ;
– la fonction et la portée du document (relater, informer, convaincre, critiquer, dénoncer, etc.).

Étape 1 Avant l'écoute

Le titre

Pour comprendre le thème principal, le titre vous sera très utile. Il vous est donné avant l'écoute. Vous disposez ici également d'un sous-titre. Ces informations vous aident à **identifier le contexte et la situation d'énonciation.**
Le mot *Interviews* est au pluriel, il s'agit ici d'une interview de deux personnes. Le sous-titre vous apprend qu'il s'agit d'étudiantes de l'université de Hambourg.
Ces jeunes femmes s'expriment au sujet de l'égalité femmes-hommes.

Lexique à connaître

Essayez de vous rappeler des mots et expressions que vous avez déjà rencontrés et/ou employés dans ce chapitre.

Comment dit-on en allemand ?

- avoir les mêmes droits
- le rôle
- les enfants
- la femme au foyer
- la mère
- le métier
- s'occuper de qn
- gagner moins d'argent
- faire des études
- le domaine
- les sciences
- des postes de dirigeants

Étape 2 Pendant les écoutes : structurez les informations comprises

Vous avez **trois écoutes**. Prenez votre **feuille de brouillon** dans le sens de la largeur et divisez-la **en 3 parties** pour la prise de notes.
Pour répondre aux attentes de cette épreuve, regroupez les informations comprises en fonction des trois grands critères qui seront pris en compte lors de la correction. Chaque colonne correspond à un critère. Vous les compléterez au fil des trois écoutes.

- **1re colonne** = informations explicites, identification du/des locuteur/s, contexte.
- **2e colonne** = informations supplémentaires et détails (chiffres, exemples cités, liens de causalité, justification d'un argument…) + connecteurs et mots subordonnants qui créent l'articulation des informations entre elles.
- **3e colonne** = nature du document, visée (la tonalité d'un propos, l'intention de la communication).

– Prenez vos notes dans la langue qui vous convient. Vous pouvez aussi mélanger les langues puisqu'il s'agit d'un brouillon.
– N'hésitez pas à utiliser des abréviations et des symboles.
– Profitez de la minute de pause pour organiser vos notes et relier les informations entre elles.

Les informations relevant du niveau A2 du CERCL sont indiquées en rouge, celles relevant du niveau B1 en vert, celles du B2 et plus en bleu.
Le niveau attendu en LVA est B2 celui en LVB est B1.

	Informations de la vidéo, situation d'énonciation	Structure du document	Nature du document et points de vue
			Interview de deux étudiantes sur l'égalité entre les femmes et les hommes.
1. Studentin	Marieke 18 Jahre studiere Uni Hamburg	Jura jetzt angefangen	*La 1re étudiante se présente.*
1. Studentin	*(répond à une 1re question du journaliste)* Männer und Frauen gleichberechtigt?	kommt darauf an kommt auf den Bereich an sich verbessert hat seit den letzten Jahren aber nicht 100 %	*Elle s'exprime sur l'égalité entre les femmes et les hommes.*
1. Studentin	*(répond à une 2e question du journaliste)* Wo sind Männer und Frauen nicht gleichberechtigt?	nicht so – ein bisschen Weil es bestimmte Klischees gibt: Männer machen nur das und Frauen nur das	Das finde ich schade. *Elle regrette cette situation, déplore que les clichés perdurent.*
2. Studentin	*(La 2e étudiante répond au journaliste qui lui demande si elle partage le point de vue de la 1re étudiante)*		Ich seh' das genauso. *Elle partage le point de vue de la première étudiante.*
2. Studentin		Frauen verdienen weniger 23 % im Durchschnitt in einigen Ländern zum Beispiel in Frankreich ist das extrem	*Elle illustre son propos par un exemple.*
2. Studentin		Einstellung in den Köpfen als Hausfrauen, weil das ihre Rolle ist viele Frauen müssen in Teilzeit arbeiten, weil sie Kinder bekommen in Führungspositionen → Frauen genauso gut wie Männer sich auch genauso gut in Naturwissenschaft und in Wirtschaft auskennen können Frauen können eine Bereicherung sein	*Elle justifie ensuite son point de vue.*
2. Studentin		Ich glaube, da muss noch sehr viel geöffnet werden	*Elle exprime le souhait à la fin de l'interview que la situation s'améliore encore et…*

Étape 3 Après l'écoute : rédigez la synthèse

Il s'agit de construire un compte rendu en français qui présente de manière cohérente les informations comprises en prenant en compte en particulier les trois critères :

- le document dans son contexte (qui parle, d'où et à qui) → colonne 1
- sa structure d'ensemble ainsi que l'enchaînement logique des éléments qui le composent, sa cohérence globale → colonne 2
- le document dans sa visée, sa portée, l'intention de son auteur → colonne 3

! Pour un même document, il ne saurait y avoir de corrigé type.
Vous ne devez pas restituer toutes les informations et comprendre tous les mots entendus.
Vous pouvez obtenir une note satisfaisante, voire très satisfaisante sans avoir tout compris.

SPRACHBOX

eine gemeinsame Erfahrung

- den Zuschauern Emotionen (Mitleid, Angst, Freude) vermitteln *transmettre des émotions (la pitié, la peur, la joie) aux spectateurs*
- jn berühren *émouvoir qn*
- durch Worte, Gestik mit dem Publikum kommunizieren *communiquer avec le public par des mots, la gestuelle*
- sich mit jm identifizieren *s'identifier avec qn*
- sich auf der Bühne aus/drücken *s'exprimer sur scène*
- das Stück mit den Schauspielern mit/erleben *vivre la pièce avec les acteurs*
- die Zuschauer unterhalten*; informieren, belehren *divertir ; informer les spectateurs*
- eine lebendige, kreative Erfahrung erleben *vivre une expérience vivante, créative*
- etw. spannend, interessant, langweilig finden* *trouver qc passionnant, intéressant, ennuyeux*
- eine Botschaft vermitteln *transmettre un message*

→ p. 84

ART ET POUVOIR

Kapitel 4 Brecht, politisch engagiert

Inwiefern war Brechts politisches Engagement ambivalent?

- Évoquer des artistes qui ont critiqué le pouvoir en place (p. 80)
- Parler d'artistes qui ont servi le pouvoir en place (p. 82)
- Le génitif (p. 80)
- Le datif (p. 82)

Projekt

Écrire un podcast sur Bertolt Brecht (p. 87)

BAC ÉPREUVE 3

Partie 1 – Écrit

MÉTHODOLOGIE p. 92

Walter Sittler, ein erfolgreicher und engagierter Schauspieler (p. 88)
Stratégie : Identifier les familles de mots (p. 88)

Zwei Interviews über Bertolt Brecht, www.stern.de, www.daserste.de (p. 89)
Stratégie : Comprendre l'ambivalence de Brecht (p. 89)

Stratégie : Présenter ses idées (p. 90)

Partie 2 – Oral

Stratégie : Prendre appui sur ses connaissances (p. 91)
Stratégie : Interagir avec le professeur pendant l'entretien (p. 91)

Die Bühne erleben

A2 1 Präsentieren Sie Ihre Erfahrung mit dem Theater. Warum gehen Sie (nicht) gern ins Theater?

B1 2 Was bedeutet Theater für Sie? Was ist Ihrer Meinung nach das Ziel des Theaters?

Ein kritischer Blick

A Schriftsteller auf der Flucht

MÉDIATION PARTNERBRIEFING → p. 16

VIDEO

bordas Flash PAGE vidéo

A2 **1** **PARTNER A** liest Bertolt Brechts Biografie. **PARTNER B** schaut sich das Video über das Dokudrama *Brecht* an. Jeder sammelt Informationen über die Interessen Brechts, seine Arbeit als Schriftsteller und sein Leben.

B1 **2** Beide Partner tauschen ihre Informationen aus und schreiben zusammen eine kurze Zusammenfassung über den Dramaturgen. Die Kulturbox über das epische Theater kann dabei helfen.

KulturBOX

Das epische Theater

Brecht entwickelte in den 1920er Jahren mit Erwin Piscator eine neue Form des Theaters. Sie experimentierten das epische Theater, das sich vom klassischen Theater entfernte. Sie wollten gesellschaftliche Konflikte, Revolution, soziale Ungerechtigkeit inszenieren, so dass die Zuschauer auf diese Missstände aufmerksam werden, um die Gesellschaft zu verbessern. Es handelt sich also nicht nur um Unterhaltung auf der Bühne, sondern um Distanzierung und politisches Nachdenken. Lieder, Kommentare der Schauspieler oder das Ansprechen des Publikums schaffen einen Verfremdungseffekt[1]. Dieses Theater war marxistisch und sozialistisch orientiert.

1. der Verfremdungseffekt *l'effet de distanciation*

- **10. Februar 1898:** Bertolt Brecht wird in Augsburg geboren.
- **1918:** Mitglied des Augsburger Arbeiter- und Soldatenrates.
- **29. September 1922:** Uraufführung seines kritisch-engagierten Stücks *Trommeln in der Nacht* in München.
- **ab 1926:** In sogenannten Lehrstücken zeigt er gesellschaftliche Missstände. Obwohl er mit den revolutionären Zielen der Kommunisten sympathisiert, wird er nie Mitglied der Kommunistischen Partei Deutschlands (KPD).
- **1929:** Heirat mit der Schauspielerin Helene Weigel, mit der er zwei Kinder haben wird.
- **28. Februar 1933:** Einen Tag nach dem Reichstagsbrand verlässt Brecht mit seiner Familie Deutschland und begibt sich über Prag nach Wien, in die Schweiz und schließlich nach Dänemark. Während des Exils schreibt er viele seiner Gedichte[1], die fast ausschließlich dem antifaschistischen Kampf gewidmet[2] sind.
- **1935:** Brecht wird die deutsche Staatsbürgerschaft aberkannt[3].
- **Mai 1939:** Wegen der Kriegsgefahr: Exil nach Schweden.
- **1940:** Nach dem Einmarsch der deutschen Truppen in Dänemark und Norwegen: Exil nach Finnland.
- **1941:** Im finnischen Exil schreibt er das Stück *Der aufhaltsame Aufstieg des Arturo Ui*. Exil in die USA.
- **1949:** Umzug nach Ost-Berlin. Brecht gründet mit seiner Frau Helene Weigel das Berliner Ensemble.
- **1951:** Brecht bekommt den Nationalpreis der DDR.
- **14. August 1956:** Bertolt Brecht stirbt in Ost-Berlin.

Deutsches Historisches Museum, Berlin

1. das Gedicht (-e) *le poème* 2. etw. (D) gewidmet sein *être dédié à qc*
3. aberkannt *déchu (d'une nationalité)*

SPRACHBOX

Le génitif

Après des prépositions

- Er ist **wegen der faschistischen Gefahr** in die USA ausgewandert.
- **Während seines Exils** hat er nie aufgehört, zu schreiben.

Le complément du nom

- Das Engagement **des Schriftstellers** war immer klar.
- Bertolt Brecht war einer **der wichtigsten deutschen Künstler**.

→ p. 86

B» Ein Lehrstück über Hitlers Aufstieg

A2 1 Kommentieren Sie Arturo Uis Haltung im Text und auf dem Bild. Welche Wörter (Substantive und Verben) werden wiederholt und haben eine zentrale Bedeutung?

B1 2 Wie gelang es ihm, an Macht zu gewinnen? Welche Pläne hat er?

3 Auf welche Ereignisse oder Personen spielt Brecht an? Vor welcher Gefahr will Brecht warnen?

Martin Wuttke spielte den Gangster Arturo Ui am Berliner Ensemble (8.11. 2009) und formte aus seinem Körper ein Hakenkreuz.

Brecht schreibt im Exil das Theaterstück Der aufhaltsame Aufstieg[1] des Arturo Ui. *Er transferiert seine Geschichte in das Gangstermilieu Chicagos, wo der Gangster Arturo Ui als Diktator präsentiert wird. Nachdem er jeden Gegner entfernt oder getötet hat, kontrolliert er jetzt den Gemüsehandel[2]. Arturo erklärt seinem Freund Roma seine nächsten Pläne.*

Szene 10. *Ui*

Ui. – [...] Bei mir heißt es:
Die Pflicht getan[3], und bis zum Äußersten!
Und ich sag, was verdient[4] wird, denn Verdienen
Kommt nach dem Dienen! Was ich von euch fordre
Das ist Vertrauen und noch einmal Vertraun!
Euch fehlt der Glaube! Und wenn dieser fehlt
Ist alles aus. Warum konnt ich das alles
Schaffen, was meint ihr? Weil ich den Glauben hatte!
Weil ich fanatisch glaubte an die Sache.
Und mit dem Glauben, nichts sonst als dem Glauben
Ging ich heran an diese Stadt und hab
Sie auf die Knie gezwungen[5]. [...]
Doch was [die Anderen] nicht haben, ist der feste Glaube
Daß sie zum Führer vorbestimmt[6] sind. Und so müßt ihr
Auch an mich glauben! Glauben müßt ihr, glauben!
Daß ich das Beste will für euch und weiß
Was dieses Beste ist. Und damit auch
den Weg ausfinden, der uns zum Sieg führt[7]. [...]
Ich plane neue
Und große Dinge jetzt.
Wir sind
Durch mit Chicago. Ich will mehr haben.

Bertolt Brecht, *Der aufhaltsame Aufstieg des Arturo Ui*, 1941

1. der Aufstieg *l'ascension* 2. der Gemüsehandel *le commerce des légumes* 3. seine Pflicht tun* *faire son devoir* 4. verdienen *gagner de l'argent, mériter* 5. auf die Knie gezwungen *contraint de se mettre à genoux* 6. zum Führer vorbestimmt sein *être destiné à devenir le Führer (le guide, le chef)* 7. zum Sieg führen *mener à la victoire*

SPRACHBOX

ein engagierter Schriftsteller

- der Schriftsteller *l'écrivain*
- das Lehrstück (-e) *la pièce didactique*
- der Theaterregisseur *le metteur en scène*
- die Vorstellung (-en) *la représentation, l'idée*
- sich auf etw. (A) beziehen* *se référer à qc*
- auf etw. (A) an/spielen *faire allusion à qc*
- etw. an/prangern *dénoncer qc*
- eine Kritik an etw. (D) üben *émettre une critique sur qc*
- der gesellschaftliche Missstand (¨-e) *le dysfonctionnement de la société*

Kritik am Nationalsozialismus

- gegen etw. (A) kämpfen *se battre contre qc*
- der Kampf gegen den Faschismus *le combat contre le fascisme*
- sich für (A) ≠ gegen etw. (A) engagieren *s'engager pour ≠ contre qc*
- etw. fordern *exiger qc*
- das Vertrauen *la confiance*
- der Glaube; an etw. (A) glauben *la foi ; croire en qc*
- vor einer Bedrohung warnen *prévenir d'une menace*
- die Gesellschaft verändern wollen *vouloir transformer la société*
- sich gegen etw. / die Ungerechtigkeit empören *s'indigner contre qc / l'injustice*
- auf etw. (A) aufmerksam machen *attirer l'attention sur qc*
- über etw. (A) nach/denken* *réfléchir à qc*

→ p. 84

Nun sind Sie dran!!

Kennen Sie andere Künstler, die durch ihre Werke die politische Macht anprangern wollten / wollen?

Aufbau einer neuen Gesellschaft

A Kunst als sozialistische Waffe

A2-B1 **1** Welche Art von Kultur wollte die DDR dem Volk anbieten?

B1 **2** Was wollte die DDR beschränken oder verbieten?

3 Wie hat die DDR Künstlern geholfen?

4 Welche politische Haltung hatte Bertolt Brecht in der DDR?

Brecht, ein DDR-Autor

Kunst und Literatur sind für das SED-Regime „Waffen[1] für den Sozialismus". Es sieht nach dem Vorbild der Sowjetunion im Sozialistischen Realismus die einzige künstlerische Gestaltungsweise[2] für Künstler und Schriftsteller in der Deutschen Demokratischen Republik (DDR). […] Durch „wahrheitsgetreue[3] und historisch konkrete künstlerische Darstellung" sollen Schriftsteller dazu beitragen, die werktätigen[4] Menschen im Geiste des Sozialismus ideologisch zu erziehen. […] Auch werden klassische Werke und Autoren der Emigration gefördert, russische Literatur wird übersetzt. Moderne westliche Literatur ist nur begrenzt zugelassen[5]. […] Dem 1949 nach Ost-Berlin zurückgekehrten Dramatiker Bertolt Brecht gewährt[6] das SED-Regime mit dem Berliner Ensemble außergewöhnliche Arbeitsbedingungen[7] nach seiner Rückkehr nach Ost-Berlin. Offene Kritik an der Staatsführung übt er selten. Brecht sieht sich als überzeugten Marxisten, ohne sich jedoch der offiziellen Parteilinie zu unterwerfen.

Annette Hinz-Wessels, Markus Würz: Literatur Ost, in: Lebendiges Museum Online, Stiftung Haus der Geschichte der Bundesrepublik Deutschland URL: http://www.hdg.de/lemo/kapitel/geteiltes-deutschland-gruenderjahre/kulturelles-leben/literatur-ost.html

1. die Waffe (-n) *l'arme* 2. die Gestaltungsweise *ici, la représentation* 3. warheitsgetreu *fidèle à la réalité* 4. werktätig *actif* 5. zu/lassen* *tolérer, autoriser* 6. gewähren *accorder* 7. außergewöhnliche Arbeitsbedingungen *des conditions de travail exceptionnelles*

B Das Theater am Schiffbauerdamm

CD 12 MP3 12

A2 **1** Was erfahren wir über das Theater am Schiffbauerdamm? Und über das Stück *Die Dreigroschenoper*?

B1 **2** Wie politisch war das Berliner Ensemble in der DDR?

bordas Flash PAGE audio

das Unterhaltungstheater *le théâtre grand public, de divertissement*
Kurt Weill war ein deutscher Komponist.

SPRACHBOX

Le datif

Les prépositions

- Mit seiner Frau Helene Weigel kümmerte er sich ab 1949 um das Berliner Ensemble.
- Zurück aus **dem** Exil hatte er großartige Arbeitsbedingungen.

Le groupe nominal au datif

- Das SED-Regime wollte **dem** Volk verbieten, Westliteratur zu lesen.
- Die DDR hat **dem** Schriftsteller angeboten, das Berliner Ensemble zu gründen.
- Wir folgen dir.

→ p. 86

C Die Dreigroschenoper, mehr als ein Song

VIDEO

Bordas Flash PAGE vidéo

B1

1. Schauen Sie sich den Trailer des Films *Mackie Messer, Brechts Dreigroschenfilm* an. Was haben Sie von der Handlung des Films verstanden?
2. Lesen Sie nun die Rezension über den Film. Worum handelt es sich im Film? Was wollte Brecht in seinem Stück anprangern?
3. Welche typischen Elemente des Brecht'schen Theaters sind im Film zu sehen?
4. Wie finden Sie den Trailer zum Film? Hätten Sie Lust, den Film zu sehen? Begründen Sie Ihre Antwort.

Kino und Kapitalismus: Regisseur Joachim A. Lang inszeniert ein ambitioniertes Projekt rund um Bertolt Brecht, „Die Dreigroschenoper" und den Gerichtsprozess gegen eine Filmproduktion.

Im Jahr 1928 feierte „Die Dreigroschenoper" im Theater am Schiffbauerdamm in Berlin Premiere: Das Bühnenstück von Bertolt Brecht und Elisabeth Hauptmann mit der Musik von Kurt Weill wurde zum großen Hit der Saison, dann zum weltweiten Sensationserfolg. Und noch heute kennt jedermann das Lied von Mackie Messer: „Und der Haifisch, der hat Zähne und die trägt er im Gesicht, doch Macheath, der hat ein Messer, doch das Messer sieht man nicht ..." 1930 sollte aus dem Theaterstück auch ein Film werden. Doch schnell kam es zu Differenzen zwischen der Produktionsfirma Nero-Film und dem Autor. Der Film, den der Dramatiker drehen wollte, wurde nie gemacht. Die politische Situation in Deutschland ruinierte alle Pläne: 1933 ging Brecht, von den Nationalsozialisten vertrieben[1], mit seiner Familie ins Exil. Bis heute zählt „Die Dreigroschenoper" zu den erfolgreichsten deutschen Theaterstücken überhaupt.

Eine Idee von Regisseur Joachim A. Lang war, endlich den Film zu realisieren, den sich Brecht vorgestellt haben könnte. Ganz im Sinne des Brecht'schen Theaters werden dabei Tafeln mit Kapitelnamen gezeigt. Die Schauspieler sprechen ihre Texte direkt in die Kamera, Fiktion und Realität vermischen sich[2]. Parallel zum Streit zwischen Brecht und der Nero-Film entwickelt sich die Geschichte zwischen Macheath und Polly.

Armut, Korruption, Machtmissbrauch und Klassenunterschiede kommen zur Sprache: Die „Dreigroschenoper" spart nicht an Gesellschaftskritik[3]. Die Nationalsozialisten werden immer mächtiger, sie beginnen die Theateraufführungen am Schiffbauerdamm zu stören. [...] Eigentlich kann man „Mackie Messer – Brechts Dreigroschenfilm" nur loben[4]: Hier wurde viel recherchiert, und Regisseur Lang kennt sich mit Brecht und seinem Werk besonders gut aus. Fast alle Schauspieler sind großartig.

Nach Lydia Starkulla, www.kunstfilm.de, 12. 09. 2018

1. vertrieben *chassé* 2. sich vermischen *se mélanger* 3. nicht an Gesellschaftskritik sparen *ne pas éviter la critique sociale* 4. loben *louer*

SPRACHBOX

staatliche Kunst

- jn ideologisch erziehen* *éduquer qn idéologiquement*
- etw. / jn unterstützen *soutenir qc / qn*
- etw. begrenzen, beschränken *limiter qc*
- etw. verhindern *empêcher qc*
- zu etw. (D), zu einer Ideologie bei/tragen* *contribuer à qc, à une idéologie*
- sich etw. / jm unterwerfen* *se soumettre à qc / qn*
- die Darstellung der Welt *la représentation du monde*
- etw. veröffentlichen *publier qc*
- jm etw. an/bieten* *offrir, proposer qc à qn*
- aktuelle, moderne Themen behandeln *traiter de thèmes actuels, modernes*
- etw. fördern *encourager qc*
- jn beeinflussen *influencer qn*

politisches Theater

- einen Einfluss auf jn / etw. (A) aus/üben *exercer une influence sur qn / qc*
- ideologisch; die Ideologie *idéologique ; l'idéologie*
- der sozialistische Realismus *le réalisme socialiste*
- das Theaterstück (-e) *la pièce de théâtre*
- der Schauspieler (-); die Schauspielerin (-nen) *l'acteur ; l'actrice*

→ p. 84

Nun sind Sie dran!

Kennen Sie Künstler, die durch ihre Werke (Bücher, Gemälde usw.) der politischen Macht gedient haben?

TRAINING

WORTSCHATZ

Brecht, politisch engagiert

engagiert auf der Bühne

A2-B1

- der Theaterregisseur *le metteur en scène*
- der Zuschauer (-); die Zuschauerin (-nen) *le spectateur ; la spectatrice*
- der Schauspieler (-); die Schauspielerin (-nen) *l'acteur ; l'actrice*
- das Theaterstück (-e) *la pièce de théâtre*
- die Bühne (-n) *la scène*
- die Regiearbeit *le travail de mise en scène*
- die Kunst *l'art*
- der Künstler (-); die Künstlerin (-nen) *l'artiste*
- künstlerisch *artistique*
- jn über etw. (A) informieren, belehren *informer qn de qc*
- durch Worte, Gestik mit dem Publikum kommunizieren *communiquer avec le public par des mots, la gestuelle*

B1-B2

- die Aufführung *la représentation*
- auf/führen, inszenieren *mettre en scène*
- berührend *touchant, émouvant*
- jn berühren *émouvoir qn*
- die Haltung *l'attitude*
- den Zuschauern (keine) Emotionen (Mitleid, Angst, Freude) vermitteln *(ne pas) transmettre des émotions (la pitié, la peur, la joie) aux spectateurs*
- im Gegensatz zum traditionellen Theater *contrairement au théâtre traditionnel*
- sich mit den Schauspielern (nicht) identifizieren *(ne pas) s'identifier aux acteurs*
- die Zuschauer unterhalten* *divertir les spectateurs*
- den Zuschauer zum Reflektieren, zum Nachdenken an/regen *inciter le spectateur à la réflexion*
- aktuelle, moderne, soziale Themen behandeln *traiter de thèmes actuels, modernes, sociaux*
- sein Engagement aus/drücken *exprimer son engagement*
- seine Auffassung der Welt / seine Ideen auf die Bühne bringen* *mettre en scène sa conception du monde / ses idées*
- sich für mehr Gerechtigkeit ein/setzen *s'engager pour plus de justice*
- sich gegen etw. / die Ungerechtigkeit empören *s'indigner contre qc / l'injustice*

einer Ideologie dienen

A2-B1

- die Darstellung der Welt *la représentation du monde*
- Probleme lösen *résoudre des problèmes*
- etw. fordern *exiger qc*
- sich gegen etw. verteidigen *se défendre contre qc*
- an etw. (A) glauben; der Glaube *croire en qc ; la foi*
- gegen etw. (A) kämpfen *se battre contre qc*
- sich für ≠ gegen etw. engagieren *s'engager pour ≠ contre qc*
- der Kampf gegen den Faschismus *le combat contre le fascisme*
- die Gesellschaft verändern wollen *vouloir transformer la société*

B1-B2

- etw. / jn unterstützen *soutenir qc / qn*
- sich etw. / jm unterwerfen* *se soumettre à qc / qn*
- die Vorstellung (-en) *la représentation, l'idée*
- auf etw. an/spielen *faire allusion à qc*
- sich auf etw. beziehen* *se référer à qc*
- etw. an/prangern *dénoncer qc*
- (eine) Kritik an etw. (D) üben *émettre une critique sur qc*
- das SED-Regime *le régime au pouvoir en RDA*
- jn ideologisch erziehen* *éduquer qn idéologiquement*
- zu etw. (D), zu einer Ideologie bei/tragen* *contribuer à qc, à une idéologie*
- jm / etw. (D) dienen *servir (la cause) de qn / qc*
- etw. fördern *encourager qc*

in Gefahr sein

A2

- emigrieren *émigrer*
- aus einem Land fliehen* *fuir un pays*

A2-B1

- auf etw. (A) aufmerksam machen *attirer l'attention sur qc*
- das Land wegen einer Gefahr verlassen* *quitter le pays à cause d'un danger*
- vor einer Bedrohung warnen *prévenir d'une menace*

Comprendre les consignes

- Beide Partner tauschen ihre Informationen aus. *Les deux partenaires échangent leurs informations.*
- Schreiben Sie zusammen eine kurze Zusammenfassung über … *Écrivez ensemble un court résumé sur…*
- Kommentieren Sie Arturo Uis Worte und Haltung. *Commentez les paroles et l'attitude d'Arturo Ui.*

ÜBUNGEN

1 Donnez l'article défini des substantifs suivants.

a. d… Zuschauer
b. d… Schauspieler
c. d… Theaterstück
d. d… Bühne
e. d… Kampf
f. d… Bedrohung
g. d… Gesellschaft
h. d… Engagement

2 Associez les expressions de sens opposé.

a. eine ungerechte Situation fördern
b. das Publikum unterhalten
c. sich mit der Gestik ausdrücken
d. Probleme lösen
e. berührt sein

1. sich nicht betroffen fühlen
2. sich für Gleichheit einsetzen
3. Konflikte auslösen
4. die Zuschauer informieren
5. sich durch Worte äußern

3 Pour s'exprimer, il est souvent utile de savoir reformuler son propos. Associez les éléments de sens équivalent.

etwas anprangern – etwas begrenzen – jn beeinflussen – berühren – emigrieren – rebellieren – etwas unterstützen

a. Emotionen vermitteln
b. etwas beschränken
c. Einfluss auf jn ausüben
d. sich gegen etwas auflehnen
e. ein Land verlassen
f. Kritik an etwas üben
g. etwas dienen

4 Associez le terme correct à chaque définition.

a. die künstlerische Leitung* einer Inszenierung (Auswahl der Kulissen, Casting usw.)
b. die Inszenierung eines Theaterstücks auf der Bühne
c. wenn eine Person in einem anderen Land leben muss
d. eine Person, die ihre Vorstellung der Welt oder der Gesellschaft durch ihr Werk vermittelt
e. eine Situation, in der Menschen nicht die gleichen Rechte haben

1. die Aufführung
2. das Exil
3. ein engagierter Künstler
4. die Ungerechtigkeit
5. die Regiearbeit

* die Leitung *la direction*

Extra

A2 5 Sprechen Sie über ein engagiertes Kunstwerk (ein Gemälde, ein Theaterstück, einen Film …).

WORTBILDUNG

Les mots composés

Dans les mots composés allemands, le déterminé, ou base nominale, est précédé par le déterminant. C'est le déterminé qui donne le genre et le nombre au mot composé et le premier déterminant porte l'accent. On distingue la composition :

a. **sans élément de liaison entre**

→ **les deux noms**
– *der The°aterregisseur* le metteur en scène
– *die °Filmkritik* la critique de film

→ **le radical d'un verbe et le nom**
– *der Schauspieler* l'acteur

b. **avec liaison entre les deux noms**

→ ***s***
– *die °Kriegs**s**gefahr* la menace d'une guerre
– *die Ge°sellschaft**s**kritik* la critique sociétale
– *die °Arbeit**s**bedingungen* les conditions de travail

ÜBUNG

Trouvez les équivalents allemands des mots français en associant les mots qui conviennent.

a. la différence de classe
b. le résumé
c. l'homme de théâtre
d. la mise en scène
e. la culture d'État
f. le nom du comédien
h. la pièce didactique

Bühnen- – Zusammen- – Theater- – Schauspieler- – Lehr- – Klassen- – Staats-

-mann – -unterschied – -stück – -name – -kultur – -regie – -fassung

TRAINING
GRAMMATIK

LERNTEMPODUETT → p. 17

Le génitif → p. 80

→ PRÉCIS p. 231 et 233

- Il correspond au **complément du nom.**
  *Die Theaterstücke **des Schriftstellers** waren oft Lehrstücke.*
  *Die Zeit **der Emigration** bedeutete weniger Rollen für seine Frau Helene Weigel.*
- Dans la langue orale, le génitif est parfois remplacé par ***von*** **+ datif.**
  *Die Schauspieler des **Theaterstücks** spielen gut.*
  *Die Schauspieler **von dem Theaterstück** spielen gut.*
- Certaines prépositions sont suivies du **génitif.**
  ***Während** seines Exils hat Brecht sich ständig über die Situation in Deutschland informiert.* (pendant)
  *Brecht hat **wegen der** nationalsozialistischen Bedrohung Deutschland verlassen.* (à cause de)
  ***Trotz** seines Engagements war Brecht nicht immer mit der SED einverstanden.* (malgré)

1 (*) **Transformez les éléments soulignés en utilisant le génitif.**

a. Die Ideologie <u>von der SED</u> war stark sozialistisch orientiert.
b. Viele Stücke zeigten die Ideen <u>von dem Schriftsteller</u>.
c. Dieser Künstler will eine Veränderung <u>von der alten Ordnung</u>.
d. Er übt Kritik an den sozialen Missständen <u>von der Gesellschaft</u>.
e. Das Werk <u>von einem Westautor</u> wurde in der DDR stark begrenzt oder verboten.

2 (**) **Ajoutez la préposition qui convient (*während, trotz, wegen*) et déclinez au génitif.**

a. Das Stück *Der aufhaltsame Aufstieg des Arturo Ui* hat Bertolt Brecht ... sein... Exil... in Finnland und dann in den USA geschrieben.
b. ... d... nationalsozialistisch... Gefahr musste er aus seinem Land fliehen.
c. Die Handlung wird ... d... ganz... Stück... in das Gangstermilieu transferiert.
d. ... d... Schwierigkeiten hat der Gangster Ui es geschafft, den Gemüsehandel zu beherrschen.

Le datif → p. 82

→ PRÉCIS p. 231 et 233

- C'est le cas utilisé pour un groupe nominal qui a la fonction de COI / COS en français. Il est indiqué dans le lexique par l'abréviation *jm* (*jemandem* = à qn) ou *etw.* ***(D)***.
  *Brecht wollte **dem Publikum** gesellschaftliche Probleme zeigen.*
  *Der Schauspieler erklärt **den Zuschauern**, was er denkt.*
- On utilise toujours le datif après certaines prépositions (***aus, bei, mit, nach, seit, von, zu***) :
  ***Nach der** Machtübernahme Hitlers gab es immer weniger Freiheit.*
- Les prépositions spatiales mixtes (***an, auf, hinter, in, neben, über, unter, vor, zwischen***) sont suivies du datif pour le locatif :
  *Der Schauspieler steht **auf der** Bühne.*
- Certains verbes se construisent obligatoirement avec le datif en allemand alors qu'ils se construisent avec un COD en français, par exemple ***helfen*** (aider) ***folgen*** (suivre) ***danken*** (remercier)...
  *Brecht wollte **den** Menschen helfen, ihre Situation zu verbessern.*
- Le pronom personnel au datif précède toujours celui à l'<u>accusatif</u>. *Wir geben <u>es</u> **ihr**.*

	masculin	féminin	neutre	pluriel
défini	dem Dichter	der Frau	dem Stück	den Worten
indéfini	einem Dichter	einer Frau	einem Stück	Ø Worten
pronom personnel	ihm	ihr	ihm	ihnen

3 (*) **Retrouvez les groupes nominaux au datif.**

a. Wir wollen unserem Publikum eine neue Art von Theater anbieten.
b. Es handelt sich um ein engagiertes Theaterstück. Es ist gesellschaftlichen Problemen gewidmet*.
c. Sie haben den Schauspielern gratuliert.
d. Es ist ihm wichtig, dieser Ideologie zu dienen.
e. Er will zur Verbesserung der Gesellschaft beitragen.

* widmen *dédier*

4 (**) **Ajoutez la déclinaison de datif.**

a. Brecht ist aus d... USA zurückgekommen.
b. Mit sein... Familie hatte er Deutschland verlassen, weil er sich nicht mehr in Sicherheit in sein... Land fühlte.
c. Das Berliner Ensemble zählt heute immer noch zu d... bekanntesten Bühnen Deutschlands.
d. Die Schauspierler danken d... Regisseur für die gelungene Inszenierung.

Ein Podcast über Brecht

B1-B2

- Schreiben Sie in Gruppen einen Podcast über Bertolt Brecht.
  Sie werden zu zweit folgende Aspekte behandeln:
  – ein engagierter sozialistischer Schriftsteller
  – ein Schriftsteller auf der Flucht, der vor der Gefahr des Faschismus warnte
  – der künstlerische Leiter des Berliner Ensembles.
- Benutzen Sie alle Informationen, die Sie im Kapitel gesammelt haben.
  Sie können sich auch den Trailer zum Film *Brecht* ansehen, um Ihre Informationen zu ergänzen.
  bit.ly/Brecht_Trailer
  Sie werden im Trailer viele Elemente wiederfinden, die Sie im Kapitel entdeckt haben.
  Sie können auch im Internet andere Informationen oder Beispiele suchen.

MEHR INFOS AUF

bit.ly/Brecht_1
bit.ly/Brecht_2
bit.ly/Brecht_3
bit.ly/Brecht_4
bit.ly/Brecht_5

Stratégies

Structurer sa présentation

- **Les connecteurs (suivis du verbe conjugué)**
  – *zuerst, dann, zum Schluss* tout d'abord, puis, ensuite
  – *außerdem, zudem* en outre, de plus
- **Les expressions**
  – *Was ich auch erwähnen möchte, ist, dass …* Je voudrais aussi ajouter que…
  – *Meiner Meinung nach müssen wir auch hinzufügen, dass …* Selon moi, nous devons aussi ajouter que…
  – *Man darf nicht vergessen, dass …* On ne doit pas oublier que…
  – *Es ist wichtig zu sagen, dass …* Il est important de dire que…

BAC
ÉPREUVE 3
(3e trimestre)

PARTIE 1 – ÉCRIT

Compréhension de l'oral

CD 13 MP3 13

Bordas Flash PAGE audio

Walter Sittler, ein erfolgreicher und engagierter Schauspieler

- **En rendant compte en français du document, vous montrerez que vous avez compris :**
  – le thème principal du document ;
  – les faits, la situation, les événements, les informations ;
  – l'identité de la personne interviewée ;
  – la fonction et la portée du document (relater, informer, convaincre, critiquer, dénoncer, etc.).

die Schauspielerei *le théâtre* – der Flüchtling *le réfugié* – reden = sprechen *parler*

Avant la 1re écoute, lisez les stratégies et les infos suivantes :

– *Girl friends*, *Der Kommissar und das Meer*, *Alleine war gestern* sont des noms de séries, films ou téléfilms avec l'acteur Walter Sittler.

– „Stuttgart 21" est un énorme projet de restructuration de la gare de Stuttgart qui s'est heurté à l'opposition des habitants.

Stratégies

Identifier les familles de mots

Ein erfolgreicher Schauspieler

– *der Erfolg; erfolgreich* le succès ; à succès
– *gefragt; der Gefragteste* demandé ; la personne la plus demandée, convoitée
– *überall* partout
– *begeistern* enthousiasmer
– *berührend* émouvant
– *die große Masse erreichen* atteindre le grand public

Ein engagierter Mensch

– *sich engagieren* → *sich in (A) ein/mischen* s'engager → s'immiscer dans
– *gegen etw. demonstrieren* manifester contre qc
– *mit/produzieren* produire

Filme und Serien

– *einen Film drehen, produzieren* tourner, produire un film
– *der Produzent* le producteur
– *die Serie* la série
– *das Fernsehen* la télévision
– *ins Kino kommen** sortir au cinéma

Situer dans le temps

– *heute* → *der heutige Gast* aujourd'hui → l'invité du jour
– *gestern* → *der gestrige Gast* hier → l'invité d'hier
– *in der Vergangenheit ≠ in der Zukunft* dans le passé ≠ dans le futur
– *aktuell = heute, heutzutage = jetzt, nun* actuellement = dans le présent = maintenant
– *letztes Jahr ≠ dieses Jahr* l'année dernière ≠ cette année
– *seit Jahrzehnten* depuis des décennies
– *bevor* avant que
– *im Frühjahr, im Herbst* au printemps, à l'automne

Compréhension de l'écrit

2 958 signes

MÉTHODOLOGIE p. 92

1. Lesen Sie beide Interviews. Geben Sie wieder, was Sie verstanden haben. Beachten Sie dabei folgende Punkte:
   a. Text A: Sagen Sie kurz, wie der Schauspieler Tom Schilling Bertolt Brecht sieht.
   b. Text B: Warum ist Bertolt Brecht für den Regisseur Heinrich Breloer eine widersprüchliche Persönlichkeit?

2. Text A und Text B:
   a. Präsentieren Sie die politische Bedeutung von Bertolt Brecht für Tom Schilling und Heinrich Breloer.
   b. Ist Brecht immer noch modern?
   Begründen Sie Ihre Antwort mit Beispielen aus den Texten.

Zwei Interviews über Bertolt Brecht

Text A

Tom Schilling, 1982 in Ost-Berlin geboren, gehört zu den besten deutschen Schauspielern. Er gewann den Deutschen Filmpreis und zweimal den Bayerischen Filmpreis. 2006 war er Stipendiat der Lee-Strasberg-Schauspielschule in New York.

Herr Schilling, Sie spielen in Heinrich Breloers TV-Film den jungen Bertolt Brecht. Welches Verhältnis[1] haben Sie zu dieser Person?
Ich kannte viele seiner Stücke, weil ich sie am Berliner Ensemble gespielt habe. In der Schauspielschule in New York habe ich mich auch um Brecht gekümmert.

Brecht ist uns heute sehr fern geworden[2]. Warum?
Das hat vielleicht damit zu tun, dass Brecht immer ein Freund war von den einfachen Antworten. Die Welt wird aber immer komplexer und komplizierter. Du kannst nicht mehr so einfach sagen, was die Wahrheit ist. Da ist Brecht vielleicht nicht mehr ganz modern.

Brecht wollte das gesellschaftliche Bewusstsein[3] bei den Zuschauern beeinflussen. Diese Haltung ist völlig aus der Mode gekommen. Ist die Kunst heute unpolitischer?
Man sieht heute den Kapitalismus als einzig funktionierendes Gesellschaftssystem. Vielleicht wirkt deshalb heute vieles unpolitischer. Ich glaube schon, dass die Menschen nach wie vor sehr politisch sind.
Ich wurde heute schon gefragt: Was ist Brechts Message? Ich habe dann vereinfacht gesagt: Er wollte bekehren[4]. Deswegen finden wir ihn heute nicht mehr modern, weil er dieses Didaktische hat, dieses Erzieherische. Wer will schon gerne erzogen[5] werden? Es ist nicht mehr so einfach, dass dir eine Person die Welt erklären kann.

Nach Carsten Heidböhmer, www.stern.de, 22. 03. 2019

1. das Verhältnis *la relation* 2. fern werden* *devenir lointain* 3. das gesellschaftliche Bewusstsein *la conscience sociétale* 4. bekehren *ici, convaincre, endoctriner* 5. erziehen*, erzogen *éduquer, éduqué*

Text B

Der Regisseur, Heinrich Breloer, interessiert sich im Film für die Privatperson Bertolt Brecht.

Was haben Sie durch die Arbeit an dem Film über Brecht erfahren?
Bert Brecht zeigte sich gerne besonders stark. Kühl und analytisch im Denken, martialisch und kompromisslos. Doch dahinter steckte ein sehr ängstlicher Mensch. Er war besorgt um seine Gesundheit, um sein Herz, und er war besorgt, man könne sich von ihm abwenden[1]. Mit diesem Wissen verstehen wir, warum er die Menschen um sich herum so stark brauchte. Ich glaube nicht, dass er über diese Ängste jemals mit seinen Freunden oder Frauen gesprochen hat, denn er wollte es überhaupt nicht akzeptieren, dass sie Teil von ihm sind.

Was ist für Sie das Widersprüchliche in der Person des jungen Brecht?
Brecht ist für mich ein einziger Widerspruch. So forderte er absolute Treue[2] von seinen Partnerinnen, hatte aber selber drei Beziehungen gleichzeitig. Er verschrieb sich[3] komplett der Kunst, schrieb aber auch Texte für Reklame. Er war überzeugter Kommunist und liebte teure Autos.

Wie aktuell ist Brecht als politischer Künstler?
Als großer politischer Dramatiker, der sich immer auf die Seite der Schwachen und Unterdrückten[4] gestellt hat, kommt man wahrscheinlich nie aus der Mode. Die Welt ist 70 Jahre nach Brecht nicht wirklich gerechter[5] geworden. Ich wäre neugierig zu sehen, was er zur politischen Debatte in Zeiten von Globalisierung, Flüchtlingskrise und Klimawandel beitragen würde.

Nach www.daserste.de

1. sich von ihm ab/wenden* *se détourner de lui* 2. die Treue *la fidélité* 3. sich verschreiben* *se vouer, se consacrer* 4. die Unterdrückten *les opprimés* 5. gerechter *plus juste*

Stratégies
Comprendre l'ambivalence de Brecht

Une personnalité complexe

- *der Widerspruch, widersprüchlich* la contradiction, contradictoire
- *ängstlich, besorgt ≠ ruhig* anxieux, soucieux ≠ calme
- *gefühlvoll ≠ gefühllos* sensible ≠ dépourvu de sentiments, insensible
- *einfach ≠ kompliziert, komplex* simple ≠ compliqué, complexe
- *modern, aktuell ≠ traditionell, aus der Mode* moderne, actuel ≠ traditionnel, démodé
- *bewusst ≠ unbewusst* conscient ≠ inconscient
- *schwach, unterdrückt ≠ stark* faible, soumis ≠ fort

Un homme de théâtre

- *die Schauspielschule* l'école d'art dramatique
- *der Zuschauer (-)* le spectateur
- *das (Theater)stück* la pièce (de théâtre)
- *der Song* la chanson
- *der Dramatiker* le dramaturge

Expression écrite

- **Behandeln Sie Thema A oder Thema B.**

Thema A

Was ist Ihrer Meinung nach das Ziel der Künstler? Können Künstler nicht engagiert sein? Oder müssen sie unbedingt ihr Engagement durch ihr Werk[1], ihre Texte oder ihr Spiel ausdrücken? Begründen Sie Ihre Antwort mit konkreten Beispielen von Künstlern, die Sie kennen.

1. das Werk *l'œuvre*

ODER

Thema B

Kann Kunst die Gesellschaft verändern?

Stratégies
Présenter ses idées

▷ Illustrer par des exemples

Il faut préparer ses idées sous forme d'arguments au brouillon avant de passer à la rédaction complète de son texte. Ainsi, vous pourrez organiser votre pensée et prendre quelques instants pour réfléchir à des exemples précis, traités en classe ou issus de votre culture générale. Ils seront précieux pour éclairer vos idées.

▷ Quelques aides lexicales

- *seine Auffassung der Welt vermitteln* transmettre sa vision du monde
- *sein Engagement aus/drücken* exprimer son engagement
- *sich schriftlich / durch ein Gemälde / durch einen Song ein/setzen* s'engager à l'écrit / à travers un tableau / à travers une chanson
- *das Ziel der Kunst* le but de l'art

- *Ich denke zum Beispiel an …*
  Je pense par exemple à…
- *Wir können beispielsweise den Künstler … erwähnen.*
  Nous pouvons citer par exemple l'artiste…
- *Ich spiele nämlich auf … an.*
  Je fais en effet allusion à…
- *Ich möchte unbedingt über (A) … sprechen / reden.*
  Je souhaite absolument parler de…

BAC ÉPREUVE 3 (3e trimestre) — PARTIE 2 – ORAL

Expression orale en continu

- **Lesen Sie die beiden Zitate und sagen Sie, welches Ihrer Meinung nach am besten zum Begriff „Kunst und Macht" passt. Sie können Ihre Antwort mit Beispielen aus Brechts Leben und Werk begründen.**

> Kultur kann eigentlich keinen politischen Auftrag[1] haben, aber sie hat Möglichkeiten, die die Politik nicht hat.
>
> Bundespräsident Franz-Walter Steinmeier, Frankfurter Buchmesse, 10. 10. 2018

1. der politische Auftrag *la « mission » politique*

Sollten Schriftsteller heutzutage politisch sein? Für den Autor Markus Liske ist das gar keine Frage:

> Nicht nur heute, Schriftsteller sind grundsätzlich in der Verantwortung, politisch zu sein.[1]
>
> Markus Liske, 2. 04. 2019

1. grundsätzlich in der Verantwortung sein *assumer par principe la responsabilité de…*

Stratégies
Prendre appui sur ses connaissances

▷ Le contexte

Pour bien comprendre ces citations, il est important de remarquer les négations ou restrictions.

- *nicht nur heute* pas seulement aujourd'hui
- *gar keine Frage* absolument pas une question
- *eigentlich keinen politischen Auftrag* en fait aucune mission politique

Puis, vous pourrez vous rappeler l'engagement politique de Bertolt Brecht et les idéaux marxistes qu'il a mis en avant en tant qu'artiste, auteur et metteur et scène.

En pensant à l'intitulé de l'axe *Art et pouvoir*, il s'agira de comprendre ici comment les artistes utilisent leur art pour servir ou desservir des idéaux politiques. Puisque les citations sont récentes, n'hésitez pas à faire référence à des artistes actuels.

▷ Quelques aides lexicales

- *etw. ändern, verändern* changer, transformer qc
- *Veränderungen wollen* vouloir des changements
- *einen Wandel in der Gesellschaft wünschen* souhaiter un changement dans la société
- *einen Kampf gewinnen* ≠ verlieren** gagner ≠ perdre un combat
- *Ungerechtigkeit besiegen* vaincre l'injustice
- *für etw. verantwortlich sein* être responsable de qc
- *fähig sein, etw. zu tun* être capable de faire qc
- *Missstände in der Gesellschaft an/prangern* dénoncer des dysfonctionnements dans la société
- *das Publikum erreichen* atteindre le public
- *eine Ideologie vertreten** représenter une idéologie

Expression orale en interaction

- **Après l'expression orale en continu, vous allez échanger avec l'examinateur. Voici des questions qu'il pourrait vous poser.**

KUNST UND MACHT

Kennen Sie noch andere Künstler, die sich engagiert haben?

Kennen Sie andere Bücher oder Werke, die das Engagement eines Künstlers darstellen?

Kennen Sie Künstler, die einem Staat gedient haben?

Erzählen Sie mir, was Sie in Brechts Werk besonders interessant finden.

Stratégies
Interagir avec le professeur pendant l'entretien

▷ Demander une reformulation

- Können Sie bitte wiederholen?
- Es tut mir leid, ich habe nicht verstanden, was Sie gefragt haben.
- Ich verstehe Ihre Frage nicht. Können Sie sie bitte anders formulieren?

▷ Se corriger

- Entschuldigung! Verzeihung!
- Ich habe mich geirrt / versprochen.
- Ich habe mich schlecht ausgedrückt.
- Ich fange meinen Satz noch einmal an.

BAC MÉTHODOLOGIE

FAIRE LA SYNTHÈSE DE DEUX TEXTES

SUJET

→ p. 88

1. **Lesen Sie beide Interviews. Geben Sie wieder, was Sie verstanden haben. Beachten Sie dabei folgende Punkte:**
   a. Text A: Sagen Sie kurz, wie der Schauspieler Tom Schilling Bertolt Brecht sieht.
   b. Text B: Warum ist Bertolt Brecht für den Regisseur Heinrich Breloer eine widersprüchliche Persönlichkeit?
2. **Text A und Text B:**
   a. Präsentieren Sie die politische Bedeutung von Bertolt Brecht für Tom Schilling und Heinrich Breloer?
   b. Ist Brecht immer noch modern? Begründen Sie Ihre Antwort mit Beispielen aus den beiden Texten.

Text A

Tom Schilling, 1982 in Ost-Berlin geboren, gehört zu den besten deutschen Schauspielern. Er gewann den Deutschen Filmpreis und zweimal den Bayerischen Filmpreis. 2006 war er Stipendiat der Lee-Strasberg-Schauspielschule in New York.

Herr Schilling, Sie spielen in Heinrich Breloers TV-Film den jungen Bertolt Brecht. Welches Verhältnis[1] haben Sie zu dieser Person?
Ich kannte viele seiner Stücke, weil ich sie am Berliner Ensemble gespielt habe. In der Schauspielschule in New York habe ich mich auch um Brecht gekümmert.

Brecht ist uns heute sehr fern geworden[2]. Warum?
Das hat vielleicht damit zu tun, dass Brecht immer ein Freund war von den einfachen Antworten. Die Welt wird aber immer komplexer und komplizierter. Du kannst nicht mehr so einfach sagen, was die Wahrheit ist. Da ist Brecht vielleicht nicht mehr ganz modern.

Brecht wollte das gesellschaftliche Bewusstsein[3] bei den Zuschauern beeinflussen. Diese Haltung ist völlig aus der Mode gekommen. Ist die Kunst heute unpolitischer?
Man sieht heute den Kapitalismus als einzig funktionierendes Gesellschaftssystem. Vielleicht wirkt deshalb heute vieles unpolitischer. Ich glaube schon, dass die Menschen nach wie vor sehr politisch sind.
Ich wurde heute schon gefragt: Was ist Brechts Message? Ich habe dann vereinfacht gesagt: Er wollte bekehren[4]. Deswegen finden wir ihn heute nicht mehr modern, weil er dieses Didaktische hat, dieses Erzieherische. Wer will schon gerne erzogen[5] werden? Es ist nicht mehr so einfach, dass dir eine Person die Welt erklären kann.

Nach Carsten Heidböhmer, www.stern.de, 22. 03. 2019

1. das Verhältnis *la relation* 2. fern werden* *devenir lointain*
3. das gesellschaftliche Bewusstsein *la conscience sociétale*
4. bekehren *ici, convaincre, endoctriner* 5. erziehen* (erzogen) *éduquer*

Text B

Der Regisseur, Heinrich Breloer, interessiert sich im Film für die Privatperson Bertolt Brecht.

Was haben Sie durch die Arbeit an dem Film über Brecht erfahren?
Bert Brecht zeigte sich gerne besonders stark. Kühl und analytisch im Denken, martialisch und kompromisslos. Doch dahinter steckte ein sehr ängstlicher Mensch. Er war besorgt um seine Gesundheit, um sein Herz, und er war besorgt, man könne sich von ihm abwenden[1]. Mit diesem Wissen verstehen wir, warum er die Menschen um sich herum so stark brauchte. Ich glaube nicht, dass er über diese Ängste jemals mit seinen Freunden oder Frauen gesprochen hat, denn er wollte es überhaupt nicht akzeptieren, dass sie Teil von ihm sind.

Was ist für Sie das Widersprüchliche in der Person des jungen Brecht?
Brecht ist für mich ein einziger Widerspruch. So forderte er absolute Treue[2] von seinen Partnerinnen, hatte aber selber drei Beziehungen gleichzeitig. Er verschrieb sich[3] komplett der Kunst, schrieb aber auch Texte für Reklame. Er war überzeugter Kommunist und liebte teure Autos.

Wie aktuell ist Brecht als politischer Künstler?
Als großer politischer Dramatiker, der sich immer auf die Seite der Schwachen und Unterdrückten[4] gestellt hat, kommt man wahrscheinlich nie aus der Mode. Die Welt ist 70 Jahre nach Brecht nicht wirklich gerechter[5] geworden. Ich wäre neugierig zu sehen, was er zur politischen Debatte in Zeiten von Globalisierung, Flüchtlingskrise und Klimawandel beitragen würde.

Nach www.daserste.de

1. sich von ihm abwenden* *se détourner de lui* 2. die Treue *la fidélité*
3. sich verschreiben* *se vouer, se consacrer* 4. die Unterdrückten *les opprimés* 5. gerechter *plus juste*

Étape 1 Analysez les consignes

- Il s'agit ici de rendre compte en allemand de deux textes liés par une thématique commune *Zwei Interviews über Bertolt Brecht*: La forme (interviews) et le sujet (Bertolt Brecht) sont les mêmes dans les deux documents.
- **Avant de commencer à lire**, mobilisez vos connaissances sur le dramaturge, cela vous permettra de formuler des hypothèses et d'imaginer les réponses plausibles (Brecht, auteur socialiste engagé…).
- Prenez appui sur les consignes. Elles vous aideront à identifier les informations qui vous fourniront des éléments de réponse.

Lexique à connaître

Dans ces textes, vous retrouvez un certain nombre d'éléments lexicaux que vous avez appris dans ce chapitre.
Testez-vous en traduisant ces mots !

- l'acteur
- l'artiste
- le réalisateur
- la pièce de théâtre
- le spectateur
- s'occuper de qn
- expliquer
- la peur
- la contradiction
- signifier

Étape 2 Reformulez et structurez les informations à comprendre

▷ **Utilisez :**

des **synonymes**

- *widersprüchlich sein: unterschiedliche, konträre, gegensätzliche Eigenschaften haben*
  être contradictoire : avoir des caractéristiques différentes, contraires, opposées
- *der Widerspruch: das Gegenteil, der Kontrast zwischen …*
  la contradiction : le contraire, le contraste entre…
- *besorgt: sorgenvoll, sich um etw. Sorgen machen, ängstlich sein, Angst haben*
  soucieux : se faire du souci à propos de qc, être anxieux, avoir peur…

des **connecteurs** pour structurer vos réponses

- *sowohl … als auch …* aussi bien… que…
- *einerseits … andererseits … / auf der einen Seite … auf der anderen Seite …*
  d'une part… d'autre part… / d'un côté… de l'autre côté…
- *obwohl …* bien que…
- *im Gegensatz dazu …* contrairement à cela…

Voici une amorce de réponse. Les éléments du texte en violet ont été reformulés ici.

> Brecht hatte gegensätzliche Eigenschaften. Er war sowohl kühl und kompromisslos, als auch sehr sorgenvoll. Er machte sich nämlich viele Sorgen um seine Gesundheit, um seine Freunde …

▷ **Préparez les réponses aux autres questions en vous appuyant sur le lexique suivant :**

Question 1. a (Text A) = Wie Tom Schilling Brecht sieht

- sich um jn kümmern → sich für jn interessieren, sich mit jm beschäftigen
- seine Stücke → seine Theaterstücke
- das Verhältnis zu jm → die Beziehung zu jm

Question 2. a (Text A und Text B) = die politische Bedeutung von Brecht

- jn bekehren → jn überreden, jn von etwas überzeugen
- das Erzieherische → jn erziehen, jm etwas bei/bringen*
- die Message → die Botschaft, die Absicht, etwas ausdrücken wollen, etwas an/prangern
- ein politischer Künstler → ein Schriftsteller, der politische Ideen vertritt / vermittelt
- sich immer auf die Stelle der Schwachen und der Unterdrückten stellen → die Schwachen und die Unterdrückten verteidigen, sich für die kleinen Leute engagieren

Question 2. b = Brechts Modernität / Wie modern ist Brecht?

- jn fern werden → weit weg von uns / von unseren Vorstellungen sein
- nicht mehr ganz modern → nicht mehr wirklich modern, ein bisschen unmodern, etwas veraltet
- jn beeinflussen → einen Einfluss auf jn aus/üben
- nach wie vor → heute immer noch, früher / damals und heutzutage
- ein großer politischer Dramatiker → ein Autor / ein Theatermacher, der eine politische Bedeutung hatte

Étape 3 Prenez connaissance des critères d'évaluation

Pour avoir le maximum de points, il faudra avoir précisé :
- le contexte : qui parle, à qui, à quelle occasion, source des interviews ;
- ce dont il est question et le lien / l'articulation entre les différentes informations ;
- à qui s'adresse le document et dans quel but ?

Voici un exemple de réponses possibles à la question **b** référencées aux différents niveaux du CECRL :

> **A1** Für Tom Schilling ist Brecht nicht mehr sehr aktuell. Aber für Heinrich Breloer ist er nicht aus der Mode gekommen.

> **A2** Der Schauspieler Tom Schilling ist der Meinung, dass Brecht ein politischer Künstler war und immer noch ist. Deswegen kann man sagen, dass er nicht mehr modern ist, aber sein Engagement schon. Der Regisseur hat eine andere Meinung. Für ihn ist Brecht noch modern, weil er sich für kleine Leute engagiert, was sehr aktuell ist.

> **B1** Tom Schilling spricht über Brechts Modernität. Brecht ist Schillings Meinung nach nicht mehr so modern, da die Welt komplizierter geworden ist. Der Journalist ist mit ihm einverstanden, da er feststellt, dass Brecht „uns fern geworden ist". Der Regisseur Heinrich Breloer vertritt einen anderen Standpunkt, da er der Meinung ist, dass Brecht heute immer noch ein moderner Theatermacher ist, der in seinem Werk die Schwachen und die Unterdrückten verteidigt.

- a Berlin
- b Köln
- c Ostberlin
- d Hamburg

SPRACHBOX

Geschichte der Architektur

- etw. bauen; der Bau (-ten), das Bauwerk (-e) *construire qc ; la construction, l'édifice*
- der Baustil *le style architectural*
- das Gebäude (-) *le bâtiment*
- prunkvoll *pompeux*
- aus Stein, aus Stahl, aus Holz *en pierre, en acier, en bois*
- gerade, wellenförmige Linien haben *avoir des lignes droites, ondulées*
- wilhelminisch *wilhelmien (du nom de l'empereur Guillaume II, un style architectural néoclassique imposant)*
- die Macht *le pouvoir*

→ p. 100

Kapitel 5

ART ET POUVOIR

Geschichte(n) bauen

① der Kölner Dom

② der Reichstag

③ der Palast der Republik

④ die Elbphilharmonie

Inwiefern kann Architektur auch politisch sein?

- Rédiger un article sur le Bauhaus (p. 96)
- Discuter sur l'architecture et l'urbanisme des régimes totalitaires (p. 98)
- L'adjectif attribut et épithète (p. 97)
- Le passif (p. 99)

Projekt

Mener une discussion sur l'architecture du xxe siècle (p. 103)

BAC ÉPREUVE 3

Partie 1 – Écrit

MÉTHODOLOGIE p. 108

VIDEO Das Bauhaus (p. 104)

Stratégie : Repérer les informations principales (p. 104)

„Die Neue Zeit", www.goldenekamera.de – Bundesländer wollen Bauhaus-Erbe stärker vermitteln, www.paz-online.de (p. 105)

Stratégie : Faire la synthèse de deux textes (p. 105)

Stratégie : Définir et analyser un courant architectural (p.106)

Partie 2 – Oral

Stratégie : S'appuyer sur un document (p. 106)

Stratégie : Réfléchir à voix haute (p. 107)

Architektur in Deutschland

A2 ① Betrachten Sie die vier Gebäude. Wie heißen sie? Wo kann bzw. konnte man sie sehen? Ordnen Sie zu.

B1 ② Charakterisieren Sie und assoziieren Sie nun zu jedem Bau Begriffe zu Material, Beschreibung, Funktion: modern, (neo)klassisch, gotisch, wilhelminisch – monumental, prunkvoll, gerade / wellenförmige Linien – Stein, Glas, Stahl, Beton – eine Kathedrale / ein Dom / eine Kirche – das Parlament der heutigen Republik – das Machtsymbol der DDR: Sitz des Parlaments und Konzerthaus – ein Konzerthaus.

③ Könnten Sie die Gebäude jeweils einer Epoche / einem Jahrhundert zuordnen?

Wie politisch war das Bauhaus?

A „Wenn nicht Zukunft, dann Geschichte"

CD 14-16 MP3 14-16

bordas Flash PAGE audio

MÉDIATION GRUPPENPUZZLE → p. 18

A2 **1** Schauen Sie sich zuerst die Fotos an.
In welches Jahrhundert lassen sie sich einordnen?
(19. Jh., 20. Jh., 21. Jh.?)

B1 **2** Bilden Sie Dreiergruppen.
PARTNER A hört sich die Führung durch die Karlsruher Dammerstock-Siedlung an und macht sich Notizen zum Bauhaus.
PARTNER B hört sich den Podcast über Walter Gropius an und macht sich Notizen zu seiner Biographie.
PARTNER C hört sich das Gespräch zwischen den zwei Schülern an und macht sich Notizen zu Bauhaus und Politik.

3 Tauschen Sie dann Ihre Informationen zu dritt aus.
Eine Gruppe präsentiert der Klasse ihre Ergebnisse.

Walter Gropius
(Berlin 1883 - Boston 1969)

irrsinnig *délirant, fou*
die Gegebenheiten *les réalités*

Dammerstock-Siedlung, Karlsruhe, Walter Gropius / Otto Haesler, 1928-1929

die Einbauküche *la cuisine intégrée et équipée*
der Waschraum *la laverie, la buanderie*

Kultur BOX

Auch der schweizerisch-französische Architekt, Stadtplaner und Zeichner **Le Corbusier** (Schweiz 1887 - Frankreich 1965) wurde vom Bauhaus und seinen klaren Formen beeinflusst. Die Idee, dass der Mensch im Zentrum des Gebäudes stehen sollte, inspirierte Le Corbusier sehr. Er entwarf zahlreiche Gebäude und Siedlungen, wie zum Beispiel die *Cité radieuse* in Marseille oder den jedoch nie realisierten Baukomplex *Obus* in Algier, die viele Elemente des Bauhauses übernahmen.

Wassily-Stuhl,
Marcel Breuer, 1925-1926

Bauhaus, Gropius, Dessau, 1925-1926

jn verweisen* *renvoyer qn* – freizügig *libéral* – sich nicht klein machen lassen *ne pas se laisser faire*

B Licht von beiden Seiten

VIDEO

A2 **1** Was charakterisiert die Architektur des Bauhauses? Was sagt die Kunsthistorikerin Nina Rind dazu? Listen Sie alle Erkennungsmerkmale auf, die Sie verstanden haben.

B1 **2** Vergleichen Sie Ihre Ergebnisse mit Ihrem Nachbarn, um sie dann vor der Klasse präsentieren zu können.

bordas Flash PAGE vidéo

das Erkennungsmerkmal (-e) *le signe distinctif* – die Fächerstadt: Karlsruhe *le tracé des rues de la ville de Karlsruhe forme un éventail* – der Flur *le couloir* – das Laubenganghaus, der Alkerblock = *noms des bâtiments du lotissement de Dammerstock mentionnés dans la vidéo*

SPRACHBOX

das Bauhaus
- etw. gründen *fonder qc*
- etw. entwerfen*, zeichnen, planen *créer, dessiner, planifier qc*
- der Meister (-) *le maître*
- das Handwerk *l'artisanat*
- etw. vereinen; etw. zusammen/führen *réunir ; regrouper qc*
- die Einheit *l'unité*
- schlicht, flach, hell, klar, funktionell, ästhetisch, lebendig *sobre, plat, lumineux, clair, fonctionnel, esthétique, vivant*
- aufgeschlossen = weltoffen *ouvert*
- die Siedlung *le lotissement, la colonie, la cité*
- der Wohnraum *l'espace habitable*
- die Innengestaltung ≠ die Außengestaltung *l'aménagement intérieur ≠ extérieur*
- das Möbel (-) *le meuble*

Politik & Kunst
- an der Macht sein *être au pouvoir*
- die Spannung (-en) *la tension*
- das Bürgertum *la bourgeoisie*
- konservativ, nationalistisch, antisemitisch, ausländerfeindlich *conservateur, nationaliste, antisémite, xénophobe*
- die entartete Kunst *l'art dégénéré*
- an einer Demonstration teil/nehmen*, demonstrieren *participer à une manifestation, manifester*
- Stellung nehmen* *prendre position*
- mutig, engagiert, emanzipiert, fortschrittlich *courageux, engagé, émancipé, progressiste*
- die Welt verändern, verbessern *changer, améliorer le monde*
- beeinflussen *influencer*

→ p. 100

SPRACHBOX

L'adjectif attribut
- Das Gebäude ist modernØ und transparentØ.
- Die Architekten sind mutigØ.

L'adjectif épithète
- Das modern**e** und transparent**e** Gebäude gefällt mir.
- Die mutig**en** Architekten inspirieren mich.

→ p. 102

Nun sind Sie dran!!

Schreiben Sie einen kurzen Artikel über das Bauhaus und seinen Gründer, Walter Gropius.

Über Architektur und Städtebau im Totalitarismus diskutieren

Von modern zu totalitär

A Der Koloss

MÉDIATION PARTNERBRIEFING → p. 16

CD 17 MP3 17

bordas Flash PAGE audio

B1

1. Bilden Sie Zweiergruppen. **PARTNER A** liest den Zeitungsartikel über den Koloss von Prora. **PARTNER B** hört sich das Gespräch mit der Architekturstudentin Katherina an. Beide Partner beantworten folgende Fragen:
   PARTNER A: Wie war der Bau strukturiert?
   PARTNER B: Was passierte mit dem Bau zu DDR-Zeiten? Und heute?
   PARTNER A und **B**: Von wem wurde der Koloss von Prora gebaut? Warum? Was passierte mit dem Bau während des Zweiten Weltkriegs?
2. Tauschen Sie nun die Informationen mit Ihrem Partner aus. Ein oder zwei Schüler präsentieren der Klasse ihre Ergebnisse.

die Fensterfront *la façade toute en fenêtres* – der Panzer *le char d'assaut* – unter Denkmalschutz stehen* *être classé monument historique* – die Schwedenfähre *le ferry qui partait pour la Suède*

4,5 Kilometer lang ist das längste Bauwerk der Nationalsozialisten. Auf der Insel Rügen baute die NS-Organisation Kraft durch Freude (KdF)[1] am 2. Mai 1936 die Ferienanlage in Prora. Dabei handelt es sich um eines der wenigen Monumentalprojekte der Nationalsozialisten, das zumindest zum Teil verwirklicht worden ist. Die Anlage an der Ostsee zwischen den Orten Binz und Sassnitz dokumentiert eindrucksvoll den Größenwahn[2] der Hitler-Zeit und wurde vom Architekten Clemens Klotz entworfen.

In Prora sollte sich der deutsche Arbeiter zu günstigen Preisen erholen. Der „Koloss von Rügen", nur 150 Meter vom Strand entfernt, war für 20.000 Menschen konzipiert. Jeder der acht Blöcke ist 550 Meter lang und hat sechs Stockwerke. 10.000 Zimmer sollten fertiggestellt sein. Die geplante Ausstattung der nur 2,5 mal 5 Meter großen Zimmer war sehr einfach: zwei Betten, eine Sitzecke, ein Schrank und ein Waschbecken. Der Zweite Weltkrieg verhinderte allerdings eine Nutzung Proras als Ferienanlage. 1939 war nur der Rohbau[3] fertig. Die Nazis stoppten die Bauarbeiten zu Kriegsbeginn. Sie nutzten Prora als Ausbildungsstätte für Luftwaffenhelferinnen und ein Polizeibataillon[4]. 1943 wurden Teile der südlichen Blocks für ausgebombte[5] Hamburger ausgebaut.

Nach Jochen Lambernd, www.ndr.de, 09. 10. 19

Werbeplakat für den geplanten Ferienort Prora, 1939

1. Kraft durch Freude (KdF) = *organisation de loisirs sous contrôle de l'État nazi* 2. der Größenwahn *la folie des grandeurs* 3. der Rohbau *le gros-œuvre* 4. die Ausbildungsstätte für Luftwaffenhelferinnen und ein Polizeibataillon *l'établissement pour la formation des auxiliaires femmes de l'armée de l'air et un bataillon de police* 5. ausgebombt *sinistré suite à un bombardement*

B» Wofür so breite Straßen?

A2-B1 **1** Wie wirkt Ostberlin auf den Erzähler?

B1 **2** Was sagt sein Vater dazu?

3 Welche Bemerkung macht der Erzähler am Ende des Ausschnitts? Wie verstehen Sie diese Bemerkung?

1964 reist der 12-jährige Hanns-Josef zum ersten Mal mit seinem Vater nach Berlin. Die Eltern haben dort den Zweiten Weltkrieg erlebt und wollten seit Kriegsende nicht mehr in diese Stadt zurück. Nun trennt seit drei Jahren die Mauer die ehemalige Hauptstadt und Hanns-Josefs Vater möchte seinem Sohn die zwei Teile Berlins zeigen. Sie machen eine Busrundfahrt durch Ostberlin …

Wir fuhren an der sowjetischen Botschaft[1] vorbei (Ostberlin: Ein prunktvoller, sehr beeindruckender Bau mit über dreihundert Räumen und einem zwanzig Meter hohen Kuppelsaal – Westberlin: Ein schauerlicher Klotz[2], viel zu groß, abweisend, monoton) und mir fiel auf, dass im Osten viel weniger Menschen unterwegs[3] waren als im Westen. Auch fand ich die breiten Straßen noch viel breiter als die schon sehr breiten Straßen im Westen, und ich fragte mich, wofür man so breite Straßen brauche, wenn doch nur so wenige Menschen auf ihnen unterwegs seien. Ich fragte das dann auch Papa, und Papa flüsterte[4]: „Sie brauchen das für ihre Aufmärsche und Kundgebungen[5] an der Seite der ruhmreichen Befreier[6]". Von den ruhmreichen Befreiern (also den Russen) war in der Führung wirklich auch sehr viel die Rede[7], in jedem dritten Satz kamen sie einmal vor. Andere Völker oder Länder aber kamen niemals vor, so dass man hätte denken können, der ganze Osten bestehe eigentlich nur aus Deutschen und Russen.

Hanns-Josef Ortheil, *Berlinreise*, 2014

1. die Botschaft *l'ambassade* 2. ein schauerlicher Klotz *un bloc effroyable* 3. unterwegs sein *ici, être dans les rues* 4. flüstern *chuchoter* 5. die Kundgebung *la manifestation publique* 6. die ruhmreichen Befreier *les glorieux libérateurs* 7. Es ist die Rede von … *Il est question de…*

SPRACHBOX

Le passif
- Die Stallinallee **wird** für den Aufmarsch **geschlossen.**
- Der Koloss von Prora **wurde** von den Nationalsozialisten **gebaut.**

Les indications chiffrées

Les chiffres
- 550 *fünfhundertfünfzig*
- 20 000 *zwanzigtausend*

Les dates
- 1939 *neunzehnhundertneununddreißig*
- am 2. (*zweiten*) Mai
  am 25. (*fünfundzwanzigsten*) Oktober

→ p. 102

SPRACHBOX

Architektur, Spiegel der Macht
- der Städtebau *l'urbanisme*
- etw. / jm unterworfen sein *être soumis à qc / qn*
- die Nationalsozialisten = die Nazis
- arisch, faschistisch, totalitär *aryen, fasciste, totalitaire*
- die Regierung *le gouvernement*
- die Wehrmacht = die deutsche Armee
- etw. missbrauchen = etw. pervertieren
- der Aufmarsch (¨-e) *la parade, le défilé*
- fürchterlich, monoton, abweisend *effroyable, monotone, repoussant*
- beeindruckend, prunkvoll *impressionnant, pompeux*

Architektur und Menschen
- etw. nutzen; die Nutzung *utiliser qc ; l'utilisation*
- im Sinn von etw. sein *être dans l'esprit de qc*
- im Mittelpunkt stehen* *se trouver au centre*
- das Individuum ≠ die Masse
- sich klein fühlen *se sentir petit*
- Angst machen *faire peur*

→ p. 100

Nun sind Sie dran!

Inwiefern haben die totalitären Staaten Architektur und Städtebau genutzt, um ihre Macht zu verstärken?

TRAINING

WORTSCHATZ

Geschichte(n) bauen

Architektur

A2-B1

- der Architekt (-en, -en); die Architektin (-nen) *l'architecte*
- etw. bauen; der Bau (-ten), das Bauwerk (-e) *construire qc ; la construction, l'édifice*
- etw. um/bauen *transformer qc*
- das Gebäude (-) *le bâtiment*
- etw. entwerfen*, zeichnen, planen *créer, dessiner, planifier qc*
- der Baustil *le style architectural*
- aus Stein, aus Stahl, aus Holz, aus Glas, aus Beton, aus Backstein *en pierre, en acier, en bois, en verre, en béton, en brique*
- modern, (neo)klassisch, gotisch, wilhelminisch, monumental *moderne, (néo-)classique, gothique, wilhelmien, monumental*
- die Siedlung (-en) *le lotissement, la colonie, la cité*
- etw. nutzen; die Nutzung *utiliser qc ; l'utilisation*

B1-B2

- der Städtebau *l'urbanisme*
- unter Denkmalschutz stehen* *être classé monument historique*
- etw. aus/statten; die Ausstattung *équiper qc ; l'équipement*
- etw. fertig/stellen *terminer qc*
- aus etw. bestehen* *se composer de qc*

Politik und Macht

A2-B1

- regieren; die Regierung *gouverner ; le gouvernement*
- die Macht; an der Macht sein *le pouvoir ; être au pouvoir*
- konservativ, nationalistisch, antisemitisch, ausländerfeindlich *conservateur, nationaliste, antisémite, xénophobe*
- die Nationalsozialisten = die Nazis
- das DDR-Regime *le régime de la RDA*

B1-B2

- arisch, faschistisch, totalitär *aryen, fasciste, totalitaire*
- fürchterlich, monoton, abweisend *effroyable, monotone, repoussant*
- beeindruckend, prunkvoll *impressionnant, pompeux*
- seine Macht missbrauchen *abuser de son pouvoir*
- etw. verstärken *renforcer qc*
- die entartete Kunst *l'art dégénéré*
- etw. / jm unterworfen sein *être soumis à qc / qn*
- sich klein fühlen *se sentir petit*
- das Individuum ≠ die Masse *l'individu ≠ la foule*
- jn unterdrücken *soumettre, opprimer qn*
- sich emanzipieren *s'émanciper*

das Bauhaus

B1-B2

- etw. gründen *fonder qc*
- das Handwerk *l'artisanat*
- der Handwerker (-), die Handwerkerin (-nen) *l'artisan*
- etw. vereinen; etw. zusammen/führen *réunir ; regrouper qc*
- die Einheit *l'unité*
- aufgeschlossen = weltoffen *ouvert*
- die Welt verändern, verbessern *changer, améliorer le monde*
- im Mittelpunkt stehen* *se trouver au centre*
- das Möbel (-) *le meuble*
- gerade, wellenförmige Linien haben *avoir des lignes droites, ondulées*
- schlicht, flach, hell, klar, funktionell, ästhetisch, lebendig *sobre, plat, lumineux, clair, fonctionnel, esthétique, vivant*
- Stellung nehmen* *prendre position*
- mutig, engagiert, emanzipiert, fortschrittlich *courageux, engagé, émancipé, progressiste*
- die funktionelle Einrichtung *l'aménagement fonctionnel*
- das Jubiläum *l'anniversaire (d'un événement)*

Comprendre les consignes

- Könnten Sie die Gebäude jeweils einer Epoche zuordnen? *Pourriez-vous associer les bâtiments à une époque ?*
- Hören Sie sich die Führung an. *Écoutez la visite guidée.*
- Welche Bemerkung macht der Erzähler? *Quelle remarque fait le narrateur ?*

ÜBUNGEN

1 **Retrouvez le genre des noms suivants.**

a. d… Macht
b. d… Bauhaus
c. d… Architektin
d. d… Gebäude
e. d… Handwerk
f. d… Regierung
g. d… Siedlung

2 **Retrouvez les mots composés et indiquez leur article.**

a. d… Denkmal- •	• -stil
b. d… Bau- •	• -schutz
c. d… National- •	• -punkt
d. d… Mittel- •	• -werk
e. d… Hand- •	• -sozialist

3 **Recherchez des mots dérivés du radical *bau*.**

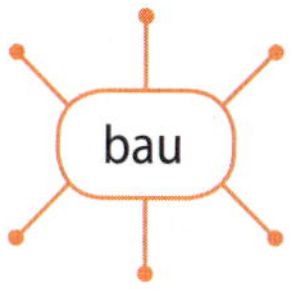

4 **Complétez par l'élément adéquat et traduisez l'expression obtenue en français.**

Funktionalität und Kunst – seine Macht – die Welt – Stellung – im Mittelpunkt

a. … missbrauchen
b. … verändern
c. … stehen
d. … vereinbaren
e. … nehmen

5 **Associez à chaque adjectif son équivalent en français.**

ausländerfeindlich •	• ouvert
aufgeschlossen •	• progressiste
beeindruckend •	• effroyable
mutig •	• xénophobe
fortschrittlich •	• courageux
fürchterlich •	• pompeux
prunkvoll •	• impressionnant

6 **Complétez le texte avec les mots suivants.**

Architekten – Architektur – arischen – entartet – Macht – moderne – nationalsozialistische – Schulen

Als 1933 Hitler an die … kam, wollte er auch über Kunst und … bestimmen. Viele Kunstbewegungen wurden als … erklärt. Viele … durften nicht mehr arbeiten und … wie das Bauhaus mussten schließen. Kunst und Kultur waren nicht mehr autonom, sondern im Dienste[1] des NS-Regimes. Die … Kunst sollte eine Kunst des … Volks sein. Dennoch übernahmen die Nazis auch … Elemente des Bauhauses wie in Prora.

1. im Dienste (G) *au service de*

Extra

B1-B2 **7** **Schauen Sie sich das Plakat an. Schreiben Sie einen kurzen Text zu diesem Plakat, in dem Sie das Bauhaus präsentieren.**

WORTBILDUNG

Les adjectifs dérivés

De nombreux adjectifs se forment à l'aide

a. de suffixes : *-ig, -isch, -lich, -haft, -bar, -en/ern, -los, -reich, -voll*.

Certains suffixes ont une signification et peuvent aider à comprendre l'adjectif :

- *-bar* (exprime une possibilité) : *essbar* (comestible) – *machbar* (faisable)
- *-los* (exprime l'absence) : *arbeitslos* (au chômage)
- *-reich* et *-voll* (exprime l'idée de plénitude) : *ideenreich* (plein d'idées / créatif) – *humorvoll* (plein d'humour)
- *-en* et *-ern* servent à former des adjectifs à partir de noms de matière : *das Glas* → *gläsern* (en verre) – *das Gold* → *golden* (en or, doré)

b. du préfixe : *un-* pour exprimer le contraire
– *möglich* ≠ *unmöglich* impossible
– *denkbar* ≠ *undenkbar* impensable

ÜBUNG

Formez des adjectifs à partir des substantifs suivants et recherchez leur traduction en français, suivant le modèle ci-dessous :

substantif	suffixe	adjectif	traduction
der Prunk (*le luxe ostentatoire*)	-voll	prunkvoll	*pompeux*

a. der Fortschritt *(le progrès)* -lich →
b. die Gotik *(l'art gothique)* -isch →
c. der Erfolg *(le succès)* -reich →
d. die Ästhetik *(l'esthétique)* -isch →
e. der Stil *(le style)* -los →
f. die Angst *(la peur)* -voll →
g. die Farbe *(la couleur)* -ig →

TRAINING

GRAMMATIK

LERNTEMPODUETT
→ p. 17

L'adjectif attribut et épithète → p. 97

→ PRÉCIS p. 232

- L'adjectif **attribut employé avec un verbe d'état** (*sein, werden, bleiben, scheinen*) est toujours **invariable.**
  Das Gebäude ist monumentalØ.
- L'adjectif épithète est placé **avant le nom.** Quand le déterminant porte la marque du cas, l'adjectif se termine par :
  – ***-e*** lorsqu'il est précédé de *der, die, das* au singulier
  → ***der*** *mutig**e** Architekt,* ***die*** *klassisch**e** Kirche ,* ***das*** *modern**e** Gebäude*
  – ***-en*** dans les autres cas
  → ***die*** *politisch**en** Unruhen, von* ***dem*** *engagiert**en** Gründer*
- Lorsque le déterminant ne porte pas la marque du cas ou lorsqu'il n'y a pas de déterminant, la marque est portée par l'adjectif.
  → *ein konservativ**es** Bürgertum, funktionell**e** Möbel*

1 (*) **Complétez avec la marque manquante si nécessaire.**

a. Wenn man heute in Berlin ist, kann man noch die ehemalig... Architektur der DDR wahrnehmen.
b. Mir gefallen die groß... Fenster.
c. Ich finde das Gebäude von dem jung... Architekten sehr interessant... .
d. Das konservativ... Bürgertum engagierte sich gegen das avantgardistisch... Bauhaus.
e. Wir suchen eine hell... Wohnung in einer modern... Siedlung.
f. Hitler wollte monumental... Gebäude bauen.

2 (**) **Traduisez le texte en allemand.**

La courte visite à travers le lotissement Dammerstock à Karlsruhe était très intéressante. Ce lotissement est très moderne. J'ai aimé les lignes claires et droites des bâtiments. Ce style architectural était très avantgardiste et engagé. Le Dammerstock était l'un des premiers lotissements dans lequel les gens avaient des aménagements fonctionnels et esthétiques.

Le passif → p. 99

→ PRÉCIS p. 229

- Le passif est plus employé en allemand qu'en français. Le passif met en évidence **celui qui subit l'action.**
- Le passif se compose de l'auxiliaire ***werden*** **conjugué** et **du participe II du verbe** qui ne varie jamais.
  Pour varier le temps, il suffit de changer le temps de l'auxiliaire.
  Présent : *Die Schule* ***wird*** *von Walter Gropius gegründet.*
  Prétérit : *Die Schule* ***wurde*** *von den Nationalsozialisten geschlossen.*
  Parfait : *Dieses Haus* ***ist*** *von dem Architekten Ludwig Mies van der Rohe entworfen* ***worden.***
- On peut indiquer **par qui l'action est effectuée** à l'aide d'un complément d'agent introduit par la préposition ***von*** qui est **suivie du datif.**
  Der Baukomplex wurde ***von einer*** *Architektin geplant.*
- Pour indiquer **le moyen par lequel l'action est effectuée**, on emploie la préposition ***durch*** **suivie de l'accusatif.**
  Der Bau wurde ***durch den*** *Zweiten Weltkrieg zerstört.*

3 (**) **Dans les phrases suivantes, relevez les groupes verbaux au passif prétérit et donnez les infinitifs. Traduisez ensuite ces phrases en français.**

a. Die Bauhaus-Schule wurde 1919 von Walter Gropius in Weimar gegründet.
b. Mehrere Häuser wurden von den Meistern und den Studenten gezeichnet.
c. Die Schule wurde 1933 von den Nationalsozialisten geschlossen.
d. Viele Gebäude in Tel Aviv oder in Amerika wurden von Bauhaus-Architekten, wie Ludwig Mies van der Rohe, entworfen.
e. Der Palast der Republik in Ostberlin wurde von der Regierung der DDR gebaut.
f. Le Corbusier wurde auch vom Bauhaus beeinflusst.

Eine Radiosendung über Architektur

B1-B2

- Bilden Sie Dreiergruppen und bereiten Sie eine Radioaufnahme über die Architektur des 20. Jahrhunderts vor. Einer/Eine von Ihnen spielt den Moderator/die Moderatorin, die zwei anderen Architekten/Architektinnen oder Historiker/Historikerinnen.
- Bereiten Sie dann das Gespräch vor: Sie sollen sowohl über das Bauhaus und Walter Gropius sprechen, als auch über die Architektur und den Städtebau während des Dritten Reichs und/oder zu DDR-Zeiten.
- Formulieren Sie passende Fragen und Antworten und vergessen Sie nicht, sich zu siezen!
- Nehmen Sie dann Ihr Gespräch mit Ihrem Smartphone oder einem Tablet auf.

Die Stalinallee in Ost-Berlin, Ende der 60er-Jahre

Das Meisterhaus Kandinsky/Klee in Dessau, 1925/1926

Stratégies

▷ Distribution des rôles

- Attention, il s'agit de mener une discussion, une réflexion commune et d'échanger.
  L'animateur / L'animatrice ne devra pas uniquement poser des questions, mais émettre des hypothèses ou des interrogations.
  Les deux experts présenteront leur point de vue et leurs connaissances. Ils / Elles pourront être spécialistes d'une certaine époque par exemple et/ou être en désaccord ou non.

▷ Animer une discussion

- **S'adresser aux auditeurs**
  – Introduire l'émission : *Liebe Zuhörer / Guten Abend / Wieder mal live aus … / Willkommen zu unserem Radiofeature, unserer Radiosendung über …*
  – *Ich begrüße herzlich im Studio Doktor …*
- **Structurer, relancer la discussion**
  – *2019 feierte das Bauhaus seinen 100. Geburtstag. Es gab zahlreiche Ausstellungen und Veranstaltungen zu diesem Anlass. Es heißt, das Bauhaus sei die Architektur der Moderne. Wie stehen Sie dazu?*
  – *Also, die Nationalsozialisten haben sich vom Bauhaus inspirieren lassen, um ihre faschistischen Gebäude fertigzustellen? Habe ich das richtig verstanden?*

BAC
ÉPREUVE 3
(3e trimestre)

PARTIE 1 – ÉCRIT

Compréhension de l'oral

VIDEO

Das Bauhaus

- **En rendant compte en français du document, vous montrerez que vous avez compris :**
  - le thème principal du document ;
  - les faits, la situation, les événements, les informations ;
  - l'identité des personnes citées ;
  - la fonction et la portée du document (relater, informer, convaincre, critiquer, dénoncer, etc.).

bordas Flash PAGE vidéo

kühn *audacieux* – rechte Winkel *des angles droits* – die Verzierung = die Dekoration – der Leiter *ici, le directeur* – die großzügige Fläche *ici, la vaste superficie*

Stratégies
Repérer les informations principales

Il s'agit ici de retracer l'histoire du Bauhaus.

- Notez les informations suivantes dans une carte mentale, puis rédigez votre synthèse.
- Appuyez-vous également sur les mots transparents qui peuvent vous guider dans la compréhension et la restitution.

die Revolution, das Design, die Architektur, der Stil, banal, die Form, reduzieren, normieren, komfortabel, funktional …

das Bauhaus
- **Daten**: 1919, 1924
- **Orte**: Weimar
- **Ideologie**: Architektur, Design, Form, Funktion
- **Politik**: Avantgarde, Kommunismus
- **Personen**: W. Gropius, W. Kandinsky, P. Klee

Compréhension de l'écrit

2 833 signes

a. **Lesen Sie beide Texte. Geben Sie wieder, was Sie verstanden haben. Beachten Sie dabei folgende Punkte:**
   – Text A: Wie feiert der Kultursender ARTE das 100-jährige Jubiläum des Bauhauses?
   – Text B: Was wollen die deutschen Bundesländer zu diesem Anlass machen?

b. **Text A und Text B: Was erfahren Sie über die Geschichte der Bauhaus-Schule?**

c. **Text B: Man will die Bedeutung des Bauhauserbes nicht nur in Deutschland zeigen. Finden Sie die entsprechende Textstelle.**

Text A „Die Neue Zeit": Serie zum Bauhaus-Jubiläum

August Diehl spielt den legendären Architekten und Bauhaus-Gründer Walter Gropius, weitere Rollen haben Anna Maria Mühe und Ludwig Trepte übernommen. 1919 gründete in Weimar der Architekt Walter Gropius das Bauhaus. Zum 100-jährigen Jubiläum[1] der Gründung zeigt ARTE am Donnerstag, den 5. September ab 20.15 Uhr die sechsteilige Historienserie **„Die Neue Zeit"**.
Die Serie hält sich eng an die historischen Figuren und Ereignisse. Sie beginnt 1919 mit der Gründung des Staatlichen Bauhauses durch Walter Gropius und endet 1925, als das Bauhaus aus politischen Gründen nach Dessau umziehen muss.
Im Mittelpunkt steht neben Gropius selbst Dörte Helm, die sich gegen den Widerstand[2] ihrer konservativen Familie ganz dem Leben als Künstlerin widmen[3] möchte. Inmitten der politischen Unruhen der Weimarer Republik und der turbulenten ersten Jahre des Bauhauses, das von Beginn an sehr kontrovers war und vom konservativen Bürgertum Weimars energisch bekämpft wurde, kommen sich Gropius und Helm näher.
Kraume, der Regisseur der Serie, hofft, dass es noch zwei weitere Staffeln[4] von „Die Neue Zeit" geben wird. Die Geschichte dazu ist schon geplant: „Die zweite Staffel wäre die Zeit in Dessau. Und sie handelt von dem ganz großen Kampf der Kommunisten gegen die Faschisten", so der Regisseur.

Nach www.goldenekamera.de, 02. 09. 2019

1. das Jubiläum *l'anniversaire d'un événement*
2. der Widerstand *ici, l'opposition*
3. widmen *dédier*
4. die Staffel *la saison*

Text B Bundesländer wollen Bauhaus-Erbe[1] stärker vermitteln[2]

Das Bauhaus – Ikone der klassischen Moderne – schrieb weltweit Geschichte. Wie groß ist das Erbe und was kann die Gesellschaft daraus für die Zukunft lernen?
An die Gründung des weltberühmten Bauhauses vor 100 Jahren wird in Deutschland 2019 erinnert. Bei der Vorbereitung des Jubiläums wollen fünf Bundesländer eng kooperieren. Ziel ist es, dass Baden-Württemberg, Berlin, Niedersachsen, Sachsen-Anhalt und Thüringen gemeinsam mit dem Bund das reiche Bauhauserbe national wie international noch stärker vermitteln wollen. Dazu gehören Ideen für Tourismus und Marketing sowie Ausstellungen zum Thema Bauhaus.
Zudem will man zeigen, was die Ideen des Bauhauses heute und auch für die Zukunft bedeuten, wie Sachsen-Anhalts Kultusminister Stephan Dorgerloh (SPD) sagte. „Das Bauhaus hatte den Anspruch[3] des neuen Denkens", sagte er. „Wir wollen nun gemeinsam mit Kreativen, Designern, Architekten, Künstlern darüber reden: Wie wollen wir als Gesellschaft in einer globalisierten Welt künftig leben?"
Der Architekt Walter Gropius (1883-1969) gründete das Bauhaus 1919 in Weimar als Hochschule für Gestaltung. 1925 musste das Bauhaus nach Dessau und später nach Berlin umsiedeln. 1933 wurde es auf Druck der Nationalsozialisten geschlossen. Viele Bauhauskünstler, darunter Gropius und zahlreiche Schüler, emigrierten ins Ausland. Das Bauhaus gab weltweit entscheidende Architektur- und Designimpulse im 20. Jahrhundert.
Die Bauhausgebäude in Weimar und Dessau gehören heute zum Unesco-Welterbe.

Nach www.paz-online.de, 2012

1. das Erbe *l'héritage*
2. etw. vermitteln *transmettre qc*
3. der Anspruch *la revendication*

Stratégies
Faire la synthèse de deux textes

▷ Notez les informations importantes

– Lisez les deux textes une première fois, puis à la deuxième lecture, notez les informations importantes (noms, dates, événements pour répondre à la question **b.**)

▷ Rédigez votre synthèse

– Vous devez résumer l'histoire du Bauhaus en vous appuyant sur les informations des deux textes.
– Mettez les informations en parallèle afin de rédiger une synthèse des deux articles en évitant de vous répéter !

▷ Citer le texte

Dans la question **c.** on vous demande de justifier par une citation une information contenue dans le texte. Vous pouvez introduire cette citation de plusieurs manières :
– *Im Text steht: „ … "*
– *Die entsprechende Textstelle lautet: „ … "*

N'oubliez pas de mettre la citation entre guillemets.

Expression écrite

MÉTHODOLOGIE p. 108

● **Behandeln Sie Thema A oder Thema B.**

Thema A
Inwiefern war das Bauhaus die erste Architektur der Moderne?

ODER

Thema B
Inwiefern haben die totalitären Staaten Architektur und Städtebau benutzt, um ihre Macht darzustellen oder zu demonstrieren?

Stratégies
Définir et analyser un courant architectural

Dans les deux sujets, on vous demande de répondre à une problématique liée à l'architecture. N'oubliez pas que le Bauhaus, tout comme l'architecture totalitaire, ne se cantonnent pas uniquement à une esthétique !

Le Bauhaus n'était pas seulement une forme architecturale. Ses fondateurs ont également tenté, à travers les constructions et le design, de changer les mentalités et le monde.

Was wollten die Bauhauskünstler in der Gesellschaft bewirken?
Wie stand die Schule zur Politik?
Wie wurden die Schule und ihre Ideen vom Publikum aufgenommen?

Les États totalitaires, comme le régime nazi ou stalinien, utilisaient l'architecture à des fins multiples : démonstration de pouvoir, fonction politique, économique ou sociale, habitat, défense du pays…

Appuyez-vous sur les documents du chapitre et sur les supports proposés pp. 104-105 pour illustrer vos propos. Vous pouvez bien sûr aussi insérer des références personnelles.

BAC ÉPREUVE 3 (3e trimestre) – PARTIE 2 – ORAL

Expression orale en continu

● **Lesen Sie das Zitat und schauen Sie sich das Foto an. Welches Dokument illustriert für Sie am besten den Begriff „Kunst und Macht"?**

Stratégies
S'appuyer sur un document

▷ Si vous choisissez **la citation** pour illustrer vos propos, **lisez-la plusieurs fois et analysez chaque terme.** Ceux-ci peuvent vous aider à construire votre exposé :

- modern, harmonisch, lebendig = Ästhetik und Ideologie des Bauhauses
- sichtbares Zeichen = die Gebäude und Möbel
- authentische Demokratie = die fortschrittlichen Ideen des Bauhauses

▷ **La photo de l'école Bauhaus à Dessau**

Il s'agit là de la seconde école du Bauhaus ouverte en 1924 à Dessau. Vous appuyer sur cette photo vous permettra d'aborder les thèmes suivants pour nourrir votre propos :

- *Entstehungsgeschichte der Schule und Gründer, Walter Gropius (Warum musste das Bauhaus umziehen?)*
- *Ideologie und Fortschrittsideen der Schule (Emanzipation der Frauen und der Kunst)*
- *Ästhetik und Form (Kunst für alle sozialen Schichten)*
- *Bauhaus und Politik (Weimarer Republik und Nationalsozialismus)*

Dans quelle mesure ces aspects permettent-ils d'illustrer l'axe « art et pouvoir » ?

Ⓐ Eine moderne, harmonische und lebendige Architektur ist das sichtbare[1] Zeichen einer authentischen Demokratie.

Walter Gropius

1. sichtbar *visible*

Ⓑ Bauhaus, Dessau

Expression orale en interaction

- **Après l'expression orale en continu, vous allez échanger avec l'examinateur. Voici des questions qu'il pourrait vous poser.**

Kennen Sie noch andere Gebäude/Bauten, die den Totalitarismus verkörpern?

Würden Sie gern in einem Bauhaus-Haus wohnen? Warum? Warum nicht?

KUNST UND MACHT

Erzählen Sie mir von einem Gebäude, das Sie besonders interessant finden.

Meinen Sie, man sollte alle totalitären Bauten heute zerstören?

Stratégies

Réfléchir à voix haute

- Le propre de l'interaction orale est de vous confronter à des questions nouvelles. N'hésitez pas à l'indiquer à votre interlocuteur.

– Diese Frage habe ich mir noch nie gestellt.
– Ich habe noch nie über diesen Aspekt nachgedacht.

- Cette partie de l'épreuve orale vous permet de montrer votre ouverture d'esprit, votre capacité à réfléchir à haute voix et à faire part d'impressions personnelles.

– Ich habe das Gefühl, dass …
– Ich habe den Eindruck, dass …
– Mir scheint, dass …

- Vous pouvez tout à fait évoquer des hypothèses ou des incertitudes.

– Vielleicht / Möglicherweise …
– Ich könnte mir vorstellen, dass …
– Ich bin mir nicht sicher, aber …

BAC MÉTHODOLOGIE

RÉDIGER UN TEXTE

SUJET

→ p. 106

Inwiefern war das Bauhaus die erste Architektur der Moderne?

▷ Pour l'épreuve d'expression écrite, vous allez devoir **choisir l'un des sujets proposés. Lisez-les plusieurs fois rapidement** et faites **un choix après y avoir réfléchi quelques minutes.** Il ne faudra pas changer d'avis en cours de route, sinon vous manquerez de temps ! Cernez le type de sujet (argumentation, lettre, narration, article…) et choisissez celui dans lequel vous serez le plus à l'aise ! Mobilisez ensuite vos connaissances et répertoriez les documents (texte, audio, vidéo, document iconographique) sur lesquels appuyer votre propos.

Cette partie de l'épreuve sert à évaluer votre capacité à argumenter à l'écrit selon les critères suivants :

A2 Peut traiter le sujet, même si la **production** est **courte.**

B1 Peut traiter le sujet et produire un écrit **intelligible et relativement développé,** y compris en faisant référence à quelques éléments (inter)culturels.

B2 Peut traiter le sujet et produire un écrit **clair, détaillé et globalement efficace,** y compris en prenant appui sur certains éléments (inter)culturels pertinents.

La correction et la richesse de la langue sont aussi prises en compte dans les critères d'évaluation.

▷ Lexique à connaître

Le lexique suivant vous sera utile pour votre expression. Vérifiez que vous en maîtrisez le sens.

- der Architekt
- etw. bauen
- das Gebäude
- etw. entwerfen*
- der Baustil
- aus Stahl, aus Glas, aus Beton
- modern, schlicht, hell, ästhetisch
- die funktionelle Einrichtung
- etw. aus/statten; die Ausstattung
- das Handwerk
- etw. vereinen
- aufgeschlossen = weltoffen
- die Welt verändern, verbessern
- im Mittelpunkt stehen*
- mutig, engagiert, emanzipiert, fortschrittlich
- die Gesellschaft
- die entartete Kunst
- etw. bekämpfen
- etw. beeinflussen

Étape 1 Analysez le sujet

Lisez plusieurs fois le sujet et notez les premières idées que vous associez aux termes du sujet :

inwiefern = *dans quelle mesure*
Il s'agit donc d'un sujet d'argumentation.
Vous devez répondre avec des arguments et des exemples précis à la question posée.
→ Mobilisez le lexique qui vous permet de structurer vos idées et d'alimenter votre contenu !

erste = *première*
Cet adjectif souligne le rôle précurseur de cette architecture.

Moderne = Modernität, moderne Epoche, neue Formen, neue Ideen, neue Zeit (20. Jahrhundert): Ästhetik, Gesellschaft, Politik, Fortschritt …

Inwiefern war das Bauhaus die erste Architektur der Moderne?

Bauhaus
- Schule für Architektur und Handwerk
- Gründer: Walter Gropius
- will die Welt durch Architektur verändern
- Weimar
- 1919

Architektur = Gebäude, Städte, Architekten, Baustil, Design, Material, Dekoration, Linien, etw. planen, entwerfen …

Étape 2 Préparez votre brouillon

- Pour chaque terme du sujet, associez des idées, des mots. Faites appel aux documents vus dans le chapitre et à vos connaissances personnelles. Vous pouvez rédiger l'introduction et la conclusion au brouillon.
- Pour le développement, notez les idées principales sous forme de mots-clés ou de groupes infinitifs.
- Avant de rédiger, vérifiez que **vos parties** sont **équilibrées** et bien **illustrées**.

L'introduction

Amorcer
Letztes Jahr feierte das Bauhaus seinen 100. Geburtstag. Das Bauhaus war eine sehr bekannte Architekturbewegung / Architekturschule, die aus Deutschland kam. Das Bauhaus wurde 1919 von Walter Gropius gegründet. Es inspiriert heute noch viele Architekten und Designer.

Piochez des idées dans le texte de compréhension de l'écrit.

Montrez que vous avez des connaissances : le Bauhaus a aussi révolutionné le design.

Rappeler la problématique
Wir können uns also die folgende Frage stellen: Inwiefern war das Bauhaus die erste Archiktektur der Moderne?

Le plan

▷ Partie 1. **das Bauhaus: ein neuer, moderner Baustil**

- Architektur und Handwerk vereinen
  - Meister / Lehrer, wie die Maler Wassily Kandinsky und Paul Klee
  - Ateliers für Architektur, Malerei …
  - die Welt durch Kunst verändern / verbessern wollen
- Neue Formen (schlicht, gerade), neues Baumaterial (Glas, Beton, Stahl …)
  → **Beispiel:** das Bauhaus in Dessau
- Ästhetik und Funktion vereinen
  → **Beispiel:** das Dammerstock-Viertel in Karlsruhe (Wohnungen mit funktioneller Einrichtung, Einbauküchen …), der *Wassily-Stuhl* von Marcel Breuer …

Reprenez des idées de la compréhension de l'oral.

Appuyez-vous sur des idées du texte de l'épreuve.

▷ Partie 2. **moderne Ideen**

- den Menschen in den Mittelpunkt der Architektur stellen = schöne Wohnungen und Häuser für alle Klassen / für die ganze Gesellschaft
  → **Beispiel:** günstige / nicht teure Wohnungen und Häuser mit viel Licht (hell) und funktioneller und ästhetischer Ausstattung …

La conclusion

Faire le bilan
Zusammenfassend / Als Schlussbemerkung können wir sagen, dass das Bauhaus die erste Architektur der Moderne war, denn die Schule hat sowohl den Baustil als auch die Gesellschaft verändert.

Ouvrir le débat
Heute ist das Bauhaus immer noch modern. / Heute inspirieren die Ideen des Bauhauses noch viele Architekten und Künstler.

Étape 3 Rédigez et relisez-vous

Lorsque votre plan est structuré et équilibré, débutez la rédaction.

- Présentez une **copie soignée et structurée** : sautez des lignes entre l'introduction, le développement et la conclusion. Faites un alinéa entre chaque partie et allez à la ligne pour chaque nouvel argument à l'intérieur de vos parties.
- Veillez notamment à la **place du verbe conjugué** (en 2e position dans la phrase indépendante et en dernière position dans la subordonnée).
- Lorsque vous avez terminé votre rédaction, **relisez-vous attentivement** et vérifiez :
  - les majuscules aux noms communs, aux noms propres,
  - les accords sujets-verbes,
  - les marques des déterminants,
  - la ponctuation.

SPRACHBOX

einer Community angehören

- einer Community für das Studium, die Musik, Videospiele an/gehören *appartenir à une communauté pour les études, la musique, les jeux vidéos*
- einen Beitrag leisten; zu etw. bei/tragen* *apporter sa contribution ; contribuer à qc*
- (über eine Gruppe / eine Cloud) Dateien teilen *partager des fichiers (en passant par un groupe / un cloud)*
- einen Podcast abonnieren *s'abonner à un podcast*
- sich bei einem MOOC an/melden *s'inscrire à un MOOC (cours en ligne)*
- etw. kommentieren; etw. bewerten *commenter qc ; évaluer qc*
- online zocken *jouer en ligne*
- ein Wiki ergänzen, verbessern *compléter, améliorer un wiki*

→ p. 116

Kapitel 6

CITOYENNETÉ ET MONDES VIRTUELS

#NetzCommunity

Wie kann man verantwortungsvoll mit sozialen Netzwerken umgehen?

- Présenter et évaluer une chaîne vidéo sur le net ou un podcast (p. 112)
- Rendre compte des dangers des réseaux sociaux (p. 114)
- L'impératif (p. 113)
- La conjugaison des verbes de modalité (p. 115)

Projekt

Créer un podcast pour les cours d'allemand (p. 119)

BAC ÉPREUVE 3

Partie 1 – Écrit

MÉTHODOLOGIE p. 124

Interviews mit Medienscouts (p. 120)

Stratégie : Repérer les marqueurs du discours oral (p. 120)

„Soziale Netwerke: ohne mich!", Berliner Morgenpost (p. 121)

Stratégie : Comment aborder un texte ? (p. 121)

Stratégies : Exprimer l'irréel avec le subjonctif II – Exprimer son accord / son désaccord (p. 122)

Partie 2 – Oral

Stratégie : Exploiter le message du document (p. 122)

Stratégie : Exprimer son opinion (p. 123)

Mein digitales Netzwerk

A2 1 Wie aktiv sind Sie in sozialen Netzwerken? Was machen Sie gern darin?

B1 2 Welcher Art Community möchten Sie angehören? Warum? Wie würden Sie dazu beitragen?

#KollektiveIntelligenz

A Online-Nachhilfe

MÉDIATION GRUPPENMIX → p. 19

B1

1. Jeder Schüler soll einen Text lesen und sich Notizen über die wichtigsten Informationen zum jeweiligen Videokanal machen (Profil des YouTubers / der YouTuberin, Thema, Originalität).
2. Bilden Sie eine Gruppe mit Mitschülern, die am selben Text gearbeitet haben und bereiten Sie zusammen eine Präsentation von maiLab, DorFuchs und Explainity vor.
3. Bilden Sie neue Gruppen, in denen jeder Schüler der Gruppe für einen YouTube-Kanal werben soll.

a

Die coole Chemikerin

Mai Thi Nguyen-Kim erklärt naturwissenschaftliche Zusammenhänge.
Bis zu 1,7 Millionen Aufrufe.

Naturwissenschaften? Das ist schon lange keine Männerdomäne mehr. Siehe Mai Thi Nguyen-Kim und ihr Youtube-Kanal „maiLab". Low Carb Diäten, Tierversuche, Impfen[1], Mutterschaft – die promovierte[2] Chemikerin Nguyen-Kim, 31, bringt im Netz kleine, aber feine Wissenschaftsshows. Schwierige wissenschaftliche Probleme werden einem jungen Publikum mit viel Humor und Souveränität präsentiert.

1. das Impfen *la vaccination* 2. promoviert *diplômé d'un doctorat*

b

Der Mathe-Rapper

„DorFuchs" singt mathematische Formeln und Gleichungen.
Bis zu 3,5 Millionen Aufrufe.

„Links oben mal rechts unten, und schon hast Du das richtige Ergebnis gefunden": Johann Beurich alias „DorFuchs" rappt mathematische Gleichungen[1] und Formeln so unkompliziert, dass man sie als Ohrwurm[2] einfach nicht mehr vergisst. Seine beliebtesten Clips mit selbstgeschriebenen Songs wie „Binomische Formeln" oder „Brüche[3] addieren" haben mehrere Millionen Aufrufe, dazu gibt es weiterführende Erklärvideos. Beurich hat vor acht Jahren als Schüler mit dem Komponieren von Mathe-Songs begonnen, heute promoviert[4] er an der TU Dresden – natürlich in Mathematik.

1. die Gleichung (-en) *l'équation* 2. der Ohrwurm *l'air, la mélodie obsédant(e)*
3. der Bruch (¨-e) *la fraction* 4. promovieren *préparer une thèse (de doctorat)*

c

Die Lebensnah-Experten

„Explainity" macht Politik und Gesellschaft verständlich.
Bis zu 1,5 Millionen Aufrufe.

Ein weißes Blatt Papier, ein Stift, manchmal eine Playmobilfigur: Mehr brauchen die Macherinnen und Macher von „Explainity" nicht, um ihre Clips zu produzieren. Mit animierten Zeichnungen, kleinen Comics und Grafiken versuchen sie, komplexe, gesellschaftlich relevante Themen extrem reduziert zu erklären. Das gelingt oft ganz perfekt: Die Globalisierung etwa handeln sie in vier Minuten und 19 Sekunden ab, die Reformation und Martin Luther in drei Minuten und 58 Sekunden. Ganze Serien gibt es zu den Bereichen Gesellschaft, Wirtschaft, Politik und Medizin. Zielgruppe[1] sind hier eher Schülerinnen und Schüler in höheren Klassen im Politik-, Geschichts- und Geografieunterricht. Auch Eltern dürften sich manchmal angesprochen fühlen, besonders bei lebenspraktischen Themen wie der Steuererklärung[2]. Hinter dem Team von „Explainity" stecken Experten in Kultur und Geisteswissenschaftler.

1. die Zielgruppe *le groupe cible* 2. die Steuererklärung *la déclaration d'impôt*

Markus Ehrenberg, Tilmann Warnecke, www.tagesspiegel.de, 05. 06. 2019

B Online-Engagement

VIDEO

CD 18 MP3 18

bordas Flash PAGE vidéo audio

B1

1 Sehen Sie sich das Video an. Erklären Sie, wie Campact Bürgern helfen kann, in mehreren Bereichen viel zu erreichen.

2 Hören Sie sich das Interview an. Berichten Sie über die Aktionen dieser berühmten YouTuber.

viel ausrichten können *pouvoir faire beaucoup* – Steuerschlupflöcher stopfen *boucher les passoires fiscales* – der Atomausstieg *la sortie du nucléaire* – gentechnikfrei *sans OGM* – die Lobby *le groupe d'influence*

Mirko Drotschmann, Initiator von #YouGeHa

UNICEF *Fonds des Nations Unies pour l'enfance* – der Slum (-s) *le bidonville* – der Hass *la haine* – aus/grenzen *exclure*

Julien Bam

SPRACHBOX

mit dem Netz lernen

- ein Video drehen, veröffentlichen *tourner, publier une vidéo*
- etw. (A) abonnieren *s'abonner à qc*
- der Moderator; die Moderatorin *le présentateur ; la présentatrice*
- jm etw. erklären *expliquer qc à qn*
- viele Aufrufe haben *avoir beaucoup de clics, de vues*
- einen guten Eindruck machen *faire une bonne impression*
- beeindruckend *impressionnant*
- sich in / mit etw. (D) gut aus/kennen* *bien s'y connaître, être expert en qc*

sich im Netz engagieren

- die Bürgerbewegung *le mouvement citoyen*
- seine Stimme hören lassen* *faire entendre sa voix*
- jn betreffen* *concerner qn*
- sich mit jm zusammen/schließen* *s'associer à qn*
- etw. voran/bringen* *faire avancer qc*
- Unterschriften sammeln *récolter des signatures*
- das Anliegen *la demande, la requête*
- einen Überblick über etw. (A) haben *avoir une vision d'ensemble de qc*
- eine Online-Petition auf/setzen *concevoir une pétition en ligne*
- etw. im Netz verbreiten *diffuser qc sur le net*
- seine eigene Kampagne starten *lancer sa propre campagne*
- für etw. werben* *faire la promotion de qc, faire de la publicité pour qc*

→ p. 116

SPRACHBOX

L'impératif

- **Klicke** und **abonniere** jetzt!
- **Merkt** euch die Erklärungen dieser Moderatorin!
- **Guckt** euch unsere anderen Videos **an**!

→ p. 118

Nun sind Sie dran!

Werben Sie bei Ihren Mitschülern für einen Video-Kanal oder einen Podcast, der Sie besonders interessiert. Bewerten Sie dabei den Moderator / die Moderatorin, den Inhalt und die Präsentation.

1 2 Projekt

Über die Gefahren der sozialen Netzwerke berichten

Im Netz gefangen

A) Asoziale Netzwerke

VIDEO

bordas Flash PAGE vidéo

B1

1. Dilek und Celine wurden auf sozialen Netzwerken gemobbt. Berichten Sie kurz über eine dieser Situationen.
2. Notieren Sie die Ratschläge der Beraterin.
3. Tauschen Sie Ihre Notizen mit einem Mitschüler für eine Präsentation aus.

jn herunter/machen *rabaisser qn* – sich auf die Schule aus/wirken *avoir des répercussions sur l'école* – die Schule wechseln *changer d'école*

B) Wem soll ich vertrauen?

B1

Erklären Sie, wie die Videos von Influencern zu Werbungen werden können. Sie können gern andere Beispiele nennen.

Influencer*innen sind die Stars der jungen Internetgeneration. Sie sind Idole und gleichzeitig Vorbild vieler Heranwachsender[1]. Mit ihren Fotos, Posts und Videos auf Instagram, YouTube, Snapchat oder TikTok erreichen sie Klickzahlen bis in Millionenhöhe und verdienen kein schlechtes Geld[2].
Firmen nutzen Influencer*innen und deren Social-Media-Kanäle zur Platzierung ihrer Produkte – sei es, indem die Stars Kleidungsstücke oder Accessoires von Sponsoren tragen, Produkte ausprobieren und weiterempfehlen oder Video-Spiele kommentieren. Solche Werbedeals[3] sind für Unternehmen ein attraktives Geschäft, denn sie steuern das Konsumverhalten[4] von Kindern und Jugendlichen. Erwachsene sollten deshalb mit ihren Kindern über die Interessen und Gewinne sprechen, die hinter deren Internetidolen stehen. Es geht aber nicht nur um Produkte, sondern auch um Werte[5]: So vermitteln Influencer*innen Rollenbilder und Schönheitsideale, die es kritisch zu betrachten gilt.

www.jugendundmedien.ch
das Informationsportal zur Förderung von Medienkompetenzen

1. die Heranwachsenden *les jeunes gens (entre 18 et 21 ans)* 2. kein schlechtes Geld verdienen = viel Geld verdienen 3. der Werbedeal *le contrat publicitaire* 4. das Konsumverhalten steuern *guider les habitudes de consommation* 5. die Werte *les valeurs*

SPRACHBOX

Cybermobbing
- jn beschimpfen *insulter qn*
- jn belästigen, jn mobben *harceler qn*
- sich schämen *avoir honte*
- Opfer werden* *devenir une victime*
- der Täter (-) *le coupable, le responsable*
- jn blockieren *bloquer qn*
- offline gehen* *se déconnecter*
- sich Hilfe holen *chercher de l'aide*
- sich vor etw. (D) schützen *se protéger de qc*
- sich an jn wenden* *s'adresser à qn, se tourner vers qn*

Verschwörungstheorien und Fake News
- die Verschwörung *le complot, la conspiration*
- jm in einem Video über etw. auf/klären *expliquer qc à qn, informer qn sur qc dans une vidéo*
- etw. beherrschen *maîtriser qc*
- hinter etw. (D) stecken *se cacher derrière qc (abstrait)*
- geheim; das Geheimnis (-se) *(en) secret ; le secret*
- jm / an etw. (A) glauben *croire qn / croire en qc*
- jm vertrauen ≠ jm misstrauen *faire confiance à qn ≠ se méfier de qn*
- etw. glaubwürdig machen *rendre qc crédible*
- etw. verstärken *renforcer qc*
- eine Falschmeldung, eine Fake News verbreiten *diffuser une infox, une fake news*
- die Lüge (-n); lügen* *le mensonge ; mentir*
- die Quelle überprüfen *vérifier la source*
- über etw. (A) nach/denken* *réfléchir à qc*
- mit etw. um/gehen* *se servir de qc, utiliser qc*
- die Verantwortung; verantwortungsvoll *la responsabilité ; (de manière) responsable*

→ p. 116

C Wie erkennt man Verschwörungstheorien?

VIDEO

bordas Flash PAGE vidéo

MÉDIATION PARTNERBRIEFING → p. 16

A2-B1 **1** **PARTNER A** sieht sich das Video an und macht sich Notizen zu den Verschwörungstheorien und zur Rolle des Internets. **PARTNER B** liest den Text und macht sich Notizen zu den LieDetectors, den Medienscouts und ihren Tipps.

2 Beide Partner tauschen ihre Informationen aus.

3 Eine Zweiergruppe präsentiert der Klasse ihre Ergebnisse.

B1 **4** Im Plenum wird über den Einfluss und die Gefahren der Fake News debattiert.

Lie Detectors und Medienscouts gegen Fake News

Im Internet und in sozialen Netzwerken kann man viele sensationelle Nachrichten lesen. Einige sind allerdings gar nicht echt[1], sondern einfach ausgedacht[2]. Manchmal ist das einfach nur nervig, weil man nicht weiß, was wahr ist und was gelogen. Fake News verbreiten sich im Internet rasend schnell, zum Beispiel auf Facebook oder auch über Messenger-Gruppen. Gerade wenn sie spektakulär klingen und so ein bisschen schocken. Und das ist ein echtes Problem, weil viele das natürlich auch einfach glauben!

Die „Lie Detectors" (also „Lügenaufdecker") wollen Kindern helfen, Wahrheit und Lüge unterscheiden zu können. Das ist eine Organisation, die Journalisten an Schulen schickt, damit sie dort mit den Kindern über Fake News sprechen und ihnen erklären, wie man Lügen im Internet erkennen kann. Die Lie Detectors gibt es übrigens nicht nur hier in Deutschland, sondern auch in Belgien. Und demnächst wahrscheinlich auch noch in anderen europäischen Ländern.
Es gibt auch die Medienscouts. Das sind Schüler, die in die Klassen gehen und Tipps geben, wie man sich im Internetdschungel zurechtfindet und verantwortungsvoll mit Medien umgeht.

www.ndr.de, 08. 09. 2019

1. echt *authentique, vrai* 2. ausgedacht *inventé*

von Aliens entführt *enlevé par des extra-terrestres* – vergiften *empoisonner* – die Fäden ziehen* *tirer les ficelles* – Geheimbünde *des sociétés secrètes* – eine atemberaubende Behauptung *une affirmation époustouflante* – die Meinungsblase *la bulle (d'opinion)*

TIPPS

Ist die Quelle seriös? Findest du andere Quellen als die angegebene? Woher kommen die verwendeten Bilder? Schau dir an, was der Autor oder die Seite sonst noch für Informationen verteilt.
Wichtig: Erst denken, dann mit anderen teilen!

SPRACHBOX

Les verbes de modalité

- Man **sollte** nicht alles glauben, was im Internet steht.
- Du **musst** erst nachdenken, bevor du eine Nachricht mit anderen teilst.
- Man **darf** keine Bilder klauen.

→ p. 118

Nun sind Sie dran!

MÉDIATION TISCHSET → p. 23

Für das Tischset „Gefahren im Internet" schreibt jeder in sein Feld alles, was ihm bzw. ihr zu diesem Thema einfällt. Die Gruppe füllt zusammen das zentrale Feld aus und präsentiert der Klasse die Ergebnisse.

TRAINING

WORTSCHATZ

#NetzCommunity

eine Community, wozu?

A2-B1

- eine Community gründen *créer une communauté*
- Videos, Fotos, Dateien teilen *partager des vidéos, photos, fichiers*
- etw. über eine Gruppe, eine Cloud teilen *partager qc en passant par un groupe, un cloud*
- online zocken *jouer en ligne*
- Online-Nachhilfe geben* ≠ nehmen* *donner ≠ prendre des cours de soutien scolaire en ligne*
- sich bei einem MOOC an/melden *s'inscrire à un MOOC (cours en ligne)*
- eine Kampagne online starten *lancer une campagne en ligne*
- einen Podcast abonnieren *s'abonner à un podcast*
- ein Wiki ergänzen, verbessern *compléter, améliorer un wiki*

B1-B2

- einer Community an/gehören *appartenir à une communauté*
- einen Beitrag leisten; zu etw. bei/tragen* *apporter sa contribution ; contribuer à qc*
- ein Video drehen, veröffentlichen *tourner, publier une vidéo*
- jm etw. (A) erklären *expliquer qc à qn*
- sich in / mit etw. (D) gut aus/kennen* *s'y connaître, être expert en qc*
- etw. im Internet bewerten *évaluer qc sur Internet*
- eine Online-Petition unterschreiben* *signer une pétition en ligne*
- an einer Bürgerbewegung teil/nehmen* *participer à un mouvement citoyen*

sich im Netz schützen

B1

- Hasskommentare bekommen* *recevoir des commentaires haineux*
- jn beschimpfen *insulter qn*
- jn belästigen, jn mobben *harceler qn*
- das Cybermobbing *le cyberharcèlement*
- Opfer werden* *devenir une victime*
- sich schämen *avoir honte*
- Hilfe holen *aller chercher de l'aide*
- jn blockieren *bloquer qn*
- offline gehen* *se déconnecter*
- sich vor etw. (D) schützen *se protéger de qc*
- sich an jn wenden* *s'adresser à qn, se tourner vers qn*
- jn über die Gefahren auf/klären *informer qn sur les dangers*

dem Netz misstrauen

B1

- die Werbung (-en); für etw. werben* *la publicité ; faire de la publicité pour qc, faire la promotion de qc*
- jn beeinflussen *influencer qn*
- falsche Werte vermitteln *transmettre de fausses valeurs*
- das Vorbild (-er) *l'exemple, le modèle à suivre*
- eine Falschmeldung, Fake News verbreiten *diffuser une infox, des fake news*
- jm / an etw. (A) glauben *croire qn / en qc*
- auf etw. (A) auf/passen *faire attention à qc*
- vorsichtig *prudent*
- die Lüge (-n); lügen* *le mensonge ; mentir*
- jm vertrauen ≠ jm misstrauen *faire confiance à qn ≠ se méfier de qn*
- über etw. nach/denken* *réfléchir à qc*
- die Quelle, die Herkunft überprüfen *vérifier la source, l'origine*
- geheim; das Geheimnis (-se) *(en) secret ; le secret*

B2

- die Verschwörung *le complot, la conspiration*
- eine Verschwörungstheorie erkennen* *reconnaître une théorie du complot*
- etw. glaubwürdig machen *rendre qc crédible*
- die Verantwortung; verantwortungsvoll *la responsabilité ; responsable*
- mit etw. (richtig) um/gehen* *(bien) utiliser qc*

sich informieren

A2

- jm etw. schicken *envoyer qc à qn*
- etw. bekommen* *recevoir qc*
- die Medien *les médias*
- die Zeitung (-en) *le journal*
- das Magazin (-e), die Zeitschrift (-en) *le magazine*
- Radio hören *écouter la radio*
- fern/sehen* *regarder la télévision*
- sich über soziale Netzwerke informieren *s'informer par les réseaux sociaux*
- über etw. recherchieren *faire des recherches sur qc*

B1-B2

- die Nachricht (-en) *la nouvelle*
- eine Nachricht erfahren* *apprendre une nouvelle*
- jm etw. mit/teilen *communiquer, apprendre qc à qn*
- die Meldung (-en) *le communiqué*
- eine Suchmaschine verwenden* *utiliser un moteur de recherche*

Comprendre les consignes

- Inwiefern kann ein einzelner Bürger über das Netz viel erreichen? *Dans quelle mesure un simple citoyen peut-il réussir à faire aboutir beaucoup de choses grâce au net ?*

ÜBUNGEN

1 Indiquez le pluriel des noms suivants.

a. die Werbung → die …
b. die Lüge → die …
c. der Kommentar → die …
d. die Zeitung → die …
e. das Vorbild → die …
f. das Video → die …
g. der Moderator → die …

2 Retrouvez le verbe qui correspond à ces noms.

a. die Lüge → …
b. das Mobbing → …
c. die Unterschrift → …
d. die Werbung → …
e. der Einfluss → …
f. die Bewertung → …
g. der Beitrag → …

3 Associez chaque item à son équivalent.

Hilfe holen •	• die Fake News
lügen •	• mobben
die Falschmeldung •	• sich an jn wenden
eine Suchmaschine verwenden •	• über etw. recherchieren
belästigen •	• eine Falschmeldung verbreiten

4 Complétez le texte par les mots ci-dessous.

aufklären – an die Lehrer gewandt – belästigt – Effekte – eingeladen – Hasskommentare bekommen – Opfer

Als mein Bruder im Netz … hat, hat er sich … . Dann hat sein Klassenlehrer die Medienscouts in die Klasse …, damit sie die Schüler über die Konsequenzen des Cybermobbings … . Viele Schüler haben erzählt, dass sie schon mal … von Cybermobbing gewesen sind. Dieser Besuch hat positive … gehabt, seitdem wird mein Bruder nicht mehr … .

5 Traduisez les phrases suivantes.

a. Meine ganze Familie hat diesen neuen Podcast abonniert.
b. Dieser Journalist verbreitet zu viele Falschmeldungen.
c. Meine Schwester glaubt an diese Verschwörungstheorie.
d. Man sollte immer die Quelle überprüfen.
e. Ich nehme seit langem an einer Bürgerbewegung teil.

Extra

B1 **6 Inwiefern beeinflussen die sozialen Netzwerke das Alltagsleben und die Gedanken vieler Jugendlicher?**

WORTBILDUNG

Les verbes à particule inséparable

a. Les particules verbales suivantes ne sont **pas séparables du radical** :
- ***ge-*** → *jm **gehören*** (appartenir à qn)
- ***miss-*** → *jm **misstrauen*** (se méfier de qn)
- ***zer-*** → ***zerstören*** (détruire)
- ***be-*** → ***beeinflussen*** (influencer)
- ***er-*** → *eine Falschmeldung **erkennen*** (reconnaître)
- ***ent-*** → *einen neuen Podcast **entdecken*** (découvrir)
- ***emp-*** → *einen Videokanal **empfehlen*** (recommander)
- ***ver-*** → *jm **vertrauen*** (faire confiance à qn)

b. **Elles ne sont pas accentuées.**
- *emp°fehlen*
- *ver°trauen*

c. **On forme leur participe passé sans *ge-*.**
- *Er hat lange diesem YouTuber **vertraut**.*
- *Die Journalistin hat diese Falschmeldung **erkannt**.*

ÜBUNGEN

1 Complétez par le verbe qui convient.

beeinflussen – empfiehlt – erkennst – gehöre – misstraue – verbreitet

a. Ich … immer den Nachrichten dieser Website.
b. Meine Freundin … mir diesen YouTuber.
c. Die sozialen Netzwerke … auch die Politiker.
d. Sie … überall Lügen über mich.
e. Ich … dieser Gruppe nicht an.
f. … du hier eine Verschwörungstheorie?

2 Reformulez les phrases suivantes au parfait. Attention aux verbes forts.

a. Diese Website gefällt mir nicht wirklich.
b. Ich bekomme eine Nachricht von meiner WhatsApp-Gruppe.
c. Wir entdecken diesen jungen YouTuber.
d. Mein bester Freund empfiehlt mir immer tolle Podcasts.
e. Vertraut ihr den Journalisten von dieser Zeitung?

TRAINING

GRAMMATIK

LERNTEMPODUETT → p. 17

L'impératif → p. 113

→ PRÉCIS p. 229

- Comme en français, l'impératif est le mode qui exprime l'ordre ou l'injonction. Le verbe est en 1re position.
- Ce mode a quatre personnes, car en allemand, on distingue :
  - le vous pluriel de tutoiement (je m'adresse à plusieurs personnes que je tutoie)
  - le vous de politesse (je m'adresse à une ou plusieurs personnes que je vouvoie)

	spielen	geben	sein
du (*tutoiement*)	SpielØ!	Gib!	SeiØ!
wir	Spielen wir!	Geben wir!	Seien wir!
ihr (*pluriel de tutoiement*)	Spielt!	Gebt!	Seid!
Sie (*vouvoiement*)	Spielen Sie!	Geben Sie!	Seien Sie!

Les verbes forts en *-e* qui modifient leur radical au présent prennent aussi un *-i* ou *-ie* au singulier de l'impératif.
Sprich nicht über diese Theorie! Lies den Text durch!
Gib mir bitte Nachhilfe!

Pour les verbes faibles, on peut remplacer la terminaison Ø du singulier par un *-e* pour faciliter la prononciation.
Klicke und abonniere!

1 (★★) **Formulez des injonctions à un camarade de classe, puis au professeur.**
Attention aux préverbes séparables.
a. den Artikel lesen
b. sich bei diesem MOOC anmelden
c. nicht an diese Theorie glauben
d. über den Inhalt nachdenken
e. keine Hasskommentare schicken

2 (★★★) **Exprimez des impératifs en vous adressant aux personnes indiquées entre parenthèses.**
a. dieses Programm abonnieren (mein Freund)
b. die Fotos von der Klassenfahrt mit anderen teilen (die Klasse und ich)
c. die Nachricht in der Schule verbreiten (der Schuldirektor)
d. sich dieses Video anschauen (meine Eltern)

La conjugaison des verbes de modalité → p. 115

→ PRÉCIS p. 226

- Les verbes ***dürfen, können, mögen, müssen, sollen*** et ***wollen*** expriment une modalité (possibilité, obligation, volonté) et sont utilisés le plus souvent au présent, au prétérit ou au subjonctif II.
- ***können*** (possibilité, capacité) / ***dürfen*** (autorisation ou interdiction avec *nicht* ou *kein-*)
  *Mit dieser Website **kannst / konntest / könntest** du eine Fremdsprache lernen.*
  *Niemand **darf / durfte / dürfte** dich auf sozialen Netzwerken mobben.*
- ***müssen*** (nécessité, obligation que l'on s'impose) / ***sollen*** (ordre, conseil donné par qn d'autre)
  *Ich **muss / musste / müsste** mir dieses Video anschauen.*
  *Meine Lehrer haben mir gesagt, dass ich weniger Zeit im Internet verbringen **soll / sollte**.*
- ***wollen*** (volonté) / ***mögen*** (goût ; aimer, apprécier s'il n'est pas combiné à un infinitif)
  *Ich **will / wollte** diese Verschwörungstheorie nicht verbreiten.*
  *Ich **mag / mochte** diesen YouTuber nicht. Ich **möchte** seinen Kanal nicht abonnieren.*

3 (★) **Complétez par le verbe de modalité entre parenthèses au présent, puis au prétérit.**
a. Meine Mutter … nicht, dass wir zu lange im Internet bleiben. (wollen)
b. … ich alles lesen oder nur die erste Seite? (sollen)
c. Dieser Journalist … diese Nachricht nicht verbreiten. (dürfen)
d. … du diesen Podcast nicht? (mögen)
e. Deine Schwester … mir unbedingt Mathe-Nachhilfe geben. (müssen)
f. Du … diese Petition unterschreiben. (können)

4 (★★) **Complétez par le verbe de modalité qui convient au présent ou au prétérit selon la phrase.**
dürfen – können (3x) – mögen – müssen – wollen
Früher … man nur Zeitungen lesen oder Radio hören. Heutzutage … die Leute soziale Netzwerke, weil sie jede Minute eine neue Nachricht bekommen … . Sie … immer informiert werden, sonst sind sie nicht zufrieden[1]. In der realen Welt … man keine Hasskommentare aussprechen oder Falschmeldungen verbreiten. Aber leider … man sie in der digitalen Welt lesen, weil man oft die Autoren nicht finden … .

1. zufrieden *satisfait*

Meine Deutsch-Community

B1

- Ihre Klasse soll einen Videokanal oder einen Podcast für den Deutschunterricht erstellen. Jede Gruppe soll ein Video oder eine Episode produzieren. Sie können Ihre Smartphones oder Tablets benutzen und dann die Dateien auf der Website (oder ENT) des Gymnasiums mit anderen teilen.
- Die Themen sind :
  – Tipps zum Besser-Lernen: einige Tipps, um seine Deutschlektionen (Grammatik, Wortschatz usw.) besser zu lernen.
  – Ratschläge für ein verantwortungsvolles Netz: Wie reagiere ich auf Cybermobbing oder auf negative Kommentare?
  – Erst recherchieren, dann mit anderen teilen!
- Jede Gruppe wählt ein Thema und teilt die Rollen (Moderator/Moderatorin, Interviewte) auf.

Stratégies

▷ Rendre une production orale plus attrayante

- **Introduire un jingle / générique**
- **Accueillir les auditeurs /spectateurs**
  – *Willkommen bei unserem Podcast / Kanal. Mein Name ist …*
  Bienvenue dans notre podcast / sur notre chaîne. Je m'appelle…
  – *Ich stelle euch unsere Gäste vor.*
  Je vous présente nos invités.
- **Annoncer le programme**
  – *Heute wollen wir über … sprechen.*
  Aujourd'hui, nous allons parler de…
  – *Das heutige Thema ist …* Le sujet du jour est…

▷ Exploiter le lexique d'un thème

- **Tipps zum Besser-Lernen**
  – *eine Lektion wiederholen* réviser une leçon
  – *Vokabeln ab/schreiben** recopier du vocabulaire
  – *starke Verben auswendig lernen*
  apprendre par cœur les verbes forts
  – *Konjugationsübungen, Deklinationsübungen machen*
  faire des exercices de conjugaison, déclinaison
- **Ratschläge für ein verantwortungsvolles Netz**
  – *einen Account privat halten** maintenir son compte privé
  – *keine Details über sich preis/geben** ne pas livrer de détails sur soi
  – *eine Person, eine Meinung respektieren*
  respecter une personne, une opinion
- **Erst recherchieren, dann mit anderen teilen**
  – *nicht sofort kommentieren* ne pas commenter tout de suite
  – *sich Zeit nehmen** prendre son temps
  – *dem Interesse von jm dienen* servir l'intérêt de qn

BAC
ÉPREUVE 3
(3e trimestre)

PARTIE 1 – ÉCRIT

Compréhension de l'oral

MÉTHODOLOGIE p. 124

CD 19 MP3 19

bordas Flash PAGE audio

Interview mit Medienscouts

- **En rendant compte, en français, du document, vous montrerez que vous avez compris :**
  - le thème principal du document ;
  - l'identité des personnes interviewées ;
  - les informations ;
  - la fonction et la portée du document (relater, informer, convaincre, critiquer, dénoncer, etc.).

der Vermittler *l'intermédiaire* – an/leiten *ici, instruire* – durch/führen *accomplir* – jn fertig/machen *s'en prendre à qn (physiquement ou verbalement)*

Stratégies
Repérer les marqueurs du discours oral

Certains mots ne sont pas vraiment porteurs de sens, mais servent à établir la communication entre les interlocuteurs.
Ils peuvent devenir chez certains locuteurs des tics de langage.

Parmi ces mots ou expressions, on peut citer :

- *ne, oder?* (n'est-ce pas, hein ?) pour demander l'assentiment du locuteur.
- *eigentlich, ja, denn …* (en fait) pour souligner ou confirmer quelque chose.
- *also* (bon, alors) pour reprendre le fil de la discussion.
- *gerade* (justement) souvent prononcé *grad* pour insister sur un point.

Il est important de ne pas se laisser distraire par ces expressions pour ne pas perdre de vue l'ensemble du discours.

Compréhension de l'écrit

3 100 signes

a. **Lesen Sie den Text. Geben Sie wieder, was Sie verstanden haben. Beachten Sie dabei folgende Punkte:**
   - die Argumente gegen soziale Netzwerke
   - den Einfluss der sozialen Netzwerke auf die Hausaufgaben
   - das Leben ohne soziale Netzwerke

b. **Erklären Sie, warum der Satz „Soziale Medien sind einfach Zeitfresser." (Z. 19-20) ein zentraler Satz in diesem Text ist.**

c. **Warum wurde der Bericht dieser 15jährigen Schülerin in der *Berliner Morgenpost* veröffentlicht? Was meinen Sie?**

Soziale Netzwerke: ohne mich!

Ein Leben ohne soziale Netzwerke? Dijana Kolek, 15 Jahre alt, berichtet, warum sie soziale Netzwerke nicht mehr benutzt.

Vor einem halben Jahr habe ich mich aus Instagram, Pinterest und Musical.ly ausgeloggt. Die YouTube App habe ich auch gelöscht. WhatsApp benutze ich weiterhin, um Nachrichten auszutauschen oder schnell ein Foto zu schicken. Aber die Nutzungszeit ist kürzer geworden und ich habe viele Gruppen verlassen.

Ich war immer weniger konzentriert, machte meine Hausaufgaben nicht fertig, war dafür aber andauernd mit meinem Smartphone beschäftigt. Auch bei Unterhaltungen, wo ich gleichzeitig mit dem Smartphone beschäftigt war, konnte ich kaum etwas behalten[1], so abgelenkt[2] war ich. Also habe ich alle sozialen Netzwerke entfernt[3].

Soziale Medien sind einfach Zeitfresser[4]. Aus fünf Minuten wird plötzlich eine Stunde, das Smartphone liegt immer noch in der Hand. Mir ging es oft so, dass ich das Smartphone entsperrt[5] habe, um etwas Bestimmtes[6] herauszufinden, und mich dann in den sozialen Netzwerken verloren habe. Das ist ja auch kein Wunder. Auf sozialen Netzwerken wird man schließlich mit Neuigkeiten überflutet[7]. Beispielsweise werden auf Instagram pro Minute 40.000 Fotos hochgeladen. Wenn ich jetzt eine Information brauche, dann suche ich einfach nur diese Information und nichts anderes. Das spart definitiv Zeit.

Smartphonenutzer haben immer das Gefühl, dass sie ihre Aufgaben später machen können. Man nennt das Prokrastination. Lustige Videos und schöne Urlaubsfotos lenken von den Aufgaben ab. Diese erledigen sich ja nicht von alleine und wenn man seine freie Zeit an seinem Handy verbringt, ist das Ergebnis klar: Man steht kurz vor der Deadline so unter Zeitdruck, dass man die Aufgabe nur halb so gut erledigt, wie man eigentlich könnte.

Alle Daten, die man auf den sozialen Netzwerken von sich preisgibt[8], werden gespeichert. Das muss man wissen, wenn man Fotos veröffentlicht. Gerade wenn man Selfies in ein paar Jahren online wiederfindet, kann es unangenehm werden.

Auf vielen Profilen bekommt man Kaufempfehlungen zu Produkten – der Wunsch nach diesen kommt auf. Obwohl man bisher ohne diese Produkte gut zurecht gekommen ist, lässt man sich verführen[9].

Schlanke Bikinifiguren, hübsche Gesichter, einsame Traumstrände – Fotos, die ein scheinbar perfektes Leben abbilden, können Unzufriedenheit[10] auslösen. Man vergleicht sich auch unbewusst mit anderen und fühlt sich weniger hübsch, sportlich oder glücklich. Ohne soziale Netzwerke bin ich viel zufriedener[11] geworden, da ich mich nicht mehr mit inszenierten Bildern vergleiche.

Das Leben ohne soziale Netzwerke hat viele Vorteile. Man lebt bewusster[12], ist nicht vom klingelnden Smartphone abgelenkt und hat im Allgemeinen ein besseres Lebensgefühl.

Ohne soziale Netzwerke habe ich nun mehr Zeit für meine Hobbys. Zum Beispiel nutze ich die freie Zeit für Sport, Lesen oder Backen. Ich besuche meine Großeltern und andere Familienmitglieder häufiger und habe mehr Zeit für sie. Mit meinen Freunden treffe ich mich auch öfters, wir sind in der Stadt unterwegs, teilen Hobbys und haben Spaß – natürlich ohne unser Smartphone.

Nach *Berliner Morgenpost*, 18. 07. 2017

1. behalten* *retenir* 2. ab/lenken *distraire* 3. entfernt *éloigné* 4. ein Zeitfresser sein *être chronophage* 5. entsperren *déverrouiller* 6. etwas Bestimmtes *quelque chose de précis* 7. überfluten *inonder* 8. preis/geben* *livrer* 9. verführen *séduire* 10. die Unzufriedenheit *l'insatisfaction* 11. zufrieden *satisfait* 12. bewusst *de façon consciente*

Stratégies
Comment aborder un texte ?

De prime abord, le texte peut vous paraître long et difficile mais avec un peu de patience, de concentration et quelques astuces, vous réussirez à le comprendre.

- **Lisez la consigne** car les questions et les instructions donnent déjà des indications sur le contenu du texte et vous guident pour la structuration de votre compte rendu.
- **Lisez le texte** au moins 2 fois du début à la fin.
- **Ne vous focalisez pas sur les mots inconnus,** mais au contraire raccrochez-vous aux phrases qui vous paraissent plus simples.
- Le texte est divisé en plusieurs paragraphes. **Soulignez les mots-clés dans chacun d'eux.**

Expression écrite

Behandeln Sie Thema A oder Thema B.

Thema A

Wären Sie auch bereit, soziale Netzwerke nicht mehr zu benutzen?

ODER

Thema B

Lesen Sie folgende Aussagen. Mit welcher Aussage sind Sie einverstanden? Begründen Sie Ihre Antwort.

Vanessa, 17

„Ich bin der Meinung, Freunde im Internet sind keine richtigen Freunde!"

Julian, 16

„Soziale Netzwerke sind für mich nur ein Kommunikationsmittel. Ich benutze sie, um mit Freunden schneller zu kommunizieren. Aber ich schicke nicht gern Fotos oder Videos von mir, ich passe nämlich auf meine persönlichen Daten auf."

Finn, 21

„Ohne soziale Netzwerke könnten wir nicht so schnell Petitionen unterschreiben oder Demonstrationen organisieren. Die modernen Revolutionen haben oft mit den sozialen Netzwerken angefangen. Soziale Netzwerke sind für mein Engagement wichtig."

Stratégies

Exprimer l'irréel avec le subjonctif II

– *Wenn ich soziale Netzwerke nicht mehr benutzen würde, wäre / hätte / könnte ich …*
Si je n'utilisais plus les réseaux sociaux, je serais / j'aurais / je pourrais…
– *Ich könnte bestimmt (nicht mehr) …*
Je (ne) pourrais certainement (plus)…
– *Ich könnte mir (nicht) vorstellen, … zu + inf*
Je (ne) pourrais (pas) m'imaginer de…
– *Es wäre schwieriger / komplizierter, … zu + inf*
Ce serait plus difficile / compliqué de…
– *Ich müsste andere Mittel finden, um … zu + inf*
Je devrais trouver d'autres moyens pour…

Exprimer son accord / désaccord

– *Ich bin mit Finn / Vanessa / Julian (nicht) einverstanden.*
Je (ne) suis (pas) d'accord avec Finn / Vanessa / Julian.
– *Ich denke, Vanessa / Finn / Julian hat Recht / Unrecht.*
Je pense que Vanessa / Finn / Julian a raison / tort.
– *Ich teile die Meinung von Vanessa / Finn / Julian (nicht).*
Je (ne) partage (pas) l'avis de Vanessa / Finn / Julian.

BAC ÉPREUVE 3 (3e trimestre) – PARTIE 2 – ORAL

Expression orale en continu

- **Schauen Sie sich die folgenden Bilder an. Welches Bild illustriert Ihrer Meinung nach am besten das Thema „Die Rolle des Bürgers in einer digitalen Welt"? Begründen Sie Ihre Antwort.**

Stratégies

Exploiter le message du document

Si l'iconographie comporte un message, il est important de le citer et de l'exploiter. Vous pouvez ainsi :

▷ expliquer le message avec vos propres mots

– *Dieser Satz / Dieses Motto bedeutet, dass …*
Cette phrase / devise signifie que…
– *Dieser Satz betont die Tatsache, dass …*
Cette phrase souligne le fait que…

▷ utiliser ce message pour rappeler un contexte général

– *Es stimmt, dass …* Il est vrai que…
– *Wie der Satz es erklärt, bemerkt man, dass …*
Comme l'explique cette phrase, on remarque que…
– *Der Satz bezieht sich auf (A)…* Cette phrase se réfère à…
– *Der Satz erinnert uns daran, dass …* Cette phrase nous rappelle que…

A

die Selbsthilfe *ici, le(s) groupe(s) d'entraide*

B

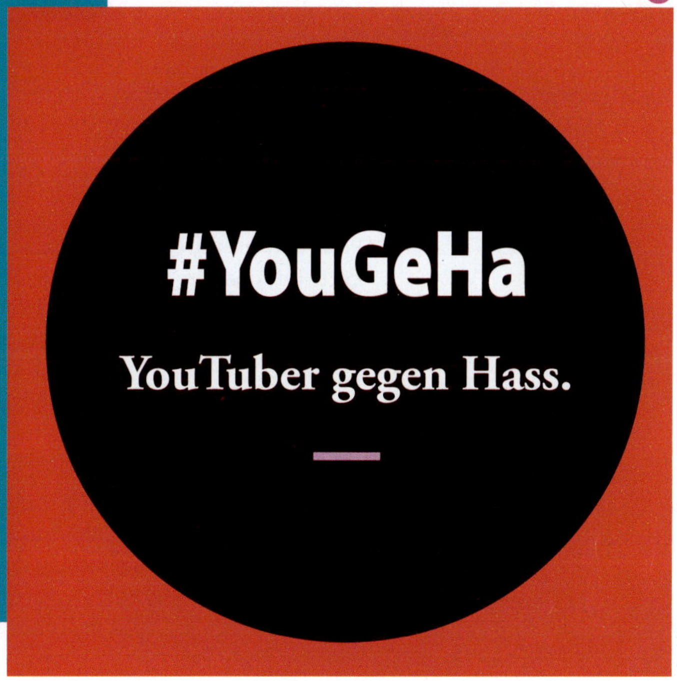

Expression orale en interaction

- **Après l'expression orale en continu, vous allez échanger avec l'examinateur. Voici des questions qu'il pourrait vous poser.**

Meinen Sie, dass wir zu viel Zeit auf dem Smartphone verbringen?

Brauchen die Schüler mehr Informatikunterricht?

DIE ROLLE DES BÜRGERS IN EINER DIGITALEN WELT

Welche Gefahren beinhalten soziale Netzwerke?

Warum sind soziale Netzwerke besonders bei Jugendlichen so beliebt?

Stratégies

Exprimer son opinion

Durant votre entretien, vous serez amené(e) à approuver ou à contredire votre interlocuteur. Mémorisez quelques expressions qui vous permettront cela :

- *Ich bin mit Ihnen (nicht) einverstanden, weil …*
  Je (ne) suis (pas) d'accord avec vous parce que…
- *Ich bin damit (nicht) einverstanden, denn …*
  Je (ne) suis (pas) d'accord avec cela car…
- *Ich bin ganz / bin überhaupt nicht mit Ihrer / dieser Meinung einverstanden.*
  Je suis tout à fait / ne suis pas du tout d'accord avec votre / cet avis.
- *Ich sehe das ganz anders. / Ich sehe das genauso.*
  Je vois cela différemment. / Je vois cela exactement de la même manière.
- *Diese Aussage halte ich für richtig / falsch, weil …*
  Je considère cette affirmation vraie / fausse parce que…

BAC MÉTHODOLOGIE

RENDRE COMPTE D'UNE INTERVIEW

SUJET

→ p. 120

CD 19 · MP3 19 · bordas Flash PAGE audio

Interview mit Medienscouts

En rendant compte en français du document, vous montrerez que vous avez compris :
– le thème principal du document ;
– l'identité des personnes interviewées ;
– les informations ;
– la fonction et la portée du document (relater, informer, convaincre, critiquer, dénoncer, etc.).

Étape 1 Avant l'écoute

Le titre

Pour comprendre le thème principal, le titre vous sera très utile. Il vous est donné avant l'écoute. Cette information vous aide à identifier le contexte et la situation d'énonciation.
À la lecture, vous ne saisirez pas forcément immédiatement sa signification. Mais après la première écoute, vous en aurez compris le sens. N'oubliez pas que les termes internationaux se prononcent le plus souvent en allemand comme en anglais.
L'indication du pluriel indique qu'il s'agit de plusieurs personnes. Essayez de comprendre combien de personnes sont interviewées.

Le champ lexical

Vous pouvez anticiper le champ lexical. Cet audio s'inscrit en effet dans l'axe « Citoyenneté et mondes virtuels » et fait écho à plusieurs documents du chapitre.

Lexique à connaître

Essayez de vous rappeler les mots et expressions que vous avez déjà rencontrés et/ou employés dans ce chapitre.

Comment dit-on en allemand ?

- se servir de, utiliser
- bien utiliser les médias
- le danger
- expliquer
- informer qn sur qc
- faire attention
- croire qc / qn
- transmettre une fausse nouvelle
- les réseaux sociaux
- le cyber-harcèlement

Étape 2 Pendant les écoutes : structurez les informations comprises

Vous aurez trois écoutes.
Prenez **votre brouillon** dans le sens de la largeur et divisez-le en au moins **2 parties.**

- Pendant la 1re **écoute**, vous remplirez la première colonne et vous vous concentrerez sur les informations explicites (thème, personnes, arguments) et les liens entre elles.
- Lors de la 2e **écoute**, vous noterez des informations supplémentaires et des détails.
- À la 3e **écoute**, vous vérifierez la conformité entre vos notes et l'interview. Vous essaierez de comprendre la tonalité d'un propos, une intention, une critique et des détails fins. C'est alors que vous pourrez définir la fonction et la portée du document. S'agissant ici d'une interview, vous pouvez déjà anticiper sur la fonction informative (relater, informer) et vérifier lors de l'écoute si votre hypothèse est exacte.
- Profitez de la minute de pause pour organiser vos notes et les structurer autour de quelques grands thèmes qui vous sont fournis par les questions de la journaliste. Ces thèmes constituent les principaux aspects abordés.

Thèmes abordés au cours de l'interview	1re écoute	2e + 3e écoutes
	Nino	
Wie alt? Hobbys? → *Présentation de la 1re personne*	14 Jahre Freunde, Tennis, Fußball	Ausbildung zum Medienscout anfangen
Was sind die Medienscouts? → *Rôle des Medienscouts*	erklären Medien, Internet	jüngeren Leuten erklären, wie mit Medien umgehen, aufpassen, welche Gefahren
Was gehört zu Medien? → *Nature des médias concernés*	Medien = Handys, Radio	digital aber auch Zeitungen
Wieso interessiert dich das? → *Intérêt pour cette mission*	Interesse = Fake News	welche Gefahren? wie mit Fake News umgehen? beste Lösung nicht an Fake News glauben
	Herr Voss	
Erfahrungen? → *Expérience en tant que professeur en charge du projet*	Kinder Cybermobbing extrem ein Handy haben viele Fragen	Grundschule was machen? konkret Handy viel nutzen was sind die Gefahren?

Étape 3 Rédigez la synthèse et prenez connaissance des critères d'évaluation

- Vous commencerez par nommer la nature du document (extrait d'une interview).
- Vous présenterez ensuite séparément les réponses des deux personnes interviewées. Vous devez éviter d'alourdir le compte rendu par des formules répétitives telles que « La journaliste a demandé… Puis Nino a répondu… Puis la journaliste lui a demandé, etc. ».
- Dès qu'une information aura été utilisée dans votre compte rendu, rayez-la de votre brouillon pour être sûr d'avoir traité toutes les informations collectées.
- Pour avoir le maximum de points, il faudra avoir précisé :
  – le contexte : qui parle, à qui, à quelle occasion ;
  – ce dont il est question et le lien / l'articulation entre les différentes informations ;
  – l'intention et la portée du document, à qui le document s'adresse et dans quel but.

→ Voici des exemples d'amorces de compte rendu possibles pour cet audio, référencés en fonction des niveaux du CECRL.

A2 Il s'agit d'une interview de Nino, un *Medienscout*, et d'un professeur. Le sujet est le rôle des *Medienscouts* qui, dans une école, informent des élèves plus jeunes sur …

B1 Il s'agit d'une interview d'un *Medienscout*, Nino, et d'un professeur. Nino parle du rôle de prévention des *Medienscouts* et de son intérêt pour cette activité. Le professeur parle de son expérience et de la réaction des élèves. Pour lui …

B2 Il s'agit d'une interview de Nino, un *Medienscout*, et d'un professeur. Nino explique le rôle du *Medienscout* qui intervient auprès d'élèves plus jeunes pour parler des dangers d'Internet et des fake news. Le professeur dirige ce projet. Il parle de son expérience et des questions que se posent dès l'école élémentaire les élèves qui ont pour la plupart un téléphone portable et …

Johann Heinrich Füssli (1741–1825), *Der Nachtmahr*, 1790/91

der Dämon (-en) *le démon* – das Pferd *le cheval* – der Geist (-er) *le fantôme* – verschwommen *flou*

Kapitel 7 — FICTIONS ET RÉALITÉS

Phantasiewelten

SPRACHBOX

Traum oder Alptraum?

- der Maler, die Malerin *le, la peintre*
- das (Kunst)werk (-e) *l'œuvre (artistique)*
- der Traum (¨-e) ≠ der Alptraum (¨-e); von etw. träumen *le rêve ≠ le cauchemar ; rêver de qc*
- die Angst *la peur*
- die Wirklichkeit = die Realität; realistisch *la réalité ; réaliste*
- das Leben; leben *la vie ; vivre*
- die Seele (-n) *l'âme*
- das Bewusstsein ≠ das Unterbewusstsein *la conscience ≠ le subconscient*
- etw. dar/stellen; die Darstellung *représenter qc ; la représentation*
- wie etw. aus/sehen* *ressembler à qc*
- die Grenze (-n) *la frontière*

Hypothesen aufstellen → p. 40

→ p. 132

Wilde Bilder

CD 20 MP3 20

bordas Flash PAGE audio

B1 **1** Schauen Sie sich das Gemälde von Johann Heinrich Füssli an. Was ist Ihrer Meinung nach hier dargestellt? Stellen Sie Hypothesen in der Klasse auf!

B1-B2 **2** Hören Sie sich nun die Führung in der Ausstellung „Vom Traum zum Sein" an. Was erfahren Sie über das Gemälde? Waren Ihre Hypothesen richtig?

Was sagen Träume und Märchen über den Menschen aus?

Vom Traum zum Sein

A Freuds Traumdeutung

MÉDIATION PARTNERBRIEFING →p. 16

B2

1. Bilden Sie Zweiergruppen. **PARTNER A** liest den Text a, **PARTNER B** den Text b. Beide machen sich Notizen, um dem jeweiligen Partner die wichtigsten Informationen auf eine klare und kohärente Weise zu präsentieren.
2. Im Plenum präsentieren zwei Schüler ihren Text (oder den Text des Partners).

der Schmetterling

a Sigmund Freuds Theorien

Sigmund Freud wurde 1856 im heutigen Tschechien als Sohn jüdischer Eltern geboren. Bald zog die Familie nach Wien, wo Freud einen großen Teil seines Lebens verbrachte. Er begann ein Medizinstudium an der Universität Wien und wurde Arzt und Psychoanalytiker.
Sigmund Freud interessierte sich besonders für die Psyche des Menschen. Eine seiner bekanntesten Theorien war, dass die Seele eines Menschen in drei Teile geteilt ist: das „Es", das „Ich" und das „Über-Ich". Das „Es" symbolisiert das „Lustprinzip[1]" und die menschlichen Triebe. Der Gegensatz[2] des „Es" ist das „Über-Ich". Das „Über-Ich" ist eine Art Kontrolleur. Es besteht aus moralischen Wertvorstellungen[3] und dem Gewissen. Zwischen dem „Es" und dem „Über-Ich" steht das „Ich," das zwischen „Es" und „Über-Ich" vermitteln[4] muss.
Freud meinte auch, dass die Traumdeutung helfen könnte, das Unterbewusstsein der Menschen zu verstehen. Für Freud äußern[5] sich das „Es" und die unterbewussten Triebe und Wünsche im Traum.
Freud wollte über die freie Assoziation an die verborgenen Inhalte der Träume seiner Patienten kommen und ihre Bilder und Symbole verstehen. Er vermutete[6], dass es sehr viele Botschaften in unseren Träumen gibt. Aber die Botschaften sind „verschlüsselt". Die freie Assoziation könnte also helfen, die Botschaften zu verstehen.

die Spinne

die Uhr

1. das Lustprinzip *le principe de plaisir* 2. der Gegensatz *le contraire, l'opposé* 3. die Wertvorstellungen *le système de valeurs* 4. zwischen etw. und etw. vermitteln *ici, arbitrer entre qc et qc* 5. sich äußern *ici, se manifester* 6. etw. vermuten *supposer qc*

der Clown

b Die geheimsvolle Welt der Träume

Wenn Sie träumen, im Zirkus einen Clown zu spielen, so könnte das laut Freud bedeuten, dass Sie im Leben anderen etwas vorspielen[1]. Oder Sie sind mit dem Bild, das Sie von sich haben, nicht zufrieden. Sie könnten sich zum Beispiel fragen: Macht sich jemand über mich lustig? Werde ich nicht ernst genommen[2]? Will ich meine Gefühle nicht zeigen? Oder spiele ich selbst immer den „lustigen Clown"? Genauso könnte eine Uhr im Traum vielleicht bedeuten, dass wir das Gefühl haben, unter Druck zu stehen[3], dass uns ein wichtiges Ereignis bevorsteht oder dass wir Angst haben, älter zu werden. Auch Tiere erscheinen oft in unseren Träumen. Spinnen bedeuten möglicherweise, dass Sie sich vor etwas ekeln[4] oder sich von etwas bedroht fühlen[5]. Wenn Sie von einem Schmetterling träumen, könnte das heißen, das Sie sich im wahren Leben mehr entfalten[6] möchten. Es gibt sehr viele Traumsymbole und sie können verschiedene Bedeutungen haben. In der Traumanalyse erzählt man dem Therapeuten deshalb auch viel über sein Leben, seine Wünsche, Ängste und Probleme. Einige Wissenschaftler stehen einer solchen Traumdeutung auch skeptisch gegenüber.

1. etw. vor/spielen *ici, jouer un rôle*
2. ernst genommen werden* *être pris au sérieux*
3. unter Druck stehen* *être sous pression*
4. sich vor etw. ekeln *être dégoûté par qc*
5. sich bedroht fühlen *se sentir menacé*
6. sich entfalten *ici, s'épanouir*

Nach www.helles-koepfchen.de

B Hilfe, mein Kimono brennt!

CD 21 MP3 21

bordas Flash PAGE audio

B1-B2 1 Hören Sie sich nun das Gespräch zwischen Julia und Martin an. Was erzählt Martin? Was sagt Julia dazu?

B2 2 Versuchen Sie nun in der Klasse, Martins Traum laut Freud zu deuten.

B1 3 Schauen Sie sich nun das Gemälde *Der Traum* von Franz Marc an. Welche Elemente zeigen, Ihrer Meinung nach, dass es sich von der Darstellung eines Traumes handelt?

sich bedrückt fühlen *se sentir oppressé* – weh tun *faire mal* – brennen* (gebrannt) *brûler*

Franz Marc (1880-1916), *Der Traum*, 1912

der Löwe *le lion* – die Farben *les couleurs* – das friedliche Zusammenleben *la cohabitation pacifique*

SPRACHBOX

Traumdeutung

- die menschliche Psyche *le psychisme humain*
- das „Ich", das „Es", das „Über-Ich" *le « moi », le « ça », le « surmoi »*
- der verborgene, verschlüsselte Inhalt *le contenu caché, codé*
- die Botschaft (-en) *le message*
- der Wunsch (¨-e); sich (D) etw. wünschen *le souhait, le désir ; souhaiter, désirer qc*
- ein schlechtes Gewissen haben *avoir mauvaise conscience*
- der Trieb (-e) *la pulsion*
- die Wahrheit *la vérité*
- zufrieden ≠ unzufrieden *satisfait ≠ insatisfait*
- seine Gefühle zeigen *montrer ses sentiments*
- in einem Traum ≠ Alptraum erscheinen* *apparaître dans un rêve ≠ un cauchemar*
- etw. verbergen*; verdrängen *cacher, dissimuler ; refouler qc*
- verborgen *caché, dissimulé*
- etw. erkennen* *reconnaître, discerner qc*
- etw. prägen *caractériser, marquer qc*
- jn / etw. beeinflussen *influencer qn / qc*
- etw. deuten; die Deutung (-en) *interpréter qc ; l'interprétation*
- etw. bedeuten; die Bedeutung (-en) *signifier qc ; la signification*
- lügen*; jn an/lügen*; die Lüge (-n) *mentir ; mentir à qn ; le mensonge*

→ p. 132

SPRACHBOX

Émettre des hypothèses

Le subjonctif II présent

- Wenn du von einer Spinne träumst, könnte das bedeuten, dass du vor etwas Angst hast.
- Wenn du deine Eltern nicht anlügen **würdest**, hättest du auch keine Alpträume.

Le subjonctif II passé

- Wenn Sigmund Freud heute gelebt **hätte**, **hätte** er die neuen Technologien für die Traumdeutung benutzt.

→ p. 134

Nun sind Sie dran!! MÉDIATION TISCHSET → p. 23

Bilden Sie Kleingruppen und erstellen Sie ein Tischset über Traum und Traumdeutung. Präsentieren Sie dann kurz Ihre Ideen der Klasse.

Es war einmal ...

A Aschenputtels Deutung

B1

1. Lesen Sie beide Texte und beantworten Sie dann zu zweit folgende Fragen.
   a. Wie charakterisiert Iring Fetscher das Märchen *Aschenputtel*?
   b. Welche Aspekte des Märchens belegen in der Tat seine These? Zitieren Sie den Text.
   c. Nehmen Sie zu Iring Fetschers These Stellung.
2. Berichten Sie vor der Klasse zu zweit von ihren Antworten.

Ludvik Glazer-Naudé

Aschenputtel

Einem Mann war die Frau gestorben und hatte ihn mit seiner Tochter allein zurückgelassen. Er heiratete eine andere Frau, die zwei Töchter hatte. Die beiden waren böse zu ihrer Stiefschwester. Diese musste den ganzen Tag schwer arbeiten und abends neben dem Herd[1] schlafen. Von den bösen Schwestern wurde sie verspottet[2] und Aschenputtel genannt. Jeden Tag ging die Arme zum Grab[3] ihrer Mutter und weinte dort. Sie hatte ein Bäumlein auf das Grab gepflanzt, darauf setzte sich immer ein weißer Vogel und tröstete sie.

Einmal wollte der König des Landes ein großes Fest geben. Sein Sohn sollte sich eine Braut[4] suchen. Darum wurden alle Mädchen im Land eingeladen, auch die beiden Schwestern. Aschenputtel weinte, denn sie wollte auch mit zum Tanz gehen, und bat die Stiefmutter um Erlaubnis. Sie antwortete: „Du bist voll Schmutz, du hast keine Kleider und Schuhe und willst tanzen?". Da ging Aschenputtel zum Grab der Mutter und sagte zu dem Bäumchen: „Bäumchen, rüttel dich und schüttel dich, wirf Gold und Silber über mich!" Und der Vogel warf ihr ein goldenes Kleid und silberne Schuhe hinunter. So ging sie zum Fest, und niemand erkannte sie. Der Prinz tanzte immer mit ihr, bis spät am Abend das Mädchen verschwand[5]. Aber sie verlor ihren Schuh. Der Prinz hob ihn auf und sagte: „Ich werde das Mädchen heiraten, dem dieser Schuh gehört." Auch Aschenputtels Stiefschwestern probierten den Schuh an. Aber die ältere kam mit dem Fuß nicht hinein und der zweiten Schwester war der Schuh auch zu klein. „Habt ihr keine andere Tochter?" fragte er. „Nur das kleine, schmutzige Aschenputtel", sagte der Vater. Trotzdem musste Aschenputtel kommen und den Schuh probieren – und wirklich: er passte wie angegossen[6]! Da erkannte der Prinz seine Tänzerin und rief: „Das ist die rechte Braut!". So wurde Aschenputtel Königin.

Nach Rosemarie Griesbach, *Deutsche Märchen und Sagen*

1. der Herd *ici, le poêle* 2. jn verspotten *se moquer de qn* 3. das Grab *la tombe* 4. die Braut *l'épouse* 5. verschwinden* *disparaître* 6. wie angegossen passen *aller comme un gant*

Erzähl mir keine Märchen!

Märchenhaft ist das Unwahrscheinliche, ja das Unwahre, das dennoch gern geglaubt wird, weil es einem tiefen Bedürfnis[1] in uns entgegenkommt. Meist dem Bedürfnis nach Glück, oft auch dem Bedürfnis nach Gerechtigkeit[2] oder auch nur nach Rache[3]. *Aschenputtel* ist das Märchen par excellence. Seine Geschichte ist die unglaublichste und dennoch oder vielmehr deshalb wird sie immer wieder erzählt. Das Motiv ist klar, die Erzählung soll beruhigen: Warte nur ab, du armes und bedrücktes, ausgebeutetes und verachtetes Wesen[4], es wird kommen der Tag, da du in Gold und Silber über deine Quälgeister[5] triumphieren wirst an der Hand eines schönen Prinzen.

Nach Iring Fetscher, *Wer hat Dornröschen wachgeküsst?*

1. das tiefe Bedürfnis *le besoin profond* 2. die Gerechtigkeit *la justice* 3. die Rache *la vengeance* 4. ein bedrücktes, ausgebeutetes und verachtetes Wesen *un être opprimé, exploité et méprisé* 5. der Quälgeist *ici, le tortionnaire*

B „Mädchen und Frauen sind so viel mehr"

VIDEO

2019 hat die Autorin Felicitas Hoppe eine Auswahl von 30 Grimmschen Märchen mit Fokus auf die Frauenfiguren herausgegeben: Grimms Märchen für Heldinnen von heute und morgen.

MÉDIATION PARTNERBRIEFING → p. 16

CD 22 MP3 22

bordas Flash PAGE vidéo audio

B1 Bilden Sie Zweiergruppen.

1. PARTNER A schaut sich das Video an:
   a. Was erfahren wir über unsere traditionelle Vorstellung der Frauenrolle in den Märchen?
   b. Wie reagiert Felicitas Hoppe auf diese Sichtweise?
2. PARTNER B hört sich das Interview an:
   a. Was sagt Frau Hoppe über die Phantasiewelt?
   b. Felicitas Hoppe bezeichnet das Märchen als „Urzelle[1]". Wie erklärt sie diese Bezeichnung im Interview?
3. Tauschen Sie nun Ihre Informationen mit Ihrem Partner aus.
4. Im Plenum präsentieren zwei Schüler ihr Dokument (oder das Dokument des Partners).

1. die Urzelle *la cellule originelle*

in verschiedenen Räumen unterwegs sein *ici, se déplacer dans différents mondes* – der Brühwürfel *ici, le concentré* – überhöht *excessif* – sozial aufgeladen *chargé socialement* – das Ehepaar *le couple* – der Spiegel *le miroir*

ungeheuer mutig *extrêmement courageuse* – furchtbar schlau *terriblement maligne, astucieuse* – abenteuerlustig *qui a le goût de l'aventure* – in seine Schranken gewiesen werden* *être rappelé à l'ordre*

Kultur BOX

Die Brüder Grimm und Charles Perrault

Rotkäppchen, Dornröschen, Aschenputtel gehören zu den bekanntesten und beliebtesten Märchen der Brüder Grimm. Aber viele Märchen kannte man schon aus der Sammlung von Charles Perrault, *Histoires ou Contes du Temps Passé*. Auch Jacob und Wilhem Grimm kannten Perraults Sammlung und bezogen sich in ihren Texten auf den französischen Autor.

SPRACHBOX

Les pronoms personnels

- Das Mädchen war sehr mutig. → Es war sehr mutig.
- Die Prinzessin küsste den Frosch. → Die Prinzessin küsste ihn.
- Die Schwiegermutter glaubte dem Mädchen nicht. → Die Schwiegermutter glaubte ihm nicht.
- Der Prinz fuhr **mit** seiner Prinzessin in sein Königreich. → Der Prinz fuhr **mit** ihr in sein Königreich.

→ p. 134

SPRACHBOX

das Märchen

- das Märchen (-); märchenhaft *le conte ; fabuleux, merveilleux*
- Märchen erzählen *raconter des contes*
- Erzähl mir keine Märchen! *Ne me raconte pas d'histoires !*
- unwahrscheinlich *improbable*
- unwahr *faux*
- unglaublich *incroyable*
- das Glück *ici, le bonheur*
- die Vorstellung der Frau *la représentation de la femme*
- die Heldin (-nen) *l'héroïne*
- die Stiefmutter *la belle-mère, (la nouvelle femme du père)*
- das Opfer (-) *la victime*

Tugenden und Eigenschaften

- lebensklug *sage, avisé*
- mutig *courageux*
- schlau *malin, astucieux*
- die Tugend (-en) *la vertu*
- die Eigenschaft (-en) *le trait de caractère*

→ p. 132

Nun sind Sie dran!!

Diskutieren Sie in Kleingruppen über Märchen und ihre Frauenfiguren. Welche Märchen kennen/mögen Sie? Was charakterisiert diese Frauen? Und warum sind es auch Heldinnen?

TRAINING

WORTSCHATZ

Phantasiewelten

die Seele der Menschen

A2-B1
- das Leben; leben *la vie ; vivre*
- die Angst *la peur*
- das Gute ≠ das Böse *le bien ≠ le mal*

B1-B2
- die Seele (-n) *l'âme*
- das Bewusstsein ≠ das Unterbewusstsein *la conscience ≠ le subconscient*
- unbewusst *inconscient*
- die menschliche Psyche *le psychisme humain*
- das „Ich", das „Es", das „Über-Ich" *le « moi », le « ça », le « surmoi »*
- das Gewissen *la conscience*
- der Trieb (-e) *la pulsion*
- etw. verdrängen *refouler qc*
- einen Trieb verdrängen *refouler une pulsion*
- zufrieden ≠ unzufrieden *satisfait ≠ insatisfait*
- seine Gefühle zeigen *montrer ses sentiments*

Träume deuten

A2
- der Traum (¨-e) ≠ der Alptraum (¨-e); von etw. träumen *le rêve ≠ le cauchemar ; rêver de qc*
- der Wunsch (¨-e); sich (D) etw. wünschen *le souhait, le désir ; souhaiter, désirer qc*

B1-B2
- etw. aus/leben *vivre qc à fond*
- der verborgene, verschlüsselte Inhalt *le contenu caché, codé*
- die Botschaft (-en) *le message*
- in einem Traum ≠ Alptraum erscheinen* *apparaître dans un rêve ≠ un cauchemar*
- etw. (D) / jm entsprechen* *correspondre à qc / qn*
- etw. erkennen* *reconnaître, discerner qc*
- etw. prägen *caractériser, marquer qc*
- etw. / jn beeinflussen *influencer qc / qn*
- etw. deuten; die Deutung (-en) *interpréter qc ; l'interprétation*
- etw. bedeuten; die Bedeutung (-en) *signifier qc ; la signification*

märchenhaft

A2-B1
- Es war einmal … *Il était une fois…*
- das Märchen (-); märchenhaft *le conte ; fabuleux, merveilleux*
- Märchen erzählen *raconter des contes*
- unwahrscheinlich *improbable*
- unwahr *faux*
- unglaublich *incroyable*
- eindeutig *explicite, indiscutable*
- das Glück *le bonheur, la chance*
- ein glückliches Ende *une fin heureuse*
- die Not *la détresse*
- die Stiefmutter *la belle-mère (la nouvelle femme du père)*

Heldinnen

A2-B1
- die Heldin (-nen) *l'héroïne*
- ein Vorbild sein *être un exemple*
- die Vorstellung der Frau *la représentation de la femme*
- sich (D) etw. vor/stellen *se représenter qc*
- die weibliche Figur *la figure féminine*

B1-B2
- jn bedrücken *oppresser qn*
- jn unterdrücken *soumettre, dominer qn*
- jn aus/beuten *exploiter qn*
- über etw. / jn triumphieren *triompher de qc / qn*
- sich emanzipieren *s'émanciper*
- eine harte Prüfung, ein Hindernis überwinden* *surmonter une épreuve difficile, un obstacle*
- lebensklug *sage, avisée*
- mutig *courageuse*
- schlau *maligne, astucieuse*
- die Tugend (-en) *la vertu*
- das Opfer (-) *la victime*
- die Eigenschaft (-en) *le trait de caractère*

die Wirklichkeit

A2-B1
- die Wirklichkeit = die Realität; realistisch; real *la réalité ; réaliste ; réel*
- die Wahrheit; wahrhaftig; wahr *la vérité ; véritable ; vrai*
- die Fantasie, die Phantasie *l'imagination*

B1-B2
- lügen*; jn an/lügen*; die Lüge (-n) *mentir ; mentir à qn ; le mensonge*
- etw. verbergen* *cacher, dissimuler qc*

Comprendre les consignes

- Was erfahren wir über unsere traditionelle Vorstellung der Frauenrolle? *Qu'apprenons-nous sur notre représentation traditionnelle du rôle de la femme ?*
- Wie reagiert sie auf diese Sichtweise? *Comment réagit-elle à ce point de vue ?*
- Wie erklärt sie diese Bezeichnung? *Comment explique-t-elle cette dénomination ?*

ÜBUNGEN

1 **Complétez l'article défini des noms suivants.**

a. d… Traum
b. d… Deutung
c. d… Wunsch
d. d… Vorstellung
e. d… Alptraum
f. d… Märchen
g. d… Unterbewusstsein

2 **Trouvez l'infinitif qui convient pour compléter les expressions suivantes.**

entschlüsseln – erscheinen – erzählen – überwinden – verbergen – verdrängen

a. in einem Alptraum …
b. eine Botschaft …
c. ein Märchen …
d. ein Hindernis …
e. eine Wahrheit …
f. einen Trieb …

3 **Formez des mots à partir du radical *traum-* en ajoutant les préfixes, suffixes ou mots indiqués. Retrouvez ensuite, pour les substantifs, l'article défini. Donnez les traductions en français.**

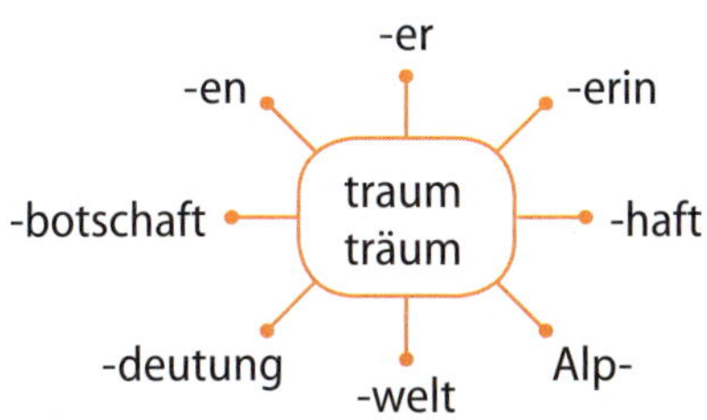

4 **Complétez le texte avec les mots suivants.**

ausgebeutet – unterdrückt – emanzipieren – Frauen – glückliches Ende – Helden und Heldinnen – Hindernisse – Märchen – triumphierte – unglaublich – Vorbilder – weiblichen

Meine Eltern haben mir früher oft … vorgelesen. Die Geschichten waren immer … . Es gab zwar immer ein …, aber zuerst mussten … harte Prüfungen oder große … überwinden. Oft wurden besonders die … Figuren … oder … . Doch am Ende … immer das Gute. Heute, als 19-jähriges Mädchen, verstehe ich die Märchen ein bisschen anders. Die … sind zwar oft zuerst die Opfer, aber sie sind immer mutig und … sich am Ende des Märchens. Sie sind wie traditionelle … in unserer modernen Welt.

Extra

B2 **5** **Präsentieren Sie kurz Sigmund Freuds Theorien über Traumdeutung und/oder die Teilung der menschlichen Seele in drei Teile.**

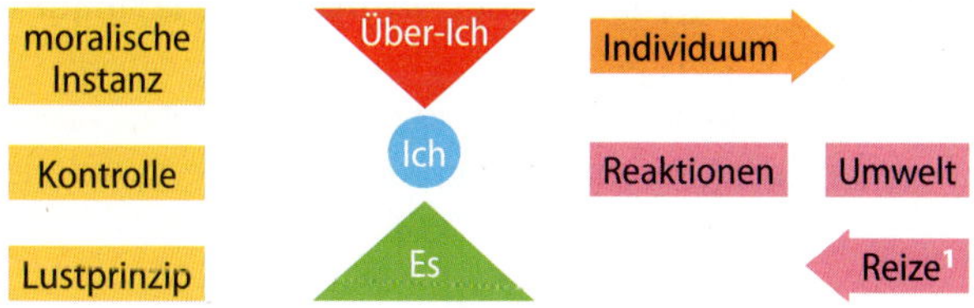

1. Reize *sollicitations, tentations*

WORTBILDUNG

L'adjectif substantivé

En allemand, il est facile de créer de nouveaux substantifs en transformant par exemple des adjectifs en substantifs.

a. L'adjectif substantivé prend alors une majuscule. Il peut être du genre masculin ou féminin. Dans ce cas, il désigne des êtres animés.
→ *mutig = der Mutige* le courageux
→ *schön = die Schöne* la belle

b. Les adjectifs substantivés neutres désignent généralement des concepts, des notions ou des qualités.
→ *unbewusst = das Unbewusste* l'inconscient
→ *gut = das Gute* le bien

c. Les adjectifs substantivés se déclinent de la même manière que les adjectifs épithètes.
(L'adjectif épithète → p. 102)

d. On utilise obligatoirement l'adjectif substantivé neutre après *nichts* et *etwas*.
→ *etwas Wahres* = quelque chose de vrai
→ *nichts Neues* = rien de neuf

ÜBUNGEN

1 **Complétez en utilisant un adjectif substantivé.**

a. Sie ist schön → die …
b. Sie sind krank → die …
c. Er ist alt → der …
d. Er hat die deutsche Nationalität → ein …

2 **Formulez autrement et traduisez ces concepts en français.**

a. etwas, das wahr ist → das …
b. etwas, das schön ist → das …
c. etwas, das böse ist → das …

TRAINING

GRAMMATIK

LERNTEMPODUETT → p. 17

› Émettre des hypothèses → p. 129

→ PRÉCIS p. 228

- Le subjonctif II présent est le **mode de l'irréel**, comme le conditionnel en français. Il permet aussi d'émettre des hypothèses. Pour les auxiliaires et les modaux, on utilise une forme simple : ***wäre, hätte, könnte …***
*Ein Flugzeug **könnte** im Traum eine Reise bedeuten.*
Pour les autres verbes, on utilise dans la langue courante une forme composée avec ***würde*** et **infinitif**.
*Wenn ich oft Alpträume **hätte, würde** ich mir Fragen stellen.*
- Le subjonctif II passé (accompli) se forme à partir de **l'auxiliaire au subjonctif II** + participe passé.
Il permet d'énoncer une action qui n'est plus réalisable ou un regret.
*Wenn die Stiefmutter das Kleid nicht zerrissen **hätte, wäre** das Mädchen auf den Ball gegangen.*

1 * **Traduisez les phrases suivantes en français.**

a. Wenn Schneewittchen den Apfel nicht gegessen hätte, wäre sie nicht eingeschlafen.
b. Wenn Rapunzel kein langes Haar gehabt hätte, wäre der Prinz nicht auf den Turm geklettert[1].
c. Wenn Aschenputtel ihren Schuh nicht verloren hätte, hätte der Prinz ihn nicht gefunden.
d. Wenn die Prinzessin den Frosch nicht geküsst hätte, hätte sie den Prinzen nicht kennengelernt.

1. klettern *escalader, grimper*

2 ** **Traduisez les phrases suivantes en allemand.**

a. Si j'avais fait mes devoirs, je n'aurais pas rêvé de mon professeur.
b. S'il n'avait pas menti à ses parents, il n'aurait pas fait de cauchemar.
c. Si nous n'avions pas mangé tous les bonbons, nous aurions mieux dormi.
d. Si tu avais lu le livre, tu aurais fait tous les exercices.

› Les pronoms personnels → p. 131

→ PRÉCIS p. 233

- Les pronoms personnels prennent des **formes différentes selon leur fonction** dans la phrase ou **selon la préposition** qui les précède.
  – sujet et attribut du sujet → **nominatif**
  – COD ou après les prépositions *durch, für, gegen, ohne, um* → **accusatif**
  – COI (destinataire ou bénéficiaire), après les prépositions *aus, bei, mit, nach, seit, von, zu* ou avec certains verbes comme *helfen* → **datif.**

❗ Le pronom à l'accusatif précède le pronom au datif.
Ich schenke meiner Mutter ein Buch = Ich schenke es ihr.

- **Remarque :** à la 3e personne du singulier et du pluriel, on retrouve sur le pronom la marque de l'article défini *der, die, das.*

nominatif	accusatif	datif
ich	mich	mir
du	dich	dir
er	**ihn**	**ihm**
es	**es**	**ihm**
sie	**sie**	**ihr**
wir	uns	uns
ihr*	euch*	euch*
sie	**sie**	**ihnen**
Sie**	**Sie****	**Ihnen****

*pour plusieurs personnes que l'on tutoie
**pour une ou plusieurs personnes que l'on vouvoie

3 * **Remplacez les groupes nominaux soulignés par le pronom personnel qui convient.**

a. Der König schenkt der jungen Frau einen Ring.
b. Sigmund Freud hat seinen Patienten dank der Psychoanalyse geholfen.
c. Meine Schwester träumt oft von einem schönen Prinzen.
d. Die bösen Schwiegermütter der Märchen werden am Ende immer bestraft und die mutigen Mädchen heiraten ihren Traumprinzen.
e. Die menschliche Seele ist in drei Teile geteilt. Diese Theorie fanden viele Menschen sehr interessant.
f. Ich werde es Katja sagen!

4 ** **Traduisez les phrases suivantes en français.**

a. Ich finde es sehr gut!
b. Du hast ihn bei ihr gesehen.
c. Wir wollten heute zu euch kommen.
d. Haben Sie ihn gestern gesehen?
e. Er hat ihnen nicht geantwortet.
f. Was hat er Ihnen gesagt?

Phantasie und Träume im realen Leben

B2

- Das Thema der Projektwoche Ihrer Partnerschule ist dieses Jahr „Inwiefern beeinflussen Phantasie und Träume auch unser reales Leben und andersrum?" Sie verfassen dazu einen Beitrag, indem Sie die bearbeiteten Ideen und Dokumente des Kapitels benutzen.
- Illustrieren Sie Ihren Artikel mit einem passenden Bild!

Stratégies

▷ Restituer les idées d'une tierce personne

- *laut Freud, so Freud* d'après Freud
- *Sigmund Freud dachte / fand / glaubte / sagte / schrieb nämlich, dass …*
  Sigmund Freud pensait / trouvait / croyait / disait / écrivait en effet, que…
- *in seinem Werk, in seiner Theorie, in diesem Märchen …*
  dans son œuvre, dans sa théorie, dans ce conte…

▷ Citer quelqu'un, un texte

- **Indiquer la source**
  Lorsque vous citerez des contes dans votre article, veillez à vérifier le titre en allemand. Par ailleurs, lorsque vous citez une œuvre, n'oubliez pas de souligner le titre et d'indiquer l'auteur ! Si en revanche vous rendez un devoir tapé à l'ordinateur, les titres d'œuvre doivent être en italique !
  Aschenputtel → *Cendrillon*
  Dornröschen → *La Belle au bois dormant*
  Schneewittchen → *Blanche-Neige*
  Rotkäppchen → *Le Petit Chaperon rouge*
  Rumpelstilzchen → *Le Nain Tracassin*
  Rapunzel → *Raiponce*
  Der Froschkönig → *Le Roi Grenouille*
- **Introduire une citation ou du discours direct**
  Les règles de ponctuation sont un peu différentes en allemand.
  Pour introduire une citation ou rapporter des propos au discours direct, il faut utiliser des guillemets : guillemets allemands ouvrants **„** et fermants **"**
  Freud meinte: „Die menschliche Seele ist in drei Teile geteilt. Das Über-Ich, das Ich und das Es."

BAC
ÉPREUVE 3
(3e trimestre)

PARTIE 1 – ÉCRIT

Compréhension de l'oral

CD 23 MP3 23

bordas Flash PAGE audio

„Märchen sind ja immer vieldeutig"

En rendant compte en français du document, vous montrerez que vous avez compris :
- le thème principal du document ;
- les faits, la situation, les événements, les informations ;
- l'identité de la personne citée ;
- la fonction et la portée du document (relater, informer, convaincre, critiquer, dénoncer, etc.).

eklig *dégoûtant* – vieldeutig *ici, pouvant avoir plusieurs significations* – sich richtig verhalten* *se comporter de manière correcte, juste* – belohnt werden* *être récompensé* – jn bestrafen *punir qn* – altmodisch *démodé* – veraltet *dépassé, qui n'est plus au goût du jour*

Stratégies

Présenter la personne interviewée

Pour introduire votre compte rendu, présentez la personne interviewée en essayant de fournir des informations pertinentes.

- *die Moderatorin = eine Journalistin, die Diskussionen und Debatten moderiert / organisiert*
- *die Literaturwissenschaftlerin = die Spezialistin für Literatur*
- *der Preis der Leipziger Buchmesse = ein großer Literaturpreis in Deutschland wie der* Prix Goncourt *in Frankreich*

Quelle profession exerce Katharina Teutsch ? Dans quelle mesure ses activités professionnelles sont-elles importantes par rapport au sujet abordé dans l'interview ?

S'appuyer sur les questions

Afin d'anticiper les réponses d'une personne interviewée qui constitueront le cœur de votre compte rendu, soyez particulièrement attentif / attentive aux questions. Elles vous donneront des indications et vous pourrez mobiliser le lexique en rapport avec la thématique.

- *Frage 1: **Lesen** Sie auch noch **Märchen**?*
- *Frage 2: Meinen Sie, dass **Märchen heute noch aktuell** sind? Können **Kinder** oder **Erwachsene** noch etwas aus Märchen **lernen**?*
- *Frage 3: Finden Sie nicht, dass Märchen etwas **altmodisch** bzw. **veraltet** sind?*

Compréhension de l'écrit

2632 signes

MÉTHODOLOGIE p. 140

a. **Text A: Lesen Sie den Text. Geben Sie wieder, was Sie verstanden haben. Beachten Sie dabei folgende Punkte:**
   - Inwiefern sind Märchen heute noch aktuell?
   - Was können Märchen über die Menschen aussagen? Was sagen die Psychologen und Psychiater dazu?

b. **Text B: Wer war Bruno Bettelheim? Was sagt er über Märchen und Kinder?**

c. **Text A und Text B: Was ist die gemeinsame zentrale Aussage der beiden Texte?**

A Was Märchen über uns sagen

70 Prozent aller deutschen Eltern lesen ihren Kindern Märchen vor. Denn sie bringen genau das, was in unserer modernen technisierten Zeit fehlt: Magie und Phantasie.
In den 60er- und 70er-Jahren des 20. Jahrhunderts wurden sie kritisiert: Feministinnen kritisierten das reaktionäre Weltbild mit der klassischen Rollenverteilung von Mann und Frau. Die Eltern befürchteten[1], die Geschichten seien zu grausam[2] für ihre Kinder.
Rehabilitiert wurden sie schließlich 1976, als der Kinderpsychologe Bruno Bettelheim in seinem Buch *Kinder brauchen Märchen* erklärte, sie seien pädagogisch wichtig für die Persönlichkeitsentwicklung.
Das glaubt auch Stephanie zu Guttenberg: „Die Geschichten erzählen von der glücklichen Überwindung von Hindernissen. Mut charakterisiert ihre Helden." Sie vermitteln klare Wertvorstellungen von Gut und Böse, Tugenden wie Fleiß[3] und Ehrlichkeit[4].
Sind Märchen eine Schule des Lebens? Ihre Themen scheinen jedenfalls immer noch aktuell zu sein, Urbilder der Menschheit – „Archetypen". So beschreibt sie 1919 erstmals der Psychiater Carl Gustav Jung in seiner Theorie vom kollektiven Unbewussten. Über symbolhafte Geschichten und Figuren können wir Verborgenes und Unbewusstes erkennen. So können Märchen ein Tor zu unserer Seele werden.
Auch Sigmund Freud, der Vater der Psychoanalyse, glaubte, dass sie Ausdruck des Verdrängten seien: „Elemente und Situationen aus Märchen finden sich nun oft in Träumen."
Psychologen sind überzeugt, dass unsere Lieblingsmärchen viel über unsere verborgenen Sorgen und Ängste sagen, aber auch über unsere Wünsche und Hoffnungen.
Der Psychologe Manuel Tusch sieht in unseren Lieblingsmärchen sogar konkrete Elemente unserer Persönlichkeit. Wer *Schneewittchen* mag, glaubt an Treue[5] und Liebe. Menschen, die *Aschenputtel* mögen, sind „fleißig, ehrlich, tierlieb[6]". Und *Dornröschen*-Fans sind interessiert und weltoffen.

Nach www.hoerzu.de

1. etw. befürchten *craindre qc* 2. grausam *cruel* 3. der Fleiß *ici, l'application, le zèle* 4. die Ehrlichkeit *la sincérité, l'honnêteté* 5. die Treue *la fidélité* 6. tierlieb *aimant les animaux*

B *Kinder brauchen Märchen*

Bruno Bettelheim wurde 1903 in Wien geboren und ging 1939 in die USA, nachdem er ein Jahr in den Konzentrationslagern Dachau und Buchenwald interniert gewesen war. Von 1944 bis 1973 war er Professor für Kinder- und Jugendpsychologie an der Universität Chicago. Er starb 1990 in Silver Springs.
In seinem Buch *Kinder brauchen Märchen* zeigte der Kinderpsychologe Bruno Bettelheim in den 70er-Jahren, dass Märchen dem Kind die Möglichkeit geben, innere Konflikte zu verstehen, in der Fantasie auszuleben und zu lösen. Zudem zeigen Märchen das Gute und das Böse im Menschen. So lernen Kinder, wie man sich moralisch richtig verhalten[1] kann. „Ein Kind braucht Anregungen[2], wie es in seinem Inneren und danach auch in seinem Leben Ordnung schaffen[3] kann", so Bettelheim.

Nach www.abendblatt.de

1. sich verhalten* *se comporter* 2. die Anregung *l'incitation*
3. Ordnung schaffen* *mettre de l'ordre*

Stratégies
Déduire le sens

Les mots composés
Pour comprendre plus facilement le sens des mots composés, décomposez-les. Commencez par le dernier mot, car contrairement au français, un mot composé se lit de droite à gauche en allemand.

- *die Rollen**verteilung*** = la **répartition** des rôles
- *die Persönlichkeits**entwicklung*** = le **développement** de la personnalité
- *die Wert**vorstellungen*** = le **système** de valeurs
- *das Welt**bild*** = la **représentation** du monde
- *das Lieblings**märchen*** = le **conte** préféré

Les adjectifs
Pour comprendre plus facilement le sens de certains adjectifs, appuyez-vous sur des substantifs que vous connaissez.

- *technisiert = die Technik*
- *fleißig = der Fleiß*
- *ehrlich = die Ehrlichkeit*

Les substantifs dérivés de radicaux verbaux ou d'adjectifs

- *etw. überwinden** sumonter, vaincre qc → *die Überwindung*
- *hoffen* espérer → *die Hoffnung*
- *etw. verbergen** cacher, dissimuler qc → *verborgen* → *das Verborgene*
- *unbewusst* inconscient → *das Unbewusste*

Expression écrite

Behandeln Sie Thema A oder Thema B.

Thema A
Inwiefern kann die Traumdeutung helfen, unser Leben und Handeln zu verstehen?

ODER

Thema B
Albert Einstein sagte: „*Wenn du intelligente Kinder willst, lies ihnen Märchen vor. Wenn du noch intelligentere Kinder willst, lies ihnen noch mehr Märchen vor.*"
Erklären Sie, was Einstein damit sagen wollte. Erläutern Sie dann auch Ihre Meinung dazu.

Stratégies
Structurer sa rédaction

Introduire son propos

En introduction, vous rappelez la problématique du sujet que vous avez choisi de traiter. Voici deux amorces possibles pour chacun des sujets :

Thema A *Jeder Mensch träumt jede Nacht. Aber warum träumen wir? Wie können wir unsere Träume interpretieren? Können Sie uns helfen, unser Leben und unser Handeln zu verstehen?*

Thema B *Schon vor der Veröffentlichung des Buches von Bruno Bettelheim* Kinder brauchen Märchen *wussten Eltern und Pädagogen, dass Märchen für sie wichtig sind. Albrecht Einstein sagt sogar, dass Märchen Kinder auch intelligent machen. Was hat er damit gemeint? Inwiefern hat er Recht?*

Conclure

- *Als Schlussfolgerung / Als Schlussbemerkung kann man / können wir sagen, dass …*
  En conclusion, on peut / nous pouvons dire que…
- *Abschließend / Zusammenfassend können wir sagen, dass …*
  En résumé, nous pouvons dire que…

BAC ÉPREUVE 3 (3e trimestre) PARTIE 2 – ORAL

Expression orale en continu

- **Lesen Sie das Zitat und schauen Sie sich das Foto an. Welches Dokument illustriert Ihrer Meinung nach am besten die Thematik „Fiktion und Realität"? Begründen Sie Ihre Antwort und beziehen Sie sich in Ihrem Vortrag auf Beispiele aus dem Kapitel.**

A Phantasie ist wichtiger als Wissen, denn Wissen ist begrenzt.
Albert Einstein

B Dina Goldstein, *Snowy, Fallen Princesses, 2008*

Stratégies
Développer l'opposition entre fiction et réalité

Propos introductifs

Vous pouvez souligner l'opposition entre la fiction et la réalité dans ces deux documents pour ensuite la développer et l'illustrer.

– *Das Zitat von Albert Einstein illustriert aus der Sicht eines Wissenschaftlers die Opposition zwischen dem realen Wissen der Menschen, das für ihn wichtig ist, und der Phantasie, die für ihn wichtiger ist und den Menschen viel mehr Möglichkeiten bietet.*
– *Das Foto von Dina Goldstein illustriert den Gegensatz zwischen Traum und Wirklichkeit / Realität.*

Développement

- Dans une **première partie**, vous pourrez expliciter la signification du document et illustrer votre développement avec des exemples.
- Dans une **seconde partie**, vous pourrez exprimer votre point de vue sans oublier de le justifier.

	Albert Einstein	Dina Goldstein
La réalité : présentation et signification	– *Als Wissenschaftler, Physiker hat Albert Einstein …* En tant que scientifique, physicien Albert Einstein a… – *Experimente durch/führen* réaliser des expériences – *forschen* faire de la recherche scientifique – *präzise Resultate liefern* fournir des résultats précis – *feststellen müssen* devoir constater – *etw. (nicht) wissen* (ne pas) savoir qc – *die Grenzen der Forschung* les limites de la recherche	– *ein Haus kaufen* acheter une maison – *Hausfrau sein* être femme au foyer – *den Haushalt machen* accomplir les tâches ménagères – *die Kinder erziehen* / sich (nicht) um die Kinder kümmern* élever / (ne pas) s'occuper des enfants – *enttäuscht sein* être déçu – *sich das Eheleben anders vorgestellt haben* s'être représenté la vie de couple autrement
La fiction : présentation et signification	– *Phantasie* → *grenzenlos* sans limites – *viele Möglichkeiten bieten** offrir de nombreuses possibilités – *die Realität überwinden** surmonter, dépasser la réalité – *in der Phantasie und in Träumen Wünsche realisieren, Triebe oder Ängste aus/leben* réaliser des souhaits, vivre des pulsions ou des peurs dans l'imagination et les rêves	– *das Märchen* → *Schneewittchen* Blanche-Neige – *die Prinzessin* la princesse – *der (Traum)prinz* le prince (de ses rêves) – *in ihren Träumen* dans ses rêves – *sich (D) vor/stellen* s'imaginer, se représenter – *von etw. träumen* rêver de qc – *ein sorgenfreies Leben* une vie insouciante – *ein idealer Ehemann* un mari idéal

- Pour opposer le rêve (*der Traum*) à la réalité (*die Realität, die Wirklichkeit*), vous pourrez utiliser ces mots et expressions : *aber* mais – *dagegen* en revanche – *im Gegensatz dazu* en opposition à cela – *in Wirklichkeit* en réalité

Expression orale en interaction

- **Après l'expression orale en continu, vous allez échanger avec l'examinateur. Voici des questions qu'il pourrait vous poser.**

FIKTION UND REALITÄT

Was ist Ihr Lieblingsmärchen? Warum?

Wie stehen Sie zu der Traumdeutung? Meinen Sie, Träume können wirklich etwas über uns aussagen?

Glauben Sie, dass man in der Zukunft seine Träume programmieren oder aufnehmen wird?

Gibt es aktuelle Filme oder aktuelle Bücher, die Sie als moderne Märchen bezeichnen würden? Warum? Warum nicht?

Stratégies
La communication non verbale

- Lors de votre épreuve orale, **gardez toujours le contact visuel** avec votre interlocuteur.
- **Accentuez les mots qui vous semblent les plus importants et faites de petites pauses**, afin que votre interlocuteur puisse vous suivre et prendre éventuellement des notes. **Rendez votre discours vivant**, en mettant l'accent sur les phrases interrogatives ou exclamatives.
- **Ne parlez pas trop doucement, ni trop vite**. Prononcez clairement les syllabes et corrigez-vous si vous pensez avoir mal prononcé un mot. L'examinateur ne vous en voudra pas, tout au contraire !

BAC MÉTHODOLOGIE

FAIRE LA SYNTHÈSE DE DEUX TEXTES

SUJET

→p. 136

a. **Text A: Lesen Sie den Text und geben Sie wieder, was Sie verstanden haben. Beachten Sie dabei folgende Punkte:**
– Inwiefern sind Märchen heute noch aktuell?
– Was können Märchen über die Menschen aussagen? Was meinen die Psychologen und Psychiater dazu?

b. **Text B: Wer war Bruno Bettelheim? Was sagt er über Märchen und Kinder?**

c. **Text A und Text B: Was ist die gemeinsame zentrale Aussage der beiden Texte?**

A Was Märchen über uns sagen

70 Prozent aller deutschen Eltern lesen ihren Kindern Märchen vor. Denn sie bringen genau das, was in unserer modernen technisierten Zeit fehlt: Magie und Phantasie.

In den 60er- und 70er-Jahren des 20. Jahrhunderts wurden sie kritisiert: Feministinnen kritisierten das reaktionäre Weltbild mit der klassischen Rollenverteilung von Mann und Frau. Die Eltern befürchteten[1], die Geschichten seien zu grausam[2] für ihre Kinder.

Rehabilitiert wurden sie schließlich 1976, als der Kinderpsychologe Bruno Bettelheim in seinem Buch *Kinder brauchen Märchen* erklärte, sie seien pädagogisch wichtig für die Persönlichkeitsentwicklung.

Das glaubt auch Stephanie zu Guttenberg: „Die Geschichten erzählen von der glücklichen Überwindung von Hindernissen. Mut charakterisiert ihre Helden." Sie vermitteln klare Wertvorstellungen von Gut und Böse, Tugenden wie Fleiß[3] und Ehrlichkeit[4].

Sind Märchen eine Schule des Lebens? Ihre Themen scheinen jedenfalls immer noch aktuell zu sein, Urbilder der Menschheit – „Archetypen". So beschreibt sie 1919 erstmals der Psychiater Carl Gustav Jung in seiner Theorie vom kollektiven Unbewussten. Über symbolhafte Geschichten und Figuren können wir Verborgenes und Unbewusstes erkennen. So können Märchen ein Tor zu unserer Seele werden.

Auch Sigmund Freud, der Vater der Psychoanalyse, glaubte, dass sie Ausdruck des Verdrängten seien: „Elemente und Situationen aus Märchen finden sich nun oft in Träumen."

Psychologen sind überzeugt, dass unsere Lieblingsmärchen viel über unsere verborgenen Sorgen und Ängste sagen, aber auch über unsere Wünsche und Hoffnungen.

Der Psychologe Manuel Tusch sieht in unseren Lieblingsmärchen sogar konkrete Elemente unserer Persönlichkeit. Wer *Schneewittchen* mag, glaubt an Treue[5] und Liebe. Menschen, die *Aschenputtel* mögen, sind „fleißig, ehrlich, tierlieb[6]". Und *Dornröschen*-Fans sind interessiert und weltoffen.

Nach www.hoerzu.de

1. etw. befürchten *craindre qc* 2. grausam *cruel* 3. der Fleiß *ici, l'application, le zèle* 4. die Ehrlichkeit *la sincérité, l'honnêteté* 5. die Treue *la fidélité* 6. tierlieb *aimant les animaux*

B *Kinder brauchen Märchen*

Bruno Bettelheim wurde 1903 in Wien geboren und ging 1939 in die USA, nachdem er ein Jahr in den Konzentrationslagern Dachau und Buchenwald interniert gewesen war. Von 1944 bis 1973 war er Professor für Kinder- und Jugendpsychologie an der Universität Chicago. Er starb 1990 in Silver Springs.

In seinem Buch *Kinder brauchen Märchen* zeigte der Kinderpsychologe Bruno Bettelheim in den 70er-Jahren, dass Märchen dem Kind die Möglichkeit geben, innere Konflikte zu verstehen, in der Fantasie auszuleben und zu lösen. Zudem zeigen Märchen das Gute und das Böse im Menschen. So lernen Kinder, wie man sich moralisch richtig verhalten[1] kann. „Ein Kind braucht Anregungen[2], wie es in seinem Inneren und danach auch in seinem Leben Ordnung schaffen[3] kann", so Bettelheim.

Nach www.abendblatt.de

1. sich verhalten* *se comporter* 2. die Anregung *l'incitation*
3. Ordnung schaffen* *mettre de l'ordre*

Lexique à connaître

Dans ces textes, vous retrouvez un certain nombre d'éléments lexicaux que vous avez appris dans ce chapitre. Testez-vous en traduisant ces mots !

- le conte
- l'imagination
- le bien ≠ le mal
- surmonter un obstacle
- des vertus
- l'inconscient
- ce qui est caché
- l'âme
- ce qui est refoulé
- les rêves
- les peurs
- les souhaits

Étape 1 Analysez les consignes

Il s'agit ici de rendre compte en allemand de deux textes liés par une thématique commune. Les deux textes sont des articles publiés en ligne. Il s'agit donc de textes informatifs.

Avant de prendre connaissance des textes, lisez attentivement les consignes : elles vous aideront à cibler votre compréhension. Identifiez les éléments qui vous permettront de répondre précisément aux questions.

Voici quelques mots-clés de la question **a.** :

- *Inwiefern sind Märchen heute noch aktuell?* → *inwiefern*: dans quelle mesure – *Märchen* : les contes – *noch aktuell* : encore actuels
- *Was können Märchen über die Menschen aussagen?* → ***über** die Menschen:* à propos des hommes – *etw. über jemanden **aus/sagen*** : révéler qc sur qn
- *Was meinen die Psychologen und Psychiater dazu?* → ***zu** etwas **meinen***: penser de qc

- La question **b.** ne devrait pas vous poser de problème de compréhension.
- Dans la question **c.**, vous retrouvez le substantif dérivé du verbe *aus/sagen* : *die Aussage* qui signifie ici « le message », « l'information ». La compréhension des adjectifs qui le qualifient est importante : *zentral* et *gemeinsam* : « commun ». Il s'agit donc de trouver une information importante et commune aux deux textes.

Étape 2 Identifiez et reformulez les informations à comprendre

Respectez l'ordre des questions pour rédiger votre synthèse et structurez-la en trois parties. Pour répondre à ces questions, appuyez-vous sur les éléments des textes en les synthétisant et en les reformulant.

- Voici quelques exemples pour la première question de la tâche **a.** :

Inwiefern sind Märchen heute noch aktuell?

Informations du texte	Reformulations
70 Prozent aller deutschen Eltern lesen ihren Kindern Märchen vor.	**Viele / Mehr als die Hälfte der Eltern in Deutschland** lesen mit ihren Kindern Märchen.
Denn sie bringen genau das, was in unserer modernen technisierten Zeit **fehlt: Magie und Phantasie.**	**Der Grund dafür ist**, dass Phantasie in unserer Welt / heutzutage / heute wichtig ist. // **weil** Phantasie heute wichtig ist.
Rehabilitiert wurden sie schließlich 1976 …	1976 **waren** Märchen **wieder im Trend** / wurden Märchen **wieder modern**.
Sind Märchen eine Schule des Lebens? Ihre Themen scheinen jedenfalls **immer noch aktuell** zu sein, Urbilder der Menschheit – „Archetypen".	Die Märchen sind **heute noch sehr aktuell, denn** ihre Themen sind universell und ihre Figuren Archetypen. Sie erzählen vom Leben der Menschen.

- Voici quelques amorces pour la deuxième question de la tâche **a.** :

Was können Märchen über die Menschen aussagen?
Was meinen die Psychologen und Psychiater dazu?

Informations du texte	Reformulations
So beschreibt sie 1919 erstmals der Psychiater Carl Gustav Jung in seiner Theorie vom kollektiven Unbewussten. **Über symbolhafte Geschichten und Figuren können wir Verborgenes und Unbewusstes erkennen.**	Für den Psychiater Carl Gustav Jung helfen uns die Geschichten der Märchen zu **verstehen, was für uns sonst verborgen bleibt / was uns …**
Auch Sigmund Freud, der Vater der Psychoanalyse, glaubte, dass sie **Ausdruck des Verdrängten** seien: **„Elemente und Situationen aus Märchen finden sich nun oft in Träumen."**	Der Psychoanalytiker Sigmund Freud meinte, dass **verdrängte Wünsche sich** in Märchen **manifestieren** und dass viele Elemente aus den Märchen **auch in Träumen …**

- À vous de jouer pour la question **c.** ! Faites la synthèse des informations du texte A et du texte B.
- N'oubliez pas de rédiger une courte introduction, qui présente les deux textes : *Es handelt sich um (A) // Es geht um (A) zwei Online-Artikel, die sich mit dem Thema „Märchen" befassen.*

C'est une formulation que vous pourrez reprendre pour d'autres sources !

Étape 3 Prenez connaissance des critères d'évaluation

Voici des exemples de réponses possibles à la question **b.** référencées aux différents niveaux du CECRL :

A2-B1 Bruno Bettelheim ist ein Kinderpsychologe aus Österreich. Er musste 1939 nach Amerika emigrieren. Er hat das Buch *Kinder brauchen Märchen* geschrieben. Er sagt, dass Kinder vieles aus Märchen lernen können.

B2 Bruno Bettelheim war ein bekannter Kinderpsychologe aus Wien. Er wurde von den Nationalsozialisten verfolgt und wurde in Dachau und Buchenwald interniert. 1939 ging er ins Exil nach Amerika. Er wurde Professor an der Universität Chicago und schrieb das Buch *Kinder brauchen Märchen.* Laut / Für Bettelheim sind Märchen für die moralische Entwicklung der Kinder wichtig. Sie helfen ihnen auch, ihre Gefühle besser zu verstehen und somit ihr Leben zu meistern.

Ottmar Hörl, Skulptureninstallation „Mensch Albert" am Münsterplatz in Ulm, 2018

mittelmäßig *médiocre, moyen* – der Abschluss *le diplôme de fin d'études secondaires* – das Patentamt *l'office des brevets d'invention* – der Beitrag (¨-e) *la contribution* – die Quantenphysik *la physique quantique*

Kultur BOX

Albert Einsteins Relativitätstheorien

Die Relativitätstheorien revolutionierten das Verständnis der klassischen Physik von Zeit[1] und Raum[2]. Die *Spezielle Relativitätstheorie* (1905) erklärt das Verhalten von Zeit und Raum aus der Sicht von Beobachtern[3]. Alles ist relativ, auch die Zeit, denn Zeitangaben sind immer relativ zu ihrem Bezugssystem[4]. Die *Allgemeine Relativitätstheorie* (1915) beschreibt die objektive Veränderung von Zeit und Raum durch die Einwirkung von[5] Massen.

$E=mc^2$

Mit der berühmten Formel $E=mc^2$ formulierte Albert Einstein die theoretische Basis für die gesamte Atomphysik. Er publizierte diese Formel als Nachtrag[6] zu seiner *Speziellen Relativitätstheorie*. Er erklärte, dass Energie und Masse in einer direkten Relation zueinander stehen.

1. die Zeit *le temps* 2. der Raum *l'espace* 3. der Beobachter (-) *l'observateur* 4. das Bezugssystem *le système de référence* 5. durch die Einwirkung von *sous l'effet de* 6. der Nachtrag *le supplément*

INNOVATIONS SCIENTIFIQUES ET RESPONSABILITÉ

Kapitel 8

Alles ist relativ

Wie können Wissenschaftler Verantwortung übernehmen?

Albert Einstein in 7 Daten

A2-B1

CD 24 / MP3 24

bordas Flash PAGE audio

Hören Sie sich das Dokument an und bringen Sie dann die folgenden Ereignisse in die chronologische Reihenfolge.

– Albert Einstein arbeitet als technischer Experte beim Schweizer Patentamt.
– Einstein nimmt die Schweizer Nationalität an.
– Albert Einstein publiziert seine *Allgemeine Relativitätstheorie*.
– Einstein erhält den Nobelpreis für Physik.
– Einstein emigriert in die USA und wird Professor an der Universität Princeton.
– Albert Einstein studiert Mathematik und Physik in der Schweiz.
– Albert Einstein publiziert seine *Spezielle Relativitätstheorie*.

Einstein - Mensch und Werk

A) Was für ein Mensch war Albert Einstein?

VIDEO

bordas Flash PAGE vidéo

A2-B1
1. Was erfahren wir über Einsteins Persönlichkeit als Schüler und Student?
2. Für welche Lieblingsaktivität findet er Zeit, als er beim Schweizer Patentamt arbeitet? Machen Sie sich Notizen und tauschen Sie die wichtigsten Informationen mit Ihrem Nachbarn aus.

Einstein als 14-jähriger Schüler

der Schuster (-) *le cordonnier* – über etw. (A) rätseln *se poser des questions sur qc* – das Gehirn *le cerveau* – der Depperte = der Idiot – der Ärger *les ennuis* – durch/rasseln = durch/fallen* *échouer* – etw. mit links schaffen *réussir qc haut la main* – jm widersprechen* *contredire qn*

B) „Einstein for President"

VIDEO

bordas Flash PAGE vidéo

A2 1. Für welches Thema interessiert sich Einstein neben seiner wissenschaftlichen Arbeit?

B1 2. Wie reagiert Einstein, als der Erste Weltkrieg ausbricht? Wie kann man diese Haltung bezeichnen?

B2 3. Wie behandeln die Nazis Albert Einstein in der Weimarer Zeit? Wie behandeln ihn andere Staaten nach 1933?

die Kriegserklärung *la déclaration de guerre* – etw. rechtfertigen *justifier qc* – die Weimarer Zeit = die Weimarer Republik (1918-1933) – das Kopfgeld (-er) *la récompense pour la capture de qn* – ein Telefon an/zapfen *mettre un téléphone sur écoute* – der Feind (-e) *l'ennemi* – etw. ab/lehnen *décliner, refuser qc*

SPRACHBOX

ein außerordentlicher Mensch
- außerordentliche Fähigkeiten besitzen* *posséder des capacités extraordinaires*
- ein rebellischer Schüler *un élève rebelle*
- der Rebell (-en, -en) *le rebelle*
- ein eigenwilliger Student *un étudiant têtu*
- eine starke Persönlichkeit haben *avoir une forte personnalité*
- ein genialer, wegweisender Physiker *un physicien génial, précurseur*
- ein engagierter Pazifist *un pacifiste engagé*
- einen Aufruf unterschreiben* *signer un appel*

ein geniales Werk
- die Zeit *le temps*
- der Raum *l'espace*
- die Materie *la matière*
- bahnbrechende Theorien entwickeln *développer des théories révolutionnaires*
- die Wissenschaft revolutionieren *révolutionner la science*
- die Welt verändern *changer le monde*
- zu etw. bei/tragen* *contribuer à qc*
- einen Beitrag zu etw. leisten *apporter sa contribution à qc*
- etw. beeinflussen; der Einfluss auf (A) *influencer qc ; l'influence sur*
- auf etw. (D) basieren; die Basis *être fondé sur qc ; la base*
- funktionsfähig *en état de marche, utilisable*

→ p. 148

C Einsteins Werk und sein Einfluss

A2 **1** Nennen Sie zwei moderne Erfindungen, die von Einsteins Theorien sehr stark beeinflusst worden sind.

B1 **2** Für welche dieser Erfindungen interessieren Sie sich am meisten? Begründen Sie Ihre Wahl!

Schweizer Solarflugzeug „Solar Impulse 2" im Jahr 2015

Albert Einstein hat viele Jahre lang über Raum, Zeit, Materie und Energie geforscht. Er gilt als einer der bedeutendsten Wissenschaftler des 20. Jahrhunderts, weil er durch seine Relativitätstheorien und seine Beiträge zur Quantenphysik die Basis für eine neue Physik geschaffen hat. Sein Werk hat die Welt verändert, denn ohne seine Forschung wäre zum Beispiel die Atomphysik undenkbar.

Aber ist das alles? Tatsächlich beeinflussen Einsteins Theorien unsere Welt bis heute. Viele Techniken des Alltags würden ohne seine wissenschaftliche Arbeit nicht funktionieren, viele moderne Erfindungen basieren auf seinen Theorien.

In diesem Kontext ist der sogenannte „lichtelektrische Effekt"[1] sehr wichtig, für dessen Entdeckung Albert Einstein 1922 den Nobelpreis bekam. Dieser Effekt bedeutet, dass Licht aus den Oberflächen[2] bestimmter Materialien Elektronen freisetzt[3], die elektrischen Strom produzieren können. Auf diesem Prinzip basieren Solarzellen, die heute ganz selbstverständlich zu unserem Alltag gehören. Sogar umweltfreundliche Flugzeuge, die mit Solarzellen und Elektromotoren funktionieren, werden heute konzipiert und konstruiert!

Auch eine andere Erfindung der neueren Zeit wäre ohne die Anwendung[4] von Einsteins Formeln nicht funktionsfähig: Das sind die Navigationssysteme wie das GPS, das „Global Positioning System", das wir als Autofahrer oder Fußgänger täglich benutzen.

1. der lichtelektrische Effekt *l'effet photoélectrique* 2. die Oberfläche (-n) *la surface* 3. frei/setzen *libérer* 4. die Anwendung *l'utilisation*

SPRACHBOX

La subordonnée relative

- Albert Einstein publizierte wissenschaftliche Theorien, **die** ihn weltberühmt machten.
- Der geniale Wissenschaftler, **der** Deutschland 1933 verließ, starb in den USA.

→ p. 150

Nun sind Sie dran!

Schreiben Sie nun einen kurzen Text über den Aspekt aus Einsteins Leben und Werk, der Sie am meisten interessiert.

Verantwortung und Ethik

A) Ein fataler Fehler

- A2 1 Welches dramatische historische Ereignis wird zu Beginn des Textes erwähnt?
- B1 2 Welche Reaktionen löst die Entdeckung der Kernspaltung bei den Wissenschaftlern aus? Warum?
- B2 3 Versuchen Sie, mit eigenen Worten das Dilemma zu beschreiben, in dem Einstein sich befindet.

Hiroshima nach der Explosion der Atombombe (6.8.1945). 70 % der Infrastrukturen wurden zerstört.

Als die deutschen Truppen im Jahr 1939 in Polen einmarschieren, bekommt Einstein eine wichtige Information. Im Berliner Institut für Chemie ist es Albert Einsteins altem Freund Otto Hahn gelungen, einen Atomkern zu spalten[1].

Rein physikalisch ist die Sache eine Sensation, denn nach Einsteins Formel $E=mc^2$ ist in der kleinen Masse eines Atomkerns eine immense Energie eingeschlossen. Mit der Atomspaltung ist es jetzt theoretisch möglich, diese Energie zu befreien. [...] Was für viele Wissenschaftler eine physikalische Sensation bleibt, wird für andere Wissenschaftler zum Alptraum[2]. Kann nicht das kriegerische Nazideutschland jetzt, da es das Prinzip der Uranspaltung[3] kennt, eine Bombe bauen, mit der Hitler in ein paar Sekunden ganze Städte zerstören kann? [...] Albert Einstein und Leo Szilard[4] glauben, dass sie die amerikanische Regierung von dieser großen Gefahr informieren müssen, bevor es zu spät ist, und so schreibt Einstein einen Brief an Präsident Roosevelt, in dem er von der Möglichkeit einer deutschen Atombombe spricht. Er versucht, Roosevelt davon zu überzeugen, dass Experimente im großen Stil notwendig sind, um zu prüfen, ob der Bau einer Atombombe möglich ist oder nicht.

Nachdem Roosevelt Einsteins Brief erhalten hat, ernennt er sofort eine spezielle Kommission, die an Einsteins Frage arbeiten soll. Bald ist die Antwort da: Ja, der Bau einer Atombombe ist möglich. [...]

Obwohl Einstein nie aktiv an der Atombombe mitarbeitet, wird durch seine Hilfe eine Waffe gebaut, die ein paar Jahre später in Hiroshima und Nagasaki 260.000 Menschen in wenigen Sekunden tötet.

Als Einstein am 6. August 1945 im Radio die Nachricht über die Bombardierung Hiroshimas hört, weiß er, dass er mit seinem Brief an Präsident Roosevelt den größten Fehler seines Lebens gemacht hat. [...]

Die Explosion der Atombombe über Japan ist für Einstein der Schock seines Lebens, denn er weiß, auch er selbst ist schuld daran.

Nach Sybille De Fenn, *Einstein: Ist alles relativ?*, 1991

1. einen Atomkern spalten *fissionner le noyau d'un atome* 2. der Alptraum (¨-e) *le cauchemar* 3. das Uran *l'uranium* 4. Der Physiker Leo Szilard war ein Kollege Einsteins. Wie Einstein war er in die USA emigriert.

SPRACHBOX

der Fortschritt

- der Fortschritt (-e) *le progrès*
- etw. entdecken *découvrir qc*
- etw. erfinden* *inventer qc*
- eine Entdeckung, eine Erfindung machen *faire une découverte, une invention*
- die Menschheit bereichern ≠ gefährden *enrichir ≠ mettre en danger l'Humanité*
- die Grenze (-n) des Fortschritts; begrenzt *la limite du progrès ; limité*

Ethik und Verantwortung

- die Ethik; gegen die Ethik verstoßen* *l'éthique ; aller à l'encontre de l'éthique*
- die Verantwortung *la responsabilité*
- verantwortungsvoll mit etw. (D) um/gehen* *utiliser qc de façon responsable*
- die Gefahr (-en) *le danger*
- jn vor etw. (D) warnen *mettre qn en garde contre qc*
- an etw. (D) schuld sein *être responsable de qc*
- sich schuldig fühlen *se sentir coupable*
- die Menschenwürde respektieren ≠ verletzen *respecter ≠ porter atteinte à la dignité humaine*
- der Krieg (-e) ≠ der Friede(n) *la guerre ≠ la paix*
- kriegerisch ≠ friedlich *belliqueux ≠ pacifique, paisible*
- den Weltfrieden fördern *promouvoir la paix dans le monde*
- etw. zerstören *détruire qc*
- die Atomwaffe (-n); die Atombombe (-n) *l'arme nucléaire ; la bombe nucléaire*
- die Genmanipulation (-en) *la manipulation génétique*
- die Embryonenforschung *la recherche sur les embryons*
- der Klon (-e); das Klonen; jn / etw. klonen *le clone ; le clonage ; cloner qn / qc*

→ p. 148

B Frieden stiften

A2 1 Welche Mission verfolgt Albert Einstein mit dem „Notstandskomitee der Atomwissenschaftler"? War diese Mission erfolgreich?

B1 2 Welche neue Waffe wird in den 1950er Jahren entwickelt?

B2 3 Präsentieren Sie mit eigenen Worten das „Russell-Einstein-Manifest".

a Ein Jahr nach dem Abwurf[1] der Atombomben auf Hiroshima und Nagasaki wurde unter dem Vorsitz von Albert Einstein das „Notstandskomitee der Atomwissenschaftler" gegründet, um die Bevölkerung vor den Gefahren der Kernwaffen zu warnen und den Weltfrieden zu fördern. Atomenergie sollte nur friedlich genutzt werden. Leo Szilard war wieder eine große Hilfe, mit dabei waren auch die Nobelpreisträger für Chemie Harold C. Urey und Linus Pauling. Leider war der Einfluss des Komitees begrenzt, was die Entwicklung der Wasserstoffbombe[2] in den USA bis 1952 und in der Sowjetunion bis 1953 zeigte. Einsteins Protest dagegen brachte ihm nur erhöhte Überwachung durch das FBI. Das Komitee löste sich 1951 nach Uneinigkeit über die UNO und die für Einstein sehr wichtige Idee einer Weltregierung auf[3]. […] Wie zentral der Kampf gegen Atomwaffen für Einstein bis an sein Lebensende blieb, zeigt seine Unterschrift unter ein Manifest gegen Kernwaffen, das von dem britischen Philosophen und Mathematiker Bertrand Russell 1955 initiiert worden war. Einstein unterschrieb dieses „Russell-Einstein-Manifest" eine Woche vor seinem Tod.

Nach Hubert Goenner, *Albert Einstein*, 2015

1. der Abwurf *le largage, le lancement*
2. die Wasserstoffbombe (-n) *la bombe à hydrogène*
3. sich auf/lösen *se dissoudre*

b Am 9. Juli 1955 veröffentlichten der Philosoph Bertrand Russell und der Physiker Albert Einstein ihre berühmte Erklärung: das Russell-Einstein Manifest. Bertrand Russell und Albert Einstein wollten gemeinsam mit neun weiteren namhaften Wissenschaftlern vor den Gefahren eines Krieges mit Nuklearwaffen warnen und die Regierungen der Welt auffordern, Wege für eine friedliche Lösung aller ihrer Kontroversen zu finden. […]

Für die Forscher war klar: Solange Konflikte mit militärischen Mitteln gelöst werden, besteht die Gefahr, dass ein Krieg weltweit eskaliert und Massenvernichtungswaffen zum Einsatz kommen.

Um die Zukunft der Menschheit zu sichern, muss sie nicht nur die Instrumente der Kriegsführung vernichten[1], sondern den Krieg selbst.

Nach www.dgp-physik.de

1. etw. vernichten *détruire qc*

* FRIEDEN kann nicht mit Gewalt erhalten werden, er kann nur durch Verständigung erreicht werden.

SPRACHBOX

Situer dans le temps

- Albert Einstein will die amerikanische Regierung informieren, **bevor** es zu spät ist.
- **Nachdem** Roosevelt Einsteins Brief erhalten hat, ernennt er sofort eine spezielle Kommission.

→ p. 150

Nun sind Sie dran!

Fortschritt und Ethik: Warum ist es Ihrer Meinung nach wichtig, verantwortungsvoll mit wissenschaftlichen Entdeckungen und Erfindungen umzugehen?
Wo liegen die Grenzen des Fortschritts? Suchen Sie ein Beispiel und formulieren Sie einige Argumente, um an einer Diskussion teilzunehmen.

TRAINING

WORTSCHATZ

Alles ist relativ

denken und forschen

A2-B1

- denken* *penser*
- nach etw. forschen *faire de la recherche sur qc*
- der Forscher (-), die Forscherin (-nen) *le chercheur, la chercheuse*
- die Forschung (-en) *la recherche*
- das Experiment (-e) *l'expérience*
- der Raum *l'espace*
- die Zeit *le temps*

B1-B2

- der Wissenschaftler (-), die Wissenschaftlerin (-nen) *le, la scientifique*
- die Wissenschaft (-en) *la science*
- über etw. (A) nach/denken* *réfléchir à qc*
- etw. erfinden*; die Erfindung (-en) *inventer qc ; l'invention*
- etw. entdecken; die Entdeckung (-en) *découvrir qc ; la découverte*
- eine Theorie entwickeln, auf/stellen *élaborer, établir une théorie*
- das Werk (-e) *l'œuvre*

Atomphysik und Atomkrieg

A2-B1

- der Atomkern (-e) *le noyau de l'atome*
- die Atombombe (-n) *la bombe atomique*
- die Atomwaffe (-n) *l'arme nucléaire*
- der Atomkrieg (-e) *la guerre nucléaire*

B1-B2

- den Atomkern spalten *fissionner le noyau de l'atome*
- die Kernspaltung, die Atomspaltung *la fission nucléaire*
- eine ganze Stadt zerstören *détruire toute une ville*
- eine Zivilisation vernichten *anéantir une civilisation*
- der Alptraum (¨-e) *le cauchemar*

Schuldgefühle

A2-B1

- der fatale Fehler (-) *l'erreur fatale*
- das Gewissen *la conscience*
- die Schuld *la culpabilité*
- das Schuldgefühl (-e) *le sentiment de culpabilité*
- sich schuldig fühlen *se sentir coupable*
- schockiert sein; der Schock (-s) *être choqué ; le choc*

B1-B2

- an etw. (D) schuld sein *être coupable de qc*
- das Gewissen belasten *peser sur la conscience*
- ein schlechtes Gewissen haben *avoir mauvaise conscience*
- niedergeschlagen; verzweifelt *abattu ; désespéré*
- einen Fehler wieder gut machen wollen *vouloir racheter une faute, une erreur*

Verantwortung übernehmen

A2-B1

- der Friede(n) ≠ der Krieg (-e) *la paix ≠ la guerre*
- sich für den Frieden ein/setzen, engagieren *œuvrer, s'engager pour la paix*
- der Pazifist (-en, -en) *le pacifiste*
- die Verantwortung *la responsabilité*
- die Überzeugung (-en) *la conviction*
- die UNO *l'ONU*

B1-B2

- Frieden stiften *faire régner la paix*
- Verantwortung für etw. (A) über/nehmen* *assumer la responsabilité de qc*
- jn vor einer Gefahr warnen *mettre qn en garde contre un danger*
- jn von etw. (D) überzeugen *convaincre qn de qc*
- den Weltfrieden fördern *promouvoir la paix dans le monde*
- für eine Weltregierung plädieren *plaider pour un gouvernement mondial*

Ethik in der Wissenschaft

A2-B1

- die Ethik *l'éthique*
- die Welt *le monde*
- jn beeinflussen; der Einfluss (¨-e) *influencer qn ; l'influence*
- der Alltag *le quotidien*
- den Alltag verbessern *améliorer le quotidien*
- der Fortschritt (-e) *le progrès*

B1-B2

- denkbar ≠ undenkbar *concevable ≠ inconcevable, impensable*
- etw. verändern; die Veränderung (-en) *changer qc ; le changement*
- verantwortungsvoll ≠ verantwortungslos *responsable ≠ irresponsable*
- für etw. (A) verantwortlich sein *être responsable de qc*
- verantwortungsvoll handeln *agir de manière responsable*
- die Grenze (-n) *la limite*
- Grenzen auf/zeigen, respektieren *démontrer, respecter des limites*

Comprendre les consignes

- Begründen Sie Ihre Wahl! *Justifiez votre choix !*
- Versuchen Sie, mit eigenen Worten das Dilemma zu beschreiben, in dem Einstein sich befindet. *Essayez de décrire avec vos propres mots le dilemme dans lequel se trouve Einstein.*

ÜBUNGEN

1 Trouvez l'article qui convient.

a. d… Raum
b. d… Werk
c. d… Alptraum
d. d… Gewissen
e. d… Verantwortung
f. d… Ethik

2 Associez les éléments afin de former des groupes infinitifs cohérents.

eine Theorie •	• zerstören
den Atomkern •	• entwickeln
eine ganze Stadt •	• engagieren
sich für den Frieden •	• warnen
vor einer Gefahr •	• spalten

3 Trouvez l'intrus.

a. der Forscher – die UNO – das Experiment – das Elektron – der Atomkern
b. schockiert – niedergeschlagen – fröhlich – verzweifelt – traurig
c. die Forschung – die Entdeckung – die Regierung – die Erfindung – die Kernspaltung

4 Traduisez les phrases suivantes.

a. Der Wissenschaftler Albert Einstein hat in der Schweiz, in Deutschland und in den USA geforscht.
b. Albert Einstein ist als genialer Physiker und große Persönlichkeit bekannt.
c. Seine Theorien haben auch das 21. Jahrhundert beeinflusst.
d. Albert Einstein voulait promouvoir la paix dans le monde.
e. Une bombe atomique peut détruire toute une ville.
f. Aujourd'hui, beaucoup de chercheurs s'engagent pour la paix.

Extra

B1 5 Kennen Sie einen anderen Wissenschaftler oder eine andere Wissenschaftlerin, der / die im 20. Jahrhundert wegweisende Entdeckungen gemacht hat? Stellen Sie diese Person kurz vor.

WORTBILDUNG

Les mots d'origine étrangère

La plupart des mots d'origine étrangère utilisés en allemand s'écrivent et se prononcent comme dans leur langue d'origine :
der Ingenieur, jn interviewen, das Interview, der Computer, die E-Mail, die App, das Internet, im Internet surfen, etwas googeln, etwas twittern, etwas recherchieren, die Recherche, die Reportage, das Milieu, die Chance, der Countdown …

a. Les verbes d'origine étrangère qui ne sont pas accentués sur la 1re syllabe ne forment pas leur participe passé avec *ge-* :
→ *Viele Journalisten haben Albert Einstein inter°viewt.*
→ *Später haben sie viel debat°tiert.*

b. Les substantifs d'origine étrangère qui se terminent par ***-ion*** sont du genre féminin :
die Intervention, die Sensation, die Kommission, die Illusion

ÜBUNGEN

1 Complétez par le terme qui convient.

gegoogelt – getwittert – Reportage – Ingenieur – Computer – Recherchen

a. Viele Schüler machen gerne … im Internet.
b. Die … über junge Forscher und Forscherinnen hat mir sehr gut gefallen.
c. Ich habe ein Projekt: Ich möchte später als … arbeiten.
d. Hast du heute schon eine Nachricht …?
e. Mein kleiner Bruder verbringt sehr viel Zeit vor dem … .
f. Wir haben den Namen des Nobelpreisträgers im Internet …, weil wir ihn nicht kannten.

2 Reliez entre eux les éléments qui conviennent.

a. Die Kernspaltung war
b. Für viele Menschen sind Atomwaffen
c. Adolf Hitler organisierte 1939
d. Der Lehrer diktiert
e. Hatte Einstein am Ende seines Lebens

1. eine Invasion: Deutsche Truppen marschierten in Polen ein.
2. eine wissenschaftliche Sensation.
3. noch viele Illusionen?
4. eine große Gefahr für die Zivilisation.
5. den Schülern eine wichtige Information.

TRAINING

GRAMMATIK

LERNTEMPODUETT → p. 17

❯ La subordonnée relative → p. 145

→ PRÉCIS p. 232

- La subordonnée relative permet d'apporter une information complémentaire. Elle est **placée après le nom qu'elle complète,** appelé l'antécédent.
- Elle est introduite par un **pronom relatif qui prend le genre et le nombre de l'antécédent**.
- Le cas du pronom relatif dépend de sa fonction dans la relative ou de la préposition qui le précède.

❗ Dans la subordonnée relative, **le verbe conjugué est en dernière position.**

– Der Physiker Albert Einstein, ***der*** *in Ulm geboren wurde, ist weltbekannt.*
– Die Formel E = mc², ***die*** *er entwickelte, war eine Sensation für die Wissenschaft.*
– Einstein, ***dessen*** *Leben und Werk viele Menschen faszinierten, gehört zu den größten Denkern des 20. Jahrhunderts.*

	masculin	neutre	féminin	pluriel
nominatif (sujet : qui)	der	das	die	die
accusatif (COD : que, qu')	den	das	die	die
datif (COI : à qui, auquel)	dem	dem	der	denen
génitif (compl. du nom : dont)	dessen	dessen	deren	deren

❗ Le pronom relatif génitif n'est jamais suivi d'un article.

1 * **Complétez les phrases avec le pronom relatif au nominatif.**

a. Nicht alle Forscher und Forscherinnen entwickeln eine Formel, ... die Welt revolutioniert.
b. Ich brauche einen Computer, ... nicht viel Geld kostet und gut funktioniert.
c. Wo ist das Dokument, ... mir noch fehlt?
d. Viele Menschen, ... sich für Physik und Chemie interessieren, möchten wissenschaftliche Experimente machen.

2 ** **Complétez le texte suivant et indiquez le cas (N, A, D et G) et le nombre du pronom (sg. ou pl.).**

Der Physiker Leo Szilard, ... 1898 in Ungarn geboren wird, will mit Einstein Präsident Roosevelt über die Gefahr einer deutschen Atombombe informieren. Aber der Brief, ... Einstein 1939 unterschreibt, hat fatale Konsequenzen. Später engagiert sich Szilard neben Einstein, ... er gerne hilft, für den Frieden. Leo Szilard, ... wissenschaftliche Arbeit nicht so bekannt wie Einsteins Theorien ist, stirbt 1964.

❯ Situer dans le temps → p. 147

- On peut exprimer l'antériorité ou la postériorité de plusieurs manières.

	Antériorité	Postériorité
préposition	*vor** + datif ***vor*** *dem Interview*	*nach* + datif ***nach*** *dem Interview*
adverbe	*vorher* ***Vorher*** *lebte er in Hamburg.*	*nachher, danach* ***Nachher*** *studierte er in Berlin.*
conjonction de subordination	*bevor* (verbe toujours conjugué) ***Bevor*** *ich ein Experiment machen kann, muss ich Material kaufen.*	*nachdem* (verbe à un temps composé) ***Nachdem*** *ich das Experiment gemacht habe, analysiere ich das Ergebnis.*

* *vor* signifie également : il y a → ***Vor*** *zwei Wochen habe ich eine Recherche über Albert Einstein gemacht.*

3 * **Complétez avec *vor* ou *nach*.**

a. ... vielen Jahren ist Albert Einstein in die USA emigriert.
b. ... seiner Ankunft in den USA hat Einstein als Professor an der Universität Princeton gearbeitet.
c. Er unterschrieb das „Russell-Einstein-Manifest" kurz ... seinem Tod.

4 ** **Complétez avec *vorher, bevor* ou *nachdem*.**

a. Ich habe im Juni 2019 mein Abitur bestanden. ... war ich ein Schüler, heute studiere ich Physik.
b. ... Claudia Experimente realisiert hat, schreibt sie einen Ergebnisbericht.
c. ... der Forscher eine neue Theorie offiziell präsentieren kann, muss er viel experimentieren.

Wer sind Einsteins Erben?

B1-B2

CD 25 MP3 25

bordas Flash PAGE audio

- Im Alter von 14 Jahren haben die von Mathematik begeisterten Brüder Maxim und Raphael Nitsche begonnen, an einer Erfindung zu arbeiten. Hören Sie sich das Hördokument an. Was haben Maxim und Raphael erfunden? Wie finden Sie das Engagement der Brüder für andere Themen?
- Machen Sie nun eine Recherche über andere junge Menschen, die mit wissenschaftlichen Erneuerungen bekannt geworden sind. Präsentieren Sie der Klasse eine solche Person.

Maxim und Raphael Nitsche

MEHR INFOS AUF

Sie können auf diesen Websites Namen von jungen Forschern finden:

bit.ly/JuFo_1

bit.ly/JuFo_2

eine Gleichung auf/lösen *résoudre une équation* – der Nutzer (-) *l'utilisateur* – Geld an Bildungseinrichtungen spenden *faire un don en argent à des établissements scolaires* – Schach spielen *jouer aux échecs*

Stratégies

Réussir votre présentation orale

- Notez toutes les informations-clés sur une fiche qui vous servira de support. Efforcez-vous de parler librement devant la classe sur la base de ces notes.
- Relisez la leçon sur la subordonnée relative avant votre présentation et essayez de l'appliquer 2 ou 3 fois, même de façon simple.
- Vous pouvez ajouter une photo du jeune scientifique et de son invention afin d'illustrer vos propos.

Structure de la présentation

- **Identifiez votre personnage**
  - *Der junge Forscher, den ich vorstelle, / Die junge Forscherin, die ich vorstelle, arbeitet auf dem Gebiet der Mathematik / Physik / Biologie / Astronomie …*
    Le / La jeune chercheur / chercheuse que je présente travaille dans le domaine des mathématiques, de la physique, de la biologie, de l'astronomie…
  - *Er / Sie heißt x, ist x Jahre alt und kommt aus der Stadt x. Er / Sie hat schon an vielen wissenschaftlichen Wettbewerben teilgenommen.*
    Il / Elle s'appelle x, a x ans et vient de la ville de x.
    Il / Elle a déjà participé à beaucoup de concours scientifiques.
- **Présentez l'innovation réalisée par le jeune chercheur et indiquez pourquoi elle est utile à vos yeux**
  - *Er / Sie hat eine Maschine / eine App erfunden, die …*
    Er / Sie hat einen Apparat erfunden, der …
    Il / Elle a inventé une machine / une application qui…
    Il / Elle a inventé un appareil qui…
  - *Ich finde diese Erfindung besonders interessant und nützlich, weil …*
    Je trouve cette invention particulièrement intéressante et utile parce que…
  - *Diese Erfindung hat mich wirklich sehr beeindruckt, denn …*
    Cette invention m'a vraiment beaucoup impressionné(e) parce que…
- **Invitez vos camarades à donner leurs avis**
  - *Und ihr? Wie findet ihr diesen jungen Forscher und seine Erfindung? / Wie findet ihr diese junge Forscherin und ihre Erfindung?*
    Et vous ? Comment trouvez-vous ce jeune chercheur / cette jeune chercheuse et son invention ?

! *ihr* (2e pers. pl.) : on s'adresse à plusieurs personnes que l'on tutoie.
Sie (3e pers. pl.) : on s'adresse à une seule personne ou plusieurs personnes que l'on vouvoie.

BAC
ÉPREUVE 3
(3e trimestre)

PARTIE 1 – ÉCRIT

Compréhension de l'oral

CD 26
MP3 26

bordas Flash PAGE audio

Neues Institut sucht Alternativen zu Tierversuchen

- **En rendant compte en français du document, vous montrerez que vous avez compris :**
  – le thème principal du document ;
  – les faits, la situation, les événements, les informations ;
  – l'identité de la personne interviewée ;
  – la fonction et la portée du document (relater, informer, convaincre, critiquer, dénoncer, etc.).

der Tierversuch (-e) *l'expérience sur des animaux* – grünes Licht geben* *donner son feu vert* – etw. wahr/nehmen* *percevoir qc* – schlagkräftig *efficace, convaincant* – der Schaden *le dommage*

Stratégies
S'aider du contexte

Prendre appui sur les mots transparents

Aidez-vous des nombreux mots transparents qui vous guident dans la compréhension et la restitution :

das Institut, die Alternativen, die Ratten, die Mediziner, systematisch, die Initiative, der Professor, interagieren, das Signal, energisch, die Methoden, die Patienten

Structurer le compte rendu de l'interview

- Ne reprenez pas la structure question – réponse. Ainsi, vous éviterez l'interrogation indirecte (*L'intervieweur lui demande si… Il répond que…*).
- Il est plus habile de relater, dans un premier temps, les explications de l'intervieweur (*Il explique que…*) et de faire mention des paroles et des pensées de la personne interviewée dans une deuxième partie du compte rendu (*Selon lui, … Il souligne que…*).

Compréhension de l'écrit

3 911 signes

a. Lesen Sie die beiden Texte. Geben Sie wieder, was Sie verstanden haben. Beachten Sie dabei folgende Punkte:
– Text A: Wie können Schüler und Schülerinnen Forschung miterleben? Welche Bilanz ziehen sie?
– Text B: Welchen zentralen Vorteil bieten die optimierten Testsysteme der jungen Forscherin?

b. Text A und Text B: Forschung und Tierversuche – wohin geht die generelle Tendenz bei diesem Thema? Was ist heute das Ziel der Forscher?

Text A

Die Forscher haben mich total beeindruckt[1]

Raus aus der Schule, rein ins Labor. An der Rheinisch-Westfälischen Technischen Hochschule Aachen sehen sechs Schülerinnen interessiert auf das seltsame Objekt vor ihnen. Es ist ein Lungen[2]-Simulator. Mit seiner Hilfe können Wissenschaftler experimentieren, was bei einer Embolie passiert. Ziel ist es, neue Katheter zu testen. Normalerweise geschieht die Katheter-Prüfung in Tierversuchen, der Simulator könnte diese künftig ersetzen[3]. Die Schülerinnen haben in den vergangenen Monaten viel über innovative biologische Forschung gelernt. Sie nehmen an einem Pilotprojekt des Bundesforschungsministeriums teil. Ein Jahr lang konnten Schülerinnen und Schüler des Gymnasiums Alsdorf Forschung miterleben und den Forscherinnen und Forschern im Alltag über die Schulter blicken. Und sie durften dabei auch selbst alles in die Hand nehmen und ausprobieren.

„Megatoll", sagt Lea und fasst damit ihre Erfahrungen in einem Wort zusammen. Die 17-Jährige hat ein Forschungsteam vom Uniklinikum Aachen begleitet, das Alternativen zu Tierversuchen in der Biomedizin entwickelt. Am meisten beeindruckt hat Lea die Arbeit mit dem 3D-Biodrucker[4].

„Die Schüler hatten die Möglichkeit, sich dem Thema theoretisch anzunähern, aber auch praktisch im Labor. Diese Mischung war uns wichtig", erklärt Susanne Deutsch. Die Tierärztin hat zusammen mit Kolleginnen und Kollegen vom Institut für Versuchstierkunde die Schülerinnen durch das Schuljahr begleitet.
Zum Schluss verfassen die Schülerinnen und Schüler selbst ihre eigene kleine Forschungsarbeit und präsentieren die Ergebnisse in der Schule. „Ich will auf jeden Fall später etwas mit Naturwissenschaften machen. Aber bisher war das nur eine Idee in meinem Kopf. Jetzt habe ich eine konkrete Vorstellung davon und bin meinem Ziel einen großen Schritt näher gekommen", sagt die 16-jährige Katrin. „Die Forscher haben mich total beeindruckt."

Nach www.bmbf.de, 24. 07. 2019

1. jn beeindrucken *impressionner qn* 2. die Lunge (-n) *le poumon* 3. etw. ersetzen *remplacer qc* 4. der Drucker (-) *l'imprimante*

Text B

Weniger Tierversuche sind das Ziel

Tierversuche sind umstritten[1]. Um sie zu reduzieren, unterstützt das Bundesministerium für Ernährung und Landwirtschaft die Forschung mit dem Tierschutzforschungspreis. Und diesen Preis hat jetzt Wiebke Albrecht gewonnen. Sie ist 29 Jahre alt und hat 2010 ihr Abitur am Nordenhamer Gymnasium gemacht.
Wiebke Albrecht arbeitet am Leibniz-Institut für Arbeitsforschung der Technischen Universität Dortmund (IfADo). Sie hat ein Zellkulturverfahren[2] entwickelt, mit dem getestet wird, ob Medikamente leberschädlich[3] sein können. Die optimierten Testsysteme sollen es langfristig[4] ermöglichen[5], leberschädigende Wirkungen von Substanzen ohne Tierversuche vorherzusagen[6].
Den mit 25000 Euro dotierten Preis für ihre Forschungsarbeit hat Wiebke Albrecht jetzt in Berlin von Landwirtschaftsministerin Julia Klöckner bekommen. Sie lobte die „zukunftsweisende Forschung" von Wiebke Albrecht und sagte weiter: Ihr Ziel sei es, Tierversuche möglichst schnell durch Alternativmethoden zu ersetzen.
In der Forschung zu arbeiten, war schon immer der Wunsch von Wiebke Albrecht. In der Oberstufe hatte sie sich für die Leistungsfächer Biologie, Chemie und Mathematik entschieden. Nach dem Abitur studierte die gebürtige Bremerhavenerin Molekulare Medizin in Göttingen. Seit September 2016 ist Wiebke Albrecht als Doktorandin am Leibniz-Institut für Arbeitsforschung der TU Dortmund tätig.
Der Beitrag, mit dem Wiebke Albrecht den Tierschutzforschungspreis gewonnen hat, ist Teil ihrer Doktorarbeit[7]. Langfristig will die junge Wissenschaftlerin auf jeden Fall in der Forschung bleiben.
Die Reduzierung von Tierversuchen ist Wiebke Albrecht ein wichtiges Anliegen. „Solche Versuche macht keiner gerne", sagt die 29-Jährige. Sie fühlt sich dem so genannten 3R-Prinzip verpflichtet, dessen Ziel es ist, Tierversuche möglichst zu vermeiden (Replacement) und die Zahl der Tiere (Reduction) und ihr Leiden (Refinement) in Versuchen auf das unerlässliche Maß zu limitieren[8].
Mit ihrer Forschung will sie auch dazu beitragen, die Sicherheit für Patienten zu erhöhen.

Nach Jens Milde „Weniger Tierversuche sind das Ziel", nwzonline.de, 29. 10. 2019

1. umstritten *controversé* 2. das Zellkulturverfahren (-) *le procédé de culture de cellules* 3. leberschädlich *nocif pour le foie* 4. langfristig *à long terme* 5. etw. ermöglichen *rendre qc possible* 6. etw. vorher/sagen *prédire qc* 7. die Doktorarbeit *la thèse universitaire* 8. auf das unerlässliche Maß limitieren *limiter au strict nécessaire*

Stratégies
Rapporter des propos

▷ Vous pouvez vous aider des suggestions suivantes pour évoquer les documents :

- *In dem Artikel des Bundesforschungsministeriums wird ein Projekt präsentiert: …*
  L'article du ministère fédéral de la recherche présente un projet :…
- *In dem ersten Text wird außerdem berichtet / erklärt, dass …*
  Par ailleurs, le premier texte rend compte de / explique que…
- *Bei dem zweiten Text handelt es sich um einen Zeitungsartikel, der über (A) … berichtet.*
  En ce qui concerne le deuxième texte, il s'agit d'un article de presse qui rend compte de…
- *Dieses Dokument präsentiert eine junge Forscherin, die einen wichtigen Tierschutzforschungspreis gewonnen hat. Sie erklärt, dass …* Ce document présente une jeune chercheuse qui a gagné un prix important pour ses recherches sur la protection des animaux. Elle explique que…

▷ **Faire la synthèse de deux textes** → Chapitre 5 p. 105

Expression écrite

Behandeln Sie Thema A oder Thema B.

Thema A

Würden Sie auch gerne, schon jetzt als Schüler bzw. als Schülerin, an einem Projekt teilnehmen, um ein Forscherteam bei seiner Arbeit zu begleiten und Forschung mitzuerleben? Begründen Sie Ihre Wahl.

ODER

Thema B

Finden Sie persönlich es wichtig, dass Forscher nicht nur Verantwortung für Menschen übernehmen, sondern auch für Tiere?

Stratégies
Étayer son propos

Expliquer un choix

Pourquoi aimeriez-vous participer à un projet vous permettant d'accompagner une équipe de chercheurs lors de ses travaux ? Dans quel domaine ? Utilisez l'expression du souhait (subjonctif II).

→ *Ich **würde** gern ein Forscherteam bei seiner Arbeit im Bereich Biologie **begleiten**, weil ich gerne Experimente mache und später Biologe / Biologin werden **möchte**.*
J'aimerais accompagner une équipe de chercheurs lors de ses travaux dans le domaine de la biologie parce que j'aime réaliser des expériences et je voudrais devenir biologiste plus tard.

→ *Außerdem **würde** ich gern dabei **helfen**, alternative Methoden zu Tierversuchen zu entwickeln.*
Par ailleurs, j'aimerais aider à développer des méthodes alternatives aux expériences sur des animaux.

Prendre appui sur le lexique spécifique des documents

Pour développer votre réponse, prenez appui sur le lexique spécifique des documents étudiés ci-dessus, et en particulier sur les groupes verbaux.

ein Forscherteam begleiten
- *in einem Labor mit Simulatoren experimentieren und arbeiten*
  faire des expériences et travailler avec des simulateurs dans un laboratoire
- *sich theoretisch und praktisch mit einem Thema befassen*
  étudier les côtés théoriques et pratiques d'un sujet
- *wertvolle Erfahrungen für die Zukunft sammeln*
  accumuler de précieuses expériences pour l'avenir

Verantwortung für Tiere übernehmen
- *Ich finde es wichtig, Tierversuche in der Biomedizin auf das unerlässliche Maß zu reduzieren.*
  Je trouve qu'il est important de réduire, en médecine, le nombre d'expériences sur les animaux au strict nécessaire.
- *Vor allem sollten wir noch mehr neue Verfahren entwickeln, um Tierversuche möglichst schnell durch Alternativmethoden zu ersetzen.*
  Avant tout, nous devrions développer encore plus de nouveaux protocoles / procédés afin de remplacer le plus rapidement possible par des méthodes alternatives les expériences sur les animaux.

BAC ÉPREUVE 3 (3e trimestre) PARTIE 2 – ORAL

MÉTHODOLOGIE p. 156

Expression orale en continu

- **Welches Dokument illustriert Ihrer Meinung nach am besten die Thematik „Wissenschaftliche Innovationen und Verantwortung"? Begründen Sie Ihre Antwort.**

A

Mit Freuden haben wir unser Leben in den Dienst der Wissenschaft gestellt[1]. Sie ist, so glauben wir, ein Weg zu einem glücklicheren Leben der Menschen. Wir sehen mit Entsetzen[2], dass eben diese Wissenschaft der Menschheit Mittel in die Hand gibt[3], sich selbst zu zerstören.

Zitat aus der *Mainauer Deklaration* von 18 Nobelpreisträgern, darunter Otto Hahn (15. Juli 1955)

1. etwas in den Dienst der Wissenschaft stellen *mettre qc au service de la science*
2. das Entsetzen *l'horreur* 3. jm Mittel in die Hand geben* *doter qn de moyens*

B *Klon-Sensation*, Pablo Calleri

Stratégies
Mobiliser ses connaissances

▷ Si vous choisissez **la citation**, souvenez-vous de ce que vous avez appris dans ce chapitre.

- Otto Hahn a découvert la fission nucléaire. A-t-il maîtrisé les conséquences de sa découverte ? Quel est le contexte historique ?

> Der deutsche Chemiker Otto Hahn entdeckte die Kernspaltung, aber …

- Remémorez-vous le manifeste initié également en 1955 par Bertrand Russell et Albert Einstein et faites le lien :

> Wir können eine Parallele zwischen der „Mainauer Deklaration“ und dem „Russell-Einstein-Manifest“ ziehen, denn …

▷ Si vous choisissez **le dessin**, soulignez le paradoxe (*das Paradox, der Widerspruch*) entre l'image et les paroles de la bulle (*die Sprechblase*).

! N'oubliez pas d'évoquer la question-clé des limites de la science et n'hésitez pas à prendre position personnellement :

> Meiner Meinung nach illustriert die Zeichnung, dass es ethische Grenzen gibt, die Wissenschaftler nicht überschreiten dürfen. Das ist eine Frage der Verantwortung.

Vous pouvez aussi vous inspirer du débat que vous avez peut-être organisé en classe (*„Nun sind Sie dran!“*, p. 147).

Expression orale en interaction

- **Après l'expression orale en continu, vous allez échanger avec l'examinateur. Voici des questions qu'il pourrait vous poser.**

WISSENSCHAFTLICHE INNOVATIONEN UND VERANTWORTUNG

Welche Fähigkeiten und welche Motivation sollte man Ihrer Meinung nach haben, um Forscher / Forscherin zu werden?

Gibt es Wissenschaftler/Innen, die Sie besonders bewundern? Erzählen Sie!

Nennen Sie drei wissenschaftliche Entdeckungen oder Erfindungen, die die Welt bereichern, aber auch gefährden können.

Welche bekannte Erfindung halten Sie persönlich für die wichtigste und warum?

Stratégies
Prendre appui sur le chapitre étudié

Souvenez-vous de ce que vous avez appris dans ce chapitre.

- Quelle était l'une des activités favorites d'Albert Einstein ?

> Um Forscher oder Forscherin zu werden, sollte man gern denken und nachdenken, glaube ich. …

- Quels sont les aspects de la vie et de l'œuvre d'Einstein qui pourraient mériter votre admiration ?

> Albert Einstein war ein Wissenschaftler, den ich besonders bewundere. Er hat nämlich geniale Theorien entwickelt und wollte als Pazifist gleichzeitig Verantwortung übernehmen. …

BAC MÉTHODOLOGIE

S'EXPRIMER À L'ORAL

SUJET

→ p. 154

Welches Dokument illustriert Ihrer Meinung nach am besten die Thematik „Wissenschaftliche Innovationen und Verantwortung"? Begründen Sie Ihre Antwort.

Expression orale en continu

▷ Pour l'épreuve de l'expression orale en continu, vous allez devoir **choisir le document** qui, selon vous, illustre le mieux l'axe thématique « Innovations scientifiques et responsabilité ». Il s'agit ici de donner et d'**expliquer votre choix**, il n'y a donc pas de mauvaise réponse ! En revanche, il va falloir bien **justifier votre choix** (*Begründen Sie Ihre Antwort*, Étape 2) et faire référence le plus possible à des exemples et des aspects culturels vus en classe ou issus de votre culture personnelle (Étape 3).

Cette partie de l'épreuve sert à évaluer votre capacité à exprimer votre point de vue selon les critères suivants :

A2 Peut **exprimer un avis en termes simples**. Le discours est bref et les éléments en sont juxtaposés.

B1 Peut **exposer un point de vue de manière simple** en l'illustrant par des exemples et des références (inter)culturelles. Le discours est structuré (relations de causalité, comparaisons etc.).

B2 Peut développer **un point de vue pertinent et étayé**, y compris par des reformulations sans rompre le fil du discours. Peut nuancer un propos en s'appuyant sur des références (inter)culturelles.

La correction et la richesse de la langue sont aussi prises en compte dans les critères d'évaluation.

Étape 1 Vérifiez le lexique

Dans le chapitre, vous avez appris un certain nombre de mots dont vous aurez besoin pour vous exprimer. Vérifiez que vous en maîtrisez le sens.

- die Atomwaffe / die Atombombe
- vor einer Gefahr warnen
- sich verantwortlich fühlen
- die Ethik
- der Alptraum
- der Fortschritt
- zerstören
- die Verantwortung
- den Weltfrieden fördern
- den Alltag verbessern

A Mit Freuden haben wir unser Leben in den Dienst der Wissenschaft gestellt[1]. Sie ist, so glauben wir, ein Weg zu einem glücklicheren Leben der Menschen. Wir sehen mit Entsetzen[2], dass eben diese Wissenschaft der Menschheit Mittel in die Hand gibt[3], sich selbst zu zerstören.

Zitat aus der ***Mainauer Deklaration*** von 18 Nobelpreisträgern, darunter Otto Hahn (15. Juli 1955)

1. etwas in den Dienst der Wissenschaft stellen *mettre qc au service de la science* 2. das Entsetzen *l'horreur* 3. jm Mittel in die Hand geben* *doter qn de moyens*

- die Menschenwürde verletzen
- die Menschheit bereichern ≠ gefährden
- die Veränderung
- die Grenzen des Fortschritts
- die Ethik
- der Forscher / die Forscherin
- das Klonen, der Klon, jn klonen
- die Genmanipulation
- Grenzen respektieren
- verantwortungslos

B *Klon-Sensation*, Paolo Calleri

Étape 2 Justifiez le choix du document

▷ Lors de cette étape, vous allez devoir **montrer en quoi le document choisi illustre l'axe thématique**. Quand votre choix sera fait, il peut être judicieux d'introduire vos propos par :

– *Für mich sind beide Dokumente eine gute Illustration der Thematik „Wissenschaftliche Innovationen und Verantwortung", aber das Dokument … illustriert sie am besten.*

– ***Meine Wahl fällt auf*** *dieses Dokument / diese Karikatur / dieses Zitat, denn …*

– ***Meiner Auffassung nach*** *illustriert das Dokument B am besten die Thematik, weil es sehr gut darstellt, dass Wissenschaftler Grenzen respektieren sollten.*

– ***Ich vertrete die Meinung, dass*** *das Dokument B sehr gut zu unserer Thematik passt, denn die* Klon-Sensation *zeigt, wohin verantwortungslose wissenschaftliche Forschung führen kann.*

! Si vous choisissez la caricature, vous devez être capable de la décrire et de l'analyser.
– identisch *identique*
– das Paradox (-e) *le paradoxe*
– der Widerspruch (¨-e) *la contradiction*
– die Sprechblase *la bulle*
– die Absicht (-en) *l'intention*

Étape 3 Étoffez votre propos avec des exemples étudiés en classe

Lors de cette partie de l'épreuve, il s'agira surtout de faire le lien entre le document retenu et l'axe. À cette fin, il sera pertinent d'étayer vos propos avec des exemples et des documents étudiés en classe.

Document A

- Expliquez le **contexte historique** en prenant appui sur vos connaissances et en soulignant le lien entre la citation et les mots-clés de l'axe *Wissenschaftliche Innovationen und Verantwortung*.
  → Der Chemiker Otto Hahn entdeckte 1938 die Kernspaltung, er wusste jedoch nicht, dass seine Entdeckung einige Jahre später den Bau der Atombombe ermöglichen würde.
- Essayez aussi de **faire le parallèle** entre cette *Mainauer Deklaration* et le *Russell-Einstein-Manifest*, étudié dans ce chapitre.
  → Es gibt eine Parallele zwischen diesem Zitat und dem „Russell-Einstein-Manifest": Im Jahr 1955 wollten viele Wissenschaftler Verantwortung demonstrieren und mit offiziellen Deklarationen vor potentiellen katastrophalen Konsequenzen von wissenschaftlichen Innovationen warnen.

Document B

- Évoquez l'éthique et les limites du progrès en formulant votre propre position. → STRATÉGIES p. 155
- Vous pouvez aussi faire référence aux débats menés en classe :
  → Nach einer Diskussion im Unterricht war unsere Bilanz, dass der Fortschritt Grenzen haben sollte. Eine solche Grenze ist für mich das Klonen von Menschen, denn … .
- Prenez appui sur l'actualité :
  → Die Karikatur ist heutzutage sehr aktuell, denn in China wurden im Jahr 2018 erstmals Affen geklont. Es könnte also die Gefahr existieren, dass eines Tages auch Menschen geklont werden. …

Expression orale en interaction

À l'issue de l'expression orale en continu, l'examinateur va vous poser des questions en lien avec le support choisi et l'axe thématique. Cette partie sert à **mettre en valeur votre capacité à interagir**, à **vous reprendre**, à **expliquer et illustrer vos propos**. Lors de cette étape, vous serez évalué(e) selon les critères suivants :

A2 Peut **répondre et réagir de manière simple.**

B1 Peut **engager, soutenir et clore une conversation simple sur des sujets familiers.** Peut faire référence à des aspects (inter)culturels.

B2 Peut **argumenter et chercher à convaincre.** Peut réagir avec pertinence et **relancer la discussion**, y compris pour amener l'échange sur un terrain familier ou sur celui d'aspects (inter)culturels.

La correction et la richesse de la langue sont aussi prises en compte dans les critères d'évaluation.

Voici quelques questions que l'examinateur pourrait vous poser et quelques éléments de réponse :

Welche Fähigkeiten und welche Motivation sollte man Ihrer Meinung nach haben, um Forscher / Forscherin zu werden? → STRATÉGIES p. 155

Pensez aux qualités suivantes : *die Neugier* la curiosité – *das logische Denken* la pensée logique – *die Geduld* la patience

Gibt es Wissenschaftler, die Sie besonders bewundern? Erzählen Sie! → STRATÉGIES p. 155

Valorisez votre prestation en montrant que vous êtes au courant d'innovations récentes, faites par de jeunes chercheurs. → PROJEKT p. 151

Ich bewundere Forscher sehr, die unsere heutige Welt verbessern wollen, wie zum Beispiel …

Nennen Sie drei wissenschaftliche Entdeckungen oder Erfindungen, die die Welt bereichern, aber auch gefährden können.

Parlez d'inventions que vous connaissez bien : le téléphone portable ou l'ordinateur.

Einerseits (d'un côté) *ist das Handy, das Smartphone / der Computer eine große Bereicherung für unsere Welt, weil …* ***Andererseits*** (d'un autre côté) *kann uns das Handy / der Computer auch gefährden, denn viele junge Leute leben nur noch für ihr Handy / ihren Computer.* → WORTSCHATZ p. 119

Welche bekannte Erfindung halten Sie persönlich für die wichtigste und warum?

Meiner Meinung nach gibt es viele sehr wichtige Erfindungen. Ich persönlich finde … am wichtigsten, weil …

Pour convaincre l'examinateur, choisissez d'évoquer une invention que vous connaissez bien et dont les bienfaits pour le monde sont importants. Vous trouverez des exemples dans le domaine de la médecine : la découverte de la pénicilline (*das Penicillin*), un antibiotique qui sauve des vies humaines (*ein Antibiotikum, das Menschenleben rettet*) ou l'invention de la prothèse (*die Prothese*) qui permet de marcher à nouveau.

Wernher von Braun (1912-1977) konstruierte die Rakete für die erste bemannte Mondlandung der NASA am 21. Juli 1969. Doch er hatte für das NS-Regime auch die V2-Rakete entwickelt[1], die als Hitlers „Vergeltungswaffe"[2] ab September 1944 Tod und Zerstörung in Europa brachte.

1. entwickeln *développer*
2. die Vergeltungswaffe *l'arme de représailles*

Der Physiker **Hermann Oberth** (1894-1989) gilt als Vater der wissenschaftlichen Raketentechnik und Astronautik. Er beschrieb 1923 fast alle notwendigen Elemente für den Bau von Raketen. Nach ihm wurde ein Preis benannt, der jedes Jahr jungen Forschern im Bereich der Raumfahrt vergeben wird.

Der DDR-Kosmonaut **Sigmund Jähn** (1937-2019) flog am 26. August 1978 als erster Deutscher in den Weltraum. Er sah die „dringendste Aufgabe der Menschheit" darin, „für die Erde liebevoll zu sorgen und sie künftigen Generationen zu bewahren".

SPRACHBOX

Raumfahrt gestern und heute

- die Luftfahrt *l'aéronautique, l'aviation*
- die Raumfahrt *la navigation spatiale, l'astronautique*
- die Nachhaltigkeit; die nachhaltige Entwicklung *la durabilité ; le développement durable*
- nachhaltig handeln *agir de manière écoresponsable*
- die Verantwortung *la responsabilité*
- verantwortungsvoll *responsable*
- die Rakete *la fusée*
- auf dem Mond landen *atterrir sur la lune, alunir*
- die Forschung; der Forscher (-), die Forscherin (-nen) *la recherche ; le chercheur, la chercheuse*
- die Erde bewahren *préserver la (planète) Terre*

→ p. 164

Die österreichische Astrobiologin **Pascale Ehrenfreund** (1960-) ist seit 2015 als erste Frau Direktorin des Deutschen Zentrums für Luft- und Raumfahrt (DLR).

Kapitel 9

INNOVATIONS SCIENTIFIQUES ET RESPONSABILITÉ

Völlig losgelöst

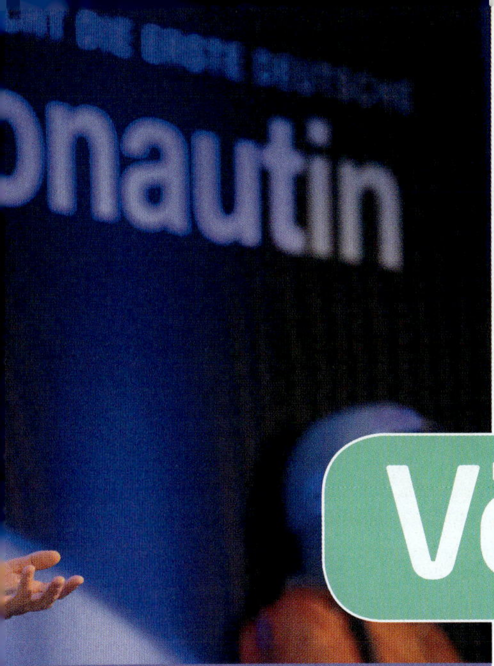

Die Diplomingenieurin für Luft- und Raumfahrt **Claudia Kessler** (1964-) möchte mit ihrer Initiative *Astronautin 2020* die erste deutsche Frau ins Weltall bringen.

Der deutsche Astronaut **Alexander Gerst** (1976-) nahm zweimal (2014 und 2018) an Forschungsmissionen auf der Internationalen Raumstation ISS teil. Dabei führte er zahlreiche Experimente in den Bereichen Physik, Biologie, Physiologie und künstliche Intelligenz durch.

Wie trägt die deutsche Raumfahrt zur Nachhaltigkeit bei?

- Étudier l'impact positif de l'astronautique sur le quotidien (p. 160)
- S'exprimer sur les conséquences négatives de l'astronautique (p. 162)
- Utiliser les verbes de modalité (p. 160)
- Exprimer un événement futur (p. 163)

Projekt

Présenter des idées pour résoudre les enjeux du monde de demain (p. 163)

MÉDIATION

GALERIEGANG

BAC ÉPREUVE 3

Partie 1 – Écrit

MÉTHODOLOGIE p. 172

VIDEO Als erste Deutsche ins All? (p. 168)

Stratégie : Identifier le thème principal du document (p. 168)

Eine deutsche Meteorologin auf dem Weg zu den Sternen, www.kas.de (p. 168)

Stratégie : Rendre compte d'une interview (p. 169)

Stratégie : Prendre position (p. 170)

Partie 2 – Oral

Stratégie : Présenter le document et justifier son choix (p. 171)

Stratégie : Exprimer des regrets et des craintes (p. 171)

Deutsche Raumfahrt

B1

1. Sehen Sie sich die Fotos an und lesen Sie die Bildunterschriften.
2. Erstellen Sie dann mit den Informationen eine Zeitleiste der Geschichte der deutschen Raumfahrt.

Den positiven Einfluss der Raumfahrt im Alltag erörtern

Hilfe aus dem All

A Kein Planet B

B1

1. Lesen Sie das Interview mit Alexander Gerst über seine Forschungsmissionen auf der ISS.
2. Sprechen Sie dann mit einem/r Mitschüler/in: Welche Informationen finden Sie besonders interessant? Warum?

Gerald Müller: Welche waren die wichtigsten wissenschaftlichen Erkenntnisse bei Ihren Missionen?

Alexander Gerst: Auf der ISS wird seit 20 Jahren Forschung betrieben – beispielsweise, um ein besseres Verständnis von irdischen Krankheiten zu entwickeln. Wir testen Medikamente gegen Krebs[1]. Die Tumore wachsen in der Schwerelosigkeit[2] dreidimensional wie im Körper, bei der Forschung auf der Erde oft nur zweidimensional.

Glauben Sie an Leben in anderen Galaxien?

Wir sollten zum Mars fliegen und schauen, ob es dort Spuren von Leben gibt, Fossilien oder Mikroben. Finden wir Ähnliches, würde das bedeuten, dass viele weitere Zivilisationen in verschiedenen Stufen existieren, vielleicht viel mehr entwickelt als auf der Erde.

Wie groß ist Ihre Angst um unsere Zukunft?

Ich hoffe, dass unser Planet noch zu retten ist. Denn dort oben, im erdnahen Orbit, verändern sich die Perspektiven. Ich habe auf der Erde nicht so oft darüber nachgedacht, dass unsere Ressourcen mal zu Ende gehen können. Aber für uns entscheidet sich durch unser Handeln die Zukunft. Wenn wir die Biosphäre des blauen Planeten schädigen[3], dann gibt es uns Menschen vielleicht bald nicht mehr.

Welche Umweltprobleme fallen[4] beim Blick aus dem All besonders auf?

Man sieht abgeholzte[5] Regenwälder, schwindende[6] Gletscher, Smog, Feuer. Im Sommer fällt auf, wie braun Europa wegen der Trockenheit ist. Schon alleine der Menschenverstand sollte uns sagen, dass Nachhaltigkeit der Schlüssel zum Überleben unserer Spezies ist. Es ist ja keine Neuigkeit, dass wir die Erde nicht gut behandeln, manche Fehler irgendwann nicht mehr revidierbar sind. Das zeigen auch die Klimadaten, die wir im All messen.

Also ist das viele Geld für die Raumfahrt gerechtfertigt[7]?

Was denken Sie, wie viel jeder Europäer für die gesamte Raumfahrt, für Erdbeobachtungs- und Wettersatelliten, für die Satellitennavigation, für Expeditionen zur ISS bezahlt?

Oh, ich sage mal 100 Euro.

Eine ähnliche Zahl hören wir oft. Die reale ist in Deutschland für die gesamte Raumfahrt weniger als 20 Euro pro Jahr. Dafür, dass Menschen ins All fliegen können, sind es nur 1,50 Euro - also ungefähr ein Kaffee pro Jahr. Studien haben ergeben, dass man für jeden Euro, den man in die Raumfahrt investiert, ungefähr sechs zurück erhält. Wobei sich manches erst in zwei Jahrzehnten oder noch später auszahlt[8].

Nach Gerald Müller, www.thueringer-allgemeine.de, 05. 06. 2019

1. der Krebs *le cancer* 2. die Schwerelosigkeit *l'apesanteur* 3. etw. schädigen *nuire à qc* 4. etw. fällt jm auf *qn remarque qc* 5. ab/holzen *déboiser* 6. schwinden* *ici, fondre* 7. gerechtfertigt *justifié* 8. sich aus/zahlen *être rentable*

Kultur BOX

In Deutschland befinden sich viele wichtige Institutionen für die **europäische Raumfahrt**, wie das Europäische Astronautenzentrum (EAC) in Köln, in dem Astronauten wie Alexander Gerst oder Thomas Pesquet ausgebildet werden. Aber auch das Deutsche Zentrum für Luft- und Raumfahrt (DLR) mit seinem Sitz in Köln und nationalen und internationalen Standorten (Paris, Brüssel, Tokio, Washington) spielt eine große Rolle in der Weltraumforschung.

SPRACHBOX

Utiliser les verbes de modalité

- Die Raumfahrt **kann** uns helfen, unseren Planeten besser zu verstehen.
- Wir **dürfen** nicht vergessen, dass wir die Erde für unsere Kinder bewahren **müssen**.
- Ich denke, dass alle Länder mehr Geld in die Weltraumforschung investieren **sollten**.
- Claudia Kessler **will** die erste deutsche Frau ins All schicken.
- Seit seiner Kindheit **möchte** er Astronaut werden.

→ p. 166

B Erde 2.0

VIDEO

MÉDIATION

PARTNERBRIEFING → p. 16

bordas Flash PAGE vidéo

B1-B2

1. **PARTNER A** liest den Artikel über den Wettbewerb „Beschützer der Erde 2.0". **PARTNER B** sieht sich das Video an.
2. Beide Partner vergleichen die Ergebnisse und berichten der Klasse über Teilnehmer, Ziele, Projekte und die Rolle der Raumfahrt im Wettbewerb.

Über 2.000 Schülerinnen und Schüler nahmen von September bis Dezember 2018 am DLR-Schulwettbewerb „Beschützer der Erde 2.0" teil.

Am 10. Mai 2019 nahmen die kreativen Schülerinnen und Schüler aus Oldenburg, Papenburg, Bonn und Berlin an der Preisverleihung teil. Das Raumfahrtmanagement des Deutschen Zentrums für Luft- und Raumfahrt (DLR) organisierte den Wettbewerb zur Förderung[1] kreativer Ideen für den Schutz der Umwelt in Zusammenarbeit mit der Universität Konstanz und dem Max-Planck-Institut für Ornithologie.

Die Aufgabe des Schulwettbewerbs „Beschützer der Erde 2.0" lautete, einen Lebensraum[2] von Vögeln[3] mithilfe von Erdbeobachtungsbildern[4] und Daten der Animal Tracker App[5] zu erforschen und ein Konzept zum Schutz der Erde zu entwickeln. Der deutsche ESA-Astronaut Alexander Gerst hatte den Wettbewerb während seiner *horizons*-Mission 2018 mit Videobotschaften von der ISS unterstützt und für die Verletzbarkeit[6] unseres Heimatplaneten sensibilisiert.

Auch Dr. Walther Pelzer, Vorstand des DLR Raumfahrtmanagements, gratulierte den Schülerinnen und Schülern: „Die Gewinner haben uns mit ihren Lösungen zu akuten Umweltproblemen überzeugt und dabei die Bedeutung von Raumfahrttechnologien für den Umweltschutz gezeigt."

www.dlr.de, 13. 05. 2019

1. die Förderung *le soutien, la promotion*
2. der Lebensraum *l'espace vital*
3. der Vogel (¨) *l'oiseau*
4. die Erdbeobachtung *l'observation de la Terre*
5. die Animal Tracker App *une application développée par l'institut de recherche Max Planck pour suivre la migration des oiseaux*
6. die Verletzbarkeit *la vulnérabilité*

Felder und Wiesen *les champs et les prés* – das Marsgestein *les roches de la planète Mars* – eine brennende Frage *une question brûlante* – wüst *désertique* – vertrocknet *desséché* – etw. vermeiden* *éviter qc* – etw. verhindern *empêcher qc* – das Hirnschmalz *(lang. fam.) la jugeote, l'intelligence*

SPRACHBOX

Weltraumforschung

- das Weltall = das All = das Universum *l'univers*
- der Weltraum *l'espace*
- das Raumschiff (-e) *le vaisseau spatial*
- der Satellit (-en, -en) *le satellite*
- irdisch ≠ außerirdisch *terrestre ≠ extra-terrestre*
- die Wissenschaft (-en); der Wissenschaftler (-) *la science ; le scientifique*
- die Erfindung (-en) *l'invention*
- ein Experiment durch/führen *mener une expérience*
- etw. untersuchen; beobachten *étudier ; observer qc*
- eine Erkenntnis gewinnen* *acquérir une connaissance, arriver à une conclusion*
- mit Hilfe von (D) *à l'aide de*

Umweltprobleme

- der Umweltschutz *la protection de l'environnement*
- die Umwelt schützen *protéger l'environnement*
- der Umwelt schaden *nuire à l'environnement*
- der Tier- und Klimaschutz *la protection des animaux et du climat*
- der Beschützer (-); etw. beschützen *le protecteur ; protéger qc*
- der Klimawandel *le changement climatique*
- die Klimaerwärmung *le réchauffement climatique*
- der bewohnbare Planet *la planète habitable*
- die Veränderung (-en) *le changement*
- Einfluss auf etw. (A) aus/üben *exercer de l'influence sur qc*
- etw. erleichtern; ermöglichen *faciliter qc ; rendre qc possible*
- die Möglichkeit bieten* zu + inf *offrir la possibilité de*

→ p. 164

Nun sind Sie dran!!

Wie kann uns die Raumfahrt im Alltag helfen? Verfassen Sie einen kurzen Text, in dem Sie konkrete Beispiele nennen.

Nachhaltigkeit im Weltraum?

A) Weltraumschrott

VIDEO

bordas Flash PAGE vidéo

B1

1. Informieren Sie sich im Video über die Definition von Weltraumschrott und die Probleme, die er erzeugt.
2. Finden Sie selbst Ideen oder recherchieren Sie im Internet, wie der Müll entsorgt werden könnte, und präsentieren Sie die Ideen der Klasse.

die Erdumlaufbahn *l'orbite terrestre* – der Raketenantrieb *le propulseur de fusée* – das Werkzeugteil *la pièce d'outil* – zusammen/stoßen* *entrer en collision* – zerspringen* *se briser* – aus/weichen* *esquiver*

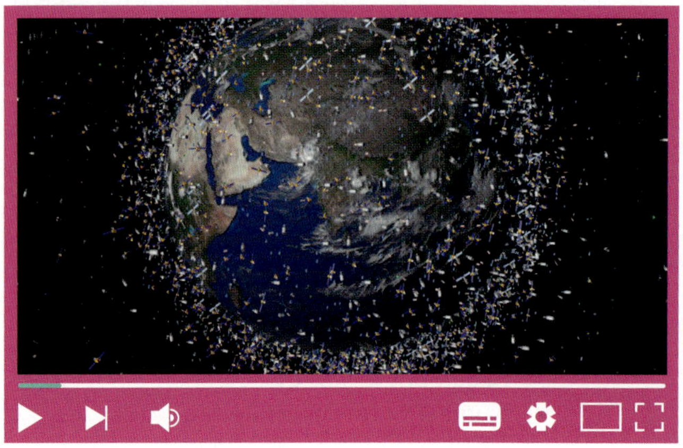

B) Recycling im All

B1

1. Erklären Sie in eigenen Worten das Forschungsprojekt *ReUse in Space*.
2. Was halten Sie von diesem Projekt? Wäre es auf der Erde ebenfalls denkbar? Sprechen Sie mit einem/r Mitschüler/in.

Die Rostocker Schüler Leni Termann, Adrian Schorowsky und Lara Neubert entwickelten im Rahmen von „Jugend forscht" ein Konzept zum Recyceln von Kunststoff[1] auf der Internationalen Raumstation. Mit der Methode kann Plastikmüll zum Grundstoff[2] für 3D-Drucker[3] recycelt werden. Und damit wiederum lassen sich Ersatzteile[4] und Teile für Experimente der Astronauten direkt auf der ISS herstellen[5]. Bei Airbus ist man interessiert: „Das Projekt des ‚Jugend-forscht'-Teams ‚ReUse in Space' finden wir sehr relevant beispielsweise für zukünftige Langzeitmissionen", sagt Mathias Seifert, Programmmanager ISS bei Airbus.

Bis zu 180 Kilo Müll pro Jahr

Auf die Idee kamen die drei Schüler bei einem Treffen mit dem Ex-Astronauten Thomas Reiter an der Uni Rostock vor zwei Jahren: „Da ist uns aufgefallen[6], außerhalb der ISS gibt es Ideen zum Umgang[7] mit Weltraumschrott, aber innerhalb der ISS eher nicht", sagt Lara. „Im Moment kümmern wir uns besonders um Plastik", ergänzt Leni. Auf der ISS geht es vor allem um Verpackungsmüll von Experimenten, erklärt Adrian, bis zu 180 Kilo pro Jahr. Dabei wird das Material zunächst eingeschmolzen[8]. Dann wird es zu Granulat geschreddert[9], mit dem einige 3D-Drucker bereits arbeiten könnten. „Und dann stellen wir die Teile her, die wir brauchen", sagt der 18-Jährige.

„Es ist aber noch sehr, sehr viel zu tun"

„Man muss sagen, dass die Astronauten im Moment noch relativ abhängig von den Transportkapseln[10] sind", sagt Leni Termann. Ersatzteile für Experimente müssten teuer von der Erde herbeigeschafft werden. Ein Kilo Material zur ISS zu fliegen, kostet bis zu 20.000 US-Dollar. „Durch den Recyclingprozess schaffen wir eine gewisse Unabhängigkeit." „Es ist aber noch sehr, sehr viel zu tun, das ist eine komplexe Sache", sagt sie.

Nach www.kreiszeitung.de, 11. 07. 2018

1. der Kunststoff = das Plastik 2. der Grundstoff *la matière première* 3. der 3D-Drucker *l'imprimante 3D* 4. das Ersatzteil *la pièce de rechange* 5. her/stellen *fabriquer* 6. etw. fällt jm auf *qn remarque qc* 7. der Umgang mit etw. *le traitement de qc* 8. etw. ein/schmelzen* *fondre qc* 9. etw. schreddern *broyer qc* 10. die Transportkapsel *la capsule de transport*

C Gemüse für Astronauten

VIDEO

bordas Flash PAGE vidéo

B1

1. Sehen Sie sich das Video zum Projekt „Eden ISS" an. Was sind die Ziele des Projekts? Mit welchen Problemen sind die Ingenieure konfrontiert? Welche ersten Erfolge konnten sie erzielen?
2. Wäre das Projekt Ihrer Meinung nach auch auf der Erde hilfreich? Erklären Sie.

das Gewächshaus *la serre* – die Wurzel *la racine* – der Nährstoff *le nutriment* – die Luftfeuchtigkeit *l'humidité de l'air* – ein/frieren* *congeler* – haltbar machen = konservieren

SPRACHBOX

Müll auf der Erde und im All

- der Müll; der Abfall *les déchets*
- Müll entsorgen, trennen *éliminer, trier les déchets*
- der Weltraumschrott *les débris spatiaux*
- die Verschmutzung *la pollution*
- eine Gefahr dar/stellen *représenter un danger*
- gefährlich *dangereux*
- Probleme erzeugen, verursachen *engendrer, causer des problèmes*

nachhaltige Ideen

- das Recycling; etw. recyceln *le recyclage ; recycler qc*
- etw. wieder/verwenden* *réutiliser qc*
- vielversprechend *prometteur*
- hilfreich *utile*
- erfolgreich *qui a du succès*
- jn mit etw. versorgen *approvisionner qn en qc*
- etw. ernten *récolter qc*
- etw. nutzen *utiliser qc*

→ p. 164

KulturBOX

Jugend forscht ist Deutschlands größter Wettbewerb für jugendliche Forscher bis zum Alter von 21 Jahren. Dabei sollen Jugendliche für Mathematik, Informatik, Naturwissenschaften und Technik begeistert und wissenschaftliche Talente gefunden werden. Jedes Jahr finden im ganzen Land mehr als 110 regionale Wettbewerbe statt, bis dann beim Bundeswettbewerb, dem großen Finale, die Sieger ausgewählt werden. Weitere Informationen: www.jugend-forscht.de

SPRACHBOX

Le futur

- Aufgrund des Weltraumtourismus **wird** es immer mehr Weltraumschrott **geben**.
- Die Forscher **werden** neue Ideen **finden**, um den Müll zu entsorgen.
- In ein paar Jahren **wird** der erste Mensch auf dem Mars **landen**.

→ p. 166

Nun sind Sie dran!

Die NASA möchte die Internationale Raumstation ab 2020 für Privatastronauten öffnen. Was denken Sie über diesen Weltraumtourismus? Welche Konsequenzen wird das für Weltraum und Erde haben? Erklären Sie.

TRAINING

WORTSCHATZ

Völlig losgelöst

Ab ins Weltall!

A2-B1

- das Weltall = das All = das Universum *l'univers*
- der Weltraum *l'espace*
- die Erde; der Mond *la terre ; la lune*
- der Planet (-en, -en) *la planète*
- die Rakete (-n); das Raumschiff (-e) *la fusée ; le vaisseau spatial*
- der Satellit (-en, -en) *le satellite*
- der Astronaut (-en, -en) *l'astronaute*

B1-B2

- die Luftfahrt *l'aéronautique ; l'aviation*
- die Raumfahrt *la navigation spatiale ; l'astronautique*
- irdisch ≠ außerirdisch *terrestre ≠ extra-terrestre*
- in den Weltraum fliegen* *partir dans l'espace*
- auf dem Mond landen *atterrir sur la lune, alunir*
- der bemannte Raumflug *le vol spatial habité*

Forschung im Weltraum

A2-B1

- die Erfindung (-en) *l'invention*
- etw. untersuchen; beobachten *étudier ; observer qc*
- ein Konzept entwickeln *développer un concept*
- die Wissenschaft (-en); der Wissenschaftler (-) *la science ; le scientifique*

B1-B2

- ein Experiment durch/führen *mener une expérience*
- neue Erkenntnisse gewinnen* *acquérir de nouvelles connaissances*
- die Internationale Raumstation (ISS) *la Station Spatiale Internationale*
- mit Hilfe von (D) *à l'aide de*
- der Fortschritt (-e) *le progrès*
- die Forschung; der Forscher (-), die Forscherin (-nen) *la recherche ; le chercheur, la chercheuse*
- Verantwortung übernehmen* *assumer la responsabilité*
- verantwortungsvoll *responsable*
- etw. fördern; die Förderung *soutenir, promouvoir qc ; le soutien, la promotion*

Nachhaltigkeit und Umweltschutz

A2-B1

- der Umweltschutz *la protection de l'environnement*
- die Umwelt schützen ≠ verschmutzen *protéger ≠ polluer l'environnement*
- das Recycling; etw. recyceln *le recyclage ; recycler qc*
- etw. wieder/verwenden* *réutiliser qc*
- ein Problem lösen *résoudre un problème*

B1-B2

- die nachhaltige Entwicklung *le développement durable*
- nachhaltig handeln *agir de manière écoresponsable*
- die Erde bewahren *préserver la (planète) Terre*
- der Tier- und Klimaschutz *la protection des animaux et du climat*
- vielversprechend *prometteur*
- hilfreich *utile*
- jn mit etw. versorgen *approvisionner qn en qc*
- etw. nutzen *utiliser qc*
- etw. erleichtern; etw. ermöglichen *faciliter qc ; rendre qc possible*
- die Möglichkeit bieten* zu + inf *offrir la possibilité de*
- zu etw. (D) bei/tragen* *contribuer à qc*

überall Müll …

A2-B1

- der Umwelt schaden *nuire à l'environnement*
- der Müll; der Abfall *les déchets*
- Müll entsorgen, trennen *éliminer, trier les déchets*
- die Verschmutzung *la pollution*
- gefährlich *dangereux*

B1-B2

- der Klimawandel *le changement climatique*
- die Klimaerwärmung *le réchauffement climatique*
- die Veränderung *le changement*
- der bewohnbare ≠ unbewohnbare Planet *la planète habitable ≠ inhabitable*
- der Weltraumschrott *les débris spatiaux*
- eine Gefahr dar/stellen *représenter un danger*
- der Beschützer (-); etw. beschützen *le protecteur ; protéger qc*
- Probleme erzeugen, verursachen *engendrer, causer des problèmes*
- Einfluss auf etw. (A) aus/üben *exercer de l'influence sur qc*

Comprendre les consignes

- Finden Sie selbst Ideen oder recherchieren Sie im Internet. *Trouvez des idées par vous-même ou faites des recherches sur Internet.*
- Erstellen Sie eine Zeitleiste. *Faites une frise chronologique.*

ÜBUNGEN

1 Complétez l'article défini des noms suivants.

a. d… Weltall
b. d… Umweltschutz
c. d… Nachhaltigkeit
d. d… Mond
e. d… Erfindung

2 Reliez les expressions contraires et traduisez-les.

die Umwelt schützen •	• außerirdisch
irdisch •	• unbewohnbar
Probleme lösen •	• der Umwelt schaden
bewohnbar •	• Probleme erzeugen

3 Complétez ce texte avec les expressions suivantes.

Astronaut – Erkenntnisse gewinnen – hilfreich – Internationale Raumstation – teste – Weltraumspaziergang – Weltraum

Logbuch von Astroalex

Hallo Erde! Als … bin ich nun zum zweiten Mal für eine Forschungsmission auf die … geflogen. Während meines Aufenthaltes im … führe ich zahlreiche Experimente durch und kann so neue … . Zum Beispiel … ich neue Medikamente gegen Krebs. Ich hoffe, dass diese Experimente für die Menschheit … sein werden. Letzte Woche musste ich auch einen … machen, um ein Loch[1] in der ISS zu reparieren, das war sehr aufregend! Bis zum nächsten Mal! Beste Grüße aus dem All, A. Gerst

1. das Loch *le trou*

4 Trouvez l'infinitif qui convient pour compléter les expressions suivantes.

bewahren – entsorgen – entwickeln – fliegen – handeln – landen

a. Müll …
b. nachhaltig …
c. auf dem Mond …
d. die Erde …
e. ein Konzept …
f. in den Weltraum …

Extra

B1

5 Stellen Sie sich vor, Sie hätten die Möglichkeit, als Weltraumtourist auf die ISS zu fliegen. Würden Sie dieses Abenteuer gern erleben? Erzählen Sie.

WORTBILDUNG

Les noms composés complexes

Les mots composés complexes se composent d'un déterminant, c'est-à-dire le dernier élément du nom, et d'un déterminé qui est lui-même parfois composé ou dérivé. Pour mieux les comprendre, il suffit de les décomposer en éléments simples.

die Erd umlauf bahn la trajectoire orbitale de la Terre

der Welt raum tourismus le tourisme dans l'espace

der Erd beobachtungs satellit le satellite d'observation de la Terre

Dans cette structure complexe, c'est le déterminé qui donne le genre et le nombre au mot composé.
→ ***der** Weltraum**forscher*** le chercheur en aérospatiale
→ ***das** Werkzeug**teil*** la partie d'un outil

ÜBUNG

Formez à partir des éléments donnés des mots complexes qui correspondent aux traductions. Trouvez ensuite l'article.

a. le centre de formation pour les astronautes
b. le site d'atterrissage sur la Lune
c. le projet de recherche fondamentale
d. la mission de longue durée
e. l'image de l'observation de la Terre
f. l'idée pour la protection de l'environnement

Astronauten-	-schutz-	-bild
Lang-	-landungs-	-zentrum
Umwelt-	-zeit-	-projekt
Mond-	-ausbildungs-	-idee
Erd-	-forschungs-	-standort
Grundlagen-	-beobachtungs-	-mission

TRAINING

GRAMMATIK

LERNTEMPODUETT → p. 17

Les verbes de modalité → p. 160

→ PRÉCIS p. 226

- Les verbes ***dürfen***, ***können***, ***mögen***, ***müssen***, ***sollen*** et ***wollen*** sont irréguliers.
- Ils expriment la possibilité ou la capacité (*können*), l'obligation absolue (*müssen*), l'obligation imposée par une tierce personne ou un conseil (*sollen*), la volonté (*wollen*), le souhait (*mögen* au subjonctif II) ou l'autorisation (*dürfen*).
  *Wir **müssen** die Erde schützen.* Nous devons protéger la Terre.
  *Bald werden auch private Personen ins All fliegen **können**.* Bientôt des personnes privées pourront aller dans l'espace.
  *Alexander Gerst **möchte** gern an einer Marsmission teilnehmen.* Alexander Gerst voudrait participer à une mission sur Mars.
  *Wir **sollen** an die künftigen Generationen denken.* Nous devons penser aux générations futures.
- Ils sont toujours accompagnés d'un infinitif **sans *zu***.
  Dans une **proposition principale**, l'infinitif se met en **dernière position**.
  Dans une subordonnée, il se place juste avant le verbe conjugué en **avant-dernière position**.
  *Ich möchte mich für den Umweltschutz engagieren, weil wir keinen Planeten B haben **können**.*
  Je voudrais m'engager pour la protection de l'environnement parce que nous ne pouvons pas avoir de planète B.

! Construit sans infinitif, le verbe *mögen* signifie aimer, apprécier qc ou qn.

1 (*) **Complétez chaque phrase avec un verbe de modalité au présent. Il peut y avoir deux solutions.**

a. Laut der NASA … Privatpersonen bald in den Weltraum fliegen.
b. Die Menschheit … nachhaltig handeln, um die Umwelt zu schützen.
c. Die zwei Kandidatinnen der Initiative „Die Astronautin" … an einer Weltraummission teilnehmen.
d. Der technische Fortschritt … zur Lösung von Umweltproblemen beitragen.

2 (**) **Mettez les phrases suivantes dans le bon ordre. Attention à la place du verbe conjugué et à celle de l'infinitif ainsi qu'à la ponctuation. Le premier élément est déjà en place.**

a. Viele Wissenschaftler – dass – denken – man – im Weltall – entdecken – andere Lebensformen – kann
b. Seit ihrer Kindheit – Astronautin – sie – werden – bei der ESA – möchte
c. Wir – nicht – dürfen – dass – vergessen – keinen Planeten B – wir – haben
d. Alexander Gerst – im Astronautenzentrum – trainiert – auf den Mond – fliegen – oder – will – auf den Mars – weil – er

Le futur → p. 163

→ PRÉCIS p. 228

- Le futur sert à exprimer une action ou un événement futur. On le forme avec l'auxiliaire ***werden*** au présent et l'infinitif du verbe.
  *In ein paar Jahren **wird** es sehr viele Weltraumtouristen **geben**.*
- Pour indiquer une action ou un événement situé dans l'avenir, on peut également utiliser le présent avec une indication de temps (*morgen*, *heute Abend*, *bald*, *nächstes Jahr …*).
  ***Morgen** startet die nächste Forschungsmission auf der ISS.*

3 (*) **Formez des questions en utilisant tous les mots proposés. Attention aux indications de temps.**

a. am – was – du – Wochenende – machen
b. das ESA-Zentrum – besichtigen – mit mir – in Köln – wollen – du – nächste Woche
c. nach dem Abitur – studieren – an der technischen Universität – deine Schwester
d. deine Schule – nächstes Jahr – teilnehmen – am Wettbewerb „Jugend forscht"

4 (**) **Vous êtes astronaute et vous participez à une mission sur l'ISS. Vous avez pris des notes sur l'état de notre planète. Vous rédigez un texte au futur pour alerter l'humanité.**

a. Menschheit: Regenwälder nicht mehr retten
b. Klimawandel: schreckliche Konsequenzen für die Umwelt haben
c. Wegen der Klimaerwärmung: viele Seen vertrocknen
d. Weltraumtourismus: viel Weltraumschrott produzieren
e. Nachhaltigkeit: eine große Rolle spielen müssen

Eine Reise durch Raum und Zeit

MÉDIATION GALERIEGANG → p. 22

B1-B2

- Lesen Sie zunächst den Kurztext über das „Projekt_4D" des Deutschen Zentrums für Luft- und Raumfahrt.
- Bilden Sie dann Vierergruppen.
- Präsentieren Sie nach der Methode des Galeriegangs mit einem Plakat Ideen, wie unsere Welt im Jahre 2068 im Sinne der Wünsche für die Zukunft, die die deutschen Schülerinnen und Schüler Alexander Gerst übergeben haben, aussehen soll.
- Hier ein paar Impulsfragen, die Ihnen bei der Ideenfindung helfen sollen:
  – Was sollten wir verbessern, welche Probleme vorrangig lösen? (Umweltfragen, Konflikte und Krisen, Alltagsprobleme usw.)
  – Welche Verantwortung soll dabei der technische Fortschritt tragen?
  – Welche Rolle soll die Nachhaltigkeit spielen?
  – Welche Message haben Sie an die junge Generation von morgen?

Projekt_4D

Was wünschen sich Schülerinnen und Schüler für die Zukunft in 50 Jahren? Das Deutsche Zentrum für Luft- und Raumfahrt (DLR) hat in Kooperation mit der Europäischen Weltraumagentur ESA Kinder und Jugendliche eingeladen, ihre Träume und Wünsche an die Welt in 50 Jahren zu formulieren. Rund 8.000 Schülerinnen und Schüler haben ihre Wünsche für die Welt von morgen – immer mit einem Foto ihres Teams – geschickt. Verpackt in eine Zeitkapsel hat der deutsche ESA-Astronaut Alexander Gerst alle Beiträge[1] 2018 mit auf seine zweite Reise zur Internationalen Raumstation genommen. Erst im Jahr 2068 wird die Kapsel wieder geöffnet und die Texte gelesen.

1. der Beitrag (¨-e) *la contribution*

Stratégies

▷ Structurer la présentation

– *Wir möchten euch heute präsentieren, wie unsere Welt 2068 aussehen soll.* Aujourd'hui, nous voulons vous présenter ce à quoi notre monde devrait ressembler en 2068.
– ***Zu Beginn** wollen wir unsere Ideen vorstellen.* D'abord, nous voulons présenter nos idées.
– ***Zum Schluss** möchten wir von euch wissen, was ihr über unsere Ideen denkt.* Pour conclure, nous voulons savoir ce que vous pensez de nos idées.

▷ Répartir le temps de parole et faire la transition

– *Paul wird **zuerst** unsere Ideen zum Thema Umweltschutz präsentieren.* D'abord Paul va présenter nos idées sur la protection de l'environnement.
– ***Nun** spricht Jasmine über …* Maintenant Jasmine va nous parler de…
– ***Zum Schluss** hören wir die Vorschläge von …* Pour terminer, nous écoutons les propositions de…

▷ Utiliser le futur et les verbes de modalité

– *Unsere Gruppe denkt, dass im Jahre 2068 viele Menschen auf den Mars **fliegen werden**.* Notre groupe pense qu'en 2068 beaucoup de personnes partiront sur Mars.
– *Wir sind der Meinung, dass die Nachhaltigkeit dazu **beitragen wird**, viele Umweltprobleme zu lösen.* Nous sommes d'avis que la durabilité contribuera à résoudre de nombreux problèmes environnementaux.
– *Wir **sollten** vor allem Probleme wie Krieg und Krisen lösen.* Nous devrions surtout résoudre des problèmes tels que les guerres et les crises.
– *Es **kann** sein, dass Mars unser Planet B wird.* Il se peut que Mars devienne notre planète B.

BAC
ÉPREUVE 3
(3e trimestre)

PARTIE 1 – ÉCRIT

Compréhension de l'oral

VIDEO

Als erste Deutsche ins All?

- **En rendant compte en français du document, vous montrerez que vous avez compris :**
  - le thème principal du document ;
  - les faits, la situation, les événements, les informations ;
  - l'identité des personnes citées ;
  - la fonction et la portée du document (relater, informer, convaincre, critiquer, dénoncer, etc.).

bordas Flash PAGE vidéo

ESO *abréviation anglaise pour l'Observatoire européen austral* – die MINT-Berufe: Berufe in **M**athematik, **I**nformatik, **N**aturwissenschaften und **T**echnik – der Leuchtturm *ici, le projet phare*

Stratégies

Identifier le thème principal du document

Avant le visionnage, lisez le titre du document qui vous renseigne sur le thème principal : *Als erste Deutsche ins All?*. La vidéo présente donc une astronaute qui pourrait être la première femme allemande à partir dans l'espace.

Repérer l'identité des personnes citées

– Afin de reprendre correctement les noms des personnes citées, regardez attentivement les encadrés en bas de la vidéo.

– Le document vous donne les informations suivantes :

→ Suzanna Randall : *38 Jahre, Astrophysikerin und Astronautin, München*

→ Claudia Kessler : *Initiatorin des Projekts „Die Astronautin"*

Compréhension de l'écrit

3 210 signes

MÉTHODOLOGIE p. 172

a. **Lesen Sie das Interview. Geben Sie wieder, was Sie verstanden haben. Beachten Sie dabei folgende Punkte:**
- die wichtigen Kompetenzen einer Astronautin
- die positiven Einflüsse der neuen Technologien auf die Umwelt
- die Situation der Frauen in technisch-naturwissenschaftlichen Berufen

b. **„Neue Technologien haben viel Potenzial, wenn es darum geht, mit Ressourcen sparsamer umzugehen." (Zeilen 17-18) Erklären Sie die positiven Aspekte des technischen Fortschritts.**

Eine deutsche Meteorologin auf dem Weg zu den Sternen

Die Meteorologin Insa Thiele-Eich ist neben Suzanna Randall Kandidatin für die Initiative „Die Astronautin", die 2020 die erste deutsche Frau ins All schicken möchte.

Welche Eigenschaften[1] muss man als Astronautin mitbringen und wie wichtig ist das Thema soziale Kompetenz?

Insa Thiele-Eich: Ein beruflicher Hintergrund im mathematisch-naturwissenschaftlichen Bereich ist sehr wichtig, und auch, dass man bereits Berufserfahrung gesammelt hat. Aber es geht gleichzeitig darum zu wissen, wie ein Team arbeitet. Ein Astronaut muss sich selbst reflektieren und fragen: Was kann ich machen, damit dieses Team funktioniert? Frustrationstoleranz ist ebenfalls wichtig. In der Ausbildung lebe ich nach einem Trainingsplan, ohne zu wissen, ob ich dann überhaupt ins All fliege. Soziale Kompetenz ist deshalb enorm wichtig. Aber auch Intelligenz ist entscheidend, denn man muss in kurzer Zeit viele Informationen aufnehmen können, in Stresssituationen die richtigen Entscheidungen treffen. An einem so extremen Ort wie dem Weltraum kann es schnell sehr riskant werden. Die psychische und soziale Kompetenz finde ich daher neben den kognitiven Kompetenzen besonders wichtig.

Sie forschen an der Universität Bonn zum Thema Klimawandel, Ihre Dissertation[2] untersucht die Konsequenzen für Bangladesch. Denken Sie, dass neue Technologien die Probleme der Umwelt und des Klimawandels lösen können oder betrachten Sie bestimmte Technologien auch mit Skepsis?

Insa Thiele-Eich: Beides ist richtig. Neue Technologien haben viel Potenzial, wenn es darum geht, mit Ressourcen sparsamer[3] umzugehen. Ein simples Beispiel sind Kommunikationstechnologien wie Skype, die Reisen überflüssig[4] machen und damit die CO_2-Emissionen senken. Auch Jobs, die von zuhause aus gemacht werden können, reduzieren den Verkehr. Entscheidend ist aber, was wir Menschen wollen. Technologie führt nicht von allein zur Reduktion von Treibhausgasen[5]. Die Technologie ist das Instrument, aber wichtiger für ihren erfolgreichen Einsatz ist, dass die Gesellschaft es möchte.

Unter den 550 Astronauten und Kosmonauten, die bislang ins Weltall geflogen sind, waren rund sechzig Frauen. Elf Deutsche waren auf Missionen im Weltraum – alles Männer. Das Projekt „Die Astronautin" hat auch das Ziel, Frauen für technisch-naturwissenschaftliche Berufe zu begeistern. Insofern haben Sie eine Vorbildfunktion. Wie sehen Sie Ihre Rolle?

Insa Thiele-Eich: Mädchen für technisch-naturwissenschaftliche Berufe zu begeistern, ist ein wichtiges Ziel dieser Initiative. Natürlich habe ich mich beworben, weil ich ins All fliegen möchte. Aber als arbeitende Mutter sehe ich in Deutschland noch ein enormes Potenzial für die Rolle der Frau in der Arbeitswelt – besonders bei technischen Berufen. Es gibt häufig den Effekt, dass Mädchen aus gesellschaftlichen Gründen abgeraten wird, solche Berufe zu wählen. Vielen ist nicht klar, dass es noch zu wenige Frauen als Vorbilder gibt und wie wichtig sie sind. Als erste deutsche Astronautin bekommt man viel Aufmerksamkeit und steht mit den Themen Raumfahrt und Weltall für etwas Emotionales, das viele Kinder spannend und faszinierend finden. Dieses Projekt ist insofern eine Plattform, auf der man für mehr Gleichberechtigung werben kann.

Nach www.kas.de, 27. Oktober 2017

1. die Eigenschaften *ici, les qualités humaines* 2. die Dissertation *la thèse de doctorat* 3. sparsam *économe* 4. überflüssig *superflu* 5. die Treibhausgase *les gaz à effet de serre*

Stratégies
Rendre compte d'une interview

Les compétences d'une astronaute

On peut considérer qu'elles sont au nombre de quatre. Certaines sont explicitement formulées, d'autres doivent être reformulées à partir des informations du texte :

Berufserfahrung + in den Naturwissenschaften + mit Teamarbeit
→ Eine Astronautin muss ...?

Les nouvelles technologies et l'environnement

Pour répondre à la 2e question, vous montrez que ces nouvelles technologies sont bénéfiques.

- *Sie haben den Vorteil, zu …* (+ inf)
  Elles ont l'avantage de…
- *Sie haben einen positiven Einfluss auf …* (A).
  Elles ont une influence positive sur…

Expression écrite

- **Behandeln Sie Thema A oder Thema B.**

Thema A

Sie sind in einer deutschen Gastfamilie in Köln und wollen das Europäische Astronautenzentrum (EAC) besuchen. In diesem Kontext diskutiert die Familie über die hohen Kosten der Raumfahrt.
Welche der drei Meinungen gefällt Ihnen am besten? Begründen Sie Ihre Antwort mit konkreten Beispielen.
Sie können sich auch auf die Dokumente Seiten 168-169 beziehen.

Sohn
„Ich habe gestern im Internet gelesen, dass wir in Deutschland pro Jahr rund 1,4 Milliarden Euro für die Raumfahrt bezahlen! Das ist unglaublich! Wir sollten das Geld lieber in den Umweltschutz investieren als das Weltall zu erforschen."

Vater
„Natürlich ist die Raumfahrt teuer. Aber pro Person zahlen wir nur 20 Euro pro Jahr. Und ihr wisst ja, dass unser Alltag ohne Raumfahrt komplett anders wäre: kein Fernsehen, kein GPS, keine Wettervorhersagen …"

Tochter
„Naja, aber umweltfreundlich ist die Raumfahrt ja wohl nicht! Was bringt sie uns überhaupt?"

ODER

Thema B

Erklären Sie am Beispiel der Raumfahrt, wie technische Innovationen beim Umweltschutz helfen können.

Stratégies
Prendre position

Signaler son accord
- *dafür sein* être pour
- *Ich teile die Meinung von …* Je partage l'avis de…
- *Ich bin mit … einverstanden.* Je suis d'accord avec…
- *Ich sehe das genauso wie …* Je vois cela exactement comme…

Signaler son désaccord
- *dagegen sein* être contre
- *Ich teile die Meinung von … nicht.* Je ne partage pas l'avis de…
- *Ich bin mit … nicht einverstanden.* Je ne suis pas d'accord avec…
- *Ich sehe das ganz anders.* Je vois cela autrement.

BAC ÉPREUVE 3 (3e trimestre) – PARTIE 2 – ORAL

Expression orale en continu

- **Welches Dokument illustriert Ihrer Meinung nach am besten das Thema „wissenschaftliche Innovationen und Verantwortung"? Begründen Sie Ihre Antwort.**

A

Der deutsch-französische Satellit MERLIN soll ab 2024 in der Erdatmosphäre die Methankonzentration messen[1], die für die Klimaerwärmung mitverantwortlich ist. Die Forscher wollen mit den Resultaten ein effizientes Konzept für den Klimaschutz entwickeln.

1. etw. messen* *mesurer qc*

B

Das Deutsche Zentrum für Luft- und Raumfahrt (DLR) und fünf europäische Firmen arbeiten an Recycling-Raketen für mehr Nachhaltigkeit in der Raumfahrt.

Stratégies
Présenter les documents et justifier son choix

Pour cette épreuve, vous allez devoir présenter brièvement les documents donnés et surtout expliquer lequel correspond le mieux à l'axe proposé. Voici quelques pistes :

▷ Indiquer la nature des documents proposés :

– Bei beiden Dokumenten handelt es sich um Fotomontagen.

▷ Identifier le thème des documents :

– Die Fotos zeigen …
– Die Dokumente haben … zum Thema.

▷ Choisir le document qui illustre le mieux l'axe étudié :

– Ich denke, dass das Dokument A / B am besten die Thematik … illustriert, denn …
– Meiner Meinung nach passt das erste / zweite Foto sehr gut zum Thema …, weil …

▷ Quelques aides lexicales :

Dokument A
– *der Klimaschutz; das Klima schützen* la protection du climat ; protéger le climat
– *den Fortschritt in den Dienst des Umweltschutzes stellen* mettre le progrès au service de la protection de l'environnement
– *die Klimaerwärmung reduzieren* réduire le réchauffement climatique
– *die internationale Zusammenarbeit* la coopération internationale
– *innovative, konkrete Lösungen finden* trouver des solutions innovatrices, concrètes

Dokument B
– *die Recycling-Rakete* la fusée recyclée
– *unbrauchbare Raketen recyceln* recycler des fusées inutilisables
– *kostensparend* économique
– *umweltfreundlich ≠ umweltschädlich* favorable ≠ nuisible à l'environnement
– *verantwortungsvoll handeln* agir de manière responsable
– *Abfall vermeiden** éviter les déchets

Expression orale en interaction

- **Après l'expression orale en continu, vous allez échanger avec l'examinateur. Voici des questions qu'il pourrait vous poser.**

Wie sehen Sie persönlich den technischen Fortschritt im Alltag?

Ist es Ihnen wichtig, immer das neueste Handymodell zu haben?

WISSENSCHAFTLICHE INNOVATIONEN UND VERANTWORTUNG

Was machen Sie in Ihrer Familie für den Umweltschutz?

Denken Sie beim Einkaufen an die Umwelt?

Stratégies
Exprimer des regrets et des craintes

▷ Lors de la discussion avec votre examinateur, vous pouvez être amené à **exprimer un regret à propos d'un phénomène ou d'une situation.** Les termes suivants pourront vous être utiles :

– *Ich finde es sehr bedauerlich / schade, dass …* Je trouve très regrettable que…
– *leider* malheureusement

▷ Vous pouvez également exprimer des craintes à l'aide des expressions suivantes :

– *Ich mache mir Sorgen, denn …* Je me fais du souci car…
– *Ich bin über … (A) beunruhigt.* Je suis préoccupé par…
– *Ich befürchte, dass …* Je crains que…

BAC MÉTHODOLOGIE

RENDRE COMPTE D'UN TEXTE

SUJET

→ p. 168

a. **Lesen Sie das Interview. Geben Sie wieder, was Sie verstanden haben. Beachten Sie dabei folgende Punkte:**
- die wichtigen Kompetenzen einer Astronautin
- die positiven Einflüsse der neuen Technologien auf die Umwelt
- die Situation der Frauen in technisch-naturwissenschaftlichen Berufen.

b. **„Neue Technologien haben viel Potenzial, wenn es darum geht, mit Ressourcen sparsamer umzugehen." (Zeilen 18-19) Erklären Sie die positiven Aspekte des technischen Fortschritts.**

Eine deutsche Meteorologin auf dem Weg zu den Sternen

Die Meteorologin Insa Thiele-Eich ist neben Suzanna Randall Kandidatin für die Initiative „Die Astronautin", die 2020 die erste deutsche Frau ins All schicken möchte.

Welche Eigenschaften[1] muss man als Astronautin mitbringen und wie wichtig ist das Thema soziale Kompetenz?

Insa Thiele-Eich: Ein beruflicher Hintergrund im mathematisch-naturwissenschaftlichen Bereich ist sehr wichtig, und auch, dass man bereits Berufserfahrung gesammelt hat. Aber es geht gleichzeitig darum zu wissen, wie ein Team arbeitet. Ein Astronaut muss sich selbst reflektieren und fragen: Was kann ich machen, damit dieses Team funktioniert? Frustrationstoleranz ist ebenfalls wichtig. In der Ausbildung lebe ich nach einem Trainingsplan, ohne zu wissen, ob ich dann überhaupt ins All fliege. Soziale Kompetenz ist deshalb enorm wichtig. Aber auch Intelligenz ist entscheidend, denn man muss in kurzer Zeit viele Informationen aufnehmen können, in Stresssituationen die richtigen Entscheidungen treffen. An einem so extremen Ort wie dem Weltraum kann es schnell sehr riskant werden. Die psychische und soziale Kompetenz finde ich daher neben den kognitiven Kompetenzen besonders wichtig.

Sie forschen an der Universität Bonn zum Thema Klimawandel, Ihre Dissertation[2] untersucht die Konsequenzen für Bangladesch. Denken Sie, dass neue Technologien die Probleme der Umwelt und des Klimawandels lösen können oder betrachten Sie bestimmte Technologien auch mit Skepsis?

Insa Thiele-Eich: Beides ist richtig. Neue Technologien haben viel Potenzial, wenn es darum geht, mit Ressourcen sparsamer[3] umzugehen. Ein simples Beispiel sind Kommunikationstechnologien wie Skype, die Reisen überflüssig[4] machen und damit die CO_2-Emissionen senken. Auch Jobs, die von zuhause aus gemacht werden können, reduzieren den Verkehr. Entscheidend ist aber, was wir Menschen wollen. Technologie führt nicht von allein zur Reduktion von Treibhausgasen[5]. Die Technologie ist das Instrument, aber wichtiger für ihren erfolgreichen Einsatz ist, dass die Gesellschaft es möchte.

Unter den 550 Astronauten und Kosmonauten, die bislang ins Weltall geflogen sind, waren rund sechzig Frauen. Elf Deutsche waren auf Missionen im Weltraum – alles Männer. Das Projekt „Die Astronautin" hat auch das Ziel, Frauen für technisch-naturwissenschaftliche Berufe zu begeistern. Insofern haben Sie eine Vorbildfunktion. Wie sehen Sie Ihre Rolle?

Insa Thiele-Eich: Mädchen für technisch-naturwissenschaftliche Berufe zu begeistern, ist ein wichtiges Ziel dieser Initiative. Natürlich habe ich mich beworben, weil ich ins All fliegen möchte. Aber als arbeitende Mutter sehe ich in Deutschland noch ein enormes Potenzial für die Rolle der Frau in der Arbeitswelt – besonders bei technischen Berufen. Es gibt häufig den Effekt, dass Mädchen aus gesellschaftlichen Gründen abgeraten wird, solche Berufe zu wählen. Vielen ist nicht klar, dass es noch zu wenige Frauen als Vorbilder gibt und wie wichtig sie sind. Als erste deutsche Astronautin bekommt man viel Aufmerksamkeit und steht mit den Themen Raumfahrt und Weltall für etwas Emotionales, das viele Kinder spannend und faszinierend finden. Dieses Projekt ist insofern eine Plattform, auf der man für mehr Gleichberechtigung werben kann.

Nach www.kas.de, 27. Oktober 2017

Lexique à connaître

Comment dit-on en allemand ?
- *l'espace*
- *partir dans l'espace*
- *l'astronaute*
- *l'univers*
- *la société*
- *l'égalité des droits*
- *l'exemple à suivre, le modèle*
- *protéger l'environnement*
- *le changement climatique*
- *les sciences naturelles*
- *le développement durable*

Étape 1

Que dois-je faire ?

Rendre compte en allemand du texte proposé

Prenez appui sur les consignes

- **Reformulez les propos**

  → *Zuerst muss eine Astronautin eine berufliche Erfahrung im mathematisch-naturwissenschaftlichen Bereich haben.*

  → *Frauen haben in Deutschland ein sehr großes Potenzial bei technischen Berufen.*

- **Résumez et synthétisez les informations**

  → *Kommunikation via Internet oder Telearbeit können die CO_2-Emissionen reduzieren.*

1. die Eigenschaft (-en) *ici, les qualités humaines*
2. die Dissertation *la thèse de doctorat*
3. sparsam *économe* 4. überflüssig *superflu*
5. die Treibhausgase *les gaz à effet de serre*

Étape 2 Repérez les éléments pour traiter les deux parties

Partie a. Au brouillon, notez les éléments de réponse trouvés dans des colonnes distinctes. Pour les deux premières, appuyez-vous sur les nombreux mots transparents :

Les qualités et les compétences d'une astronaute	Les impacts positifs des nouvelles technologies sur l'environnement	La place des femmes dans les métiers technologiques et scientifiques
– die Teamarbeit – die psychische und soziale Kompetenz – die Frustrationstoleranz – die Intelligenz – in Stresssituationen richtige Entscheidungen treffen …	– Kommunikationstechnologien (Skype) → Reisen überflüssig → CO_2-Emissionen senken – zuhause arbeiten → Verkehr reduzieren	– Mädchen für Naturwissenschaften begeistern – enormes Potenzial für Frauen in technischen Berufen – Gesellschaft: Mädchen sollen keine technischen Berufe machen – mehr Gleichberechtigung – zu wenige Frauen als Vorbilder

Partie b. Expliquez d'abord brièvement la citation proposée. D'après cette citation, les nouvelles technologies peuvent aider à gérer (*mit etw. um/gehen**) les ressources de manière plus économe (*sparsamer*).

→ Insa Thiele-Eich erklärt, dass neue Technologien helfen können, Ressourcen zu sparen. Aber wie kann das funktionieren? Welche positiven Aspekte hat der technische Fortschritt laut der Astronautin?

Pour les aspects positifs du progrès technologique, appuyez-vous sur la deuxième partie de l'interview :

→ Insa Thiele-Eich ist nicht nur Astronautin, sondern als Meteorologin auch Spezialistin für den Klimawandel. Für sie können neue Technologien helfen, Umweltprobleme zu lösen. Sie nennt folgende Beispiele: …

Étape 3 Rédigez votre compte rendu

Partie a.
- Reprenez les informations que vous avez relevées dans le document. À titre d'exemple, sont classées ci-dessous quelques informations selon **les critères d'évaluation de la compréhension de l'écrit**.

CECRL	Informations du texte	Structure du document	Nature et intention du document
A2	– **Personne :** *Insa Thiele-Eich, Meteorologin, Astronautin, Kandidatin für die Initiative „Die Astronautin"* – **Thème :** *Insa Thiele-Eich als erste deutsche Frau im Weltraum* – **Compétences :** *Teamarbeit, psychische und soziale Kompetenz, Intelligenz …*	– **Sujet principal :** *Insa Thiele-Eich als erste deutsche Frau im Weltraum*	*Es handelt sich um ein Interview. Insa Thiele-Eich **berichtet** über ihre Ausbildung zur Astronautin. Sie **erklärt** auch, warum technischer Fortschritt positiv für die Umwelt ist. Außerdem möchte sie Mädchen **überzeugen**, technische Berufe zu machen.*
B1-B2	– **Impacts positifs sur l'environnement :** *Kommunikationstechnologien (Skype) → Reisen überflüssig → CO_2-Emissionen senken; zuhause arbeiten → Verkehr reduzieren…* – **Place des femmes dans les sciences :** *Mädchen für Naturwissenschaften begeistern; zu wenige Frauen als Vorbilder …*	– **Suivre les points principaux de l'interview :** *Kompetenzen einer Astronautin; positive Einflüsse der neuen Technologien auf die Umwelt; Platz der Frauen in der Technik* – **Identifier des liens de causalité :** *deshalb, daher* (conséquence) ; *aber* (opposition)	*In diesem Interview gibt Insa Thiele-Eich ihre **Meinung** über die Kompetenzen einer Astronautin. Sie erklärt auch ihren **Standpunkt** zum Thema technischer Fortschritt und Umweltschutz. Sie erläutert ebenfalls ihren **Wunsch**, dass mehr Mädchen in technischen Berufen arbeiten.*

- Reformulez le plus possible les informations de votre tableau au style indirect.
  Insa Thiele-Eich: *sie / die Astronautin / die Wissenschaftlerin …*
  sagen: *meinen / erklären / erläutern / erzählen / berichten …*

*Insa Thiele-Eich **sagt**, dass Teamarbeit für Astronauten besonders wichtig ist.*
*Sie **meint**, dass Kommunikationstechnologien einen positiven Einfluss auf die Umwelt haben können.*
*Die Astronautin **erklärt/erläutert**, dass es ein sehr großes Potenzial für Frauen in technischen Berufen gibt.*

Partie b. Rappelez-vous les différentes expressions pour rapporter les informations d'un texte :
- *Der Text spricht über …* Le texte parle de…
- *Das Interview handelt von …* L'interview traite de…
- *Laut Insa Thiele-Eich …* Selon Insa Thiele-Eich…
- *Gemäß dem Interview …* D'après l'interview…

SPRACHBOX

- der Flüchtling (-e) *le réfugié, la réfugiée*
- der Migrant (-en) *le migrant*
- für ≠ gegen etw. (A) auf/stehen* *ici, se soulever pour ≠ contre qc*
- die Willkommenskultur *la culture de l'accueil*
- jn herzlich willkommen heißen* *réserver un accueil chaleureux à qn*
- eine Botschaft, ein Bild vermitteln *transmettre un message, une image*
- einerseits … andererseits … *d'une part… d'autre part…*
- für ≠ gegen etw. demonstrieren *manifester pour ≠ contre qc*
- die Aufnahme, der Empfang von Migranten *l'accueil des migrants*
- jn mit etw. assoziieren, verbinden* *associer qn avec qc*
- die Kriminalität (sg.) *la criminalité*
- in ein Land kommen* ≠ ein Land verlassen* *venir dans un pays ≠ quitter un pays*

→ p. 180

A

B

C

Kapitel 10

Deutsche Willkommenskultur?

Kann man von einer deutschen Willkommenskultur für Migranten sprechen?

- Réfléchir à l'intégration de personnes étrangères (p. 176)
- Débattre des effets positifs de la culture de l'accueil (p. 178)
- Poser des questions (p. 177)
- Exprimer la contradiction (p. 178)

Projekt

Débattre des enjeux de la diversité culturelle pour la société (p. 183)

MÉDIATION

WORLDCAFÉ

BAC ÉPREUVE 3

Partie 1 – Écrit

VIDEO Willkommensklasse (p. 184)

Stratégie : Déduire le sens des mots inconnus (p. 184)

Viele Flüchtlinge lernen nicht schnell genug Deutsch, Berliner Morgenpost – Flüchtlingshilfe, Der Spiegel (p. 185)

Stratégie : Synthétiser deux documents (p. 185)

Stratégies : Justifier son engagement – Prendre position (p. 186)

Partie 2 – Oral

MÉTHODOLOGIE p. 188

Stratégie : Faire le lien entre les documents et l'axe thématique (p. 187)

Stratégie : Relativiser son propos et apporter des restrictions (p. 187)

Herzlich willkommen!?

B1

1. Sehen Sie sich die Fotos von Demonstrationen an und lesen Sie die Plakataufschriften.
2. Welche Botschaft vermitteln diese Fotos über die deutsche Willkommenskultur?

Wie gelingt Integration?

A) Angekommen

VIDEO

Bordas Flash PAGE vidéo

B1 **1** Sehen Sie sich die Interviews zum Thema „Migration in Deutschland" an und machen Sie sich Notizen zu den einzelnen Personen. Vergleichen Sie die Ergebnisse dann in Zweiergruppen.

B1-B2 **2** Diskutieren Sie danach in Zweiergruppen: Welche Rolle spielen für die interviewten Personen ihre Wurzeln?

3 Präsentieren Sie dann die Ergebnisse vor der Klasse.

das Zuhause *le chez-soi* – die Vorfahren *les ancêtres* – auf/wachsen* *grandir* – unter/gehen* *ici, faire naufrage*

B) Vom ihr zum wir

B1 **1** Was berichtet der Autor über seine erste Zeit in Deutschland?

2 Wie sieht der Autor persönlich die deutsche Willkommenskultur?

3 Welche Verantwortung haben Flüchtlinge für ihre Integration?

Der Syrer Shadi Al Salamat lebt seit 2015 in Hamburg. Als er nach Deutschland kam, wurde er mit offenen Armen empfangen. In diesem Beitrag erklärt er, wie und warum sich die Willkommenskultur seiner Meinung nach verändert hat.

Im Herbst 2015 öffnete Deutschland seine Türen für uns. Die Willkommenskultur war ein wichtiger Aspekt bei der Aufnahme von Flüchtlingen. Wir wurden von den deutschen Staatsbürgern[1] unterstützt. Eigentlich wollte ich nach Schweden, denn dort habe ich ein paar Verwandte[2]. Aber nach einem Blick auf die deutsche Willkommenskultur habe ich meine Meinung geändert.

In Frieden leben

Ich kann eine Frau nicht vergessen, die zu mir gesagt hat: „Willkommen in Deutschland, hier wird Ihr Leiden enden. Hier lebt ihr in Sicherheit und Frieden, hier seid ihr nicht fremd." Sie hat mich nach Syrien, nach meiner Familie gefragt. Sie hat mir angeboten, zweimal in der Woche Deutsch mit mir zu lernen. Wir haben uns schnell kennengelernt. Nach vier Einheiten Deutschunterricht waren wir echte Freunde.

Aktuell hat sich die gesellschaftliche Stimmung in Deutschland gewandelt. Es gibt viele Demonstrationen gegen Flüchtlinge, viel Hetze[3] im Internet. Und auch Abschiebung[4] nach Afghanistan.

Verantwortung der Flüchtlinge

Wir als Flüchtlinge haben auch Verantwortung. Wenn jemand gerne in einer Gesellschaft lebt, wo er Respekt finden möchte, dann sollte er ein aktives Mitglied dieser Gesellschaft sein. Wir müssen das negative Bild von Flüchtlingen ändern. Viele Medien haben eine wichtige Rolle dabei gespielt, das öffentliche Bild von Flüchtlingen zu schädigen[5], vor allem nach den Bombenanschlägen[6] in Europa. Aber die größte Verzerrung[7] der Flüchtlinge in Europa liegt in den Händen der Flüchtlinge selbst. Wenn beispielsweise ein Flüchtling drei Jahre lang bleibt, aber die Sprache nicht lernt und auch nicht arbeitet, dann wirft dies ein negatives Licht auf uns Flüchtlinge.

Shadi Al Salamat, www.fluechtling-magazin.de, 12. 09. 2019

1. der Staatsbürger (-) *le citoyen* 2. die Verwandten = die Familie 3. die Hetze *le dénigrement* 4. die Abschiebung *l'expulsion* 5. jn / etw. schädigen *nuire à qn / qc* 6. der Bombenanschlag *l'attentat à la bombe* 7. die Verzerrung *ici, l'image négative*

C Kamera ab für Integration

VIDEO

2016 hat der deutsch-türkische Regisseur Fatih Akin den Integrationspreis der Insel Norderney bekommen. Mit diesem Preis zeichnet das Internationale Filmfest Emden-Norderney einen deutschen Film aus, der sich für Integration, Vielfalt und das Zusammenleben von Menschen unterschiedlicher Kulturen und Religionen engagiert.

A2 **1** Informieren Sie sich im Internet über Leben und Werk des Regisseurs Fatih Akin.

B1 **2** Sehen Sie sich das Video an und bearbeiten Sie folgende Fragen:
– Warum ist Integration ein wichtiges Thema in Akins Filmen?
– Wie stellt der Regisseur dieses Thema in seinen Filmen dar?
– Welches Verhältnis hat Akin persönlich zur Integration?

3 Vergleichen Sie dann Ihre Antworten in Zweiergruppen.

B2 **4** Zum Thema Integration sagt Akin folgenden Satz: „Integration fängt auch mit uns an, wie wir uns sehen und nicht wie die anderen uns sehen." Was meint er damit?

mit/schwingen* *résonner* – ein/färben (fig.) *colorer* – schmerzhaft *douloureux* – die Scheinehe *le mariage blanc* – mitreißend *captivant* – die Verzweiflung *le désespoir* – der Culture clash = das Aufeinanderprallen der Kulturen *le choc des cultures* – der Kiez *(lang. fam.) le quartier (d'une ville)*

SPRACHBOX

Diversität
- einen Migrationshintergrund haben *être issu de l'immigration*
- aus … (D) stammen *être originaire de…*
- die Herkunft (sg.); die Wurzeln *les origines ; les racines*
- sich zuhause, wohl fühlen *se sentir chez soi, bien*
- die Heimat (sg.) *le pays d'origine ; le pays d'adoption*

Flucht und Integration
- die Flucht (sg.) *la fuite*
- aus einem Land fliehen*, flüchten *fuir un pays*
- fremd sein *être étranger*
- das Flüchtlingsheim (-e) *le foyer des réfugiés*
- Verantwortung (für etw.) tragen* *porter la responsabilité (de qc)*
- jn freiwillig unterstützen *soutenir qn bénévolement*
- sich integrieren *s'intégrer*
- auf jn zu/gehen* *aller au contact de qn*
- jn betreuen *s'occuper de qn*
- die Stimmung *l'ambiance*
- das Verhältnis zu etw. *le rapport à qc*
- zwischen zwei Kulturen stehen* *se trouver entre deux cultures*

→ p. 180

SPRACHBOX

Poser des questions
Question directe
- **Seit wann** leben Sie in Deutschland?
- **Warum** musste er sein Heimatland verlassen?
- **Hast** du schon den Film *Soul Kitchen* von Fatih Akin gesehen?

Question indirecte
- Sagen Sie mir, **seit wann** Sie in Deutschland leben.
- Ich weiß nicht, **warum** er seine Heimat verlassen musste.
- Sag mir, **ob** du schon einen Film von ihm gesehen hast.

→ p. 182

Nun sind Sie dran!

MÉDIATION · TISCHSET → p. 23

Was kann man machen, damit sich fremde Menschen bei uns zuhause fühlen? Wie kann man ihnen bei der Integration helfen? Sammeln Sie in Vierergruppen Ideen nach der Tischsetmethode und präsentieren Sie diese der Klasse.

Ende der Willkommenskultur?

A Bleiben oder weggehen?

VIDEO

B1 1 Informieren Sie sich zuerst in der Kulturbox über die politische Situation in Deutschland.

A2-B1 2 Sehen Sie sich danach das Video an und machen Sie Notizen zu den folgenden Punkten: Herkunft, Alter, Ausbildung, Wohnort, Meinung zur politischen Situation.

B1 3 Präsentieren Sie die Ergebnisse vor der Klasse.

die Wahl *ici, les élections* – Einfluss gewinnen* *gagner en influence* – Ärger bekommen* *avoir des ennuis* – die Behörden *les autorités publiques*

Kultur BOX

Die Flüchtlingswelle seit 2015 löste viele Konflikte in der deutschen Politik aus[1]. Die Regierungskoalition zwischen Konservativen (CDU/CSU) und Sozialdemokraten (SPD) unter Bundeskanzlerin Angela Merkel ist trotz Vorbehalten[2] für die Aufnahme der Migranten. Das zeigt der berühmte Satz Merkels „Wir schaffen das!". Jedoch gewinnt der fremdenfeindliche Diskurs der rechtspopulistischen Partei Alternative für Deutschland (AfD) oder der rechtsextremen Organisation Pegida immer mehr Einfluss: Im Herbst 2019 konnte die AfD große Wahlerfolge in Ostdeutschland erzielen.

1. etw. aus/lösen *provoquer qc* 2. der Vorbehalt *la réserve*

B Banda Internationale

VIDEO

B1 1 Sehen Sie sich das Video über die internationale Musikgruppe an. Welche Grundidee und welche Ziele hat das Projekt?

2 Vergleichen Sie die Informationen mit einem Mitschüler / einer Mitschülerin.

zukunftsweisend *tourné vers l'avenir* – die Erstaufnahmeeinrichtung *le centre d'accueil pour demandeurs d'asile* – das Erzgebirge *une chaîne de montagnes à la frontière entre l'Allemagne (Saxe) et la République tchèque* – eine CD auf/nehmen* *enregistrer un CD*

SPRACHBOX

Exprimer la contradiction

- **Obwohl** sie schon vor langer Zeit Asyl beantragt hat, wartet sie immer noch auf eine Antwort.
- **Trotz** der fremdenfeindlichen Stimmung möchte er in Deutschland leben.
- Sie vermissen ihr Heimatland. **Trotzdem** wollen sie hier bleiben, um ein besseres Leben zu haben.

→ p. 182

C Flüchtlinge willkommen?

B1-B2 **1** Identifizieren Sie zunächst, welche Personen (Flüchtlinge, Polizei) an welcher Stelle im Text sprechen.

2 Lesen Sie den Text nochmals und bearbeiten Sie in Zweiergruppen folgende Fragen:
– Was erfahren wir über die Identität der Flüchtlinge?
– Warum haben die Flüchtlinge beschlossen, in den Hungerstreik zu treten?
– Wie reagiert die Polizei auf die Situation?

B1 **3** Überlegen Sie danach in Zweiergruppen: Aus welchen Gründen müssen oder können Menschen ihr Heimatland verlassen?

An einem Donnerstag Ende August versammeln sich zehn Männer vor dem Roten Rathaus in Berlin. Sie haben beschlossen, heißt es, nichts mehr zu essen. Drei Tage später beschließen sie, nun auch nichts mehr zu trinken. Ihre Hautfarbe ist schwarz. Sie sprechen Englisch, Französisch, Italienisch. Und noch andere Sprachen, die hierzulande niemand versteht. Was wollen die Männer? Arbeit wollen sie. Und von der Arbeit leben. In Deutschland bleiben wollen sie. Wer seid ihr, werden sie von der Polizei und von Beamten[1] des Senats, die hinzugeholt werden, gefragt. Wir sagen es nicht, sagen die Männer. Das müsst ihr aber sagen, sagen die andern, sonst wissen wir nicht, ob ihr unter das Gesetz fallt[2] und hier bleiben und arbeiten dürft. Wir sagen nicht, wer wir sind, sagen die Männer. Würdet ihr denn, wenn ihr an unserer Stelle wärt, einen Gast aufnehmen, den ihr nicht kennt, sagen die andern. Die Männer schweigen[3]. Wir müssen prüfen, ob ihr wirklich in Not[4] seid, sagen die andern. Die Männer schweigen. Vielleicht, sagen die andern, seid ihr Verbrecher[5], das müssen wir prüfen. Die Männer schweigen. Oder einfach Schmarotzer[6]. Die Männer schweigen. Wir haben selbst nicht genug, sagen die andern. Es gibt Regeln hier, sagen sie, an die müsst ihr euch halten, wenn ihr bleiben wollt. Und zuletzt sagen sie: Erpressen[7] könnt ihr uns nicht. Die Männer mit schwarzer Hautfarbe aber sagen nicht, wer sie sind. Sie essen nicht, sie trinken nicht, sie sagen nicht, wer sie sind. Sie sind einfach da.

Jenny Erpenbeck, *Gehen, ging, gegangen*, 2015

1. der Beamte *le fonctionnaire* 2. unter das Gesetz fallen* *tomber sous le coup de la loi* 3. schweigen* *se taire* 4. in Not sein *être en détresse* 5. der Verbrecher *le criminel* 6. der Schmarotzer *le parasite, le profiteur* 7. jn erpressen *faire du chantage à qn*

SPRACHBOX

Asyl in Deutschland
- der Asylantrag (¨-e); Asyl beantragen *la demande d'asile ; demander l'asile*
- die Arbeitslosigkeit (sg.) *le chômage*
- die Armut (sg.) *la pauvreté*
- der Krieg (-e); die Krise (-n); die Verfolgung (-en) *la guerre ; la crise ; la persécution*
- sich (D) eine sichere Zukunft wünschen *souhaiter un avenir sûr, stable*
- die Sprachbarriere überwinden* *surmonter la barrière de la langue*
- eine Herausforderung meistern *surmonter un défi*
- der Ausländer (-) *l'étranger*
- der kulturelle Austausch *l'échange culturel*
- etw. bieten* *offrir qc*
- etw. ermöglichen, erlauben *permettre qc*

Diskriminierung
- die Diskriminierung *la discrimination*
- die Gemeinsamkeit (-en) ≠ der Unterschied (-e) *le point commun ≠ la différence*
- die Ausgrenzung (-en) *l'exclusion*
- jn / etw. ab/lehnen *rejeter qn / qc*
- die Bedrohung (-en) *la menace*
- eine Partei wählen *voter pour un parti politique*
- fremdenfeindlich *xénophobe*
- der Hass *la haine*
- radikal *radical, extrême*
- mit jm solidarisch sein *être solidaire de qn*
- mit etw. konfrontiert sein *être confronté à qc*

→ p. 180

Nun sind Sie dran!

Wie kann die Willkommenskultur sich positiv auf die Integration auswirken? Verfassen Sie einen argumentativen Text, in dem Sie auch auf Chancen und Herausforderungen der Integration für die Gesellschaft eingehen.

TRAINING

WORTSCHATZ

Deutsche Willkommenskultur?

Flucht und Asyl

A2-B1

- der Flüchtling (-e) *le réfugié ; la réfugiée*
- der Migrant (-en) = der Einwanderer (-) *le migrant*
- der Ausländer (-) *l'étranger*
- in ein Land kommen* ≠ ein Land verlassen*
  venir dans un pays ≠ quitter un pays
- fremd sein *être étranger*

B1-B2

- die Aufnahme, der Empfang von Migranten
  l'accueil des migrants
- aus einem Land fliehen*, flüchten *fuir un pays*
- die Flüchtlingswelle (-n) *la vague d'immigration*
- die Flucht (sg.) *la fuite*
- der Asylantrag (¨-e); Asyl beantragen
  la demande d'asile ; demander l'asile
- das Flüchtlingsheim (-e) *le foyer de réfugiés*
- die Abschiebung (-en) *l'expulsion, la reconduite à la frontière*
- der Gastarbeiter (-)
  le travailleur immigré des années 50-60
- die Arbeitslosigkeit (sg.) *le chômage*
- die Armut (sg.) *la pauvreté*
- der Krieg (-e); die Krise (-n); die Verfolgung (-en)
  la guerre ; la crise ; la persécution

alte und neue Wurzeln

A2-B1

- die Herkunft (sg.), die Wurzeln
  les origines, les racines
- das Herkunftsland (¨-er) *le pays d'origine*
- die Gemeinsamkeit (-en) ≠ der Unterschied (-e)
  le point commun ≠ la différence
- aus … stammen *être originaire de…*
- im Gegensatz zu (D) *contrairement à*

B1-B2

- einen Migrationshintergrund haben
  être issu de l'immigration
- sich als … fühlen *se sentir…, se considérer comme…*
- sich zuhause, wohl fühlen *se sentir chez soi, bien*
- zwischen zwei Kulturen stehen*
  se trouver entre deux cultures
- das Verhältnis zu etw. *le rapport à qc*
- die Heimat (sg.) *le pays d'origine ; le pays d'adoption*
- auf jn / etw. stolz sein *être fier de qn / qc*
- jn mit etw. assoziieren, verbinden *associer qn avec qc*
- einerseits … andererseits … *d'une part… d'autre part…*

Integration

A2-B1

- die Willkommenskultur *la culture de l'accueil*
- etw. ermöglichen, erlauben *permettre qc*
- auf jn zu/gehen* *aller au contact de qn*
- jn betreuen *s'occuper de qn*
- sich integrieren *s'intégrer*
- jn freiwillig unterstützen *soutenir qn bénévolement*
- solidarisch *solidaire*

B1-B2

- sich (D) eine sichere Zukunft wünschen
  souhaiter un avenir sûr, stable
- jn herzlich willkommen heißen* *réserver un accueil chaleureux à qn*
- die Sprachbarriere überwinden* *surmonter la barrière de la langue*
- eine Herausforderung meistern *surmonter un défi*
- der kulturelle Austausch *l'échange culturel*
- etw. bieten* *offrir qc*
- die Sicherheit (sg.) *la sécurité*
- der Frieden (sg.) *la paix*
- Verantwortung (für etw.) tragen* *porter la responsabilité (de qc)*
- eine Botschaft, ein Bild vermitteln
  transmettre un message, une image
- Vorurteile bekämpfen *lutter contre les préjugés*

Diskriminierung

A2-B1

- vor jm / etw. Angst haben *avoir peur de qn / qc*
- radikal *radical, extrême*
- der Hass *la haine*
- mit etw. konfrontiert sein *être confronté à qc*

B1-B2

- die Diskriminierung; diskriminiert werden*
  la discrimination ; être discriminé
- die Ausgrenzung; ausgegrenzt werden* *l'exclusion ; être exclu*
- die Ablehnung; jn / etw. ab/lehnen *le rejet ; rejeter qn / qc*
- die Bedrohung; jn bedrohen *la menace ; menacer qn*
- für ≠ gegen etw. auf/stehen* *se soulever pour ≠ contre qc*
- das Leiden (-) *la souffrance*
- fremdenfeindlich *xénophobe*
- für ≠ gegen etw. demonstrieren *manifester pour ≠ contre qc*
- eine rechtspopulistische Partei wählen
  voter pour un parti populiste

Comprendre les consignes

- Lesen Sie den folgenden Erfahrungsbericht.
  Lisez le témoignage suivant.
- Leisten Sie Ihren Beitrag zu dieser Debatte.
  Apportez votre contribution à ce débat.

ÜBUNGEN

1 **Trouvez l'article qui convient.**

a. d… Flüchtling
b. d… Verhältnis
c. d… Willkommenskultur
d. d… Herkunftsland

2 **Trouvez les synonymes.**

a. etw. ermöglichen •	• jn mit etw. verbinden
b. etw. überwinden •	• jm helfen
c. jn unterstützen •	• etw. erlauben
d. jn mit etw. assoziieren •	• etw. meistern

3 **Associez les éléments afin de former des groupes infinitifs cohérents.**

a. eine Botschaft •	• haben
b. die Sprachbarriere •	• verlassen
c. einen Migrationshintergrund •	• engagieren
d. ein Land •	• vermitteln
e. sich für Toleranz •	• überwinden

4 **Complétez avec le mot qui convient.**

Austausch – ermöglicht – tragen – wohl – Zukunft – zuzugehen

a. Der kulturelle … ist ein wichtiger Faktor der Integration.
b. Er …, fremde Kulturen kennenzulernen und auf andere Menschen offen … .
c. Viele Menschen kommen nach Deutschland, weil sie sich eine sichere … wünschen.
d. Wir … die Verantwortung dafür, dass sich Migranten bei uns … fühlen.

5 **Retrouvez les mots composés et marquez l'article défini.**

a. d… Flüchtlings- •	• -arbeiter
b. d… Asyl- •	• -heim
c. d… Flüchtlings- •	• -antrag
d. d… Gast- •	• -welle
e. d… Sprach- •	• -kultur
f. d… Willkommens- •	• -barriere

Extra

B1 **6** **Wie können Sie persönlich Migranten bei der Integration unterstützen?**

WORTBILDUNG

Les verbes en *-ieren*

Les verbes qui se terminent en ***-ieren*** sont souvent **d'origine latine**. Ils sont **faibles** et ne prennent pas de ***ge-* au participe passé II** :

- *respektieren → Sie werden **respektiert**.*
- *integrieren → Sie haben sich gut **integriert**.*

À chacun de ces verbes correspond un substantif.

- *sich integrieren → die Integration*
- *immigrieren → die Immigration*
- *respektieren → der Respekt*
- *demonstrieren → die Demonstration*
- *diskriminieren → die Diskriminierung*
- *konfrontieren → die Konfrontation*
- *sich interessieren → das Interesse*

ÜBUNG

Complétez avec le participe passé II ou l'infinitif qui convient en utilisant les verbes de l'encadré ci-dessus.

Für Flüchtlinge kann es sehr schwierig sein, sich erfolgreich zu … . Agnes ist 2016 aus Eritrea nach Deutschland … . Von Anfang an war sie mit zahlreichen Herausforderungen … : Sie musste Asyl beantragen, Deutsch lernen, eine Arbeit und eine Wohnung suchen. Sie wurde manchmal sogar … . Jedoch hat sie inzwischen deutsche Freunde gefunden, von denen sie … wird. Es ist wichtig für sie, sich für die neue Kultur zu … . Sie fühlt sich nun wohl in Deutschland. Außerdem findet sie es positiv, dass viele Bürger für die Aufnahme der Migranten … wollen.

TRAINING

GRAMMATIK

LERNTEMPODUETT
→ p. 17

Poser des questions → p. 177

→ PRÉCIS p. 234

- Il existe deux types de questions et deux façons de les poser :

	Interrogation globale (on répond par oui ou par non)	**Interrogation partielle** (on attend une information précise)
Question directe	*Hast du schon einen Film von Fatih Akin gesehen?*	*Wann finden die nächsten Wahlen statt?* *Wie kann ich mich für das Hilfsprojekt engagieren?* *Welche Ideen hast du, um die Migranten zu unterstützen?*
Question indirecte	*Sag mir, **ob** du schon einen Film von Fatih Akin gesehen hast.*	*Ich frage mich, **wann** die nächsten Wahlen stattfinden.* *Ich weiß nicht, **wie** ich mich für das Hilfsprojekt engagieren kann.*

- Les principaux mots interrogatifs
wer? (N), **wen?** (A) qui ?, **wem?** (D) à qui ?, **was?** quoi ?
wo? où ? (localisation) ≠ **wohin?** où ? (direction) ≠ **woher?** d'où ? (origine)
wann? quand ? **seit wann?** depuis quand ? **wie lange?** combien de temps ? **wie viel?** combien ?
wie? comment ? **warum?** pourquoi ? **wozu?** dans quel but, pour quoi faire ?
wie + adjectif : **wie teuer?** à quel prix ? **welch-…** + nom : quel(le)… ?

1 (*) **Associez les réponses aux questions.**
a. Seit wann leben Sie in Deutschland?
b. Warum musstest du dein Land verlassen?
c. Wie waren deine ersten Wochen in Österreich?
d. In welcher Stadt wohnen Sie heute?

1. Der Beginn war schwierig. Aber ich konnte schnell einen Sprachkurs machen und Freunde finden.
2. In Stuttgart.
3. Die politische Situation in meiner Heimat ist kompliziert.
4. Seit fünf Monaten.

2 (**) **Formez des questions à partir des éléments donnés.**
a. ihr – den Regisseur Fatih Akin kennen
b. du – ins Kino gehen wollen – wann
c. Sie – bei unserem Flüchtlingsprojekt mitmachen wollen
d. ihr – den Migranten helfen können – wie

3 (**) **Transformez les questions obtenues en interrogations indirectes en les intégrant à l'amorce *Ich möchte wissen, ob …***

Exprimer la contradiction → p. 178

→ PRÉCIS p. 233 et 234

Pour exprimer une contradiction entre deux faits, on peut utiliser :

- l'adverbe ***trotzdem*** (malgré tout, quand même)
*Er lebt gerne in Deutschland, **trotzdem** hat er oft Heimweh.*
- la préposition ***trotz*** (malgré) suivie d'un groupe nominal au génitif
Trotz der Sprachbarriere trifft sie ihre deutschen Freunde jede Woche.
- une subordonnée introduite par ***obwohl*** (bien que)
*Er möchte in Deutschland bleiben, **obwohl** er noch keine Arbeit hat.*

4 (*) **Complétez par *trotzdem*, *trotz* ou *obwohl*.**
a. Sie spricht schon sehr gut Deutsch, … sie erst seit ein paar Wochen in Hamburg lebt.
b. … der zahlreichen Hilfsaktionen leben viele Flüchtlinge in schwierigen Situationen.
c. Er hat sich schon gut in seiner neuen Heimat eingelebt. … hat er oft Heimweh.
d. … der Sprachbarriere haben sie schon viele neue Freunde gefunden.

5 (**) **Trouvez les phrases qui vont ensemble.**
a. Trotz der komplizierten Situation der Migranten
b. Sie fühlt sich in Berlin zuhause,
c. Er ist erst seit drei Monaten in München.
d. Es ist ihm wichtig, seine Integration zu meistern,

1. obwohl er mit vielen Vorurteilen konfrontiert ist.
2. möchte die Familie in Deutschland bleiben.
3. obwohl ihre Familie weit weg ist.
4. Trotzdem hat er sich schon gut integriert.

Willkommenskultur als Chance

MÉDIATION

WORLDCAFE → p. 21

B1-B2 Kulturelle Vielfalt und Integration stellen eine große Herausforderung an die Gesellschaft dar. Sie sollen Ihren Beitrag zu dieser Problematik leisten, indem Sie im Rahmen einer Gruppen-Diskussion folgende Themen besprechen:
- Wie können wir Einwanderern bei der Integration helfen?
- Inwiefern bereichert kulturelle Vielfalt unsere Gesellschaft?
- Wie können wir erfolgreich Vorurteile bekämpfen?
- Was können Migranten tun, um sich besser zu integrieren?

Stratégies

Les rôles du *Worldcafé*

- **Les hôtes**

Présenter le sujet

- *Wir sprechen heute über die Willkommenskultur. In unserer Gruppe sollt ihr Ideen zur Frage „Inwiefern bereichert kulturelle Vielfalt unsere Gesellschaft?" sammeln.* Aujourd'hui, nous parlons de la culture de l'accueil. Dans notre groupe, vous devez trouver des idées sur la question « Dans quelle mesure la diversité enrichit-elle notre société ? ».

Distribuer la parole et relancer le débat

- *Du hast jetzt das Wort, Bruno!*
  Maintenant, tu as la parole, Bruno !
- *Rania, welche Ideen hast du gefunden?*
  Rania, quelles idées as-tu trouvées ?
- *Was hast du zum Thema zu sagen, Morgane?*
  Que peux-tu dire par rapport à notre sujet, Morgane ?
- *Was denkt ihr über diese Idee?*
  Que pensez-vous de cette idée ?
- *Seid ihr damit einverstanden?* Êtes-vous d'accord avec cela ?

Résumer les opinions

- *Wir fassen nun die Ergebnisse zusammen.*
  Nous résumons maintenant les résultats.
- *Also, zum Schluss können wir feststellen, dass …*
  Alors, en conclusion, nous pouvons constater que…
- *Alle Schüler der Gruppe meinen, dass …*
  Tous les élèves du groupe pensent que…

- **Les participants**

Exposer ses idées

- *Ich habe folgende Ideen zu unserem Thema gefunden:*
  Par rapport à notre sujet, j'ai trouvé les idées suivantes :
- *Ich denke / meine / glaube, dass …*
  Je pense / suis d'avis / crois que…

Signaler son accord / son désaccord

- *Ich bin mit dieser Idee (nicht) einverstanden, denn …*
  Je (ne) suis (pas) d'accord avec cette idée, car…
- *Ich bin (nicht) derselben Meinung, weil …*
  Je (ne) suis (pas) du même avis parce que…

BAC ÉPREUVE 3 (3e trimestre)

PARTIE 1 – ÉCRIT

Compréhension de l'oral

VIDEO

Willkommensklasse

- **En rendant compte en français du document, vous montrerez que vous avez compris :**
  - le thème principal du document ;
  - les faits, les informations ;
  - l'identité des personnes citées ;
  - la fonction et la portée du document (relater, informer, convaincre, critiquer, dénoncer, etc.).

sich zurück/halten* *être réservé, être en retrait*

bordas Flash PAGE vidéo

Stratégies

Déduire le sens des mots inconnus

▷ Un certain nombre de mots relèvent du **champ lexical de l'environnement scolaire.** Certains mots vous sont peut-être inconnus, essayez de déduire le sens des mots soulignés à partir :

- **d'autres mots que vous connaissez :**

die Schule → der Schüler
der Alltag
→ was man jeden Tag macht
→ der Schulalltag
→ was man jeden Tag in der Schule macht
lernen + der Partner
→ der Lernpartner
→ jemand, mit dem man zusammen lernt

- **du contexte de la phrase :**

– *Dass einige schon wirklich fit sind in der deutschen Sprache, dass sie wirklich sehr gut verstehen und teilweise eben auch schon für die anderen* ***übersetzen****.*

Si certains élèves sont déjà très à l'aise en allemand et partagent la même langue maternelle que ceux qui ont encore des difficultés à comprendre l'allemand, que peuvent-ils faire pour les aider ?

– *Der normale Alltag … :* ***Unterricht****, Hausaufgaben und natürlich* ***Prüfungsstress****.*

Essayez d'abord de déduire le sens du mot *Unterricht*. Quelle est l'activité principale d'un élève à l'école ? les …
Puis celui du mot *Prüfung*. Qu'est-ce qui est une source de stress à l'école ?

▷ Pour trouver **l'équivalent des mots composés,** pensez à commencer par traduire le dernier mot :

sprechen → die Sprache → die Sprachbarriere : *la barrière de …*
kennen → die Kenntnis → die Sprachkenntnisse : *les …*
verstehen → das Verständnis → das Sprachverständnis : *la …*

die Aufgabe → die Hausaufgaben → *les …*
der Stress → der Prüfungsstress → *le …*

Compréhension de l'écrit

3 746 signes

a. Lesen Sie die Texte. Geben Sie wieder, was Sie verstanden haben. Beachten Sie dabei folgende Punkte:
- Text A und Text B: das Hauptthema der beiden Texte
- Text A: die Ziele der Willkommensklassen
- Text B: konkrete Initiativen für die Flüchtlingshilfe

b. Beide Texte informieren über die Probleme, die es in Willkommensklassen und generell bei der Flüchtlingshilfe geben kann. Erklären Sie es mit Beispielen aus den Texten.

Text A Viele Flüchtlinge lernen nicht schnell genug Deutsch

Minderjährige Flüchtlinge werden an Berliner Schulen in Willkommensklassen unterrichtet. Sie bleiben dort, bis sie so gut Deutsch sprechen, dass sie dem regulären Unterricht folgen können oder in die Berufsvorbereitung wechseln können. Aktuell werden 8800 Schüler in 748 Willkommensklassen unterrichtet. Das Modell gilt als eines der wichtigsten Elemente der Berliner Integrationspolitik. Doch dabei gibt es offenbar bislang nicht benannte Probleme. „Sorgen bereitet[1] uns ein Teil von jungen Menschen ab 16 Jahren", sagt der Berliner Integrationsbeauftragte[2] Andreas Germershausen. „Ein Teil der Geflüchteten schafft es nicht, innerhalb eines Jahres so gut Deutsch zu lernen, um dann in eine andere Qualifizierung wechseln zu können."

Verstärkt Sprachförderung durch Volkshochschulen

Es sei nun geplant, dass die Volkshochschulen[3] (VHS) ab September verstärkt Sprachförderung für diese Gruppe anbieten, kündigte Germershausen an. Die Jugendlichen, die nicht mehr schulpflichtig[4] sind, sollen dort Sprachkompetenz B1 erwerben. Sie umfasst die Kompetenz, Hauptinformationen in Deutsch zu verstehen, wenn klare Standardsprache verwendet wird, und ermöglicht den Einstieg in die Berufsvorbereitung. Das Problem ist: Ohne Perspektive könnten junge männliche Flüchtlinge abrutschen[5]. Der Alexanderplatz entwickelt sich seit einigen Jahren immer mehr zum Treffpunkt junger Flüchtlinge, die Gewalt eskalierte häufig zwischen den Gruppen. Inzwischen ist die Polizei ständig am Ort, auch Sozialarbeiter sind eingesetzt.

Schwierigkeiten auch bei Wohnungen und auf dem Arbeitsmarkt

Viele Kinder und Jugendliche mit Fluchthintergrund kommen traumatisiert in Deutschland an. „Dadurch können sich auch in Willkommensklassen Lernschwierigkeiten oder Verhaltensstörungen[6] zeigen." Die Schulen bieten allein Angekommenen oder Eltern dieser Kinder zusätzliche Unterstützung. Die größten Herausforderungen bei der Integration sieht der Beauftragte nicht nur bei den Sprachbarrieren, sondern auch bei der schwierigen Unterbringung[7] der Geflüchteten in Wohnungen sowie auf dem Ausbildungs- und Arbeitsmarkt.

Nach *Berliner Morgenpost*, 23. 07. 2018

1. Sorgen bereiten *créer des soucis* 2. der Integrationsbeauftragte *le délégué à l'intégration* 3. die Volkshochschule *l'université populaire* 4. schulpflichtig sein *avoir l'obligation scolaire* 5. ab/rutschen *déraper* 6. die Verhaltensstörung (-en) *le trouble du comportement* 7. die Unterbringung *l'hébergement*

Text B Flüchtlingshilfe

Die Hilfe für Flüchtlinge ist nach dem Willkommenssommer 2015 bundesweit zurückgegangen. Sie ist jedoch nicht erodiert. Laut einer Studie für das Bundesfamilienministerium engagiert sich immer noch ein Fünftel der Deutschen in der Flüchtlingshilfe; manche spenden[1], andere helfen aktiv, etwa durch Sprachunterricht. Seit 2015 haben sich laut der Studie insgesamt 55 Prozent der Bevölkerung ab 16 Jahren in irgendeiner Form engagiert.

Antje von Dewitz, 45, ist Chefin des Outdoor-Ausrüsters[2] Vaude. In ihrer Firma in Tettnang am Bodensee arbeiten zwölf Geflüchtete, sie kommen aus Afghanistan, Syrien oder Nigeria. Für die neuen Mitarbeiter organisierte das Unternehmen Deutschstunden, half bei administrativen Problemen und der Wohnungssuche. Integration, sagt Dewitz, bedeutet Aufwand[3], auch unter den Mitarbeitern gab es manche Ängste. Inzwischen aber sind die Neuen zu einem wichtigen Bestandteil der Firma geworden. Das Problem ist nur: Bei der Hälfte der zwölf neuen Mitarbeiter wurde inzwischen der Asylantrag abgelehnt[4], ihnen droht die Abschiebung[5]. Das wäre aus Dewitz' Sicht nicht nur ein menschliches, sondern auch ein wirtschaftliches Fiasko. Eine Viertelmillion Euro Umsatzschaden[6] würde dadurch entstehen, hat Vaude ausgerechnet. Dewitz und über 100 weitere Unternehmen haben nun eine Initiative gegründet, die sich für ein Bleiberecht für Migranten einsetzt, die einen festen Arbeitsplatz haben.

Nach *Der Spiegel*, Nr. 31, 28. 07. 2018

1. spenden *faire un don (d'argent)* 2. der Outdoor-Ausrüster *le fournisseur en équipements extérieurs* 3. der Aufwand *l'effort* 4. etw. ab/lehnen *refuser qc* 5. die Abschiebung *la reconduite à la frontière* 6. der Umsatzschaden *la baisse du chiffre d'affaires*

Stratégies
Synthétiser deux documents

Identifier le sujet des textes

- *Das Thema der beiden Texte ist die Flüchtlingshilfe in Deutschland.*

Rendre compte des objectifs concrets

- *Im Text A werden die Willkommensklassen präsentiert. Ihr Ziel ist es …*
- *Der Text B handelt/berichtet von einer deutschen Firma, die Geflüchteten Arbeit gibt. Die Firma hilft ihnen dabei …*

Évoquer les aspects problématiques

- ***Aber** es gibt auch Probleme.* Mais…
- *Die Initiative unterstützt die Geflüchteten bei der Integration, **jedoch/allerdings** …* cependant/toutefois…
- ***Während** viele Schüler schon gut Deutsch sprechen, haben einige Jugendliche Probleme in der Schule. **Zum Beispiel** …* Alors que… Par exemple…

Expression écrite

Behandeln Sie Thema A oder Thema B.

Thema A

Viele deutsche Städte haben Projekte initiiert, um die Flüchtlinge und Migranten zu unterstützen. Es werden zum Beispiel Sprachkurse organisiert oder Hilfe bei der Wohnungs- und Arbeitssuche angeboten. Wie würden Sie sich am liebsten engagieren? Begründen Sie Ihre Antwort.

ODER

Thema B

Nehmen Sie zu folgender Aussage Stellung: „Kulturelle Vielfalt macht eine Gesellschaft reicher.“

Stratégies
Justifier son engagement

Exprimer ses idées

- *Ich könnte mir vorstellen, … zu + inf.* Je pourrais imaginer de…
- *Für mich wäre es eine gute / wichtige / interessante Idee, … zu + inf.* Pour moi, ce serait une bonne idée / idée importante / intéressante de…
- *Ich würde gerne / am liebsten …, denn / weil …* Je voudrais / préférerais… car / parce que…

Quelques idées de projets

- *gemeinsame Freizeitaktivitäten: Sport treiben, Musik machen, ins Kino gehen, Ausflüge organisieren, eine Stadtrallye machen, Museumsbesuche organisieren …*
- *Hilfe in der Schule: Lernpartner sein, bei den Hausaufgaben helfen, komplizierte Themen erklären, Nachhilfe geben, Deutschkurse anbieten …*

Prendre position

- *Ich bin (nicht) überzeugt, dass …* Je (ne) suis (pas) convaincu(e) que…
- *Ich bin mit dieser Aussage (nicht) einverstanden, weil / denn …* Je (ne) suis (pas) d'accord avec cette citation parce que / car…

BAC ÉPREUVE 3 (3e trimestre) PARTIE 2 – ORAL

MÉTHODOLOGIE p. 188

Expression orale en continu

- **Welches Dokument illustriert Ihrer Meinung nach am besten das Thema „Diversität und Inklusion"? Begründen Sie Ihre Antwort.**

A

Eine Demonstration für Vielfalt im Oktober 2018 in Berlin.

B

> Das Volk ist jeder, der in diesem Lande lebt.
>
> (Angela Merkel, 2017)

Stratégies
Faire le lien entre les documents et l'axe thématique

Analyser une photo

- *die friedliche Demonstration* la manifestation pacifique
- *für die Integration, die Gleichberechtigung, die Toleranz, die Offenheit, den Respekt demonstrieren* manifester pour l'intégration, l'égalité, la tolérance, l'ouverture, le respect
- *gegen Rassismus kämpfen* lutter contre le racisme
- *das Schild (-er)* la pancarte
- *grenzenlos* sans frontières
- *unteilbar* indivisible
- *Solidarität statt Ausgrenzung* de la solidarité au lieu de l'exclusion

Se servir de ses connaissances pour contextualiser une citation

- *die Bundeskanzlerin* la chancelière fédérale
- *die Flüchtlingswelle seit 2015* la vague migratoire depuis 2015
- *die Willkommenskultur* la culture de l'accueil
- *die Migrationspolitik* la politique migratoire
- *der Befürworter (-) / der Gegner (-)* le défenseur / l'adversaire, le détracteur
- *etw. verteidigen* défendre qc
- *jn mit offenen Armen willkommen heißen** accueillir qn les bras ouverts

Expression orale en interaction

- **Après l'expression orale en continu, vous allez échanger avec l'examinateur. Voici des questions qu'il pourrait vous poser.**

Was bedeutet Integration für Sie?

Wie können Sie persönlich Flüchtlingen im Alltag helfen?

DIVERSITÄT UND INKLUSION

Wie kann kulturelle Vielfalt unsere Gesellschaft bereichern?

Welche Probleme kann es bei der Integration geben?

Stratégies
Relativiser son propos et apporter des restrictions

La structure *zwar … aber …* (certes… mais…) est particulièrement idiomatique :

– **Zwar** funktioniert die Willkommenskultur gut, **aber** sie bleibt eine große Herausforderung für die Gesellschaft.

Vous pouvez utiliser de **nombreux adverbes : *jedoch, dennoch, trotzdem, allerdings*** qui, selon le contexte, peuvent avoir en français comme équivalents : toutefois, néanmoins, malgré tout, cependant.

Vous pouvez recourir **aux conjonctions de subordination *obwohl*** (bien que), ***auch wenn / selbst wenn*** (même si) :

– **Obwohl** viele das so sehen, bin ich der Meinung, dass …

Ces amorces peuvent aussi vous être utiles :

- *Es darf jedoch nicht vergessen werden, dass …* On ne saurait néanmoins oublier que…
- *Anders als viele es sich vorstellen …* Contrairement à ce que s'imaginent beaucoup de personnes…
- *Wie dem auch sei, fest steht, dass …* Quoi qu'il en soit, il est certain que…

BAC MÉTHODOLOGIE

S'EXPRIMER À L'ORAL

SUJET

→ p. 186

Welches Dokument illustriert Ihrer Meinung nach am besten das Thema „Diversität und Inklusion"? Begründen Sie Ihre Antwort.

Expression orale en continu

▷ Pour l'épreuve d'expression orale en continu, vous allez devoir **choisir le document** qui, selon vous, illustre le mieux l'axe thématique « Diversité et inclusion ». Il s'agit ici de donner et d'**expliquer votre choix personnel**, il n'y a donc pas de mauvaise réponse ! En revanche, il va falloir bien **justifier votre choix** (*Begründen Sie Ihre Antwort*, voir Étape 2) et faire référence le plus possible à des exemples et des aspects culturels vus en classe (voir Étape 3).

Cette partie de l'épreuve sert à évaluer votre capacité à exprimer votre point de vue selon les critères suivants :

A2 Peut **exprimer un avis en termes simples**. Le discours est bref et les éléments en sont juxtaposés.

B1 Peut **exposer un point de vue de manière simple** en l'illustrant par des exemples et des références (inter)culturelles. Le discours est structuré (relations de causalité, comparaisons, etc.).

B2 Peut **développer un point de vue pertinent et étayé**, y compris par des reformulations qui ne rompent pas le fil du discours. Peut nuancer un propos en s'appuyant sur des références (inter)culturelles.

La correction et la richesse de la langue sont aussi prises en compte dans les critères d'évaluation.

Étape 1 Vérifiez le lexique

Dans le chapitre, vous avez appris un certain nombre de mots dont vous aurez besoin pour vous exprimer. Vérifiez que vous en maîtrisez le sens. **Comment dit-on en français ?**

- die Willkommenskultur
- die Gemeinsamkeit (-en) ≠ der Unterschied (-e)
- der Migrant (-en) = der Einwanderer (-)
- die Vielfalt = die Diversität
- einen Migrationshintergrund haben
- der kulturelle Austausch
- für etw. demonstrieren
- Vorurteile bekämpfen
- solidarisch sein
- sich integrieren

A Eine Demonstration für Vielfalt im Oktober 2018 in Berlin.

- die Sprachbarriere überwinden*
- die Integration
- gegen Rassismus kämpfen
- die friedliche Demonstration
- sich zuhause fühlen
- die Flüchtlingswelle seit 2015
- jn herzlich willkommen heißen*
- die Gleichheit; gleich sein

B „Das Volk ist jeder, der in diesem Lande lebt."
(Angela Merkel, 2017)

- die Migrationspolitik
- etw. verteidigen
- eine Botschaft vermitteln
- die Offenheit
- zwischen zwei Kulturen stehen*
- eine Herausforderung meistern

Étape 2 Justifiez le choix du document

Lors de cette étape, vous allez devoir montrer en quoi le document que vous avez choisi illustre l'axe thématique. Voici quelques pistes :

– ***Ich habe mich*** *für dieses Dokument / dieses Foto / dieses Zitat* ***entschieden, denn / weil …***
J'ai choisi ce document / cette photo / cette citation, **car** / **parce que…**

– ***Meiner Meinung nach illustriert*** *das Dokument A* ***am besten*** *die Thematik „Diversität und Inklusion", weil es sehr gut die Willkommenskultur in Deutschland* ***darstellt.***
À mon avis, le document A **illustre le mieux** la thématique « Diversité et inclusion » parce qu'il **représente** très bien la culture de l'accueil en Allemagne.

– *Das Dokument B* ***passt besonders gut zur Thematik****, denn das Zitat illustriert die deutsche Migrationspolitik.*
Le document B **convient particulièrement à la thématique**, car la citation illustre la politique migratoire allemande.

Étape 3 Étoffez votre propos avec des exemples étudiés en classe

Lors de cette partie de l'épreuve, il s'agira surtout de faire le lien entre le document retenu et l'axe. À cette fin, il sera pertinent d'appuyer vos propos sur des exemples étudiés en classe.

Document A

- *Im Unterricht haben wir über die deutsche Willkommenskultur gesprochen. Dafür haben wir **zum Beispiel** einen Artikel über … gelesen.*
  En classe, nous avons parlé de la culture de l'accueil en Allemagne. Pour cela, nous avons **par exemple** lu un article sur…
- *Das Foto **erinnert mich an** ein Video über Migration in Deutschland. Das Video zeigt …*
  La photo **me rappelle** une vidéo sur la migration en Allemagne. Cette vidéo montre…
- *Das Dokument **zeigt** eine friedliche Demonstration für Vielfalt und Solidarität mit den Migranten. **Es vermittelt** eine sehr positive Botschaft. **Allerdings** ist Migration nicht für alle Deutschen ein positives Thema. **Beispielsweise** …* Le document **montre** une manifestation pacifique pour la diversité et la solidarité envers les migrants. **Il transmet** un message très positif. **Toutefois** la migration n'est pas un sujet positif pour tous les Allemands. **Par exemple**…

Document B

- ***Ich denke** bei diesem Zitat **an** die deutsche Migrationspolitik von Angela Merkel. 2015 hat **nämlich** die große Flüchtlingswelle begonnen.*
  La citation **me fait penser à** la politique migratoire d'Angela Merkel. **En effet**, la grande vague d'immigration a commencé en 2015.
- *Wir haben im Unterricht einige Dokumente über die Situation der Migranten in Deutschland analysiert. **Ich möchte ein Beispiel nennen** …*
  En classe, nous avons analysé quelques documents au sujet de la situation des migrants en Allemagne. **Je voudrais donner un exemple**…
- ***Das Zitat steht für** eine sehr optimistische Vision der Integration und für große Offenheit. Diesen Aspekt haben wir in einem Video über die Musikgruppe* Banda Internationale *gesehen …*
  La citation montre une vision très optimiste de l'intégration et une grande tolérance. Nous avons vu cet aspect dans une vidéo sur le groupe de musique *Banda Internationale*…

Expression orale en interaction

À l'issue de l'expression orale en continu, l'examinateur va vous poser des questions en lien avec le support choisi et l'axe thématique. Cette partie sert à **mettre en valeur votre capacité à interagir**, à **vous reprendre**, à **expliquer et illustrer vos propos**.

Lors de cette étape, vous serez évalué(e) selon les critères suivants :

A2 Peut **répondre et réagir de manière simple.**

B1 Peut **engager, soutenir et clore une conversation simple sur des sujets familiers**. Peut faire référence à des aspects (inter)culturels.

B2 Peut **argumenter et chercher à convaincre**. Peut réagir avec pertinence et **relancer la discussion**, y compris pour amener l'échange sur un terrain familier ou sur celui d'aspects (inter)culturels.

La correction et la richesse de la langue sont aussi prises en compte dans les critères d'évaluation.

Voici quelques questions que l'examinateur pourrait vous poser et quelques éléments de réponse :

Wie können Sie persönlich Flüchtlingen im Alltag helfen?

Pour répondre à cette question, pensez à des activités que vous pourriez faire ensemble :

- *Schule: Nachhilfe, Französischkurse …*
- *Freizeit und Kultur: Sport, Musik, Kino, Museum …*
- *Verwaltung: Hilfe bei administrativen Problemen …*

Was bedeutet Integration für Sie?

- *Integration ist eine große Herausforderung, weil/denn …*
- *eine Arbeit und eine Wohnung finden …*
- *eine andere Kultur und Menschen kennenlernen …*

Wie kann kulturelle Vielfalt unsere Gesellschaft bereichern?

Pensez à tous les aspects positifs que la diversité culturelle peut nous apporter :

- *Offenheit symbolisieren, Toleranz vermitteln, Respekt lernen, kulturellen Austausch ermöglichen …*
- *spannend, interessant, vielfältig …*

Welche Probleme kann es bei der Integration geben?

- *Es kann kompliziert / schwierig sein … zu* + inf.
  - *die Sprachbarriere überwinden*
  - *mit Rassismus und Vorurteilen konfrontiert sein*
  - *zwischen zwei Kulturen stehen …*

A Grab von Friedrich dem Großen im Park Sanssouci

Friedrich II.,

B Christian Daniel Rauch, Reiterstandbild Friedrichs des Großen, 1851

C die Berliner Staatsoper, im Auftrag Friedrichs II. in den Jahren 1741–1743 von Georg Wenzeslaus von Knobelsdorff errichtet

SPRACHBOX

in Erinnerung an Friedrich den Großen

- der König (-e) *le roi*
- Preußen *la Prusse*
- das Gemälde (-) *le tableau*
- etw. bewundern *admirer qc*
- eine Persönlichkeit, einen König porträtieren *faire le portrait d'une personnalité, d'un roi*
- das Denkmal (¨er) *le monument*
- ein Monument besichtigen *visiter un monument*
- jds Grab besuchen *aller sur la tombe de qn*
- in Erinnerung an (A) … *en souvenir de…*
- sich an die Vergangenheit erinnern *se souvenir du passé*

→ p. 196

Kapitel 11

TERRITOIRE ET MÉMOIRE

Preußenkönig und Aufklärer

Wie erinnert man sich heute an Friedrich II.?

- Découvrir une personnalité ambivalente (p. 192)
- Présenter le rôle emblématique de Frédéric II (p. 194)
- Lire une année et des chiffres (p. 192)
- Dire « quand » (p. 195)

Projekt

Préparer la visite du château de Frédéric II (p. 199)

BAC ÉPREUVE 3

Partie 1 – Écrit

MÉTHODOLOGIE p. 204

VIDEO Königliche Spuren in Potsdam (p. 200)
Stratégie : Être attentif aux images et aux mots (p. 200)
Friedrich der Große, eine Identifikationsfigur, www.tagesspiegel.de (p. 201)
Stratégie : Déduire le sens (p. 201)
Stratégie : Exprimer son opinion (p. 202)

Partie 2 – Oral

Stratégie : Mettre en valeur le patrimoine (p. 202)
Stratégies : Anticiper les questions – Dire que l'on ne sait pas (p. 203)

D
Anton Graff, *Friedrich, König von Preußen,* 1781

Spuren unserer Vergangenheit

A2 1 Friedrich II. von Preußen (1712-1786) – genannt „der Große" – gehört zu den markantesten Persönlichkeiten der deutschen Geschichte. Wie können sich die Deutschen an ihn erinnern?

B1 2 Interessieren Sie sich für die Geschichte Ihres Landes? Haben Sie Vorbilder aus der Geschichte?

Aufgeklärt und König

A Friedrich der Große

MÉDIATION PARTNERBRIEFING → p. 16

CD 27 MP3 27 bordas Flash PAGE audio

A2 **1** **PARTNER A** hört sich die Audio-Datei an. **PARTNER B** liest den Text. Jeder antwortet auf folgende Fragen und vergleicht dann seine Antworten in Zweiergruppen. Jede Zweiergruppe besteht aus einem Partner A und einem Partner B.

a. Was erfahren wir über die Kindheit und die Erziehung Friedrichs II.? (**PARTNER B**)
b. Wie war er als König?
c. Welche Leidenschaften hatte er? (**PARTNER A**)

B1 **2** Schreiben Sie eine Zusammenfassung mit allen gesammelten Informationen.

Friedrich wurde am 24.1.1712 in Berlin als Sohn des „Soldatenkönigs" Friedrich Wilhelms I. geboren. Der Vater wollte für seinen Sohn Friedrich eine strenge militärische und religiöse Erziehung[1] zur Zeit des Absolutismus. Friedrich wurde aber von einem Hugenotten, Duhan, erzogen, der ihn in Latein, Französisch und Literatur unterrichtete. Die Konflikte zwischen dem tyrannischen Vater und Friedrich wurden immer stärker, so dass Friedrich 1730 versuchte zu fliehen. Am 12.6.1733 heiratete er auf Befehl seines Vaters[2] Elisabeth Christine von Braunschweig-Bevern. Sein Interesse an seiner Frau war minimal. Das Paar traf sich selten und die Ehe blieb kinderlos.

Friedrich II. wurde am 31.5.1740 nach dem Tod seines Vaters preußischer König. Er wollte nicht nach dem Vorbild seines Vaters regieren und führte als aufgeklärter Monarch zahlreiche populäre Reformen durch: Abschaffung der Folter[3], Aufhebung[4] der Zensur, Einführung der Religionsfreiheit, Verbesserung des Bildungssystems, Beginn einer Justizreform, Gründung einer deutschen und einer französischen Zeitung, Bau eines Opernhauses.

Er interessierte sich auch dafür, die Existenz seines Landes zu sichern. Als Karl VI., der Kaiser des Heiligen Römischen Reiches und Herrscher der Habsburger Monarchie 1740 starb, war es eine bedeutende Wende[5] für Friedrich und für Preußen. Friedrich II. von Preußen sah die Gelegenheit, seine Gebiete zu vergrößern. Er führte insgesamt drei Kriege, um die österreichische Provinz Schlesien[6] gegen die Habsburgermonarchie zu annektieren und nutzte die Schwäche[7] der österreichischen Herrscherin Maria-Theresia aus. 1756 begann der 3. Schlesische Krieg, auch der Siebenjährige genannt, in den fast alle Großmächte Europas verwickelt[8] waren. Er endete 1763. Friedrich II. hatte gesiegt und Maria-Theresia musste auf Schlesien verzichten.

Am 17.8.1786 starb Friedrich II., der „König von Preußen", in Sanssouci.

1. die Erziehung *l'éducation* 2. auf Befehl des Vaters *sur ordre du père* 3. die Abschaffung der Folter *l'abolition de la torture* 4. die Aufhebung *la suppression* 5. die Wende *le tournant* 6. Schlesien *la Silésie* 7. die Schwäche aus/nutzen *exploiter la faiblesse* 8. verwickelt *impliqué*

Die Schlesischen Kriege

1. die Schlacht (-en) *la bataille*

die Schwäche *la faiblesse*
in Schlesien ein/marschieren *envahir la Silésie*
weit weg von den Schlachtfeldern *loin des champs de bataille*

SPRACHBOX

Lire une année et des chiffres

- Am **31. Mai 1740** (einunddreißigsten Mai siebzehnhundertvierzig) wurde Friedrich **II.** (der Zweite) nach dem Tod seines Vaters Friedrich Wilhelm **I.** (des Ersten) preußischer König.
- Das Gemälde wurde zwischen **1850** (achtzehnhundertfünfzig) und **1852** (achtzehnhundertzweiundfünfzig) von Adolph von Menzel gemalt.

→ p. 198

B Austausch auf Französisch

VIDEO

A2 1 Wann hat das Verhältnis zwischen Voltaire und Friedrich II. begonnen? Wie lange hat es gedauert?

B1 2 Warum kann man sagen, dass es eine turbulente Freundschaft war?

preisen* *louer, vanter* – zurück/schmeicheln *flatter en retour* – der Dichter *le poète* – das Zerwürfnis *la discorde* – flüchten *fuir* – das Gemetzel *le carnage* – verwüsten *dévaster* – fort/setzen *continuer* – befestigen *consolider*

C Musiker und Komponist

CD 28 MP3 28 bordas Flash PAGE audio

A2 1 Schauen Sie sich Menzels Gemälde an und beschreiben Sie es.

2 Hören Sie sich nun die Audio-Datei an. Was erfahren wir über Menzels Arbeit und über die Leidenschaft Friedrichs II. ?

3 Wo und wie kann man das Gemälde entdecken?

Adolph von Menzel, *Flötenkonzert Friedrichs des Großen in Sanssouci*, 1852

vom Kerzenschein erleuchtet *éclairé à la lueur des bougies* – das Cembalo *le clavecin* – dar/stellen *représenter* – mit Kristallleuchten und Kerzenlicht *avec des lustres de cristal et à la lueur des bougies*

SPRACHBOX

ein absolutistischer Herrscher

- der Herrscher; die Herrscherin
  le souverain ; la souveraine
- einen Krieg gewinnen* ≠ verlieren*
  gagner ≠ perdre une guerre
- Krieg gegen jn führen
  mener la guerre contre qn
- der Krieg (-e) ≠ der Friede(n)
  la guerre ≠ la paix
- das Gebiet (-e) *le territoire*
- seine Gebiete vergrößern, sichern
  agrandir, assurer ses territoires
- gegen jn kämpfen *combattre contre qn*
- der Sieg (-e) ≠ die Niederlage
  la victoire ≠ la défaite
- der Gegner (-) *l'opposant*
- die (Groß)macht *la (grande) puissance*
- mächtig *puissant*

ein moderner Staat

- den Staat modernisieren
  moderniser un État
- eine Reform durch/führen
  mener une réforme
- etw. ab/schaffen *abolir qc*
- aufgeklärt; die Aufklärung
  éclairé ; le siècle des Lumières

eine Leidenschaft für Kunst

- Querflöte spielen
  jouer de la flûte traversière
- komponieren, musizieren
  composer, faire de la musique
- die Freundschaft *l'amitié*
- die Beziehung, das Verhältnis zu jm
  la relation, le rapport à qn
- der Gast (¨-e) *l'invité*
- der Briefwechsel *la correspondance*
- jn verehren ≠ jn verachten
  vénérer qn ≠ mépriser qn

→ p. 196

Nun sind Sie dran!

Inwiefern kann Friedrich II. als ein Vorbild betrachtet werden?

Der Mythos Friedrich II.

A Eine Zeitreise in Potsdam

VIDEO

A2 1 Schauen Sie sich das Video an und sammeln Sie Informationen über
– das Schloss Sanssouci
– den Park.

2 Warum kommen so viele Touristen nach Potsdam? Was zieht sie an?

B1 3 Was bleibt vom Erbe Friedrichs II. im Schloss Sanssouci und seinem Park?

bordas Flash PAGE vidéo

das Chinesische Haus

edel ausgestattet *élégamment aménagé* – aufwendig *luxueux, coûteux* – hierher ziehen* *attirer ici* – die Einstellung *ici, l'état d'esprit* – der Weinberg *la vigne* – der Zier- und Nutzgarten *le jardin d'agrément et le verger*

die Windmühle

die Pagode

B 300 Jahre Jubiläum

B1 Finden Sie die Textstellen wieder, die auf folgende widersprüchliche Aspekte anspielen:
– die Modernität und die Toleranz Friedrichs
– die kriegerische Dimension des preußischen Herrschers.

Zum 300. Geburtstag von Friedrich II. hielt der deutsche Bundespräsident Christian Wulff eine Rede vor mehr als 1300 Gästen.

Berlin, 24. Januar 2012

Liebe Jubiläumsgäste,

Es war Friedrich II. alles andere als gleichgültig[1], welches Bild sich die Nachwelt von ihm machen würde. Wenn er geahnt hätte, dass ausgerechnet sein Lieblingsportrait heute im Gartensalon von Schloss Bellevue[2] hängt! Das Gemälde zeigt Friedrich anno 1746. Zwei große Kriege lagen zu diesem Zeitpunkt schon hinter ihm. [...] Zehn friedliche Jahre sollten folgen und große Taten, die wir dem König zu Recht in der Geschichte gutschreiben, allen voran seine tolerante Zuwanderungspolitik[3]. Tausende durften sich in Preußen niederlassen[4]: ob in Salzburg oder Sachsen geboren, ob Hugenotten, Katholiken oder Muslime. Auch wenn diese Offenheit beim älteren Friedrich vor allem wirtschaftspolitische Motive hatte, bleibt sie doch untrennbar mit seinem wertvollsten Satz aus jungen Jahren verbunden: Jeder sollte in Preußen „nach seiner Fasson selig werden[5]". [...]

Wahr ist eben auch: Einwanderung war in Preußen unter anderem deshalb bitter nötig, weil der Staat rund ein Zehntel seiner Bevölkerung in den Kriegen verloren hatte. Der Blutzoll[6] für Friedrichs Großmachtstreben und sein Toleranzversprechen waren zwei Seiten einer Medaille. Er konnte in einem Moment eiserner Feldherr[7] und im nächsten sanfter Flötenspieler sein. [...] Friedrich war tatsächlich beides. [...] Innenpolitisch handelte er oft wie ein aufgeklärter Monarch, durchaus menschlich, mitfühlend und modern für seine Zeit. Außenpolitisch agierte er jedoch als kühner Kriegsherr, dem kein Preis zu hoch zu sein schien, wenn es um ruhmreiche Siege ging.

Nach Christian Wulff

1. alles andere als gleichgültig *tout sauf indifférent* 2. das Schloss Bellevue *la résidence officielle du président de la République fédérale d'Allemagne* 3. die Zuwanderungspolitik *la politique d'immigration* 4. sich nieder/lassen* *s'installer* 5. Jeder sollte nach seiner Fasson selig werden. *Chacun devrait mener sa vie comme il l'entend.* 6. der Blutzoll *le tribu en vies humaines* 7. eiserner Feldherr *un chef des armées inflexible*

SPRACHBOX

ein ewiger König
- das Erbe *l'héritage*
- die Nachwelt *la postérité*
- etw. wider/spiegeln *refléter qc*
- jn für etw. schätzen *apprécier qn pour qc*
- die Offenheit *l'ouverture*
- der Widerspruch (¨-e) *la contradiction*
- widersprüchlich *contradictoire*
- unvergesslich *inoubliable*
- jm nah sein *être proche de qn*
- kühn *téméraire, audacieux*
- jn feiern *célébrer, fêter qn*
- die Aura, die Ausstrahlung *l'aura, le rayonnement (de qn)*
- sein Bild pflegen *soigner son image*
- der Ruhm; ruhmreich *la gloire ; glorieux*

ein Touristenmagnet
- sich (D) ein Schloss an/schauen *regarder un château*
- ein Schloss nach seinen Vorstellungen bauen lassen* *faire construire un château d'après ses idées*
- der Besucher (-) *le visiteur*
- jn an/ziehen* *attirer qn*
- aus der ganzen Welt kommen* *venir du monde entier*

→ p. 196

SPRACHBOX

Dire « quand »
- **Wenn** Touristen nach Potsdam kommen, besuchen sie meistens auch das Schloss Sanssouci.
- **Als** Friedrich König wurde, war er 28 Jahre alt.
- **Wann** hast du das Schloss Sanssouci besucht?

→ p. 198

Nun sind Sie dran!

Der Historiker Jürgen Luh bezeichnet Friedrich II. als Multitalent. Inwiefern war der preußische König in der Tat ein Multitalent? Kennen Sie andere berühmte Persönlichkeiten, die Multitalente waren?

TRAINING

WORTSCHATZ

Friedrich II., Preußenkönig und Aufklärer

ein aufgeklärter Monarch

A2-B1

- Querflöte spielen *jouer de la flûte traversière*
- komponieren, musizieren *composer, faire de la musique*
- Briefe wechseln *correspondre par courrier*
- den Staat modernisieren *moderniser l'État*
- eine Leidenschaft für etw. haben *avoir une passion pour qc*
- das Talent; talentiert *le talent ; talentueux*
- jn bewundern *admirer qn*

B1-B2

- leidenschaftlich gern Französisch sprechen* *aimer passionnément parler français*
- jn verehren ≠ jn verachten *vénérer qn ≠ mépriser qn*
- etw. ab/schaffen *abolir qc*
- eine Reform durch/führen *mener une réforme*
- die Lebensbedingungen verbessern *améliorer les conditions de vie*
- zur Zeit des Absolutismus *au temps de l'absolutisme*
- neue Freiheiten ein/führen *introduire de nouvelles libertés*
- der Fortschritt (-e) *le progrès*
- fortschrittlich *progressiste*
- für das Wohl des Volks sorgen *se soucier du bien du peuple*
- aufgeklärt; die Aufklärung *éclairé ; le siècle des Lumières*

ein kriegerischer König

A2-B1

- der König (-e) *le roi*
- das Gebiet (-e) *le territoire*
- die (Groß)macht *la (grande) puissance*
- mächtig *puissant*
- regieren *régner*
- der Krieg (-e) ≠ der Friede(n) *la guerre ≠ la paix*
- Krieg führen *faire la guerre*
- gegen jn kämpfen *combattre contre qn*
- der Gegner (-), der Feind (-e) *l'opposant, l'ennemi*

B1-B2

- der Herrscher *le souverain*
- der Sieg (-e) ≠ die Niederlage *la victoire ≠ la défaite*
- Gebiete vergrößern, sichern *agrandir, assurer ses territoires*
- einen Gegner bekämpfen *combattre un ennemi*

die Geschichte prägen

A2-B1

- unvergesslich *inoubliable*
- das Vorbild (-er) *le modèle, l'exemple à suivre*
- das Erbe *l'héritage*
- die Nachwelt *la postérité*
- das Denkmal (¨-er) *le monument*
- das Gemälde (-) *le tableau*
- jn feiern *célébrer, fêter qn*
- der Ruhm; ruhmreich *la gloire ; glorieux*
- sein Bild pflegen *soigner son image*
- ein Schloss besuchen *visiter un château*
- der Besucher (-) *le visiteur*
- aus der ganzen Welt kommen* *venir du monde entier*

B1-B2

- die Geschichte prägen *marquer l'Histoire*
- die Aura, die Ausstrahlung *l'aura, le rayonnement (de qn)*
- zu einer legendären Persönlichkeit werden* *devenir une personnalité légendaire*
- eine widersprüchliche Persönlichkeit *une personnalité pleine de contradictions*
- ein Schloss nach seinen Vorstellungen bauen lassen* *faire construire un château d'après ses idées*
- von etw. angezogen werden* *être attiré par qc*
- sich an die Vergangenheit erinnern *se souvenir du passé*
- eine Erinnerung an (A) … *un souvenir de…*
- einen Einfluss auf etw. / jn aus/üben *exercer une influence sur qc / qn*

Comprendre les consignes

- Was erfahren wir über die Kindheit und die Erziehung Friedrichs II.? *Qu'apprenons-nous sur l'enfance et l'éducation de Frédéric II ?*
- Finden Sie die Textstellen wieder, die auf folgende widersprüchliche Aspekte anspielen. *Retrouvez les passages du texte qui font référence aux aspects contradictoires suivants.*

ÜBUNGEN

1 **Chassez l'intrus.**

a. der Besucher – das Schloss – das Gemälde – das Denkmal – die Statue
b. sich erinnern – die Nachwelt – das Erbe – unvergesslich – die Querflöte
c. der Krieg – der Gegner – der Einfluss – der Feind – der Kämpfer
d. die Aufklärung – widersprüchlich – modernisieren – der Fortschritt – die Reform
e. das Gebiet – Schlesien – Preußen – vergrößern – die Ausstrahlung

2 **Associez chaque item à son contraire.**

die Geschichte prägen •	• die Niederlage
verachten •	• den Staat modernisieren
sich für den Frieden entscheiden •	• einem Freund helfen
gegen einen Feind kämpfen •	• Krieg führen
keine Reform durchführen •	• verehren
der Sieg •	• vergessen werden

3 **Retrouvez l'adjectif ou le participe correspondant et traduisez-le.**

a. der Widerspruch → …
b. der Ruhm → …
c. der Fortschritt → …
d. die Leidenschaft → …
e. die Aufklärung → …
f. die Macht → …
g. die Legende → …
h. das Talent → …

4 **Ajoutez le verbe dans ces expressions et traduisez-les.**

aus/üben – führen – prägen – erinnern – bekämpfen – durch/führen

a. Krieg …
b. Reformen …
c. die Geschichte …
d. an die Vergangenheit …
e. Einfluss …
f. einen Gegner …

5 **Complétez le texte sur Frédéric II à l'aide des mots suivants.**

Absolutismus – Aufklärung – Briefe – Kriege – Leidenschaften – modernisieren – Musizieren – prägt – Querflöte

Friedrich II. hat immer sehr gern … gespielt. … und Komponieren waren seine … . Er hat sich auch für Literatur interessiert. Mit Voltaire haben sie … auf Französisch gewechselt. Zur Zeit des … war Friedrich ein König der … , der eine widersprüchliche Persönlichkeit hatte: Er konnte … führen, um seine Gebiete zu vergrößern und gleichzeitig[1] sein Land … . Seine Ausstrahlung … heutzutage immer noch die Geschichte Deutschlands.

1. gleichzeitig *en même temps*

Extra

A2 **6** **Übersetzen Sie die folgende Textstelle aus einem *Spiegel*-Artikel:**

„Mit keinem anderen Herrscher ist Sanssouci so verbunden wie mit Friedrich II.: Schließlich hat er sich hier seine Sommerresidenz bauen lassen, in der er Querflöte spielte, mit Voltaire über Philosophie plauderte[1] und durch die Gärten mit den Weinterrassen spazierte. Regiert und Kriege geplant hat er in seinem Sommerschloss natürlich auch."

Andreas Heiman, *der Spiegel*

1. plaudern = sprechen

WORTBILDUNG

Les noms masculins terminés par *-er*

Ces noms sont dérivés de bases verbales ou nominales. **Leur pluriel est invariable.**

- *der Musiker (-)* le musicien
- *der Besucher (-)* le visiteur
- *der Maler (-)* le peintre
- *der Herrscher (-)* le souverain
- *der Verehrer (-)* l'admirateur

ÜBUNG

Formez des noms masculins à partir des mots suivants et traduisez-les en français.

benutzen – beobachten – betrachten – dienen – erziehen – kämpfen – lesen – siegen – spielen

GRAMMATIK

LERNTEMPODUETT
→ p. 17

Lire une année et des chiffres → p. 192

→ PRÉCIS p. 236

- On lit une année avec *im Jahre* ou ø. L'année se lit différemment du nombre jusqu'aux années 2000.
  1712 (siebzehnhundertzwölf) wurde Friedrich in Berlin geboren.
  2012 (zweitausendzwölf) hielt Bundespräsident Christan Wulff eine Rede zum 300. (dreihundertsten) Geburtstag Friedrichs II. (des Zweiten).
- On utilise comme en français les ordinaux pour lire les siècles.
  Im 18. (achtzehnten) Jahrhundert hat Friedrich mehrere Kriege geführt.
- On utilise aussi les ordinaux pour lire le jour dans une date et pour le nom des rois. Ces ordinaux se déclinent.
  Friedrich II. (der Zweite) hatte Ludwig XIV. (den Vierzehnten) als großes Vorbild.
  Am 31. (einunddreißigsten) Mai 1740 starb Friedrich Wilhelm I. (der Erste)

1 * **Lisez à voix haute le texte suivant.**
Friedrich II. komponierte insgesamt 121 Sonaten für Flöte, 4 Flötenkonzerte, 1 Symphonie und diverse Arien. Er musizierte gern, wie es das 1852 gemalte Gemälde von Adolph von Menzel *Flötenkonzert in Sanssouci* zeigt. Carl Philipp Emanuel Bach (1714-1788), der Sohn des berühmten Komponisten Johann Sebastian Bach (1685-1750), hat 30 Jahre am Preußischen Hof verbracht. Am 7. Mai 1747 hat Friedrich II. Johann Sebastian Bach – den „alten" Bach – im Schloss Sanssouci empfangen.

2 ** **Recopiez ce texte en écrivant les années et les chiffres en toutes lettres.**
Der preußische König Friedrich II. ließ das Schloss im Stil des Rokoko zwischen 1745 und 1747 errichten. Der Park des Schlosses Sanssouci erstreckt sich heute über eine Fläche von etwa 290 ha, mit Wegen von einer Länge von fast 70 Kilometern. Der Park Sanssouci gehört zu den größten Sehenswürdigkeiten Deutschlands: Mehr als 2 Millionen Personen besuchen ihn jährlich. Friedrich II. hatte den Wunsch, nach seinem Tod im Park Sanssouci beigesetzt zu werden.

Dire « quand » → p. 195

→ PRÉCIS p. 234

- Dans une question portant sur une indication temporelle (une date, un jour, une heure…), on utilise toujours le **pronom interrogatif *wann***. On le retrouve aussi dans l'interrogative indirecte.
  ***Wann** ist das Schloss errichtet worden?*
  *Wir fragen uns, **wann** Friedrich II. gestorben ist. Ich möchte wissen, **wann** er geheiratet hat.*
- Pour un fait unique dans le passé, on utilise **la conjonction de subordination *als***.
  Elle introduit une subordonnée avec un verbe conjugué au passé (prétérit ou parfait).
  ***Als** Friedrich II. zum ersten Mal Voltaire traf, hatten sie schon vier Jahre lang Briefe gewechselt.*
  *Ich war 19 Jahre alt, **als** ich das Schloss Sanssouci besucht habe.*
- On utilise ***wenn*** quand il s'agit d'une action située dans le présent ou une habitude du passé.
  ***Wenn** Voltaire und Friedrich II. sich trafen, sprachen sie immer Französisch.*
  *Touristen sind sehr begeistert, **wenn** sie das Schloss Sanssouci besichtigen.*

3 * **Ajoutez *wann, wenn* ou *als*.**
a. … der Bundespräsident 2012 seine Rede über Friedrich II. hielt, war er im Berliner Konzerthaus.
b. Ich wollte wissen, … diese Rede stattgefunden hat.
c. … hat Voltaire zum ersten Mal Friedrich II. getroffen?
d. … der Philosoph und der König Briefe gewechselt haben, schrieben sie immer auf Französisch.
e. … Friedrich heiratete, war er 21 Jahre alt.
f. … Friedrich starb, hinterließ er eine Armee von 150 000 Mann.

4 ** **Formez des phrases en reliant les groupes suivants par *als, wenn* ou *wann*.**
a. Zar Peter III. unterschrieb einen Waffenstillstand – der 3. Schlesische Krieg war zu Ende.
b. Wir fragen uns – der 1. Schlesische Krieg hat begonnen.
c. Friedrich II. benutzte die Schwäche seiner Gegner – er hatte die Möglichkeit dazu.
d. Er hatte Freizeit – er musizierte gern.
e. Ich fahre im Juni nach Berlin – Ich will unbedingt das Schloss Sanssouci in Potsdam besuchen.

Besuch im Schloss Sanssouci

B1

- Sie bereiten mit Ihrer Partnerklasse einen Besuch des Schlosses Sanssouci in Potsdam vor. Sammeln Sie alle Informationen über Friedrich II. und das Schloss, die Sie im Kapitel erfahren haben.
- Erzählen Sie, inwiefern Friedrich II. die deutsche Geschichte geprägt hat und wie er im heutigen Deutschland immer noch gefeiert wird. Was hat er hinterlassen? Welches Erbe?
- Warum ist das Schloss Sanssouci immer noch ein Touristenmagnet? Was gibt es dort zu sehen?
- Erarbeiten Sie dann zu dritt eine PowerPoint-Präsentation. Die Präsentation soll maximal 9 Folien haben. Sie werden dann der ganzen Klasse Ihre Arbeit mündlich vorstellen.

Wilhelm Camphausen,
Friedrich der Große zu Pferde, 1861

MEHR INFOS AUF

Sie können sich auch auf ein paar Websites weiter erkundigen:

bit.ly/FriedrichII_1

bit.ly/FriedrichII_2

bit.ly/FriedrichII_3

Stratégies

Quelques astuces pour votre présentation

– Chaque élève doit parler librement (ne pas lire un texte rédigé, quelques notes peuvent servir de point d'appui).
– La présentation se divise en trois parties de telle sorte que chaque élève ait le même temps de parole.
– Vous devrez faire explicitement référence aux images et photographies présentées.
– La présentation Power-Point ne contiendra pas de texte, seulement des dates, les noms et les faits importants.

Quelques aides lexicales

– *das Erbe* l'héritage
– *ein Erbe hinterlassen** laisser un héritage
– *streng erzogen werden** être éduqué sévèrement
– *sich von seinem Vater unterscheiden** se distinguer de son père
– *eine moderne Auffassung der Welt vertreten** défendre une vision moderne du monde
– *die Geschichte prägen* marquer l'Histoire
– *unsterblich sein* être immortel
– *zur Legende werden** devenir une légende

BAC
ÉPREUVE 3
(3e trimestre)

PARTIE 1 – ÉCRIT

Compréhension de l'oral

MÉTHODOLOGIE p. 204

VIDEO

bordas Flash PAGE vidéo

Königliche Spuren in Potsdam

- **En rendant compte en français du document, vous montrerez que vous avez compris :**
  – le thème principal du document ;
  – les faits, la situation, les événements, les informations ;
  – l'identité de la ou des personne(s) citée(s) ;
  – la fonction et la portée du document (relater, informer, convaincre, critiquer, dénoncer, etc.).

beschaulich *paisible* – heurausgeputzt *ici, décoré* – heimisch wirken *produire un effet familier* – der Anhänger = der Fan – die Handwerker und Baumeister *les artisans et les maîtres d'œuvre*

Stratégies
Être attentif aux images et aux mots

▷ **Les images** sont des aides essentielles pour vous aider à comprendre le sens des phrases.

Il n'y a pas de pièges dans cette vidéo. Au contraire, l'image vient appuyer le propos !

▷ **Le ton de la voix** vous donne également de précieuses indications qui vous aident à comprendre le propos. Plus un terme est fortement accentué, c'est-à-dire plus on l'entend, plus il est important dans le message formulé. Pour vous entraîner en cours d'année, il est essentiel de travailler la phonologie qui concerne non seulement la prononciation mais aussi l'accentuation.

Repérer les mots qui sont mis en évidence par le journaliste ou par Alexandra Schmöger, interviewée dans la vidéo, et faire attention à la mélodie des propos sont donc deux aides précieuses pour une bonne compréhension du document et de son message.

Compréhension de l'écrit

2 505 signes

a. Lesen Sie den Text. Porträtieren Sie König Friedrich II. und beachten Sie dabei folgende Punkte:
– sein Aussehen
– seine Persönlichkeit
– seine Popularität

b. „Mit Friedrichs Person kann man eben viele verschiedene Geschichten erzählen." **Was meint der Historiker Weißbrich damit?**

c. Erklären Sie, welche Mittel die Autorin benutzt, um zu zeigen, dass Friederich II. für die Deutschen eine historische Figur von großer Bedeutung war und immer noch ist.

Die Uniform König Friedrichs II. im Deutschen Historischen Museum Berlin

Friedrich der Große, eine Identifikationsfigur

Die Ausstellung „Friedrich der Große – verehrt, verklärt, verdammt" im Deutschen Historischen Museum (DHM) zeigt den Besuchern Friedrich als Spielfigur, als Abenteuerroman-Held, als Souvenir und Werbefigur. „Die Popularisierung begann sofort nach seinem Tod", sagt Thomas Weißbrich, Experte für die Ausstellung, „spätestens im neuen Kaiserreich wurde er zur zentralen Identifikationsfigur." In Friedrich sah man den Wegbereiter[1] des preußisch-deutschen Nationalstaats.

Seit dem 19. Jahrhundert wurde die Geschichte Friedrichs des Großen auch für Kinder und Jugendliche aufbereitet[2]. Er galt als[3] exemplarischer König und war Held großer Abenteuerromane, die sehr beliebt waren. „Der alte Fritz in fünfzig Bildern" richtete sich an Jugendliche und Erwachsene. Die großformatigen Lithographien zeigten Kriegsszenen, Alltägliches und immer wieder die sympathische Volksnähe des Monarchen. Genauso gern gelesen wurde der bereits 1840 erschienene Band „Geschichte Friedrichs des Großen" von Franz Kugler mit Illustrationen von Adolph Menzel.

Gerne wurde Friedrich auch per Post verschickt. Historiker Weißbrich hat zahlreiche Postkarten zusammengetragen, die den König zeigen. Ein beliebtes Motiv war das Reiterstandbild[4] des Alten Fritz von Christian Daniel Rauch unter den Linden. In der Weimarer Republik wurde er für parteipolitische Werbung[5] aller Couleur benutzt, was seine hohe Popularität beweist. Der Preußenkönig stand für Autorität und Stärke.

Und was gibt es heute? Onlinespiele im Internet und ein strategisches Gesellschaftsspiel[6] zum Siebenjährigen Krieg, bei denen die Spieler die einzelnen Kriegsteilnehmer spielen und Friedrich II. gegen die Zarin Elisabeth I., Kaiserin Maria Theresia und Madame Pompadour antritt.

Doch warum hat Friedrich II. sich so früh als Marke herausgebildet? „Das liegt wahrscheinlich am Facettenreichtum seiner Biografie", vermutet Historiker Weißbrich. „Mit Friedrichs Person kann man eben viele verschiedene Geschichten erzählen, vom musischen Herrscher, vom Komponisten und Flötenspieler, vom Feldherren[7] über den fürsorglichen Landesvater bis hin zum Aufklärer. Mit dem Preußenkönig können sich die verschiedensten Gruppen identifizieren. Zwar hat Friedrich Malern nicht gerne Modell gestanden hat, erzählt Weißbrich, und es gibt wenige historische Porträts, die zeigen, wie der Herrscher tatsächlich ausgesehen habe. Dennoch war sein Äußeres markant: Die großen Augen und die große Nase. Die blaue Uniform mit den roten Ärmelaufschlägen, der Dreispitz auf dem Kopf."

Nach Anna Pataczek, www.tagesspiegel.de, 21. 03. 2012

1. der Wegbereiter *le précurseur* 2. aufbereitet *ici, réutilisée, retraitée* 3. gelten* als *passer pour* 4. das Reiterstandbild *la statue équestre* 5. die Werbung *la publicité* 6. das Gesellschaftsspiel *le jeu de société* 7. der Feldherr *le chef des armées*

Stratégies
Déduire le sens

Les mots transparents

Repérez les mots dont vous pouvez déduire le sens grâce au français, au latin ou à l'anglais :

- *die Autorität* l'autorité
- *die Biografie* la biographie
- *die Marke* la marque
- *das Museum* le musée
- *per Post / die Postkarte* par la poste / la carte postale
- *die Popularisierung* la popularisation
- *die Popularität* la popularité
- *das Porträt* le portrait
- *der Roman* le roman
- *das Souvenir* le souvenir
- *die Zarin* la tsarine
- *identifizieren* identifier
- *exemplarisch* exemplaire
- *markant* marquant
- *das Onlinespiel* le jeu en ligne
- *sympathisch* sympathique

Les mots composés

Pour comprendre plus facilement le sens des mots composés, prenez l'habitude de les décomposer. Commencez par le dernier mot, car contrairement au français un mot composé en allemand se lit de droite à gauche et le déterminant précède en général le déterminé.

- *die Werbefigur* → *die Werbung* la publicité + *die Figur* le personnage = un personnage publicitaire
- *die Kriegsszene* → *der Krieg* + *die Szene* = la scène de guerre
- *das Gesellschaftsspiel* → *die Gesellschaft* la société + *das Spiel* le jeu = le jeu de société
- *der Facettenreichtum* → *der Reichtum* la richesse + *die Facette* la facette = les multiples facettes

Expression écrite

Behandeln Sie Thema A oder Thema B.

Thema A
Verstehen Sie, dass Friedrich II. immer noch als ein deutsches Vorbild betrachtet wird? Begründen Sie Ihre Antwort.

ODER

Thema B
Warum ist es Ihrer Meinung nach wichtig, dass man die Vergangenheit seines Landes lebendig hält? Begründen Sie Ihre Antwort.

Stratégies
Exprimer son opinion

Les termes des deux sujets signalent qu'une **argumentation est attendue**. Il ne s'agit pas simplement de donner son avis mais au contraire de traiter tous les aspects du sujet en donnant des exemples concrets puis de dresser un bilan et d'exprimer enfin votre opinion personnelle.

Argumenter

- *einerseits … andererseits …* d'une part… d'autre part…
- *während* tandis que
- *zwar … aber …* certes… mais…

Exprimer son opinion

- *meiner Meinung nach* à mon avis
- *der Meinung / Ansicht sein, dass …* être d'avis que…
- *anderer Meinung / Ansicht als … sein* avoir une opinion différente / un avis différent de…
- *mit jm / etw. (nicht) einverstanden sein* (ne pas) être d'accord avec qn / qc
- *von etw. überzeugt sein* être convaincu de qc
- *Es hängt davon ab, ob … / Es kommt darauf an, ob …* Cela dépend si…

Exprimer sa conviction

- *Es ist schon wichtig, Vorbilder zu haben.* Il est important d'avoir des modèles.
- *Ich glaube, dass wir historische Identifikationsfiguren brauchen, die bestimmte Werte und Ideale verkörpern.* Je crois que nous avons besoin de personnages d'identification historiques qui incarnent certaines valeurs et idéaux.
- *Ich bin davon überzeugt, dass wir uns an die Menschen erinnern sollen, die die Geschichte unseres Landes geprägt haben und diesem Land ihr Leben lang gedient haben.* Je suis convaincu que nous devons nous rappeler les gens qui ont marqué l'Histoire de notre pays et qui ont consacré leur vie à leur pays.
- *Ich finde es schon riskant, Monarchen zu feiern, die Kriege geführt haben.* Je trouve cela assez risqué de célébrer des monarques qui ont fait la guerre.
- *Ich bin mir nicht sicher, ob man nur an die Vergangenheit denken soll, denn heute ist schon die Zukunft.* Je ne suis pas sûr que l'on doive uniquement penser au passé car aujourd'hui est déjà le futur.

BAC ÉPREUVE 3 (3e trimestre) PARTIE 2 – ORAL

Expression orale en continu

- **Suchen Sie sich eines der beiden Bilder aus und sagen Sie, welches Ihrer Meinung nach am besten zum Begriff „Territorien und Erinnerung" passt.**

Stratégies
Mettre en valeur le patrimoine

Quelques aides lexicales

- restaurieren *restaurer*
- ein Gebäude pflegen *entretenir un bâtiment*
- die Renovierung eines Raums / des Marmorsaals *la rénovation d'une salle / de la salle de marbre*
- die Statue aus Bronze *la statue en bronze*
- prächtig dargestellt sein *être représenté de manière prestigieuse*

A
Christian Daniel Rauch, Reiterstandbild Friedrichs des Großen, 1851

B
die Restaurierung des Marmorsaals im Neuen Palais in Potsdam-Sanssouci

Expression orale en interaction

- **Après l'expression orale en continu, vous allez échanger avec l'examinateur. Voici des questions qu'il pourrait vous poser.**

Soll man alle alten Bauten oder Gebäude bewahren?

Warum ist es wichtig, dass man Denkmäler oder Schlösser wie Versailles oder Sanssouci pflegt?

TERRITORIEN UND ERINNERUNG

Erzählen Sie mir, was Sie an der Persönlichkeit Friedrichs II. markant finden.

Wie kann man sich heute an seine Vergangenheit erinnern?

Stratégies

Anticiper les questions et dire que l'on ne sait pas

▷ Le temps imparti pour l'expression en continu ne vous permettra pas d'approfondir tous les aspects dont vous allez parler. Dans la phase d'interaction, l'examinateur vous demandera peut-être justement d'expliciter un ou deux de ces aspects évoqués et non-approfondis.

Essayez d'anticiper ces questions en lien avec votre exposé et préparez leurs réponses en amont.

▷ Par ailleurs, il se peut que vous n'ayez **pas de réponse à une question posée.** Rassurez-vous, vous ne pouvez pas tout savoir, mais il faut pouvoir le dire :

– *Ich habe mir diese Frage noch nie gestellt.*
Je ne me suis encore jamais posé cette question.
– *Ich habe noch nie darüber nachgedacht, obwohl ich das Thema sehr interessant finde.* Je n'y ai encore jamais réfléchi bien que je trouve le sujet très intéressant.
– *Leider weiß ich nicht, was ich darauf antworten soll.*
Malheureusement je ne sais pas ce que je dois répondre à cela.
– *Dazu habe ich leider keine Meinung, weil ich zu wenig darüber weiß.*
Je n'ai malheureusement pas d'avis à ce propos parce que je ne sais que trop peu de choses à ce sujet.
– *Ich habe auf dem Gebiet leider keine Erfahrung.*
Je n'ai malheureusement pas d'expérience dans ce domaine.

BAC MÉTHODOLOGIE

RENDRE COMPTE D'UNE VIDÉO

VIDEO

bordas Flash PAGE vidéo

SUJET Königliche Spuren in Potsdam

→ p. 200

- **En rendant compte, en français du document vous montrerez que vous avez compris :**
  - le thème principal du document ;
  - les faits, la situation, les événements, les informations ;
  - l'identité de la ou des personnes citées ;
  - la fonction et la portée du document (relater, informer, convaincre, critiquer, dénoncer, etc.).

Étape 1 Avant l'écoute

Le titre

Décomposez chaque mot du titre et imaginez, comme une bande annonce avant un film, de quoi il va être question.
Königliche Spuren in Potsdam, vous pouvez comprendre :

- le lieu : Potsdam
- qui : *königlich* → royal, des rois
- quoi : *Spuren* = les traces. Il n'était toutefois pas nécessaire d'en maîtriser le sens. Avec les deux mots précédents, vous aviez compris l'essentiel.

À vous de faire ensuite des hypothèses à partir du titre et de l'axe « Territoire et mémoire ». S'agit-il de traces laissées par les rois dans l'architecture ou alors dans l'histoire ? Si vous avez bien mémorisé ce qui a été traité dans ce chapitre, vous pouvez déjà penser aux rois de Prusse : Frédéric II et son père Frédéric Guillaume I.

Lexique à connaître

Testez-vous ! Ces mots présents dans la vidéo ont été abordés dans le chapitre. Vérifiez vos connaissances en les traduisant.

- le roi
- la Prusse
- le château
- le quartier
- la ville
- la capitale
- le pays
- reconstruire
- soigner
- l'héritage
- l'influence
- nombreux

Étape 2 Structurez les informations comprises

Vous devez être capable de

- ✔ repérer les **informations** données
- ✔ dire **qui parle**
- ✔ donner la **nature** (reportage télévisé, interview, témoignage…) et la **portée du document** (à qui il s'adresse…)
- ✔ préciser le **ton adopté** (neutre, journalistique, enjoué, triste…) et une **prise de position éventuelle** (dénoncer quelque chose, faire passer un message sur un sujet, critiquer quelque chose, évoquer un engagement…).

Repérez les champs sémantiques suivants :

les traces du passé

- *Spuren hinterlassen** laisser des traces
- *sein Erbe pflegen* soigner son héritage
- *die Vergangenheit bewahren und wieder/errichten* conserver et reconstruire le passé
- *den Einfluss nachvollziehen** comprendre l'influence

les indications de temps

- *vom 18. Jahrhundert bis 1918* du 18e siècle à 1918
- *das alte Stadtschloss* le vieux château
- *aus jener Zeit* équivalent littéraire de *aus dieser Zeit*
- *bis heute* jusqu'à aujourd'hui
- *bis 1918* jusqu'à 1918
- *immer* toujours
- *durch die Vergangenheit* à travers le passé

les indications de lieu

- *Europa, europäisch* l'Europe, européen
- *die Stadt* → *das Stadtschloss* la ville, le château de la ville
- *das Land* → *das Wissen des Landes* le pays, le savoir du pays
- *das Bundesland* le Land, nom des 16 régions de la République fédérale d'Allemagne ayant chacune leur autonomie dans certains domaines comme l'éducation.
- *die Hauptstadt* → *die Hauptstadt des Bundeslandes* la capitale, la capitale du Land
- *die Stadt* → *das Stadtbild, die Residenzstadt* la ville, le paysage urbain, la ville de résidence
- *das Viertel* → *das holländische Viertel / die Niederlande* le quartier, le quartier hollandais / les Pays-Bas

les quantités

zahlreiche = viele
nombreux = beaucoup

les négations

nicht in Berlin, sondern in Potsdam
pas à Berlin mais à Potsdam

À chaque visionnage, notez le plus d'informations possible. Laissez des blancs lorsque vous n'avez pas compris ou pas eu le temps de noter. Au visionnage suivant, complétez vos notes et vérifiez que les premières informations notées sont justes.

Astuces pour la prise de notes

Abréviations
D = Deutschland
Preuß = Preußen
B = Berlin
Pots. = Potsdam

Signes
→ = conséquence
↗ = augmentation
↘ = diminution …

▷ Repérez

- au 1er visionnage = les lieux (où) et **le sujet** (quoi)
- au 2e visionnage = les dates (quand) et les noms de personnes (qui)
- au 3e visionnage = les détails

das Brandenburger Tor nicht in Berlin → in Potsdam → Hauptstadt Brandenburgs
→ Stadt besonders herausgeputzt

in Pots. zahlreiche preuß. Herrscher = **Spuren hinterlassen**

Preuß. wichtig europ. Staat vom 18. J. bis 1918

Das alte Stadtschloss = wiederaufgebaut, wie Palast Barberini. / **Pots. pflegt Erbe.**

Alexandra Schmöger : Einfluss Könige in Potsdam bis heute am Stadtbild
→ immer noch Residenzstadt bis 1918: eine schöne Stadt

Vergangenheit → wirkt sehr heimisch

Viele möchten bewahren, wiedererrichten.

holländisches Viertel → Friedrich Wilhelm I. = preuß. Soldatenkönig, Anhänger der Niederlande
→ vom Wissen des Landes profitieren: Handwerker und Baumeister nach Potsdam einladen

→ das größte Bauensemble im hollän. Stil in D.

Étape 3 Rédigez la synthèse et prenez connaissance des critères d'évaluation

- Dès qu'une information aura été utilisée dans votre compte rendu, rayez-la de votre brouillon pour être sûr d'avoir traité toutes les informations collectées.
- Pour avoir le maximum de points, il faudra avoir précisé :
  - le contexte : qui parle, à qui, à quelle occasion
  - ce dont il est question et le lien / l'articulation entre les différentes informations
  - l'intention et la portée du document, à qui le document s'adresse et dans quel but.

→ Voici des exemples d'amorces de compte rendu possibles pour cette vidéo, référencées en fonction des niveaux du CECRL.

A1 Le reportage présente la ville de Potsdam et certains de ses monuments, comme le Palais Barberini. C'est la ville où vivait le roi de Prusse / vivaient les rois de Prusse. …

A2 Le reportage télévisé traite de l'héritage architectural des rois de Prusse à Potsdam, des bâtiments comme la Porte de Brandebourg, le palais Barberini ou l'ancien château. La Prusse était alors très importante. …

B1 Le reportage télévisé présente l'effort de préservation de l'héritage des rois de Prusse à Potsdam à travers l'entretien et la conservation de bâtiments royaux. L'influence des rois est visible dans cette ville qui était la capitale d'un des États européens les plus importants du 18e siècle à 1918. …

Unter der Leitung von Außenminister Heiko Maas und Familienministerin Franziska Giffey engagieren sich das Auswärtige Amt[1] und das Bundesministerium für Familie, Senioren, Frauen und Jugend seit Januar 2019 gemeinsam im Programm „Jugend erinnert" für eine Stärkung der Erinnerungskultur.

1. das Auswärtige Amt *le Ministère des Affaires étrangères*

Erinnerungs

SPRACHBOX

- leben; das Leben; der/die Überlebende *(adj. substantivé)* *vivre ; la vie ; le/la survivant/e*
- die Gedenkstätte (-n) *le mémorial*
- die Zeit vergeht *le temps passe*
- die Vergangenheit *le passé*
- die Zukunft *l'avenir*
- sich an etw. (A) erinnern *se souvenir de qc*
- die Erinnerung an etw. (A) *le souvenir de qc*
- ein aktives Erinnern *une façon active de se souvenir*
- die Geschichte *l'Histoire*
- jm etw. ermöglichen *permettre qc à qn*
- etw. verstärken *renforcer qc*
- etw. aus/weiten *élargir qc*
- selbst nach/denken* *réfléchir par soi-même*

→ p. 212

#Jugenderinnert

VIDEO

A2-B1 **1** Schauen Sie sich das Video an und notieren Sie die zentralen Informationen. Antworten Sie dann auf die folgenden Fragen: Wie viele Fahrten zu Gedenkstätten sollen mit diesem Programm ermöglicht werden? Für wie viele Jugendliche?

Kapitel 12

TERRITOIRE ET MÉMOIRE

Städte Wien und Berlin

Januar 2019: Familienministerin Franziska Giffey und Außenminister Heiko Maas (im Zentrum) mit Schülergruppen vor dem Holocaust-Mahnmal in Berlin.

B1 **2** Warum ist dieses Programm wichtig? Warum soll sich die Jugend an die Vergangenheit und an die Geschichte ihres Landes erinnern? Warum braucht Zukunft Erinnerung?

Inwiefern spielen Orte und Städte eine zentrale Rolle für die Erinnerung?

- Présenter un lieu lié à un souvenir personnel (p. 208)
- Écrire un article sur un mémorial allemand ou autrichien (p. 210)
- Les temps du passé (p. 209)
- L'infinitif avec ou sans *zu* (p. 211)

Projekt

Rendre compte dans un article d'une vidéo sur un mémorial franco-allemand et donner son avis (p. 215)

BAC ÉPREUVE 3

Partie 1 – Écrit MÉTHODOLOGIE p. 220

VIDEO Gedenken an den Mauerfall (p. 216)

Stratégie : Prendre appui sur le visuel (p. 216)

Zuerst hatte ich Angst – Die Deutsche Einheit als großes Abenteuer, www.deutschland.de (p. 217)

Stratégie : La perspective de narration (p. 217)

Stratégie : Repères dans l'histoire allemande du XXe siècle (p. 218)

Partie 2 – Oral

Stratégie : Relier son propos à ses connaissances culturelles (p. 219)

Stratégies : Faire preuve de conviction – Personnaliser son propos (p. 219)

1 2 Projekt

Einen Ort vorstellen, der mit einer wichtigen persönlichen Erinnerung verbunden ist

Wien, Ort der Erinnerung

A „Gegen das Vergessen" in Wien

A2-B1

1 Lesen Sie den Kommentar zu dem Foto und reagieren Sie darauf.

2 Finden Sie es auch wichtig, sich jedes Jahr am 8. Mai an das Ende des Zweiten Weltkrieges zu erinnern? Diskutieren Sie!

Am 8. Mai wird jedes Jahr der Tag der Befreiung gefeiert und damit das Ende des Zweiten Weltkrieges in Europa und die Befreiung vom Nationalsozialismus. Am 7. Mai 2019 eröffnete der österreichische Bundespräsident Alexander Van der Bellen auf der Wiener Ringstraße die Foto-Ausstellung „Gegen das Vergessen" zur Erinnerung an die Opfer[1] der NS-Verbrechen und erklärte: „Ich glaube an die Menschheit[2]. Schließlich gedenken wir heute ja nicht nur der Schrecken[3] unserer Geschichte, sondern wir feiern vor allem, dass das Gute gewonnen hat. Und ich bin fest davon überzeugt, dass das Gute am Ende immer gewinnen wird."

www.bundespraesident.at

1. das Opfer (-) *la victime* 2. die Menschheit *l'Humanité* 3. die Schrecken *(pl.) les horreurs*

B Spuren der Vergangenheit

CD 29 MP3 29

bordas Flash PAGE audio

A2-B1

Wie erinnert sich die Stadt Wien an deportierte jüdische Mitbewohner?

Der Verein „Steine der Erinnerung" verlegt die Stolpersteine in Wien.

Kultur BOX

Stolpersteine nicht nur in Wien!

In Deutschland und anderen Ländern Europas installiert der deutsche Künstler Gunter Demnig seit 2000 sogenannte „Stolpersteine", um an die Opfer der NS-Zeit zu erinnern. Die Erinnerung an die Menschen, die früher an diesen Orten wohnten, soll mit dieser Aktion lebendig werden.

Mittlerweile existieren diese Steine der Erinnerung in 1265 deutschen Kommunen und in 21 Ländern Europas.

MEHR INFOS AUF www.stolpersteine.eu

C Kindheitserinnerungen an Wien

A2-B1 **1** Beschreiben Sie die Wiener Wohnung des Erzählers, als er ein Kind war. Was machte er gern?

B1-B2 **2** Welche Informationen erhalten wir über das Leben im 3. Wiener Bezirk und über die geschilderte Epoche?

Für den österreichischen Schriftsteller Peter Henisch (1943-) ist die Erinnerung an die Vergangenheit ein wichtiges Thema. In diesem autobiographisch inspirierten Text erinnert sich der Erzähler an die Wohnung, in der er nach Ende des Zweiten Weltkrieges mit seinen Eltern in Wien lebte.

Adresse: Wien III, Keinergasse 11, Ecke Hainburger Straße. Dort war die Wohnung, in der mein Bewusstsein[1] erwacht ist. Was früher war, in meinen ersten zwei, drei Jahren, ist sehr dunkel. [...]

In dieser Erinnerung aber ist es recht hell. Ich stehe, nein, ich knie am Erkerfenster. [...] Der Erker[2], ein kleiner, wie für mich gemachter Raum. An einer Ecke unseres sogenannten großen Zimmers. Es ist nicht wirklich groß, dieses Zimmer, aber es ist unser größtes. Eigentlich ist es das einzige Zimmer, sonst gibt es in unserer Wohnung nur das Vorzimmer, die Küche, und das Kabinett.

Die Wohnung, die ich mit meinen Eltern und der Katze bewohne, war eine Zweizimmerwohnung. Doch das zweite Zimmer gibt es nicht mehr. Dieses Zimmer ist abgestürzt[3]. Das soll in den letzten Kriegstagen geschehen sein oder vielleicht sogar schon in den ersten Tagen nach Ende des Krieges. [...] Es scheint Sommer zu sein in meiner Erinnerung. Ich sehe Kinder, die meisten barfuß, im Schutt[4] Verstecken spielen. [...] Nicht nur Kinder sehe ich da unten, sondern auch Erwachsene, natürlich. Die meisten Frauen, auch die jungen, tragen Kopftücher, die meisten Männer tragen Hüte und sehen alt aus. Manche gehen auf Krücken[5]. [...] Auch Männer mit dunklen Brillen sehe ich, und die tragen diese Brillen, weil sie blind sind. [...]

Straßenverkehr? Nein, Straßenverkehr gibt es hier im dritten Bezirk Ende der 1940er Jahre kaum. Im Zentrum, ja, *in der Stadt*, wie man sagt, dort schon. Im ersten Bezirk, in dem die Fahrzeuge aller vier Besatzungsmächte[6] ihre Präsenz demonstrieren. Aber das ist ein anderer Teil der Welt.

Nach Peter Henisch, ***Suchbild mit Katze***, 2016

1. das Bewusstsein *la conscience* 2. der Erker (-) *l'encorbellement* 3. ab/stürzen *s'effondrer* 4. der Schutt *les décombres* 5. die Krücke (-n) *la béquille* 6. die Besatzungsmächte *les forces d'occupation*

Ein Wiener Wohngebäude mit Erkerfenstern

SPRACHBOX

sich erinnern

- damals *à l'époque*
- früher *autrefois*
- vor langer Zeit *il y a longtemps*
- vor 5 Monaten / Jahren *il y a 5 mois / ans*
- Als er ein Kind / ein Teenager war, … *Quand il était enfant / adolescent, …*
- (nicht) vergessen* *(ne pas) oublier*
- die Erinnerung an etw. (A) wach/halten* *entretenir le souvenir de qc*
- sich an einem Ort wohl/fühlen *se sentir bien à un endroit*
- viel Zeit an einem Ort verbringen* *passer beaucoup de temps à un endroit*
- jn / etw. beobachten *observer qn / qc*

Wichtiges

- Ich finde es wichtig ≠ unwichtig, dass … *Je trouve important… ≠ Je ne trouve pas important que…*
- Meiner Meinung nach ist es wesentlich, dass … *À mon avis, il est essentiel que…*
- Für mich ist am wichtigsten, dass … *Pour moi, le plus important est que…*
- Für mich spielt … (k)eine große Rolle. *Pour moi, … a de l'importance (n'a pas d'importance).*

→ p. 212

SPRACHBOX

Les temps du passé

- Im dritten Bezirk **habe** ich gern aus dem Fenster **geschaut**.
- Dort **war** die Wohnung, in der mein Bewusstsein **erwacht ist**.
- Nachdem ich als Kind in Wien **gelebt hatte, wohnte** ich später auch in anderen Städten.

→ p. 214

Nun sind Sie dran!

Stellen Sie einen Ort vor, der für Sie persönlich mit einer wichtigen Erinnerung verbunden ist.

Der Geschichte trotzen

A» Aufbruch und Rückkehr nach Berlin

MÉDIATION PARTNERPUZZLE → p. 18

B1-B2

1. Schüler der GRUPPE A erarbeiten das Dokument a. Schüler der GRUPPE B erarbeiten das Dokument b.
2. Jeder Schüler der GRUPPE A stellt dann einem Schüler der GRUPPE B sein Dokument vor. Beide Gruppen tauschen sich dann aus.
3. Wie lebte das Bürgertum in den 20er Jahren in Berlin? Warum wollte der Kunstsammler Heinz Berggruen später nach Berlin zurückkehren?

Heinz Berggruen (1914-2007), Sohn jüdischer Berliner Geschäftsleute, emigrierte 1936 als Student nach San Francisco. 1941 kehrte er als US-Soldat nach Europa zurück. 1947 eröffnete er eine eigene Kunstgalerie in Paris und wurde zu einem bekannten Kunsthändler und Kunstsammler der klassischen Moderne. Seine bedeutende Privatsammlung, die er 2000 für einen symbolischen Preis an die Staatlichen Museen zu Berlin verkaufte, ist heute im Museum Berggruen in Berlin-Charlottenburg zu bewundern.

Das Berliner Hotel und Restaurant Kempinski vor dem Zweiten Weltkrieg.

a Wurde ich als Kind gefragt, wo ich herkäme, sagte ich nicht, aus Berlin, sondern antwortete: aus Wilmersdorf[1]. Dort gab es viele freie Plätze und relativ wenig Häuser. [...]

Mein Vater hatte ein Schreibwarengeschäft. Beide Eltern standen tagsüber im Laden, und wenn sie viel arbeiten mussten, wie etwa vor Weihnachten, durfte ich helfen, was mir großen Spaß machte. [...]

Am Sonntag ging man spazieren. [...] Bekannte, denen wir begegneten, grüßten wir höflich, die Herren zogen den Hut, die Damen nickten, alles wirkte[2], rückblickend betrachtet[3], sehr bieder[4] und so, als könnte sich an diesen Ritualen niemals etwas ändern. Am Sonntagmittag führte uns mein Vater dann – ein großer Luxus schon damals – ins Restaurant Kempinski am Kurfürstendamm. [...]

Wir wohnten gegenüber unserem Geschäft in einem jener typischen Berliner Mietshäuser[5] der Jahrhundertwende, die [...] für die damaligen Lebensverhältnisse recht komfortabel waren. [...] Als ich in den Wirren des Frühjahrs 1945[6] in einem US-Jeep aus St. Germain-en-Laye, wo meine Einheit stationiert war, in das zertrümmerte Berlin zurückkam, war mein erster Gang in die Konstanzer Straße, zu dem Haus, in dem ich geboren war und aufgewachsen bin. Das Haus stand nicht mehr, es war, wie so viele andere, zerbombt, Opfer eines unseligen[7] Krieges.

1. Wilmersdorf ist ein Stadtteil von Berlin. 2. wirken *avoir l'air* 3. rückblickend betrachtet *rétrospectivement* 4. bieder *sage, conventionnel* 5. das Mietshaus (¨er) *l'immeuble locatif* 6. in den Wirren des Frühjahrs 1945 *en cette période trouble du printemps 1945* 7. unselig *funeste*

SPRACHBOX

Licht und Dunkelheit

- das Licht ≠ die Dunkelheit *la lumière ≠ l'obscurité*
- leuchten *briller*
- verdunkeln *obscurcir*
- die Sternstunden der Geschichte *les moments forts de l'Histoire*
- die dunklen Seiten der Geschichte *les côtés sombres de l'Histoire*

verzeihen und sich versöhnen

- jm Unrecht zu/fügen *commettre une injustice envers qn*
- sich schuldig fühlen *se sentir coupable*
- zwiespältige Gefühle haben *éprouver des sentiments contradictoires*
- der Geschichte trotzen *défier l'Histoire*
- jm etw. verzeihen* *pardonner qc à qn*
- sich mit jm versöhnen; die Versöhnung *se réconcilier avec qn ; la réconciliation*
- jn ehren; die Ehre *honorer qn ; l'honneur*
- der Ehrenbürger (-) *le citoyen d'honneur*

→ p. 212

b *Nach dem Zweiten Weltkrieg lebte Heinz Berggruen viele Jahre als Amerikaner in Paris. Als er schon sehr alt war, wollte er wieder Deutscher werden und nach Deutschland zurückkehren.*

Heinz Berggruen und der Berliner Bürgermeister Klaus Wowereit (2004)

Ich hatte mich niemals als Amerikaner gefühlt, und ich hatte nicht das Bedürfnis, nach Amerika zurückzugehen. Ich fühlte mich als Europäer. Obwohl es mir in Paris gutging, sah ich nicht ein, warum ich mich um einen französischen Pass bemühen[1] sollte. Es erschien mir viel sinnvoller, die Nationalität wieder zu erwerben, die mir ein barbarisches Regime ein halbes Menschenalter zuvor weggenommen hatte. Durch Sprache, Literatur, Geschichte und durch die deutsche Landschaft habe ich Bindungen an meine Heimat, die kein ‚Tausendjähriges Reich' je zerstören konnte.

[...] Ich ging zum Konsulat der Bundesrepublik in Paris [...] und nach zehn Tagen erhielt ich einen deutschen Paß. Ich war wieder Deutscher. [...]

Auf den Haupt- und Nebenwegen des Sammelns führten die Spuren zurück zu meinen Anfängen, ins Berlin meiner Kindheit und Jugend. [...] Mein Freund, Ernst Stiefel, sagte: „Man kann einen Menschen aus seiner Heimat vertreiben, aber nicht die Heimat aus dem Menschen." [...] Mit zweiundzwanzig Jahren bin ich aus Berlin fortgegangen, in eine ungewisse Zukunft. Als Zweiundachtzigjähriger bin ich zurückgekommen. Und das ist gut so.

1. sich um etw. (A) bemühen *s'efforcer d'obtenir qc*

Heinz Berggruen,
Hauptweg und Nebenwege, Erinnerungen eines Kunstsammlers, 1996

Paul Klee, *Hauptweg und Nebenwege*, 1929

B Eine Geste der Versöhnung

CD 30 MP3 30

Flash PAGE audio

B1-B2

1. Warum hat Heinz Berggruen seine Kunstsammlung der Stadt Berlin übergeben?
2. Warum fühlte sich die Stadt Berlin besonders geehrt, als Berggruen die Ehrenbürgerschaft der Stadt akzeptierte?

Das Museum Berggruen, Berlin-Charlottenburg

die Kunstsammlung *la collection d'art* – friedlich *pacifique, paisible* – die Ehrenbürgerschaft *la citoyenneté d'honneur* – jn beschenken *faire un cadeau à qn* – jn beschämen *faire honte à qn*

SPRACHBOX

L'infinitif avec ou sans *zu*

- Es erschien mir sinnvoller, die deutsche Nationalität **zu** erwerben.
- Ich hatte nicht das Bedürfnis, nach Amerika zurück**zu**gehen.
- Die Stadt Berlin wollte Heinz Berggruen Ø ehren.
- Heinz Berggruen konnte seine Heimatstadt nicht Ø vergessen.

→ p. 214

Nun sind Sie dran!

Schreiben Sie einen Artikel über einen symbolträchtigen deutschen oder österreichischen Erinnerungsort.

WORTSCHATZ

Erinnerungsstädte Wien und Berlin

Städte und Bewohner

A2-B1

- die Stadt (¨-e) *la ville*
- der Stadtbewohner (-); der Einwohner (-) *l'habitant*
- die Wohnung (-en) *l'appartement*
- der Bezirk (-e) *l'arrondissement*
- das Viertel (-) *le quartier*
- in der Stadt leben *vivre en ville*

B1-B2

- das Stadtleben *la vie citadine*
- der Mitbürger (-) *le concitoyen*
- das Gebäude (-) *le bâtiment*
- die Besonderheit (-en) *la particularité*
- eine Besonderheit auf/weisen* *présenter une particularité*

NS-Verbrechen

A2-B1

- die Diktatur (-en) *la dictature*
- der Nationalsozialismus *le national-socialisme, le nazisme*
- das Konzentrationslager (-) *le camp de concentration*
- das Verbrechen (-) *le crime*
- jn verfolgen *poursuivre, persécuter qn*
- das Opfer (-) *la victime*

B1-B2

- die Zerstörung (-en) *la destruction*
- unmenschlich *inhumain*
- die Judenverfolgung (-en) *la persécution des juifs*
- jm ein entsetzliches Leid zu/fügen *infliger une souffrance épouvantable à qn*
- die Gräueltat (-en) *l'atrocité*
- ein Verbrechen gegen die Menschlichkeit verüben *commettre un crime contre l'Humanité*
- eine Verantwortung für die Zukunft tragen* *porter une responsabilité pour l'avenir*

Kunst und Museen

A2-B1

- die Kunst (¨-e) *l'art*
- der Künstler (-) *l'artiste*
- das Kunstwerk (-e) *l'œuvre d'art*
- Kunstwerke sammeln *collectionner des œuvres d'art*
- die Sammlung (-en) *la collection*
- die Malerei *la peinture*

B1-B2

- ein Kunstwerk bewundern *admirer une œuvre d'art*
- das Gemälde (-) *le tableau*
- der Kunsthändler (-) *le marchand d'objets d'art*
- der Kunstsammler (-) *le collectionneur d'œuvres d'art*
- der Mäzen (-e) *le mécène*
- kunstsinnig *qui a le sens de l'art*

Geschichte und ihre Spuren

A2-B1

- Spuren hinterlassen* *laisser des traces*
- der Erste Weltkrieg *la Première Guerre mondiale*
- der Zweite Weltkrieg *la Deuxième Guerre mondiale*
- die Besatzungsmächte = die Alliierten *les alliés*
- ein Land besetzen ≠ befreien *occuper ≠ libérer un pays*

B1-B2

- der Zeitzeuge (-n) *le témoin (historique)*
- etw. erleben *vivre qc*
- das Erlebnis (-se) *l'expérience vécue, le vécu*
- das Ereignis (-se) *l'événement*
- die Befreiung *la libération*
- die Rückkehr in die Heimat *le retour au pays d'origine*
- jm verzeihen* *pardonner à qn*
- die Versöhnung *la réconciliation*
- die Völkerverständigung *le rapprochement des peuples*

sich erinnern

A2-B1

- die Erinnerung (-en) *la mémoire, le souvenir*
- sich an etw. (A) erinnern *se souvenir de qc*
- etw. (nicht) vergessen* *(ne pas) oublier qc*
- der Erinnerungsort (-e) *le lieu de mémoire*
- die Heimat *lieu (pays ou région) d'origine, l'endroit où on se sent chez soi*
- die Vergangenheit *le passé*
- das Denkmal (¨-er), das Monument (-e) *le monument*
- eine Rede halten* *prononcer un discours*

B1-B2

- die Erinnerung an etw. wach/halten* *entretenir le souvenir de qc*
- die Gedenkstätte (-n), das Mahnmal (-e) *le mémorial*
- die Toten ehren *rendre hommage aux morts*
- selbst nach/denken* *réfléchir par soi-même*
- jm etw. ins Bewusstsein rufen* *faire prendre conscience de qc à qn*
- über etw. berichten *relater qc, rendre compte de qc*
- über ein historisches Ereignis berichten *rendre compte d'un événement historique*
- sich für etw. (A) verantwortlich fühlen *se sentir responsable de qc*

Comprendre les consignes

- Äußern Sie Ihre persönliche Meinung. *Exprimez votre avis personnel.*
- Was finden Sie besonders bemerkenswert? *Qu'est-ce qui vous interpelle en particulier ?*

ÜBUNGEN

1 **Trouvez l'article qui convient.**

a. d… Mitbürger
b. d… Gedenkstätte
c. d… Zeitzeuge
d. d… Versöhnung
e. d… Sammlung

2 **Associez les éléments afin de former des groupes infinitifs cohérents.**

eine Besonderheit •	• tragen
in der Stadt •	• wachhalten
ein Land •	• befreien
eine Rede •	• halten
die Vergangenheit •	• leben
eine Verantwortung •	• aufweisen

3 **Complétez les phrases suivantes avec le terme qui convient.**

Ausstellungen – Ereignisse – erinnern – Rede – Toten – Erste Weltkrieg – Zweite Weltkrieg

a. Der … und der … haben in Deutschland und Österreich tiefe Spuren hinterlassen.
b. Mit Gedenkveranstaltungen und … wollen sich die Menschen in diesen Ländern jedes Jahr an die … der Vergangenheit … .
c. Politiker und Bürger halten eine …, um die … zu ehren.

4 **Traduisez les phrases suivantes.**

a. Viele Menschen interessieren sich für Kunst, einige sammeln auch gern Kunstwerke.
b. Der berühmte Kunsthändler und Kunstsammler Heinz Berggruen hat seine Sammlung seiner Heimatstadt Berlin übergeben.
c. Heute kann man die Gemälde von Pablo Picasso und Paul Klee im Berggruen Museum im Berliner Viertel Charlottenburg bewundern.

Extra

A2/B1 **5** **Kennen Sie eine Persönlichkeit, die sich dafür engagiert, die Vergangenheit wachzuhalten? Stellen Sie diese Person kurz vor.**

WORTBILDUNG

La nominalisation d'un verbe avec le suffixe *-ung*

On peut former un nom à partir d'un verbe en utilisant le suffixe ***-ung***.
Ce suffixe est très fréquent et entraîne le féminin.

- *jn / etw. befreien* libérer qn / qc → *die Befrei**ung*** la libération
- *sich an etw. erinnern* se souvenir de qc → *die Erinner**ung*** la mémoire, le souvenir
- *hoffen* espérer → *die Hoffn**ung*** l'espoir

ÜBUNGEN

1 **Formez des noms à partir des verbes suivants en utilisant le suffixe *-ung* et donnez la traduction en français.**

wohnen – sich versammeln – jn verfolgen – verantworten – sich verständigen – jn verzeihen – sich versöhnen – sammeln – ausstellen – veranstalten

2 **Traduisez les phrases suivantes.**

a. J'ai organisé une exposition sur Heinz Berggruen.
b. Beaucoup de personnes aiment sa collection d'art.
c. La réconciliation était importante pour lui.

TRAINING

GRAMMATIK

LERNTEMPODUETT → p. 17

Les temps du passé → p. 209

→ PRÉCIS p. 227

- Pour raconter une histoire au passé, **on utilise le prétérit** pour indiquer que **l'événement passé est non accompli** (langue écrite soignée).
  *In den zwanziger Jahren **lebte** Heinz Berggruen mit seinen Eltern in Berlin-Wilmersdorf. Sie **hatten** ein Schreibwarengeschäft.*
- On a recours au **parfait** (équivalent du passé composé) **pour relater un événement passé accompli.**
  *Im Frühjahr 1945 **ist** Heinz Berggruen als US-Soldat nach Berlin **zurückgekommen**. Er **hat** die Zerstörung der Häuser **gesehen**.*
- **Le plus-que-parfait** exprime une **antériorité** par rapport au prétérit et au parfait.
  *Nachdem er lange als Kunsthändler in Paris **gelebt hatte**, **wollte** Heinz Berggruen wieder Deutscher werden.*
- **Quelques conseils pour rédiger un texte au passé :**
  – Pour relater des événements du passé et expliquer ce que vous avez fait ou vu, vous utiliserez le parfait.
  *Vor einem Jahr **bin** ich nach Wien **geflogen** und **habe** viele Freunde **besucht**.*
  – Pour les verbes à valeur d'auxiliaire *sein*, *haben* ou *werden*, ainsi qu'avec les verbes de modalité, vous emploierez le prétérit.
  *Ich **war** in Wien sehr glücklich und **hatte** viel Spaß. Ich **konnte** mich wirklich sehr gut erholen und meinen Alltag vergessen. An einem Wochenende **sind** wir mit dem Zug nach Salzburg **gefahren**. Dort **habe** ich eine echte Spezialität **probiert**: die Mozartkugel!*

1 (*) **Dans ce texte, identifiez les verbes au passé et indiquez leur infinitif.**

In den letzten Sommerferien war ich bei meiner Tante in Berlin. Wir haben das Zentrum und das Schloss Charlottenburg besichtigt. Natürlich haben wir auch den Reichstag und andere Monumente gesehen. Für meine Tante war es wichtig, mir auch Gedenkstätten zu zeigen, zum Beispiel ein Denkmal für die von den Nazis ermordeten Sinti und Roma. Wir haben sehr viel über die deutsche Vergangenheit gesprochen. Ich war mit meiner Tante einverstanden, dass wir aus der Geschichte lernen müssen und eine Verantwortung für die Zukunft tragen.

2 (**) **Réécrivez ce texte sur Peter Henisch en utilisant les temps du passé.**

Der Schriftsteller Peter Henisch lebt als Kind in Österreich und wächst in der Hauptstadt Wien auf, in der man die Spuren des Zweiten Weltkrieges sieht. Damals schaut Henisch gern aus dem Fenster und beobachtet, was in seinem Viertel passiert. Noch viele Jahre später ist er von dieser Epoche fasziniert und beschäftigt sich mit der Vergangenheit seiner Familie. Er schreibt zum Beispiel Bücher über seinen Vater, der in der NS-Zeit als Kriegsfotograf tätig war. Mit dem biographisch inspirierten Roman „*Die kleine Figur meines Vaters*" wird Peter Henisch als deutschsprachiger Schriftsteller bekannt.

L'infinitif avec ou sans *zu* → p. 211

→ PRÉCIS p. 229

- Quand l'infinitif dépend de l'un des six verbes de modalité (*müssen, sollen, können, dürfen, wollen, mögen*), du verbe *lassen*, des verbes de perception *hören*, *sehen* ou d'un verbe de déplacement, **il n'est pas précédé de *zu*** :
  Am 8. Mai wollen wir uns an die Opfer des Krieges Ø erinnern.
- **Dans les autres cas, l'infinitif est précédé de *zu*** :
  *Es ist wichtig, sich an die Vergangenheit **zu** erinnern.*

(!) Lorsqu'un infinitif à préverbe séparable doit être précédé de *zu*, **on l'intercale entre le préverbe et l'infinitif.**
*Es ist wichtig, die Vergangenheit wach**zu**halten.*

3 (*) **Complétez ce texte avec *zu* si nécessaire.**

Meine Schwester und ich erinnern uns gern an unsere Kindheit. Unsere Eltern mussten jeden Tag lange … arbeiten, deshalb verbrachten wir viel Zeit mit unserer Großmutter. Wir durften in ihrer Wohnung laut … spielen und spät ins Bett … gehen. Es war für uns immer sehr schön, mit Oma Berta … singen und … lachen. Sie konnte sehr lustige Geschichten aus ihrer eigenen Kindheit und Jugend … erzählen. Manchmal gingen wir mit ihr … einkaufen. Sie war immer glücklich, uns ein kleines Geschenk … kaufen und uns eine Freude … machen!

4 (**) **Reliez les propositions entre elles.**

a. Ich möchte in den nächsten Ferien
b. Jeden Tag müssen viele Menschen
c. Paul träumt davon,
d. Hörst du

1. mit dem Bus zur Arbeit Ø fahren.
2. den Rockstar im Radio Ø singen?
3. nach Berlin Ø reisen.
4. ein berühmter Künstler zu werden.

Eine symbolische Gedenkstätte

B1-B2

VIDEO

bordas Flash PAGE vidéo

- Am 10. November 2017 eröffneten der deutsche Bundespräsident Steinmeier und der französische Präsident Macron im Elsass die erste deutsch-französische Museums- und Gedenkstätte zum Ersten Weltkrieg. Sie befindet sich am Berg „Hartmannswillerkopf". Schauen Sie sich das Video an und machen Sie sich Notizen zu den wichtigsten Informationen.
- Verfassen Sie nun einen kurzen Artikel für die Schülerzeitung Ihrer Partnerschule und äußern Sie Ihre persönliche Meinung über diesen neuen Erinnerungsort. Was finden Sie besonders bemerkenswert?

der Menschenfresser (-) *le mangeur d'hommes, l'ogre* – der Irrsinn des Krieges *la folie de la guerre* – der Irrglaube *la croyance erronée, l'idée fausse* – die Überlegenheit *la supériorité* – die Verheerung (-en) *les ravages* – schrecklich *effroyable* – mahnend *qui met en garde* – die Herausforderung (-en) *le défi*

Stratégies

Prendre des notes

– Avant de commencer, relisez la page *Wortschatz* (p. 212).
– Regardez la vidéo une première fois dans son intégralité avant de commencer à prendre des notes.

Présenter un document

- **Introduire et conclure**
  – *Dieses Video / Dokument berichtet über (A) von (D) / informiert über (A) …*
  Cette vidéo / Ce document rend compte de / informe sur…
  – *Der Bericht zeigt …* Le reportage montre…
  – *Die Reportage erwähnt vor allem die folgenden zentralen Elemente: …* Le reportage évoque surtout les éléments centraux suivants : …
  – *Abschließend / Zusammenfassend kann man sagen / festhalten, dass …*
  En conclusion / Pour résumer, on peut dire / retenir que…
- **Rapporter des propos**
  – *Der Redner erklärt / betont, dass …*
  L'orateur explique / souligne que…
  – *Beide Redner stimmen darin überein, dass … / gelangen zu der Schlussfolgerung, dass …*
  Les deux orateurs conviennent que… / arrivent à la conclusion que…

Exprimer son avis

– *Meiner Meinung nach …* À mon avis…
– *Ich habe den Eindruck / das Gefühl, dass …*
J'ai l'impression / le sentiment que…
– *Ich vertrete die Auffassung, dass …*
J'émets / Je défends l'opinion que…
– *Ich bin der festen Überzeugung, dass …*
Je suis fermement convaincu que…
– *Besonders bemerkenswert finde ich, dass …*
Je trouve particulièrement remarquable que…

BAC ÉPREUVE 3 (3e trimestre)

PARTIE 1 – ÉCRIT

Compréhension de l'oral

VIDEO

bordas Flash PAGE vidéo

Gedenken an den Mauerfall

- **En rendant compte en français du document, vous montrerez que vous avez compris :**
  - le thème principal du document ;
  - les faits, la situation, les événements, les informations ;
  - l'identité des personnes citées ;
  - la fonction et la portée du document (relater, informer, convaincre, critiquer, dénoncer, etc.).

scheitern *échouer* – der Knast *(fam.) la prison* – jn belasten *ici, importuner qn* – greifbarer *plus concret* – Gänsehaut haben *avoir la chair de poule*

Stratégies
Prendre appui sur le visuel

En plus de vous faire entendre des informations, une vidéo présente l'avantage de vous faire voir des choses. Ne négligez pas cette aide précieuse, susceptible d'améliorer votre compréhension ou de confirmer ce que vous avez compris à l'écoute.

▷ S'appuyer sur les informations écrites insérées dans la vidéo

Le nom de Peter Barsch apparaît à l'écran, accompagné du mot *Zeitzeuge*. Cet homme que l'on voit expliquer des choses à l'écran, est donc le témoin d'un événement ou d'une époque historiques. Ensuite, le nom d'Anne Schubert apparaît à l'écran, suivi du mot *Teilnehmerin*. Vous comprenez donc que cette femme participe à une conférence ou à une visite organisée par le témoin.

▷ Analyser les images

Maintenant que vous avez compris qui sont les personnes, essayez d'analyser les images. La conférence ou la visite a lieu dehors. Comment se déplacent les personnes ? Regardez quel moyen de transport se trouve à côté des gens. Cette analyse confirme le mode de transport mentionné oralement.

▷ Quelques aides lexicales

Familiarisez-vous avec le lexique lié aux tentatives de fuite de la RDA.

- *die Flucht* la fuite
- *fliehen** fuir
- *der Fluchtversuch (-e)* la tentative de fuite
- *die Haft* l'incarcération
- *vernommen werden** être interrogé
- *sich strafbar machen* être passible d'une sanction

Compréhension de l'écrit

3 526 signes

MÉTHODOLOGIE p. 220

a. Lesen Sie die beiden Texte. Geben Sie wieder, was Sie verstanden haben. Beachten Sie dabei folgende Punkte:
- Text A: Wie hat der erste Zeitzeuge den Mauerfall erlebt? Welche Gefühle hat er damals empfunden und wie fühlt er sich heute?
- Text B: Aus welcher Perspektive hat der zweite Zeitzeuge den Mauerfall erlebt? Wie fühlt er sich heute in Deutschland?

b. Text A und Text B: Betonen Sie Gemeinsamkeiten und Unterschiede zwischen diesen persönlichen Erlebnissen.

Text A

Zuerst hatte ich Angst

Im Jahr 2014 erinnert sich Günter Oesterreich (1935-) aus Leipzig an den Mauerfall und die Wendezeit[1].

„Ich sitze mit meiner Frau im Wohnzimmer auf dem Sofa, der Fernseher läuft und ich denke: Nein, das kann nicht wahr sein. Sie übertragen eine Pressekonferenz. Es ist der 9. November 1989. Eine Stimme sagt, die Grenzen seien ab sofort geöffnet. Ich habe mich nicht gefreut, nein, überhaupt nicht. Zuerst hatte ich Angst. Man denkt ja an so vieles. Zum Beispiel: Was ist, wenn jetzt die Russen eingreifen, weil die sich das nicht gefallen lassen[2] wollen? Wird es also einen neuen Krieg geben? Der kleinste Konflikt hätte ja schon gereicht. Das muss man sich mal vorstellen: Die Mauer ist fast 30 Jahre lang die sicherste Grenze der Welt, und auf einmal soll all das nicht mehr sein – nein, ich konnte das nicht glauben. Meine Frau, die Töchter, wir hatten alle Angst. Wochen später erst habe ich realisiert, dass wir jetzt *ein* Deutschland sind, und das war ein wunderschöner Moment: Ich bin mit meinem Wartburg[3] über ein braches Feld gefahren, um zu einem der provisorisch geschaffenen Grenzübergänge[4] zu kommen. Es war ja wie eine Invasion – viel zu viele, die zur gleichen Zeit in den Westen wollten. Ein Meer aus Autos und alle verließen die Straße und fuhren querfeldein[5] zu diesem Grenzübergang. Jeder voller Neugier. Erst, als ich mit meinem Auto dann drüben im Westen war, erst dann habe ich Freude empfinden können, reine Freude. Von Angst keine Spur mehr. Ich wusste: Es wird keinen Krieg geben. Wir sind *ein* Land und ich kann mich frei bewegen, ohne Strafen befürchten zu müssen. Ich hatte Glück. Viele Menschen sind Verlierer[6], sogenannte Wendeverlierer, und hatten von heute auf morgen keine Arbeit mehr. Und das auf Dauer. Auch meine Firma haben sie geschlossen, gleich nach dem Mauerfall, aber ich habe schnell wieder etwas gefunden. Ich weiß das sehr zu schätzen. Vielen ging es anders. Ich kenne Leute, die mir sagen: Ich fühle mich als Ostdeutscher wie ein Mensch zweiter Klasse. Weil es noch oft geringeren Lohn im Osten gibt und eine höhere Arbeitslosigkeit. Ich denke aber positiv. Jetzt, 25 Jahre nach dem Mauerfall, fühle ich mich nicht mehr als Ostdeutscher. Ich bin Deutscher. Wie sagte Willy Brandt[7] so schön: Es wächst zusammen[8], was zusammengehört. Und da hat er recht."

Nach www.deutschland.de

1. die Wendezeit *la période du tournant* 2. sich (D) etw. nicht gefallen lassen* *ne pas se laisser faire* 3. Wartburg = eine Automobilmarke der DDR 4. der Grenzübergang (¨-e) *le poste frontière* 5. querfeldein *à travers champs* 6. der Verlierer (-) *le perdant* 7. Willy Brandt, ehemaliger Berliner Bürgermeister und Bundeskanzler 8. zusammen/wachsen* *se ressouder, finir par ne faire qu'un*

Text B

Die Deutsche Einheit als großes Abenteuer

Julian Tadesse wurde in Berlin geboren. Als er zwei Jahre alt war, gingen seine Eltern, ein Äthiopier und eine Deutsche, mit ihm nach Addis Abeba. Einige Jahre später zog die Familie zurück nach Westberlin – und Tadesse wurde Zeuge der historischen Umbrüche[1] rund um den 9. November 1989. Der Mauerfall veränderte viel – in Deutschland, auf der Welt und auch in seinem eigenen Leben. Am Tag des Mauerfalls lief der damals Zehnjährige voller Erwartungen mit seinem Vater zum Brandenburger Tor und erlebte die Ereignisse hautnah[2]. „Einerseits war die Zeit aufregend. Aus dem ehemaligen Grenzgebiet wurde ein Abenteuerspielplatz, auf dem es für Kinder viel zu entdecken gab." Zugleich machte sich in seinem Leben Ernüchterung[3] breit. Nur wenige Jahre nach dem Mauerfall sah er Bilder von rassistischen Ausschreitungen in Rostock-Lichtenhagen. „Mein Eindruck war plötzlich: Der deutsche Osten ist für mich No-Go-Area. Das hat sich zum Glück geändert." Heute empfindet er die deutsche Gesellschaft als weltoffener. Tadesse arbeitet in Berlin als wissenschaftlicher Mitarbeiter für das Zentrum Moderner Orient. An der Hauptstadt schätzt er die internationale Atmosphäre.

Nach www.deutschland.de

1. der Umbruch (¨-e) *le changement profond, le bouleversement*
2. hautnah *de tout près* 3. die Ernüchterung *le désenchantement*

Stratégies
La perspective de narration

Qui parle ?

- Les deux documents relatent des expériences personnelles.

Comme l'indiquent les guillemets et le pronom personnel *ich*, le texte A raconte au discours direct l'histoire d'un homme, né en 1935. Cet homme nous parle de ses sentiments au moment de la chute du mur quand il avait donc 54 ans.

- Dans le texte B, on rapporte l'histoire d'une tierce personne.

Dès la première ligne, nous pouvons lire *Julian Tadesse.* Un narrateur relate l'expérience de ce garçon, âgé de 10 ans au moment de la chute du mur (*am Tag des Mauerfalls lief der damals Zehnjährige*). Cette narration est entrecoupée de deux citations au discours direct, par exemple *Mein Eindruck war …*

Les sentiments

Vous savez désormais qu'il s'agit de deux récits qui relatent une expérience personnelle vécue par des protagonistes d'âge différent lors d'un événement majeur historique. Vous pouvez supposer que des sentiments sont exprimés. Essayez d'identifier les différentes catégories de sentiments, ressentis à différents moments vécus, par exemple, dans le texte A :

– Sentiment de crainte : *Zuerst* hatte ich **Angst**

– Sentiment de bonheur : *Wochen später* … **ein wunderschöner Moment**

Expression écrite

Behandeln Sie Thema A oder Thema B.

Thema A
Der Mauerfall führte zur Wiedervereinigung Deutschlands am 3. Oktober 1990. Seitdem ist der 3. Oktober der deutsche Nationalfeiertag. Erklären Sie warum.

ODER

Thema B
Welches Ereignis ist für Sie persönlich das wichtigste Ereignis in der deutschen Geschichte des 20. Jahrhunderts, an das wir uns erinnern sollten? Begründen Sie Ihre Wahl.

Stratégies
Repères dans l'histoire allemande du xxe siècle

▷ Pour traiter le **sujet B**, vous devez connaître les événements majeurs et les dates-clés de l'histoire allemande récente. Certains événements ont été rappelés dans le chapitre, en voici d'autres.

- 1914-1918 *der Erste Weltkrieg*
- 1918-1933 *die Weimarer Republik*
- 1933-1945 *die NS-Diktatur und ihre Verbrechen (Holocaust)*
- 9.11.1938 *das Pogrom gegen die jüdische Bevölkerung („Reichskristallnacht")*
- 1939-1945 (8. Mai) *der Zweite Weltkrieg*
- 1949 *die Gründung von 2 deutschen Staaten (die BRD im Westen, die DDR im Osten)*
- 12./13. 8.1961 *der Bau der Berliner Mauer*
- 9.11.1989 *der Fall der Berliner Mauer*
- 3.10.1990 *die Wiedervereinigung zwischen den beiden deutschen Staaten*

▷ **En introduction**, vous pouvez indiquer qu'il ne vous est pas facile de choisir un seul événement majeur que nous devrions commémorer :

- *Es ist nicht leicht, ein einziges entscheidendes Ereignis als das wichtigste Ereignis in der deutschen Geschichte zu wählen. Es gibt verschiedene sehr wichtige Ereignisse, an die wir uns erinnern sollten.*
  Il n'est pas facile de choisir un seul événement majeur de l'histoire allemande comme étant le plus important. Il y a plusieurs événements très importants dont nous devrions nous souvenir.
- *Wenn meine Wahl sich auf ein einziges Ereignis beschränken muss, so wähle ich … , denn …*
  Si mon choix doit se limiter à un seul événement, je choisis… car…

BAC ÉPREUVE 3 (3e trimestre)

PARTIE 2 – ORAL

Expression orale en continu

- **Lesen Sie das Zitat und schauen Sie sich die Zeichnung an. Welches Dokument illustriert Ihrer Meinung nach am besten die Thematik „Territorien und Erinnerung"? Begründen Sie Ihre Antwort.**

A An die Verbrechen zu erinnern, die Täter zu nennen und den Opfern ein würdiges Gedenken[1] zu bewahren, das ist eine Verantwortung, die nicht endet.

Angela Merkel

Bundeskanzlerin Angela Merkel zum zehnjährigen Bestehen der Stiftung Auschwitz-Birkenau am 6. Dezember 2019 in Auschwitz

B

9. November 1938 – Gegen das Vergessen
Zeichnung von Kostas Koufogiorgos, November 2018

1. ein würdiges Gedenken *une commémoration digne*

Stratégies
Relier son propos à ses connaissances culturelles

▷ Établir un lien entre les mots-clés

- Si vous choisissez **la citation**, la légende vous indique qu'Angela Merkel a prononcé ces paroles à Auschwitz et vous pouvez identifier la problématique : la commémoration des victimes de l'Holocauste et le devoir de mémoire. Les mots *an Verbrechen erinnern / den Opfern ein würdiges Gedenken bewahren / Verantwortung, die nicht endet* renvoient au début de ce chapitre. Vous pouvez vous en inspirer pour cette expression orale.
- Si vous choisissez **le dessin**, le titre 9. *November 1938 – Gegen das Vergessen* vous permet d'établir le lien avec l'événement historique : la persécution des Juifs. Établissez aussi le lien entre les deux mots du dessin : que peut faire la mémoire contre l'antisémitisme ?

Quelques aides lexicales :
das Feuer le feu – *brennen** brûler – *ein Feuer löschen* éteindre un feu

▷ Reconnaître un personnage allégorique allemand

Le personnage qui tient entre ses mains sur le dessin la « mémoire » symbolisée par un extincteur (*der Feuerlöscher*) est une figure nationale allemande : ***der deutsche Michel***.

Peu connu à l'étranger, ce personnage qui incarne l'identité allemande est un homme banal, un peu endormi, reconnaissable à son bonnet de nuit (*die Schlafmütze*). Il est important que vous souligniez sa valeur symbolique dans cette caricature.

Der deutsche Michel gilt seit zwei Jahrhunderten als die Nationalfigur der Deutschen. Auf der Zeichnung erkennt man ihn an seiner Schlafmütze. Ich finde es wichtig, dass der deutsche Michel, der in der Vergangenheit zu viel geschlafen hat, heute den Antisemitismus bekämpfen will.

Expression orale en interaction

- **Après l'expression orale en continu, vous allez échanger avec l'examinateur. Voici des questions qu'il pourrait vous poser.**

TERRITORIEN UND ERINNERUNG

Welche Aktionen können junge Menschen wie Sie gegen das Vergessen organisieren, zum Beispiel in der Schule?

Welche Gedenkstätten in Deutschland oder Frankreich würden Sie gern besuchen?

Gibt es eine Gedenkstätte, die Sie persönlich schon besucht haben?

Finden Sie es wichtig, mit älteren Menschen und Zeitzeugen über die Vergangenheit zu diskutieren?

Stratégies
Faire preuve de conviction et personnaliser son propos

▷ Adopter une attitude positive

C'est le grand jour de l'épreuve orale. Soyez positif / positive – vous avez l'occasion de récolter les fruits de votre travail, d'autant plus si vous vous montrez souriant/e et motivé/e par l'échange.

– Gardez le contact visuel avec l'examinateur lors de votre discussion.
– Suscitez l'intérêt : exprimez-vous avec conviction et nuancez votre intonation.
– Soyez détendu/e, mais veillez à ne pas adopter une attitude trop décontractée.

▷ S'impliquer par des réponses personnelles

– *Ich persönlich diskutiere sehr gern mit älteren Menschen über die Vergangenheit, zum Beispiel mit meiner Oma, wenn ich sie besuche.* Personnellement, j'aime discuter du passé avec des personnes âgées, par exemple avec ma grand-mère quand je lui rends visite.

– *In der Schule haben wir 2018 eine Ausstellung über den Ersten Weltkrieg organisiert. Es war interessant und sehr bewegend, die Briefe der Soldaten zu lesen.* En 2018, nous avons organisé une exposition sur la Première Guerre mondiale au lycée. C'était intéressant et très émouvant de lire les lettres des soldats.

BAC MÉTHODOLOGIE

RENDRE COMPTE DE DEUX TEXTES

SUJET

→ p. 216

a. Lesen Sie die beiden Texte. Geben Sie wieder, was Sie verstanden haben. Beachten Sie dabei folgende Punkte:

Text A: Wie hat der erste Zeitzeuge den Mauerfall erlebt? Welche Gefühle hat er damals empfunden und wie fühlt er sich heute?

Text B: Aus welcher Perspektive hat der zweite Zeitzeuge den Mauerfall erlebt? Wie fühlt er sich heute in Deutschland?

b. Text A und Text B: Betonen Sie Gemeinsamkeiten und Unterschiede zwischen diesen persönlichen Erlebnissen.

A Zuerst hatte ich Angst

Im Jahr 2014 erinnert sich Günter Oesterreich (1935-) aus Leipzig an den Mauerfall und die Wendezeit[1].

„Ich sitze mit meiner Frau im Wohnzimmer auf dem Sofa, der Fernseher läuft und ich denke: Nein, das kann nicht wahr sein. Sie übertragen eine Pressekonferenz. Es ist der 9. November 1989. Eine Stimme sagt, die Grenzen seien ab sofort geöffnet. Ich habe mich nicht gefreut, nein, überhaupt nicht. Zuerst hatte ich Angst. Man denkt ja an so vieles. Zum Beispiel: Was ist, wenn jetzt die Russen eingreifen, weil die sich das nicht gefallen lassen[2] wollen? Wird es also einen neuen Krieg geben? Der kleinste Konflikt hätte ja schon gereicht. Das muss man sich mal vorstellen: Die Mauer ist fast 30 Jahre lang die sicherste Grenze der Welt, und auf einmal soll all das nicht mehr sein – nein, ich konnte das nicht glauben. Meine Frau, die Töchter, wir hatten alle Angst.

Wochen später erst habe ich realisiert, dass wir jetzt ein Deutschland sind, und das war ein wunderschöner Moment: Ich bin mit meinem Wartburg[3] über ein braches Feld gefahren, um zu einem der provisorisch geschaffenen Grenzübergänge[4] zu kommen. Es war ja wie eine Invasion – viel zu viele, die zur gleichen Zeit in den Westen wollten. Ein Meer aus Autos und alle verließen die Straße und fuhren querfeldein[5] zu diesem Grenzübergang. Jeder voller Neugier. Erst, als ich mit meinem Auto dann drüben im Westen war, erst dann habe ich Freude empfinden können, reine Freude. Von Angst keine Spur mehr. Ich wusste: Es wird keinen Krieg geben. Wir sind *ein* Land und ich kann mich frei bewegen, ohne Strafen befürchten zu müssen.

Ich hatte Glück. Viele Menschen sind Verlierer[6], sogenannte Wendeverlierer, und hatten von heute auf morgen keine Arbeit mehr. Und das auf Dauer. Auch meine Firma haben sie geschlossen, gleich nach dem Mauerfall, aber ich habe schnell wieder etwas gefunden. Ich weiß das sehr zu schätzen. Vielen ging es anders. Ich kenne Leute, die mir sagen: Ich fühle mich als Ostdeutscher wie ein Mensch zweiter Klasse. Weil es noch oft geringeren Lohn im Osten gibt und eine höhere Arbeitslosigkeit. Ich denke aber positiv. Jetzt, 25 Jahre nach dem Mauerfall, fühle ich mich nicht mehr als Ostdeutscher. Ich bin Deutscher. Wie sagte Willy Brandt[7] so schön: Es wächst zusammen[8], was zusammengehört. Und da hat er recht."

Nach www.deutschland.de

1. die Wendezeit *la période du tournant* 2. sich (D) etw. nicht gefallen lassen* *ne pas se laisser faire* 3. Wartburg = eine Automobilmarke der DDR 4. der Grenzübergang (¨-e) *le poste frontière* 5. querfeldein *à travers champs* 6. der Verlierer (-) *le perdant* 7. Willy Brandt, ehemaliger Berliner Bürgermeister und Bundeskanzler 8. zusammen/wachsen* *se ressouder, finir par ne faire qu'un*

B Die Deutsche Einheit als großes Abenteuer

Julian Tadesse wurde in Berlin geboren. Als er zwei Jahre alt war, gingen seine Eltern, ein Äthiopier und eine Deutsche, mit ihm nach Addis Abeba. Einige Jahre später zog die Familie zurück nach Westberlin – und Tadesse wurde Zeuge der historischen Umbrüche[1] rund um den 9. November 1989. Der Mauerfall veränderte viel – in Deutschland, auf der Welt und auch in seinem eigenen Leben. Am Tag des Mauerfalls lief der damals Zehnjährige voller Erwartungen mit seinem Vater zum Brandenburger Tor und erlebte die Ereignisse hautnah[2]. „Einerseits war die Zeit aufregend. Aus dem ehemaligen Grenzgebiet wurde ein Abenteuerspielplatz, auf dem es für Kinder viel zu entdecken gab." Zugleich machte sich in seinem Leben Ernüchterung[3] breit. Nur wenige Jahre nach dem Mauerfall sah er Bilder von rassistischen Ausschreitungen in Rostock-Lichtenhagen. „Mein Eindruck war plötzlich: Der deutsche Osten ist für mich No-Go-Area. Das hat sich zum Glück geändert." Heute empfindet er die deutsche Gesellschaft als weltoffener. Tadesse arbeitet in Berlin als wissenschaftlicher Mitarbeiter für das Zentrum Moderner Orient. An der Hauptstadt schätzt er die internationale Atmosphäre.

Nach www.deutschland.de

1. der Umbruch (¨-e) *le changement profond, le bouleversement* 2. hautnah *de tout près* 3. die Ernüchterung *le désenchantement*

Étape 1 Analysez les consignes

Vous devez rendre compte des deux documents en restituant en allemand tout ce que vous avez compris, tout en vous appuyant sur les éléments des consignes *(Beachten Sie dabei folgende Punkte)*.

▷ **Analysez les mots-clés des consignes.**

Pour la partie a. : comment **les témoins** (*der erste und der zweite Zeitzeuge*) ont-il vécu **la chute du mur** ? Quels **sentiments** (*Gefühle*) ont-ils éprouvés **à l'époque** (*damals*) et **aujourd'hui** (*heute*) ?

▷ Lexique à connaître

Comment dit-on en allemand ?

- se souvenir de qc
- la mémoire, le souvenir
- (ne pas) oublier qc
- le passé
- le témoin (historique)
- vivre qc
- l'expérience vécue
- l'événement
- rendre compte d'un événement historique

Étape 2 Repérez les éléments de réponse

- **Soulignez en couleurs**
  - en violet : les informations sur les témoins et leur situation
  - en vert les sentiments positifs, en rouge les sentiments négatifs
  - en orange les compléments circonstanciels de temps.

Les sentiments

(+) die Neugier *la curiosité* – die Freude *la joie* – das Glück *le bonheur* – die Erwartung (-en) *l'attente*

(–) die Angst *la peur* – die Ernüchterung *le désenchantement*

Text A Angaben über die Zeitzeugen	positive und negative Gefühle	Zeitangaben
Günter Oesterreich (*1935) aus Leipzig verheiratet („Meine Frau"), Vater von Töchtern ohne Arbeit („meine Firma haben sie geschlossen") neue Arbeit („schnell wieder etwas gefunden") fühlt sich nicht mehr als Ostdeutscher, sondern als Deutscher	 er hat sich überhaupt nicht gefreut er hatte Angst ein wunderschöner Moment, Neugier Freude, reine Freude, keine Angst mehr Glück / Er weiß das sehr zu schätzen er denkt positiv	erinnert sich im Jahr 2014 9. November 1989 zuerst Wochen später erst als er im Westen war, erst dann gleich nach dem Mauerfall jetzt, 25 Jahre nach dem Mauerfall

- En prenant exemple sur ce modèle, établissez le brouillon pour le texte **B**.

Étape 3 Rédigez votre compte rendu

Partie a.
- Servez-vous des informations que vous venez de relever :

In den beiden vorliegenden Dokumenten **geht es darum**, wie zwei verschiedene Personen den Mauerfall vom 9. November 1989 erlebt und welche Gefühle sie empfunden haben und viele Jahre später empfinden. In Text A **berichtet** der Leipziger Günter Oesterreich im Jahr 2014, wie er den Mauerfall 1989 erlebt hat. Er war damals 54 Jahre alt. ...

Partie b.
- Vous devez mettre l'accent sur les points communs (*die Gemeinsamkeiten*) et les différences (*die Unterschiede*) entre les deux expériences individuelles vécues. Vous allez ainsi résumer et synthétiser les informations principales.

Gemeinsamkeiten
- wie X hat auch Y … *comme X, Y aussi a…*
- sowohl … als auch … *aussi bien… que…*
- mehrere Gemeinsamkeiten haben / auf/weisen* *avoir des points communs*
- es gibt wichtige Parallelen zwischen … *il y a des parallèles importants entre…*

Unterschiede
- anders als X hat Y … *à la différence de X, Y a…*
- im Gegensatz zu *contrairement à*
- hingegen = dagegen *en revanche*

- À titre d'exemple, sont classées ci-dessous quelques informations (points communs et différences) selon les critères d'évaluation de la compréhension de l'écrit :

CECRL	Informations du texte	Structure du document	Nature et intention du document
A2-B1	– **Personnes :** *Günter Oesterreich (*1935) aus Leipzig und der „damals" zehnjährige Julian Tadesse aus Westberlin* – **Date :** *9. November 1989* – **Sentiments (aujourd'hui) :** *G. Oesterreich denkt positiv; J. Tadesse empfindet die deutsche Gesellschaft als weltoffener.*	– **Sujet principal :** *Wie haben sie den Mauerfall erlebt und was empfinden sie heute?*	*Die beiden Berichte weisen zwei* ***Gemeinsamkeiten*** *auf: In beiden Texten geht es darum, wie jemand den Mauerfall vom 9. November 1989 erlebt hat.* ***Sowohl*** *G. Oesterreich* ***als auch*** *J. Tadesse haben heute positive Gefühle. Sie sehen den Mauerfall als ein historisches Ereignis, das ihrer Meinung nach positive Konsequenzen hatte.*
B1-B2	– **Sentiments (le 9 novembre 1989) :** *G. Oesterreich: Angst – Wird es also einen neuen Krieg geben? Der kleinste Konflikt hätte ja schon gereicht.* *J. Tadesse: voller Erwartungen ; aufregend* – **Conséquences directes sur la vie :** *G. Oesterreich : Auch meine Firma haben sie geschlossen.*	– **Identifier la chronologie des événements et les liens de causalité entre eux :** *zuerst* d'abord – *später* plus tard – *als* quand – *gleich nach* tout de suite après – *zugleich* en même temps – *also* donc – *schon* déjà – *auch* aussi	*Ein* ***zentraler Unterschied*** *zwischen den beiden Texten* ***besteht darin,*** *dass G. Oesterreich den Mauerfall* ***als Erwachsener*** *erlebt hat.* ***Im Gegensatz zu*** *J. Tadesse empfindet er direkt Angst, dass es zu einem neuen Krieg kommen könnte. Der zehnjährige Julian* ***hingegen*** *ist am Tag des Mauerfalls voller Erwartungen und verspürt Aufregung.* ***Anders als*** *Julian musste sich G. Oesterreich auch kurzfristig Sorgen um seinen Arbeitsplatz machen.*

PRÉCIS PHONOLOGIQUE

A. LES VOYELLES

1 Le *Umlaut*

CD 31 MP3 31

- Le *Umlaut* **change la prononciation de la voyelle.**
a ≠ ä (comme en français « mer »)
o ≠ ö (comme en français « eux » ou « œuf »)
u ≠ ü (comme en français « mur »)
au ≠ äu (comme « oy » dans « boy » en anglais)
- La présence du *Umlaut* peut changer le sens du mot : *ich konnte* (je pouvais) ≠ *ich könnte* (je pourrais).
- Quelques exemples :
fühlen – meine Brüder – ähnlich – älter – die Ratschläge – trösten – häufig – die Lösung – größer – jünger

2 Les voyelles longues

CD 32 MP3 32

- En allemand, l'orthographe donne des indications précieuses sur la prononciation.
Une voyelle est longue quand elle est suivie d'un « ***h*** » : *gehen.*
Le « ***i*** » qui précède un « ***e*** » est toujours long : *die Beziehung.*
La voyelle doublée est longue : *die Idee.*
- Quelques exemples :
kompliziert – das Gefühl – die Liebe – unternehmen – verschieden – ziehen – der Kaffee – mehr – der Tee

3 Les voyelles brèves

CD 33 MP3 33

- Une voyelle est **brève** quand elle **précède une double consonne** : *die Rolle – muss – kann – bitte.*
! La longueur permet de discriminer certains mots.
Une erreur peut être source de malentendu :
die Mitte le milieu (voyelle brève)
die Miete le loyer (voyelle longue)
bitten prier, demander (voyelle brève)
bieten offrir (voyelle longue)
- Quelques exemples :
der Sport – die Brille – schwimmen – lustig – der Stress – der Rock – die Jacke

4 Le « *-e* » en finale

CD 34 MP3 34

- En allemand on prononce toutes les lettres, ce qui peut constituer une difficulté pour les francophones. Il faut donc penser à prononcer le « *e* » à la fin d'un mot, qui n'est pas accentué, mais n'est jamais muet.
- Quelques exemples :
die Getränke – ich gehe – der Erste – sie wohnte – die Neue – die Brücke – die Hanse – lange

5 Les substantifs en « *-ion* »

CD 35 MP3 35

- Les substantifs terminés par *-ion* sont souvent hérités du français et tous sont du genre féminin. Ils sont accentués sur la dernière syllabe : *die Reli°gion, die Konfronta°tion.*
- Quelques exemples :
Tradi°tion – Defini°tion – Informa°tion – Attrak°tion – Ak°tion – Na°tion – Illu°sion – Situa°tion

6 Les diphtongues

CD 36 MP3 36

- Dans les diphtongues, il faut prononcer les deux sons successifs de voyelles :
– « ***au*** » se prononce [aou] (comme dans « *how* » en anglais) : *die Ausbildung*
– « ***ei*** » et « ***ai*** » se prononcent [aï] (comme « aïe ») : *zwei*
– « ***eu*** » et « ***äu*** » se prononcent [oï] (comme dans « *enjoy* » en anglais) : *der Freund*
- Quelques exemples :
die Ausbildung – unterscheiden – der Vorteil – Deutschland – sich äußern – die Leistung – heute – träumen – der Freund

B. LES CONSONNES

1 Épeler en allemand

CD 37 MP3 37

La prononciation de certaines lettres diffère beaucoup d'une langue à l'autre, comme par exemple **C, E, G, H, J, U, V, W, Y.**
*Ce – **E** – Ge – Ha – Jott – **U** – Vau – We – Ypsilon*

2 La prononciation du « *an* »

CD 38 MP3 38

- Une des difficultés des francophones est l'absence de nasales en allemand.
« *an* » se prononce comme le prénom Anne en français : *anfangen, miteinander.*
- Quelques exemples :
einander – anders – voran – Anne – antworten– die Ankunft – Deutschland – manche – annehmen

3 La *prononciation* du « *Ach-Laut* »

CD 39 MP3 39

- Le « ***ch*** » se prononce différemment en fonction de la voyelle qui le précède.
- Après ***a***, ***o***, ***u*** et ***au***, le son « ***ch*** » se prononce « ***hr*** » comme un raclement de gorge : comme dans *acht, hoch, Buch, brauchen.*
- Quelques exemples :
die Sprache – gesprochen– die Flucht – beobachten – der Nachteil – machen – die Woche – auch

4 La prononciation de *b*, *d* et *g* en fin de mot

CD 40 MP3 40

- En position finale dans un mot, les consonnes ***b***, ***d*** et ***g*** se prononcent différemment.

– Il faut prononcer le « ***b*** » comme un « **p** » : *ab, ob, der Staub.*

– Il faut prononcer le « ***d*** » comme un « **t** » : *das Kind, das Rad, wir sind.*

– Il faut prononcer le « ***g*** » comme un « **k** » : *der Tag, er mag.*

- Quelques exemples

das Fahrrad – sie mag – außerhalb – genug – das Geld – das Bild – der Tag – ab

5 Le « *h-* » à l'initiale

CD 41 MP3 41

- En début de mot, le « ***h*** » **est toujours prononcé avec une forte expiration**, d'autant que les mêmes mots ne comportant pas de « *h* » existent parfois, par exemple :

Halt	et	*alt*
Haus	et	*aus*
Hund	et	*und*

- Quelques exemples :

die Haltstelle – der Hauptbahnhof – hin – her – heute – Hamburg

6 Les sons « *ch* » et « *sch* »

CD 42 MP3 42

- Les sons « ***ch*** » et « ***sch*** » sont différents en allemand.

Après les voyelles ***i, e, ä, ö, ü*** et les diphtongues ***eu, ei, äu***, le « ***ch*** » est prononcé en souriant et en tirant le plus possible les lèvres vers l'arrière.

– Devant un « ***s*** », le « ***ch*** » se prononce « ***k*** » : *der nächste Film, sechs.*

– Le « ***sch*** » est prononcé comme « **ch** » dans « chat » en français : *deutsche Filme schauen.*

- Quelques exemples :

möglich – der Schauspieler– die Geschichte – gleich – der Zuschauer – wachsen – französisch – jährlich – schön – sich

7 La prononciation du « *s* »

CD 43 MP3 43

- Le « ***s*** » se prononce « **z** »

– en début de mot devant une voyelle : *singen*

– entre 2 voyelles : *die Musik*

– entre « *l* », « *m* », « *n* », « *r* » et une voyelle : *also*

- Dans les autres cas, le « ***s*** » se prononce comme un double « **s** » en français : *das Festival*

En particulier :

– en fin de mot : *der Preis*

– à l'intérieur de la double consonne : *die Klassik*

- Quelques exemples :

die klassische Musik – das Festival – singen – der Bass – die Sängerin – das Orchester – der Solokünstler – musizieren

8 Prononciation de *sp-* et *st-*

CD 44 MP3 44

- En début de mot devant « **p** » et « **t** », « **s** » se prononce comme « **ch** » en français : *die Stadt, er steht.*

Cette prononciation est aussi valable dans une composition de mots : *die Partnerstadt, er versteht.*

- Quelques exemples :

spielen – die Stadt – die Straße – spät – die Stunde – zerstören – ausstellen – die Innenstadt

9 Les consonnes « *v* » et « *w* »

CD 45 MP3 45

- En allemand, les consonnes « ***v*** » et « ***w*** » ne se prononcent pas comme en français ou en anglais.

Le « ***v*** » se prononce comme un « f » français : *der Vater, vier.*

Le « ***w*** » se prononce comme un « v » français : *die Wahl, wir.*

- Quelques exemples :

von – die Vorsicht – der Wettkampf – schwimmen – verlieren – wissen – die Bewegung – vor – gewinnen

C. L'ACCENTUATION

1 L'accentuation du mot

CD 46 MP3 46

Généralement la **première syllabe** des mots simples et composés **porte l'accent tonique** : *die °Vorstellung.*

Mais les verbes comportant une **particule verbale inséparable**, la plupart des termes **d'origine étrangère**, et **quelques exceptions** ne sont **pas accentués sur la première syllabe** : *be°merken, der Com°puter.*

- Quelques exemples :

°Ausbildung – Gym°nasium – Be°ruf – °Umwelt – °Facharbeiter – °Arbeitsmarkt – Bü°roarbeit – °Kunde – °Ratschlag

2 L'intonation de la phrase

CD 47 MP3 47

2.1 L'accent de phrase

- Une phrase verbale ou non comporte un accent principal.

Il s'agit de l'accent de phrase :

Seitdem will sie °ausziehen.

Er kommt aus °Frankfurt.

Wir hätten °Lust auszuziehen.

Cet accent peut être porté par le verbe (*°ausziehen*) ou par un élément qui constitue avec elle une unité de sens et apporte l'information essentielle (*aus °Frankfurt kommen, °Lust haben*).

2.2 L'accent d'insistance

- Si on veut attirer l'attention de l'interlocuteur sur un autre élément de la phrase, on peut accentuer fortement cet élément. C'est l'accent d'insistance.

°Wir hätten Lust auszuziehen.

SOMMAIRE

I. Le verbe

A Les différents types de verbes

Il existe quatre grandes catégories de verbes :

- les auxiliaires de temps ;
- les verbes de modalité ;
- les verbes faibles et les verbes mixtes ;
- les verbes forts.

B Les marques de personne

Il n'y a que deux séries de marques de personne en allemand.

Au présent uniquement			
que le verbe soit		**faible** ou	**fort**
-e	ich	spiel **e**	komm **e**
-st	du	spiel **st**	komm **st**
-t	er/es/sie	spiel **t**	komm **t**
-en	wir	spiel **en**	komm **en**
-t	ihr	spiel **t**	komm **t**
-en	sie/Sie	spiel **en**	komm **en**

Au prétérit, au subjonctif I et au subjonctif II			
que le verbe soit		**faible** ou	**fort**
-□	ich	spiel te□	kam□
-st	du	spiel te **st**	kam **st**
-□	er/es/sie	spiel te□	kam□
-(e)n	wir	spiel te **n**	kam **en**
-t	ihr	spiel te **t**	kam **t**
-(e)n	sie/Sie	spiel te **n**	kam **en**

REMARQUES

- **perte d'un -e** : les marques **-en** (1re et 3e personnes du pluriel) perdent le **-e** si le radical se termine déjà en **-e.**
  → wir spielte -(e)n
- **perte du -s** : la marque **-st** perd le **-s** si le radical se termine par **s, ß** ou **z.**
  → du lie**st**, du mu**sst**, du hei**ßt**, du sit**zt**
- **ajout d'un -e- (intercalaire)** : pour certains verbes, en particulier ceux dont le radical se termine en **-d**, **-t** ou **-n** précédé d'une consonne (ba**d**-en, arbei**t**-en, reg**n**-en), on rajoute un **-e-** intercalaire pour faciliter la prononciation.
  → ich bade / du bad**e**st / er bad**e**t / wir baden / ihr bad**e**t / sie baden
  → ich bad**e**te□ / du bad**e**test / er bad**e**te□ / wir bad**e**ten / ihr bad**e**tet / sie bad**e**ten
  → ich arbeite / du arbeit**e**st / er arbeit**e**t / wir arbeiten / ihr arbeit**e**t / sie arbeiten
  → ich arbeit**e**te□ / du arbeit**e**test / er arbeit**e**te□ / wir arbeit**e**ten / ihr arbeit**e**tet / sie arbeit**e**ten

C Conjugaison

› 1. Les auxiliaires de temps

sein			
	Présent	**Parfait**	
ich	bin	bin	gewesen
du	bist	bist	gewesen
er/es/sie	ist	ist	gewesen
wir	sind	sind	gewesen
ihr	seid	seid	gewesen
sie	sind	sind	gewesen
Sie	sind	sind	gewesen
	Prétérit	**Impératif**	
ich	war□		
du	war**st**	sei□!	
er/es/sie	war□		
wir	war**en**	sei**en** wir!	
ihr	war**t**	sei**d**!	
sie	war**en**		
Sie	war**en**	sei**en** Sie!	

haben			
	Présent	**Parfait**	
ich	hab**e**	hab**e**	gehabt
du	ha**st**	ha**st**	gehabt
er/es/sie	ha**t**	ha**t**	gehabt
wir	hab**en**	hab**en**	gehabt
ihr	hab**t**	hab**t**	gehabt
sie	hab**en**	hab**en**	gehabt
Sie	hab**en**	hab**en**	gehabt
	Prétérit	**Impératif**	
ich	hatte□		
du	hatte**st**	hab□!	
er/es/sie	hatte□		
wir	hatte**n**	hab**en** wir!	
ihr	hatte**t**	hab**t**!	
sie	hatte**n**		
Sie	hatte**n**	hab**en** Sie!	

werden			
	Présent	**Parfait**	
ich	werd**e**	bin	geworden
du	wir**st**	bist	geworden
er/es/sie	wir**d**□	ist	geworden
wir	werd**en**	sind	geworden
ihr	werd**et**	seid	geworden
sie	werd**en**	sind	geworden
Sie	werd**en**	sind	geworden
	Prétérit	**Impératif**	
ich	wurde□		
du	wurde**st**	werd**e**!	
er/es/sie	wurde□		
wir	wurde**n**	werd**en** wir!	
ihr	wurde**t**	werd**et**!	
sie	wurde**n**		
Sie	wurde**n**	werd**en** Sie!	

2. Les verbes de modalité et de modalisation

Ils sont aussi appelés **prétérito-présents**, car ils ont entre autres au présent des marques de prétérit (**-□**, **-st**, **-□**).

→ ich kann□, du kannst, er kann□

→ ich kam□ , du kamst, er kam□

Infinitif	können	dürfen	wollen
	Présent		
ich	kann□	darf□	will□
du	kann**st**	darf**st**	will**st**
er/es/sie	kann□	darf□	will□
wir	könn**en**	dürf**en**	woll**en**
ihr	könn**t**	dürf**t**	woll**t**
sie/Sie	könn**en**	dürf**en**	woll**en**
Infinitif	**mögen**	**müssen**	**sollen**
	Présent		
ich	mag□	muss□	soll□
du	mag**st**	mus**st**	soll**st**
er/es/sie	mag□	muss□	soll□
wir	mög**en**	müss**en**	soll**en**
ihr	mög**t**	müss**t**	soll**t**
sie/Sie	mög**en**	müss**en**	soll**en**
Infinitif	**können**	**dürfen**	**wollen**
	Prétérit		
ich	konnte□	durfte□	wollte□
du	konnte**st**	durfte**st**	wollte**st**
er/es/sie	konnte□	durfte□	wollte□
wir	konnte**n**	durfte**n**	wollte**n**
ihr	konnte**t**	durfte**t**	wollte**t**
sie/Sie	konnte**n**	durfte**n**	wollte**n**
Infinitif	**mögen**	**müssen**	**sollen**
	Prétérit		
ich	mochte□	musste□	sollte□
du	mochte**st**	musste**st**	sollte**st**
er/es/sie	mochte□	musste□	sollte□
wir	mochte**n**	musste**n**	sollte**n**
ihr	mochte**t**	musste**t**	sollte**t**
sie/Sie	mochte**n**	musste**n**	sollte**n**
	Parfait		
ich habe es gekonnt ich habe es gemocht		ich habe es gewollt	

Le verbe ***wissen*** se comporte de la même manière.

→ ich weiß□, du weißt, er weiß□, wir wissen, ihr wisst, sie/Sie wissen

2.1. Les verbes de modalité

Ils réfèrent directement au sujet et expriment, comme leurs équivalents français et anglais, un certain nombre de nuances :

- **dürfen** : pouvoir (être autorisé à), avoir le droit de
  → Sie **dürfen** heute nicht ausgehen.
- **können** : pouvoir, être capable de, savoir
  → Sie **können** schon schwimmen.
- **mögen** : aimer, apprécier
  → Ich **mag** ihn nicht besonders.

Ce verbe de modalité est très souvent utilisé au subjonctif II pour exprimer le souhait.

→ Er **möchte** etwas länger bleiben.

- **müssen** : devoir, il faut que

Il s'agit d'une nécessité imposée à soi-même ou par les circonstances.

→ Ich **muss** ihm unbedingt davon erzählen.

- **sollen** : devoir, il faut que (conseil)

Contrairement à *müssen*, *sollen* suppose l'intervention de quelqu'un d'autre.

→ Er hat gesagt, du **sollst** ihn sofort anrufen.

- **wollen** : vouloir
  → Sie **wollen** es mir nicht sagen.

Au parfait, ces verbes, accompagnés d'un infinitif, forment un double infinitif.

→ Sie haben auch **kommen wollen**.

→ Das hätte ich nicht **sagen sollen**.

2.2. Les verbes de modalisation

Ils permettent au locuteur de porter un jugement sur la probabilité de l'énoncé :

- **müssen** très forte probabilité +++++
  → Er **muss** es wissen. (sicher, bestimmt = *certainement, sûrement*)
- **dürfen (SII)** forte probabilité ++++
  → Er **dürfte** es wissen. (wahrscheinlich = *probablement*)
- **können** au présent, forte possibilité +++
  → Er **kann** es wissen. (möglicherweise = *il se peut que*)
  au subjonctif II, possibilité ++
  → Er **könnte** es wissen. (vielleicht = *peut-être*)
- **mögen** probabilité moindre +
  → Sie **mag** Recht haben. (vielleicht = *peut-être*)
- **sollen** absence de prise de position =
  → Sie **sollen** sich treffen. (anscheinend = *apparemment*)
- **wollen** mise en doute de l'énoncé. ---
  → Er **will** es nicht wissen. (angeblich = *soit-disant*) *(En réalité, il le sait.)*

3. Les verbes faibles

Ce sont les verbes dont le radical ne change pas, qui forment leur prétérit en **-te** et leur participe II en **[ge]-...t**.

leben			
	Présent	**Parfait**	
ich	leb**e**	habe	**ge**leb**t**
du	leb**st**	hast	**ge**leb**t**
er/es/sie	leb**t**	hat	**ge**leb**t**
wir	leb**en**	haben	**ge**leb**t**
ihr	leb**t**	habt	**ge**leb**t**
sie	leb**en**	haben	**ge**leb**t**
Sie	leb**en**	haben	**ge**leb**t**
	Prétérit	**Impératif**	
ich	lebte□		
du	lebte**st**	leb(**e**)!	
er/es/sie	lebte□		
wir	lebte**n**	leb**en** wir!	
ihr	lebte**t**	leb**t**!	
sie	lebte**n**		
Sie	lebte**n**	leb**en** Sie!	

4. Les verbes mixtes

Comme le mot « mixte » l'indique, ils combinent des caractéristiques de verbes faibles (***-te*** au prétérit, ***-t*** au participe II) et des caractéristiques de verbes forts (modification du radical).

Il y en a huit : ***brennen, bringen, denken, kennen, nennen, rennen, senden, wenden***.

bringen		
	Présent	**Parfait**
ich	bring**e**	habe **ge**br**a**ch**t**
du	bring**st**	hast **ge**br**a**ch**t**
er/es/sie	bring**t**	hat **ge**br**a**ch**t**
wir	bring**en**	haben **ge**br**a**ch**t**
ihr	bring**t**	habt **ge**br**a**ch**t**
sie	bring**en**	haben **ge**br**a**ch**t**
Sie	bring**en**	haben **ge**br**a**ch**t**
	Prétérit	**Impératif**
ich	brachte□	
du	brachte**st**	bring□!
er/es/sie	brachte□	
wir	brachte**n**	bring**en** wir!
ihr	brachte**t**	bring**t**!
sie	brachte**n**	
Sie	brachte**n**	bring**en** Sie!

5. Les verbes forts

Ce sont les verbes dont le radical change au prétérit et/ou au participe II (par rapport à l'infinitif).

Il faut les apprendre par cœur (cf. liste des verbes forts pp. 237-238). Ils forment leur participe II en ***[ge]…en***.

ATTENTION De nombreux verbes forts en **-a-** et en **-e-** changent de voyelle au présent des 2e et 3e personnes du singulier.

→ fahren / ich fahre / du f**ä**hrst / er f**ä**hrt mais : ihr f**a**hrt
→ geben / ich gebe / du g**i**bst / er g**i**bt mais : ihr g**e**bt
→ lesen / ich lese / du l**ie**st / er l**ie**st mais : ihr l**e**st
→ sehen / ich sehe / du s**ie**hst / er s**ie**ht mais : ihr s**e**ht

geben		
	Présent	**Parfait**
ich	geb**e**	habe **ge**geb**en**
du	gib**st**	hast **ge**geb**en**
er/es/sie	gib**t**	hat **ge**geb**en**
wir	geb**en**	haben **ge**geb**en**
ihr	geb**t**	habt **ge**geb**en**
sie	geb**en**	haben **ge**geb**en**
Sie	geb**en**	haben **ge**geb**en**
	Prétérit	**Impératif**
ich	gab□	
du	gab**st**	gib□!
er/es/sie	gab□	
wir	gab**en**	geb**en** wir!
ihr	gab**t**	geb**t**!
sie	gab**en**	
Sie	gab**en**	geb**en** Sie!

D Les différents temps de l'indicatif

1. Les temps simples : présent et prétérit

Les temps simples sont ceux qui sont constitués d'une seule forme verbale.

1.1. Le présent

■ Il est formé à partir du radical de l'infinitif (**spiel**-, **komm**-) auquel s'ajoutent les marques de personne.
→ **-e**, **-st**, **-t**, **-en**, **-t**, **-en**

■ Il est aussi très fréquemment utilisé pour exprimer un **futur**.
→ Morgen komme ich bei dir vorbei.
→ Je passe / Je passerai chez toi demain.

1.2. Le prétérit

■ Le prétérit indique qu'un événement passé est non accompli. Dans la langue parlée, il est très souvent utilisé pour les auxiliaires (*sein*, *haben* et les modaux) indépendamment de l'aspect de l'action, qu'elle soit accomplie ou non accomplie.

■ Il est formé à partir du radical du prétérit auquel s'ajoutent les marques de personne.
→ -□, **-st**, -□, **-(e)n**, **-t**, **-(e)n**

■ Le radical du prétérit est à apprendre par cœur pour les verbes forts (***kam-***) et est régulier pour les verbes faibles [radical du prétérit du verbe faible = radical du présent]
(***spiel***) + ***-te*** = ***spielte***.

2. Les temps composés : le parfait, le plus-que-parfait et le futur

Les temps composés sont ceux qui sont constitués de deux formes dont un auxiliaire.

2.1. Le parfait et le plus-que-parfait

■ Le parfait est utilisé pour relater un événement passé accompli. Il est formé à partir de l'auxiliaire ***haben*** ou ***sein*** au présent + participe II.

■ Le plus-que-parfait exprime une antériorité par rapport au prétérit et au parfait. Il est formé à partir de l'auxiliaire ***haben*** ou ***sein*** au prétérit + participe II.

a. La formation du participe II

■ Les verbes qui ne sont pas accentués sur la première syllabe ne prennent pas ***ge-*** au participe II. Il s'agit des :

– **verbes à préverbe inséparable** non accentué (***be-, emp-, ent-, er-, ge-, miss-, ver-, zer-, wider-***) ;
→ be'stellen – be'stellt, er'kennen – er'kannt, ver'stehen – ver'standen

– verbes en ***-'ieren***.
→ stu'dieren – stu'diert, telefo'nieren – telefo'niert

■ **ge-** s'intercale **entre le préverbe séparable et le radical du verbe**.
→ '**an**kommen – 'an**ge**kommen
→ '**hin**fahren – 'hin**ge**fahren
→ '**fest**stellen – 'fest**ge**stellt

b. Le choix de l'auxiliaire

■ Ne se construisent avec ***sein*** que :
– les verbes ***sein***, ***bleiben***, ***werden*** ;
→ Ich bin zu Hause gewesen, geblieben.
→ Ich bin gerade 18 geworden.

– les verbes intransitifs exprimant un changement d'état ;

→ Sie **ist** verschwunden. → Elle **a** disparu.

→ Ihr Vater ist gestorben.

– les verbes intransitifs exprimant un déplacement.

→ Wir sind nach München gefahren.

→ Wir **sind** umgezogen. → Nous **avons** déménagé.

→ Ich bin Auto, Rad, Ski gefahren.

■ Se construisent avec ***haben*** tous les autres verbes, c'est-à-dire :

– les verbes transitifs*

→ Er hat die Zeitung gelesen.

→ Er hat gelesen.

→ Er hat einen Traum gehabt.

– les verbes de modalité

→ Ich habe keinen Streit gewollt.

– les verbes réfléchis (contrairement au français)

→ Ich **habe** mich gewaschen. → Je me **suis** lavé(e).

→ Ich **habe** mich gelangweilt. → Je me **suis** ennuyé(e).

→ Wir **haben** uns oft gestritten. → Nous nous **sommes** souvent disputés.

– les verbes intransitifs exprimant un état ou une activité

→ Ich habe geschlafen, gearbeitet, getanzt, gewohnt, gelebt …

→ Es hat geregnet, geschneit.

2.2. Le futur

■ Futur : auxiliaire ***werden*** au présent + **infinitif.**

→ Er wird in den Ferien nach Amerika reisen.

On emploie souvent le présent pour exprimer le futur, d'autant plus s'il y a une indication de temps (*morgen*, *später* …).

→ Morgen fahren wir nach Hause.

E Le subjonctif II : conjugaisons

› 1. Le subjonctif II présent

1.1 Formes simples pour les auxiliaires et *wissen*

	sein	**haben**
ich	wäre□	hätte□
du	wäre**st**	hätte**st**
er/es/sie	wäre□	hätte□
wir	wäre**n**	hätte**n**
ihr	wäre**t**	hätte**t**
sie/Sie	wäre**n**	hätte**n**

	werden	**wissen**
ich	würde□	wüsste□
du	würde**st**	wüsste**st**
er/es/sie	würde□	wüsste□
wir	würde**n**	wüsste**n**
ihr	würde**t**	wüsste**t**
sie/Sie	würde**n**	wüsste**n**

	können	**dürfen**	**wollen**
ich	könnte□	dürfte□	wollte□
du	könnte**st**	dürfte**st**	wollte**st**
er/es/sie	könnte□	dürfte□	wollte□
wir	könnte**n**	dürfte**n**	wollte**n**
ihr	könnte**t**	dürfte**t**	wollte**t**
sie/Sie	könnte**n**	dürfte**n**	wollte**n**

	mögen	**müssen**	**sollen**
ich	möchte□	müsste□	sollte□
du	möchte**st**	müsste**st**	sollte**st**
er/es/sie	möchte□	müsste□	sollte□
wir	möchte**n**	müsste**n**	sollte**n**
ihr	möchte**t**	müsste**t**	sollte**t**
sie/Sie	möchte**n**	müsste**n**	sollte**n**

1.2 Formes composées pour les autres verbes

Auxiliaire ***werden*** au subjonctif II + verbe à l'infinitif.

	leben	**geben**
ich	würde□ leben	würde□ geben
du	würde**st** leben	würde**st** geben
er/es/sie	würde□ leben	würde□ geben
wir	würde**n** leben	würde**n** geben
ihr	würde**t** leben	würde**t** geben
sie/Sie	würde**n** leben	würde**n** geben

REMARQUES

■ Pour les verbes forts, dans la langue écrite et orale soutenue, on trouve une autre forme de subjonctif II :
radical du prétérit + inflexion si possible
+ **e** du subjonctif
+ marques de type prétérit (-□, ***-st***, -□, ***-n***, ***-t***, ***-n***).

→ ich gäbe□ / du gäbe**st** / er gäbe□ / wir gäbe**n** / ihr gäbe**t** / sie gäbe**n**.

■ Pour les verbes faibles, à l'écrit, dans des textes littéraires notamment, on trouve des subjonctifs II identiques au prétérit, formés de la manière suivante :
radical du prétérit (***lebte***)
+ marques de type prétérit (-□, ***-st***, -□, ***-en***, ***-t***, ***-en***).

→ ich lebte□ / du lebte**st** / er lebte□ / wir lebte**n** / ihr lebte**t** / sie lebte**n**.

› 2. Le subjonctif II passé (accompli)

Auxiliaires ***haben*** ou ***sein*** au subjonctif II + participe II.

→ Ich hätte geschrieben.

→ Ich wäre gekommen.

F Le subjonctif II : emplois

REMARQUE

■ L'emploi du subjonctif II allemand ne recoupe pas toujours les emplois du subjonctif et du conditionnel français.

→ Elle a besoin d'une fille au-pair qui **sache** cuisiner.

→ Sie braucht ein Au-Pair-Mädchen, das kochen **kann**.

→ Bien qu'il **soit** vieux… → Obwohl er alt **ist** …

→ Wenn ich mehr Zeit **hätte**, würde ich dich besuchen.

→ Si j'**avais** plus de temps, je viendrais te voir.

› Les phrases hypothétiques

■ ***wenn*** **+ subjonctif II (simple ou « présent ») : l'action est encore réalisable (souhait)**

→ Wenn ich Geld **hätte**, **würde** ich mir einen Computer kaufen.

→ Si j'avais de l'argent, je m'achèterais un ordinateur.

■ ***wenn*** **+ subjonctif II passé (accompli) : l'action n'est plus réalisable (regret)**

→ Wenn ich aufgepasst **hätte**, **wäre** dieser Unfall nicht passiert.

→ Si j'avais fait attention, cet accident ne serait pas arrivé.

- ***als, als ob*** **: comme si**
  → Er hat stundenlang am Computer gearbeitet, **als** würde ihn nichts anderes interessieren.
  → Er hat stundenlang am Computer gearbeitet, **als ob** ihn nichts anderes interessieren würde.
  → Il a travaillé pendant des heures à l'ordinateur comme si rien d'autre ne l'intéressait.
  → Er tat (so), **als** hätte er mich nicht gesehen.
  → Er tat (so), **als ob** er mich nicht gesehen hätte.
  → Il a fait semblant de ne pas m'avoir vu.

G Le passif

Le passif est très fréquent en allemand, bien plus qu'en français.

› 1. Conjugaisons (*werden* + participe II)

Il est formé de l'auxiliaire ***werden*** + participe II du verbe.
ATTENTION Le participe II de l'auxiliaire du passif est ***worden*** (sans ***ge-***).

auxiliaire werden au temps voulu + participe II du verbe au passif		
	Présent	**Prétérit**
ich	**werde** abgeholt	**wurde** abgeholt
du	**wirst** abgeholt	**wurdest** abgeholt
er/es/sie	**wird** abgeholt	**wurde** abgeholt
wir	**werden** abgeholt	**wurden** abgeholt
ihr	**werdet** abgeholt	**wurdet** abgeholt
sie/Sie	**werden** abgeholt	**wurden** abgeholt
	Parfait	
ich	**bin** abgeholt	**worden**
du	**bist** abgeholt	**worden**
er/es/sie	**ist** abgeholt	**worden**
wir	**sind** abgeholt	**worden**
ihr	**seid** abgeholt	**worden**
sie/Sie	**sind** abgeholt	**worden**

- Plus-que-parfait
  → ich **war** abgeholt **worden**, du **warst** abgeholt **worden**, …
- Futur
  → ich **werde** abgeholt **werden**, du **wirst** abgeholt **werden**, …

› 2. Le *es* « explétif »

- On le trouve au passif quand la phrase n'a pas de sujet.
Il se traduit souvent par « on » en français.
  → Es wird demonstriert. → On manifeste.
  → Es wird oft behauptet, dass … → On prétend souvent que…
- Ce ***es*** disparaît lorsqu'il n'occupe plus la première place.
  → Heute wird demonstriert. → Aujourd'hui, on manifeste.

› 3. Le complément d'agent introduit par *von* ou *durch*

- Le complément d'agent est généralement introduit par la préposition ***von***.
  → Der Schüler wird **von** dem Lehrer gefragt.
  → L'élève est interrogé par le professeur.
- Quand le complément d'agent est plutôt un moyen ou un intermédiaire, il est introduit par ***durch***.
  → Sie wurden **durch** die Presse informiert.
  → Ils ont été informés par la presse.

› 4. Le passif « bilan » avec *sein*

Quand l'action est terminée, on n'utilise plus l'auxiliaire ***werden*** (qui signale qu'elle est en train de se faire), mais ***sein***:
  → Die Wohnung **wird** renoviert.
  → L'appartement est en train d'être rénové (les travaux ne sont pas terminés).
  → Die Wohnung **ist** renoviert.
  → L'appartement est rénové (les travaux sont terminés).

H L'infinitif

L'emploi de ***zu*** est fonction du verbe dont dépend l'infinitif.
Les verbes qui se construisent avec un infinitif sans ***zu*** sont :
- les six verbes de modalité : ***können, mögen, müssen, wollen, dürfen*** et ***sollen***
  → Ich muss sofort gehen, sonst verpasse ich den Bus!
  → Je dois partir tout de suite, sinon je vais rater le bus !
- les verbes ***lassen*** et ***bleiben***
- les verbes de perception : ***sehen***, ***hören*** …
- les verbes de déplacement : ***gehen***, ***fahren*** …
- les verbes ***helfen*** et ***lernen***, quand l'infinitif est seul ou complété par un seul élément :
  → Sie lernte fahren.

Dans les autres cas, l'infinitif est précédé de ***zu*** :
  → Sie lernte, allein mit ihren Problemen fertig **zu** werden.
  → Elle a appris à résoudre seule ses problèmes.

REMARQUE L'infinitif substantivé est identique à l'infinitif, son genre est toujours neutre. Son utilisation est beaucoup plus fréquente qu'en français (***das Essen, das Lernen***…).
Combiné avec la préposition ***bei***, il exprime la simultanéité.
  → Beim Tennisspielen lernte er sie kennen.
  → Il a fait sa connaissance en jouant au tennis.

I L'impératif

C'est le mode de l'injonction.

Personne	**Verbes faibles et forts**	**sein**
(du) tutoiement	Spiel!	Sei!
(wir)	Spielen wir!	Seien wir!
(ihr) tutoiement pl.	Spielt!	Seid!
(Sie) vouvoiement	Spielen Sie!	Seien Sie!

REMARQUE
- Les verbes forts qui modifient le ***e*** de leur radical à la 2e personne du singulier du présent prennent aussi ***-i*** ou ***-ie*** à la 2e personne de l'impératif :
  → Sieh! → Seht! → Sehen Sie!

II. Le groupe nominal

A Le nom

- Il commence toujours par une majuscule. Il peut être
– simple ('Mond),
– dérivé ('Fahrer: fahr- + suffixe ***-er***)
– ou composé ('Nachtzug: Nacht + Zug).
- Le genre du nom composé est toujours celui du nom le plus à droite (der'Spieler – der'Schauspieler – der'Theaterschauspieler).

1. Les trois genres

Il y a trois genres en allemand.
- masculin → der Mond, der Traum
- neutre → das Fieber, das Mädchen
- féminin → die Sonne, die Reise

Le genre des noms peut paraître arbitraire :
→ der Mond → la lune

Il y a quelques règles qui permettent de savoir le genre du nom, selon son sens ou selon la façon dont il est formé.

1.1. Le genre naturel (lié au sexe)

Les membres de la famille	
der Mann: l'homme ou le mari	**die** Frau: la femme ou l'épouse
der Vater: le père	**die** Mutter: la mère
der Sohn: le fils	**die** Tochter: la fille
der Bruder: le frère	**die** Schwester: la sœur
der Onkel: l'oncle	**die** Tante: la tante
Les autres paires masculin-féminin	
der Held: le héros	**die** Heldin: l'héroïne
der Autor: l'auteur	**die** Autorin: l'auteur(e)
der Friseur: le coiffeur	**die** Friseuse: la coiffeuse
Les animaux	
der Bulle / Stier: le taureau	**die** Kuh: la vache
der Hund: le chien	**die** Hündin: la chienne

ATTENTION
→ **das** Mädchen → la (jeune) fille
(le genre étant conditionné par le suffixe ***-chen***, toujours neutre)
Les petits des hommes et des animaux sont neutres :
→ das Kind → l'enfant
→ das Baby → le bébé
→ das Küken → le poussin

1.2. Le genre lié au sens

Noms de pays et noms de villes

- La plupart des noms de pays s'emploient sans article.
C'est également vrai pour les noms de villes et les continents.
→ Ich fahre nach Deutschland. Ich lebe in Frankreich.
→ Ich fliege nach Afrika, Europa, Australien.
→ Ich wohne in Berlin, Paris, Madrid.
→ das schöne Deutschland, das Nachkriegsdeutschland …
das tropische Afrika, das vereinte Europa, das schöne Berlin, das Berlin der Nachkriegsjahre

- Certains noms de pays toutefois exigent un article.
masculin → der Iran, der Irak …
féminin → die Schweiz, die Türkei, die Ukraine …
pluriel → die Vereinigten Staaten (die USA), die Niederlande

1.3. Le genre lié à la formation du nom

Quelques « mécanismes » à repérer (pour ne pas apprendre tous les genres par cœur) :

a. Les féminins

- **Les noms** en ***-ei, -heit, -keit, -schaft, -ung, -ion***
→ **die** Bäckerei → **die** Krankheit → **die** Schwierigkeit
→ **die** Gesellschaft → **die** Wohnung → **die** Diskussion

b. Les neutres

- **Les infinitifs substantivés** (devenus noms)
→ **das** Leben → la vie → **das** Essen → le repas
→ **das** Fernsehen → la télévision
→ **das** Verhalten → le comportement
→ **das** Surfen im Internet → le fait de surfer sur Internet
- **Les noms avec le diminutif *-lein* ou *-chen***
→ **das** Mäd**chen**, **das** Häus**chen** → **das** Fräulein …
- **Les mots d'emprunt** en ***-o***
→ **das** Auto, **das** Foto, **das** Tempo, **das** Büro …
sauf → **der** Zoo, **der** Euro

2. Les masculins faibles

- On appelle masculins faibles*, les noms masculins ayant la marque ***-n*** ou ***-en*** à toutes les formes sauf au nominatif singulier.

	Masculin	Pluriel
Nominatif	der Junge□	die Junge**n**
Accusatif	den Junge**n**	die Junge**n**
Datif	dem Junge**n**	den Junge**n**
Génitif	des Junge**n**	der Junge**n**
	Masculin	**Pluriel**
Nominatif	der Mensch□	die Mensch**en**
Accusatif	den Mensch**en**	die Mensch**en**
Datif	dem Mensch**en**	den Mensch**en**
Génitif	des Mensch**en**	der Mensch**en**

*On parle de masculins faibles par opposition aux masculins forts qui prennent **-(e)s** au génitif singulier.

- Les masculins faibles sont :
– des noms d'origine germanique désignant des êtres vivants :
→ **der** Herr → **der** Held → le héros
→ **der** Mensch → **der** Bär → l'ours
– de nombreux masculins terminés par ***-e*** dont les noms de nationalité :
→ **der** Junge → le jeune garçon → **der** Kunde → le client
→ **der** Affe → le singe → **der** Löwe → le lion → **der** Kollege
→ **der** Franzose → **der** Russe → **der** Chinese → **der** Finne

→ **der** Pole → **der** Türke

– des noms d'origine étrangère terminés par :

-ist	**der** Polizist, **der** Komponist, **der** Journalist
-ent	**der** Student, **der** Dirigent, **der** Konsument
-ant	**der** Elefant, **der** Demonstrant, **der** Praktikant
-at	**der** Soldat, **der** Automat, **der** Demokrat
-ot	**der** Pilot
-et	**der** Planet, **der** Komet
-oge	**der** Geologe, **der** Pädagoge, **der** Psychologe
-oph	**der** Philosoph
-af	**der** Fotograf, **der** Geograf

B Les cas

Le groupe nominal est caractérisé par trois paramètres.

- le **genre** du nom
- le **nombre** du nom (singulier ou pluriel)
- le **cas** qui est déterminé :

– par la fonction du groupe nominal dans la phrase ;
– par la préposition qui précède ;
– ou par la construction du verbe (rection).

Il existe quatre cas.

- Le **nominatif** pour :

– le **sujet**
→ Der Junge schläft.

– **l'attribut du sujet**
→ Dieser Spieler ist der Beste in der Mannschaft.

- **L'accusatif** pour :

– le **complément d'objet à l'accusatif** (complément d'objet « direct ») (voir aussi rection casuelle des verbes, p. 239)
→ Ich trinke eine große Cola. Ich frage dich.

– l'**attribut de l'objet**
→ Ich betrachte dich als **meinen besten Freund**.

– **des groupes prépositionnels** (prépositions + accusatif dont prépositions mixtes pour le directionnel)
→ Ich gehe in **die Stadt**. Ich tue das für **dich**.

– **l'expression du temps** (GN non prépositionnel)
→ den ganzen Tag, letzte Woche, nächsten Monat

- **Le datif** pour :

– **le complément d'objet second ou le complément d'objet indirect introduit par « à » en français.**
→ Ich gebe **dir** das Buch.

– **le complément d'objet au datif** (voir rection casuelle des verbes, p. 223)
→ Ich helfe **dir**.

– **l'objet prépositionnel au datif** (voir rection prépositionnelle des verbes, p. 223)
→ Sie nehmen **an dem Fest** teil.

– **certains groupes prépositionnels** (prépositions + datif dont prépositions mixtes pour le locatif)
→ Ich lebe **in einer schönen Stadt**. Er bleibt **am PC**.

- **Le génitif** pour :

– **le complément de nom**
→ das Haus mein**es** Onkel**s**

– **le génitif des noms propres**
→ Paul**s** Schwester

> Les noms propres forment un **génitif dit « saxon »**. Le nom propre prend la marque **-s**, il est placé devant le nom déterminé et entraîne la disparition de l'article.
> → der Vater von Lena = Lena**s** Vater
> → die Hauptstadt von Deutschland = Deutschland**s** Hauptstadt

– **certains groupes prépositionnels** (prépositions + génitif)
→ trotz d**es** Regen**s**

- Au génitif masculin et neutre, le nom porte la marque **-s** ou **-es** et au datif pluriel la marque **-n**.
→ Der Vater meines Freund**es** kommt mit seinen Kinder**n**.

C Les déterminants dans le groupe nominal

› 1. L'article défini

Les marques du pluriel sont communes aux trois genres.

	Masc. sing.	Neutre sing.	Fém. sing.	Pluriel
Nominatif	d**er**	da**s**	di**e**	di**e**
Accusatif	de**n**	da**s**	di**e**	di**e**
Datif	de**m**	de**m**	de**r**	de**n**
Génitif	de**s**	de**s**	de**r**	de**r**

› 2. L'article indéfini

- Il se décline comme l'article défini, sauf qu'il n'a pas de marque au nominatif singulier masculin et au nominatif et à l'accusatif singulier neutre.
- L'indéfini pluriel, comme en anglais, et le partitif s'expriment sans article.
→ Haben Sie Kinder? → Avez-vous des enfants ?
→ Ich esse Käse. → Je mange du fromage.
- ***Kein***, article indéfini négatif, se décline comme ***ein***.

	Masc. sing.	Neutre sing.
Nominatif	ein□ / kein□	ein□ / kein□
Accusatif	ein**en** / kein**en**	ein□ / kein□
Datif	ein**em** / kein**em**	ein**em** / kein**em**
Génitif	ein**es** / kein**es**	ein**es** / kein**es**
	Féminin sing.	**Pluriel**
Nominatif	ein**e** / kein**e**	kein**e**
Accusatif	ein**e** / kein**e**	kein**e**
Datif	ein**er** / kein**er**	kein**en**
Génitif	ein**er** / kein**er**	kein**er**

› 3. Les possessifs

- Ils se déclinent exactement comme ***ein/kein.***

ATTENTION Comme en anglais, le choix des possessifs de la troisième personne du singulier dépend du genre du possesseur.
→ Mein Bruder telefoniert mit **seiner** Freundin.
→ Meine Schwester hat **ihre** Schlüssel verloren.

Possesseur	Possessif	Possesseur	Possessif
ich	mein□ meine…	**wir**	unser□ unsere…
du	dein□ deine…	**ihr**	euer□ eure…
er/es	sein□ seine…	**sie**	ihr□ ihre…
sie	ihr□ ihre…	**Sie**	Ihr□ Ihre…

› 4. Les démonstratifs

- ***Dieser*** et ***jener*** suivent le modèle de déclinaison de l'article défini.

› 5. Les interrogatifs

- ***Welcher*** et ***wer*** suivent le modèle de déclinaison de l'article défini.
- ***Was für ein*** se rattache à la déclinaison de l'article indéfini.

D Les expansions du groupe nominal

› 1. À gauche du nom : l'adjectif épithète

Il est placé **avant le nom** auquel il se rapporte. Il est obligatoirement décliné, c'est-à-dire qu'il porte une marque : il peut s'agir d'une marque forte ou faible.

- **Marque forte sur l'adjectif :** si aucun autre élément du groupe nominal ne permet d'identifier le cas.

N. B. Ce sont les mêmes marques que celles de l'article défini.
→ Ich esse dies**en** Käse nicht, ich esse nur französisch**en** Käse.

Si l'article ne porte pas la marque
der Fluss → ein schön**er** Fluss
das Dorf → ein klein**es** Dorf

S'il n'y a pas d'article
das Obst → biologisch**es** Obst
die Ferien → lang**e** Ferien

- **Marque faible sur l'adjectif :** si la marque de cas est portée par un autre élément du groupe nominal, l'adjectif porte la marque **-e** ou **-en**.

	Masculin sing.	Neutre sing.
Nominatif	de**r** toll**e** Vater	da**s** nett**e** Mädchen
Accusatif	de**n** toll**en** Vater	da**s** nett**e** Mädchen
Datif	de**m** toll**en** Vater	de**m** nett**en** Mädchen
Génitif	de**s** toll**en** Vater**s**	de**s** nett**en** Mädchen**s**
	Féminin sing.	**Pluriel**
Nominatif	di**e** jung**e** Frau	di**e** gut**en** Freunde
Accusatif	di**e** jung**e** Frau	di**e** gut**en** Freunde
Datif	de**r** jung**en** Frau	de**n** gut**en** Freunde**n**
Génitif	de**r** jung**en** Frau	de**r** gut**en** Freunde

REMARQUES

- L'adjectif épithète peut lui-même être complété par un adverbe ou par un complément.
  → der weltweit bekannte Sänger
  → le chanteur connu dans le monde entier
- Peuvent fonctionner comme adjectifs épithètes des participes I ou II.
  → das schlafende Kind → l'enfant qui dort, dormant
  → die gestellte Frage → la question posée

› 2. À droite du nom : diverses expansions

2.1. Le complément de nom au génitif

- Il se trouve obligatoirement à droite
  → das Haus des Musikers
- sauf avec des noms propres
  → Peters Frau; Hundertwassers ideale Stadt

2.2. Le groupe prépositionnel et l'adverbe

→ die Kinder aus dem Dorf → les enfants du village
→ die Schublade links → le tiroir de gauche

2.3. Le groupe infinitif

→ sein Versprechen, mir beim Umziehen zu helfen
→ sa promesse de m'aider à déménager

2.4. La proposition subordonnée relative

- La proposition subordonnée relative est située après le nom qu'elle complète, appelé l'antécédent. Elle est introduite par un pronom relatif ; le pronom relatif a le genre et le nombre de l'antécédent.
- Le cas du pronom relatif dépend de la fonction qu'il a dans la proposition subordonnée (qui = nominatif, que = accusatif, à qui/auquel = datif, dont = génitif) ou de la préposition qui le précède.
  → Ich habe die Frage, **die** du gestellt hast, nicht gehört.
  → Je n'ai pas entendu la question que tu as posée.
  → Der Film, **den** wir gesehen haben, war langweilig.
  → Le film que nous avons vu était ennuyeux.
  → Das ist der Tag, an **dem** ich sie kennengelernt habe.
  → C'est le jour où j'ai fait sa connaissance.

	Masc. sing.	Neutre sing.	Fém. sing.	Pluriel
Nominatif	de**r**	da**s**	di**e**	di**e**
Accusatif	de**n**	da**s**	di**e**	di**e**
Datif	de**m**	de**m**	de**r**	de**nen**
Génitif	de**ssen**	de**ssen**	de**ren**	de**ren**

REMARQUE

Le relatif génitif n'est jamais suivi d'un article.
→ Ausländische Mitbürger, **deren** Deutschkenntnisse nicht gut sind, haben größere Integrationsschwierigkeiten.

2.5. Les autres propositions subordonnées

→ die Angst, dass etwas Schlimmes passiert
→ la peur qu'il se produise quelque chose de grave

› 3. Les degrés de l'adjectif

On peut moduler son appréciation en employant un comparatif ou un superlatif.

3.1. Comparatif de supériorité et superlatif

Degré zéro	
GN (épithète)	ein bequemes Haus
GV (attribut)	Mein Haus ist bequem.
GV (adverbe)	Ich wohne bequem.

1. Comparatif de supériorité	
GN (épithète)	ein bequem**er**es Haus
GV (attribut)	Mein Haus ist bequem**er**.
GV (adverbe)	Ich wohne bequem**er**.
2. Superlatif	
GN (épithète)	das bequem**ste** Haus
GV (attribut)	Mein Haus ist **am** bequem**sten**.
GV (adverbe)	Ich wohne **am** bequem**sten**.

- Adjectifs courts en ***a***, ***o***, ***u*** – la plupart prennent une inflexion.
  → lang, länger, der längste
  → kurz, kürzer, der kürzeste
- Irrégularités
  → gut, besser, der/die beste, am besten
  → hoch, höher, der/die höchste, am höchsten
  → nah, näher, der/die nächste, am nächsten
  → viel, mehr, am meisten
  → gern, lieber, am liebsten

3.2. Le complément du comparatif de supériorité

→ Die Fahrt mit dem ICE ist bequem**er als** mit dem Auto.

3.3. Comparatif d'égalité et sa négation

→ Seine Meinung ist **so** wichtig **wie** ihre Meinung.
→ Seine Meinung ist **nicht so** wichtig **wie** ihre Meinung.

REMARQUE
Le complément du comparatif est au même cas que le terme de référence.
→ **Er** war schneller als **du**.

E Les pronoms personnels et les pronoms réfléchis

- **Les pronoms personnels** / **Les pronoms réfléchis**

Nominatif	Accusatif	Datif	Accusatif	Datif
ich	mich	mir	mich	mir
du	dich	dir	dich	dir
er	ihn	ihm	sich	sich
es	es	ihm	sich	sich
sie	sie	ihr	sich	sich
wir	uns	uns	uns	uns
ihr	euch	euch	euch	euch
sie/Sie	sie/Sie	ihnen/Ihnen	sich	sich

L'allemand fait une distinction entre :
→ Sie denkt nur an **sich.** (pronom réfléchi renvoyant au sujet)
→ Elle ne pense qu'à elle-même.
et :
→ Sie denkt nur an **sie**. (pronom personnel renvoyant à une autre personne) → Elle ne pense qu'à elle.

F Les groupes prépositionnels

Il existe quatre séries de prépositions.

› 1. Les prépositions toujours suivies du datif

aus – bei – mit – nach – seit – von – zu

› 2. Les prépositions toujours suivies de l'accusatif

durch – für – gegen – ohne – um – wider

› 3. Les prépositions mixtes

an – auf – hinter – in – neben – über – vor – unter – zwischen

- Quand elles ont un sens spatial, elles sont suivies :

– du datif quand elles expriment un lieu où l'on est (locatif).
→ Ich bin in der Stadt. → Je suis en ville.
Elles répondent alors à la question ***Wo?***

– de l'accusatif quand elles expriment le lieu où l'on va (directionnel).
→ Ich fahre in die Stadt. → Je vais en ville.
Elles répondent alors à la question ***Wohin?***

- Quand elles ont un sens abstrait, il faut apprendre par cœur le cas qu'elles exigent (*cf.* p. 239). Avec un sens temporel, elles sont le plus souvent suivies du datif.

› 4. Les prépositions suivies du génitif

anstatt *(au lieu de)* – **trotz** *(malgré)* – **während** *(pendant, durant)* – **wegen** *(à cause de)*
→ Trotz der langen Fahrt war sie ziemlich frisch.
→ Während des ganzen Monats …
Dans la langue parlée actuelle, elles sont souvent suivies du datif.

› 5. Pronominalisation du groupe prépositionnel

- Il s'agit d'une personne : préposition + pronom personnel correspondant.
  → Er denkt oft an seinen Vater. = Er denkt oft an ihn.
  → Il pense souvent à lui.
- Il s'agit d'une chose, d'un inanimé : ***da*** + ***(r)**** + préposition.
  → Er denkt oft an die Worte seines Vaters.
  = Er denkt oft **daran**.
  → Il y pense souvent.
- Le pronom de type ***daran***, ***darauf*** peut aussi annoncer un groupe infinitif ou une subordonnée.
  → Ich denke oft **daran**, wie schön es wäre, mehr Zeit für meine Familie zu haben.

* On intercale un « r » si la préposition commence par une voyelle.

III. La structure de la phrase

A La proposition énonciative indépendante ou principale

Le verbe conjugué occupe la 2e position, quelles que soient la forme, la fonction, la longueur du premier élément.
Il n'y a pas de virgule avant le verbe en 2e position, sauf si la 1re position est occupée par une proposition subordonnée.

→ Wenn es morgen regnet, **bleiben** wir zu Hause.
→ Deshalb **konnte** er nicht kommen.
→ Diesen Roman **habe** ich schon gelesen.

REMARQUE

- Dans la langue parlée, on fait parfois l'ellipse d'un complément en tête de phrase, quand il est facilement déductible du contexte.
  → Wie sagt man Käse auf Französisch?
  → **Weiß** ich nicht. (= Das weiß ich nicht.)

B La proposition injonctive

Dans une phrase à l'impératif, le verbe occupe la première position.

→ Hilf mir bitte! Helft uns bitte! Helfen Sie mir bitte!

C La proposition interrogative

› 1. L'interrogation globale

Dans une interrogative globale directe, le verbe conjugué est en première position. On peut répondre par ***ja, nein*** ou ***doch***.

→ Siehst du ihn nicht? **Doch**, ich sehe ihn.

› 2. L'interrogation partielle

- Une interrogative partielle directe commence par un mot interrogatif, accompagné ou non d'une préposition.
  Le verbe conjugué est en deuxième position. Les mots interrogatifs commencent toujours par ***w-***.
  → **w**ann? **w**arum? **w**as? **w**er? **w**ie? **w**o? **w**ohin? **w**oher? **w**oran? **w**orauf? **w**orüber? …
- On y répond par une unité de sens correspondant au mot interrogatif.
  → Woran denkst du? – An die Ferien.
  → Wem schreibst du? – Meiner Schwester.

D La phrase complexe

Elle comprend plusieurs verbes. Il peut s'agir :

- de propositions indépendantes coordonnées
- d'une proposition principale + proposition(s) subordonnée(s)
- de proposition(s) subordonnée(s) + proposition principale

Dans une proposition subordonnée, le verbe conjugué est en dernière position.

REMARQUE

- En allemand, proposition principale et proposition subordonnée sont séparées par une virgule.

› 1. Propositions subordonnées interrogatives indirectes

- **Interrogation globale**
  → Er fragt dich, **ob** du wirklich sicher bist.
- **Interrogation partielle**
  → Ich weiß, **wen** du angerufen hast.
  → Ich möchte wissen, mit **wem** du telefoniert hast.

› 2. Propositions subordonnées conjonctives

Elles sont introduites par une conjonction de subordination.

■ **adversatives**	
tandis que, alors que	**während**
■ **causales**	
parce que	**weil**
comme, puisque	**da**
■ **comparatives**	
comparatif de supériorité	**als**
comparatif d'égalité	**so … wie**
comme si	**als ob, als (verbe conjugué en 2e position)**
■ **concessives**	
bien que	**obwohl**
même si	**selbst wenn, auch wenn**
■ **conditionnelles**	
si	**wenn**
au cas où	**falls, im Falle dass**
■ **consécutives**	
si + adj./adv. … que	**so … dass**
si bien que	**so dass**
■ **finales**	
afin que	**damit**
■ **instrumentales**	
en + participe présent	**indem**
■ **modales**	
comme, à quel point + adj./adv	**wie + adj.**
■ **temporelles**	
quand (fait unique passé)	**als**
quand (dans les autres cas)	**wenn**
dès que	**sobald**
tant que	**solange**
jusqu'à ce que	**bis**
avant que (deux conjonctions)	**bevor, ehe (verbe obligatoirement conjugué)**
après que	**nachdem (verbe obligatoirement conjugué)**
tandis que, pendant que	**während**
depuis que	**seit, seitdem**

→ Ich hatte einen Stadtplan bei mir, **so dass** wir seine Straße problemlos gefunden haben.
→ Eine Frau muss mindestens zwei Kinder haben, **damit** sich eine Generation erneuern kann.
→ **Wenn** du nicht kommen könntest, wäre ich enttäuscht.

› 3. Propositions subordonnées infinitives

Le verbe est à l'infinitif et n'a pas de sujet propre.

- **zu** → Ich habe vor, eine Stadtrundfahrt **zu** machen.
- **um … zu** → Sie stillte ihr Kind nur drei Monate lang, **um** dann wieder arbeiten gehen **zu** können.
- **anstatt … zu** → **Anstatt** zu Hause **zu** sitzen, könntest du auch ein bisschen an die frische Luft gehen.
- **ohne … zu** → Du kannst alles organisieren, **ohne** mich **zu** fragen.

› 4. Propositions coordonnées

Elles sont reliées par une conjonction de coordination qui n'influe pas sur la place du verbe.

- **und** → Er kam zu spät **und** sie waren schon weg.
- **oder** → Wir gehen ins Theater **oder** wir essen im Restaurant.
- **aber** → Ich wollte kommen, **aber** ich konnte diesmal nicht.
- **denn** → Er lernte viel, **denn** sie war streng.

E La négation

Il existe de nombreux négateurs : ***nicht*** – ***kein*** – ***nie*** – ***nichts*** – ***niemand*** – ***nirgends*** …
Les deux négateurs de base sont ***nicht*** et ***kein***.

› 1. La négation globale avec *nicht*

- ***Nicht*** **porte sur l'ensemble de la phrase**.

- Le négateur global ***nicht*** se place **avant le groupe verbal** qui comprend au minimum le verbe et un ou plusieurs éléments qui constituent l'information essentielle de la phrase.

  → Er hat seit Tagen **nicht** geschlafen (GV : geschlafen haben). Deshalb ist er heute **nicht** aufgestanden (GV : aufgestanden sein).

  → Er kommt nicht mit (GV : mitkommen), weil er leider **nicht** sportlich ist (GV : sportlich sein).

  → Er spielt sonst **nicht schlecht** (GV : schlecht spielen). Trotzdem ist er **nicht** nach Bonn gefahren (GV : nach Bonn gefahren sein).

ATTENTION **Le groupe nominal à l'accusatif et au datif, introduit par un article défini, ne fait généralement pas partie du groupe verbal. *Nicht* se place alors après.**

→ Ich kenne deine Adresse **nicht**.
→ Ich helfe meiner Mutter **nicht**.

› 2. La négation partielle avec *nicht*

- Contrairement à la négation globale qui porte sur l'ensemble de la phrase, la négation partielle ne porte que sur un élément de la phrase. Elle est placée juste devant l'élément nié qui est accentué. Le négateur partiel ***nicht*** n'est pas accentué.

  → Diese Schuhe habe ich **nicht** in °Köln gekauft.
  → Ce n'est pas à Cologne que j'ai acheté ces chaussures.
  → **Nicht** °er, **sondern** sein °Bruder hat es getan.
  → Ce n'est pas lui qui l'a fait, mais son frère.

› 3. La négation avec *kein*

- ***Kein*** est un déterminatif / article négatif. Il correspond globalement à la négation de ***ein*** et de l'absence d'article. Il se décline comme ***ein*** (ou ***mein***).

  → Ich habe leider °**keine** neuen Freunde kennen gelernt.
  → Tut mir Leid, ich habe heute °**keine** Zeit.

F Modalisateurs, appréciatifs et particules illocutoires

› 1. Modalisateurs et appréciatifs : le jugement du locuteur

1.1. Modalisateurs

- Le locuteur peut nuancer la certitude de l'information qu'il fait passer en jouant sur différents degrés de vérité au moyen de modalisateurs selon une échelle allant du possible au certain en passant par le probable.

  → **vielleicht, möglicherweise** → peut-être
  → **eventuell** → éventuellement
  → **wahrscheinlich** → vraisemblablement
  → **wohl** → probablement
  → **zweifellos, ohne Zweifel** → sans aucun doute
  → **sicher, sicherlich, mit Sicherheit, gewiss, bestimmt** → certainement
  → Paul hat sich bei seiner Oma **vielleicht / bestimmt** gelangweilt. → Paul s'est peut-être / certainement ennuyé chez sa grand-mère.

- D'autres modalisateurs sont employés fréquemment :

– pour confirmer une information antérieure
  → **wirklich** → vraiment → **in der Tat** → en effet
  → **in Wirklichkeit** → en réalité,
  → **eigentlich** → en fait, à vrai dire

– ou pour rectifier une information antérieure
  → Pia ist diesmal **wirklich** krank, obwohl sie **eigentlich** nie krank ist. → Cette fois-ci Pia est vraiment malade, elle qui ne l'est (en fait) jamais.

1.2. Appréciatifs

- Le locuteur peut accompagner l'information qu'il donne d'un jugement de valeur (« c'est bon, mauvais, regrettable, (a)normal ») au moyen d'appréciatifs.

  → **leider** → malheureusement → **hoffentlich** → espérons que
  → **zum Glück** → heureusement
  → **komischerweise, merkwürdigerweise** → curieusement
  → **seltsamerweise** → bizarrement
  → **logischerweise** → logiquement, selon toute attente
  → **normalerweise, selbstverständlich, natürlich** → normalement, naturellement
  → Pia ist **leider** krank. → Pia est malheureusement malade.
  → Pia ist **hoffentlich** nicht krank. → J'espère que Pia n'est pas malade.
  → Anna ist **natürlich** zu spät angekommen. → Anna est évidemment arrivée en retard.

› 2. Les particules illocutoires : l'interaction locuteur-interlocuteur

- Les particules illocutoires sont des petits mots qui signalent une attitude (réaction, intention) par rapport à ce qui se passe dans la situation.

  → Ich fahre **ja** seit Jahren Auto!
  → Mais enfin, ça fait des années que je conduis !

- Le locuteur rappelle à son interlocuteur quelque chose de connu, d'évident.

  → Ich bin **halt/eben** zu spät angekommen!
  → Eh bien oui, je suis arrivée en retard !

- Le locuteur souligne que c'est comme ça, qu'on le veuille ou non.
  → Hilf mir **doch**, anstatt zu meckern!
  → Mais aide-moi au lieu de râler !
  → Ich bin **doch** nicht dein Diener!
  → Je ne suis tout de même pas ton domestique !
- Le locuteur exprime que quelque chose est inattendu.
  → Du hast **aber** Glück gehabt! → Tu en as eu de la chance !
- Le locuteur exprime sa surprise.
  → Wo hast du **denn** das ganze Geld her?
  → D'où sors-tu tout cet argent ?
- Le locuteur exprime son impatience.
  → Wo steckt er **denn**? → Mais enfin qu'est ce qu'il fabrique ? Mais où est-il passé ?
- Le locuteur exprime sa curiosité.
  → Der Hund ist süß. Wie heißt er **denn**?
  → Il est mignon ce chien. Comment s'appelle-t-il ?

REMARQUE

- ***denn*** ne s'emploie que dans des questions.

› 3. Leur place dans la phrase

- Les modalisateurs, appréciatifs et particules illocutoires se placent au même endroit que le ***nicht*** global (*cf.* page 235).
  → Wir sind dieses Jahr **nicht** nach Spanien gefahren.
  → Wir werden nächstes Jahr **vielleicht** nach Spanien fahren.
  → Wir wollen nächstes Jahr **natürlich** nach Spanien fahren.
- Quand il y a ***nicht*** et un modalisateur ou un appréciatif ou une particule illocutoire, le ***nicht*** se place en dernier.
  → Wir werden nächstes Jahr **hoffentlich nicht** nach Spanien fahren!
  → Warst du **denn nicht** in der Schule?
  → Das war **aber nicht** nett von dir!

IV. Les nombres

A Les nombres cardinaux

› 1. De 1 à 12, il s'agit de chiffres simples

→ 0 null	→ 1 eins	→ 2 zwei	→ 3 drei
→ 4 vier	→ 5 fünf	→ 6 sechs	→ 7 sieben
→ 8 acht	→ 9 neun	→ 10 zehn	→ 11 elf
→ 12 zwölf			

› 2. À partir de 13, les chiffres sont composés

- de 13 à 19 : l'unité + ***-zehn*** : → 14 vierzehn
  → 16 sechzehn (attention, sechs perd son *-s*)
  → 17 siebzehn (attention, sieben perd son *-en*)

› 3. Les dizaines

Elles sont formées à partir de l'unité à laquelle est ajouté le suffixe ***-zig***.
→ neunzig
Il y a néanmoins quelques irrégularités :
→ 20 zwanzig → 30 dreißig → 60 sechzig → 70 siebzig

› 4. L'unité doit être reliée à la dizaine par *und*:

→ 24 vierundzwanzig → 62 zweiundsechzig

› 5. Les centaines (*hundert*) et les milliers (*tausend*)

- Ils sont reliés aux autres chiffres **sans** *und* et précèdent les dizaines et les unités.
- Quelle que soit leur longueur, les chiffres sont toujours liés dans la graphie. Seuls les chiffres supérieurs au million sont détachés :
  → 15 568 fünfzehntausendfünfhundertachtundsechzig
  → 17 462 000 siebzehn Millionen vierhundertzweiundsechzigtausend
- Pour le chiffre d'une année, il faut indiquer le chiffre des centaines :
  1990 neunzehnhundertneunzig 1870 achtzehnhundertsiebzig
  2019 zweitausendneunzehn

- Les chiffres supérieurs à 1 000 sont :
  → die Million → le million
  → die Milliarde → le milliard
  → die Billion → 1 000 milliards
- Tous les chiffres sont du **genre féminin** :
  → eine Sechs → un six → eine Null → un zéro
- ***Eins***, un est utilisé quand il n'est pas suivi d'un autre chiffre :
  → 1 001 : eintausendeins → 2,1 : zwei Komma eins

B Les nombres ordinaux

L'adjectif ordinal se termine toujours par ***-t*** ou ***-st***. Ce suffixe est matérialisé par un point.

› 1. De 1 à 3

→ 1. erst... → 2. zweit... → 3. dritt...

› 2. De 4 à 19, le suffixe est *-t*.

Attention, ***sieben*** perd son ***en***, ***acht*** son ***t***.
→ 5. fünft... → 7. siebt... → 8. acht... (am achten Dezember)

› 3. À partir de 20, le suffixe est *-st* :

→ 20. zwanzigst... → 45. vierundvierzigst...

REMARQUES

- Ces adjectifs ordinaux doivent obligatoirement être utilisés pour la date, le siècle et les souverains :
  → Heute haben wir den 20. (zwangzigsten) Mai.
  → im XVIII. (achtzehnten) Jahrhundert
  → Wilhelm II. (der Zweite)
- Les fractions sont formées à partir de ces adjectifs numéraux ordinaux :
  → das Drittel → das Viertel → das Sechstel
- Les adverbes « premièrement », « deuxièmement »... sont aussi dérivés des adjectifs numéraux ordinaux :
  → erstens → zweitens → drittens

Liste des principaux verbes forts et mixtes

Les verbes suivis de deux astérisques (**) se conjuguent avec l'auxiliaire ***sein.***

Infinitif	Prétérit	Participe passé	Présent	Sens
backen	backte (buk)	gebacken	bäckt	*cuire au four*
beginnen	begann	begonnen	beginnt	*commencer*
bieten	bot	geboten	bietet	*offrir, proposer*
binden	band	gebunden	bindet	*lier, attacher*
bitten	bat	gebeten	bittet	*prier, demander*
bleiben**	blieb	geblieben	bleibt	*rester*
brechen	brach	gebrochen	bricht	*briser*
dringen**	drang	gedrungen	dringt	*pénétrer*
essen	aß	gegessen	isst	*manger*
fahren**	fuhr	gefahren	fährt	*aller (en véhicule)*
fallen**	fiel	gefallen	fällt	*tomber*
fangen	fing	gefangen	fängt	*attraper, capturer*
finden	fand	gefunden	findet	*trouver*
fliegen**	flog	geflogen	fliegt	*voler*
fliehen**	floh	geflohen	flieht	*fuir*
fließen**	floss	geflossen	fließt	*couler*
fressen	fraß	gefressen	frisst	*manger (pour les animaux)*
geben	gab	gegeben	gibt	*donner*
gehen**	ging	gegangen	geht	*aller (à pied)*
gelingen**	gelang	gelungen	gelingt	*réussir*
gelten	galt	gegolten	gilt	*valoir*
genießen	genoss	genossen	genießt	*profiter, jouir de*
geschehen**	geschah	geschehen	geschieht	*se produire*
gewinnen	gewann	gewonnen	gewinnt	*gagner*
gießen	goss	gegossen	gießt	*verser, arroser*
gleichen	glich	geglichen	gleicht	*ressembler*
graben	grub	gegraben	gräbt	*creuser*
greifen	griff	gegriffen	greift	*saisir*
halten	hielt	gehalten	hält	*tenir, s'arrêter*
hängen	hing	gehangen	hängt	*être accroché*
heben	hob	gehoben	hebt	*soulever*
heißen	hieß	geheißen	heißt	*s'appeler*
helfen	half	geholfen	hilft	*aider*
klingen	klang	geklungen	klingt	*tinter, résonner*
kommen**	kam	gekommen	kommt	*venir*
laden	lud	geladen	lädt	*charger*
lassen	ließ	gelassen	lässt	*laisser*
laufen**	lief	gelaufen	läuft	*courir, marcher*
leihen	lieh	geliehen	leiht	*prêter*
lesen	las	gelesen	liest	*lire*
liegen	lag	gelegen	liegt	*être couché*
lügen	log	gelogen	lügt	*mentir*
meiden	mied	gemieden	meidet	*éviter*
messen	maß	gemessen	misst	*mesurer*
nehmen	nahm	genommen	nimmt	*prendre*
pfeifen	pfiff	gepfiffen	pfeift	*siffler*
raten	riet	geraten	rät	*conseiller, deviner*
reißen	riss	gerissen	reißt	*arracher*
reiten**	ritt	geritten	reitet	*faire du cheval*
rufen	rief	gerufen	ruft	*appeler*
schaffen	schuf	geschaffen	schafft	*créer*

Infinitif	Prétérit	Participe passé	Présent	Sens
scheinen	schien	geschienen	scheint	*briller, paraître*
schießen	schoss	geschossen	schießt	*tirer (arme)*
schlafen	schlief	geschlafen	schläft	*dormir*
schlagen	schlug	geschlagen	schlägt	*frapper*
schließen	schloss	geschlossen	schließt	*fermer*
schmeißen	schmiss	geschmissen	schmeißt	*jeter (familier)*
schreiben	schrieb	geschrieben	schreibt	*écrire*
schreien	schrie	geschrien	schreit	*crier*
schreiten**	schritt	geschritten	schreitet	*marcher*
schweigen	schwieg	geschwiegen	schweigt	*se taire*
schwimmen**	schwamm	geschwommen	schwimmt	*nager*
schwören	schwor	geschworen	schwört	*jurer*
sehen	sah	gesehen	sieht	*voir*
sein**	war	gewesen	ist	*être*
singen	sang	gesungen	singt	*chanter*
sitzen	saß	gesessen	sitzt	*être assis*
sprechen	sprach	gesprochen	spricht	*parler*
springen**	sprang	gesprungen	springt	*sauter*
stehen	stand	gestanden	steht	*être debout*
steigen **	stieg	gestiegen	steigt	*monter*
sterben**	starb	gestorben	stirbt	*mourir*
stoßen	stieß	gestoßen	stößt	*heurter, pousser*
streiten	stritt	gestritten	streitet	*(se) disputer*
tragen	trug	getragen	trägt	*porter*
treffen	traf	getroffen	trifft	*atteindre, rencontrer*
treiben	trieb	getrieben	treibt	*faire avancer*
treten **	trat	getreten	tritt	*entrer, faire un pas*
trinken	trank	getrunken	trinkt	*boire*
tun	tat	getan	tut	*faire*
vergessen	vergaß	vergessen	vergisst	*oublier*
verlieren	verlor	verloren	verliert	*perdre*
verschlingen	verschlang	verschlungen	verschlingt	*avaler, engloutir*
verschwinden **	verschwand	verschwunden	verschwindet	*disparaître*
wachsen**	wuchs	gewachsen	wächst	*grandir*
waschen	wusch	gewaschen	wäscht	*laver*
weichen**	wich	gewichen	weicht	*céder*
weisen	wies	gewiesen	weist	*indiquer*
werben	warb	geworben	wirbt	*faire de la publicité*
werden**	wurde	geworden	wird	*devenir*
werfen	warf	geworfen	wirft	*lancer, jeter*
wissen	wusste	gewusst	weiß	*savoir*
ziehen	zog	gezogen	zieht	*tirer, infuser*
ziehen**	zog	gezogen	zieht	*aller s'installer qq part*
zwingen	zwang	gezwungen	zwingt	*obliger*
brennen	brannte	gebrannt	brennt	*brûler*
bringen	brachte	gebracht	bringt	*apporter*
denken	dachte	gedacht	denkt	*penser*
kennen	kannte	gekannt	kennt	*connaître*
nennen	nannte	genannt	nennt	*nommer*
rennen**	rannte	gerannt	rennt	*courir*
senden	sandte (sendete)	gesandt (gesendet)	sendet	*émettre / envoyer*
wenden	wandte (wendete)	gewandt (gewendet)	wendet	*tourner / retourner*

Les verbes à réaction casuelle ou prépositionnelle

Certains verbes en allemand exigent l'emploi d'un cas particulier ou d'une préposition.

Verbes + accusatif

jn an/rufen: *téléphoner à qn*
jn bitten: *demander à, prier qn*
etwas / jn brauchen: *avoir besoin de qc/qq*
es gibt: *il y a*
jn etwas fragen: *demander qc à qn*
(deux objets à l'accusatif)
La plupart des verbes comportant la particule inséparable **be-** *sont transitifs et exigent l'emploi de l'accusatif.*
eine Frage beantworten: *répondre à une question*
etwas benutzen: *utiliser qc*
jn besuchen: *rendre visite à qn*

Verbes + datif

jm begegnen: *rencontrer qn*
jm für etwas danken: *remercier qn de qc*
jm (mit etwas) drohen: *menacer qn (de qc)*
jm folgen: *suivre qn*
es gelingt jm: *qn réussit à faire qc*
jm glauben: *croire qn*
(ich glaube dir: *je te crois, mais* glauben an + A: *croire en*)
jm helfen: *aider qn*
jm widersprechen: *contredire qn*
Certains verbes comportant les particules séparables **zu** *et* **nach** *exigent l'emploi du datif.*
jm zu/hören: *écouter qn*
jm zu/sehen: *regarder qn faire qc*
jm nach/sehen: *suivre qn du regard*

Verbes + prépositions obligatoires

an + accusatif
denken: *penser à*
(sich) erinnern: *(se) rappeler, se souvenir de qn/qc*
sich gewöhnen: *s'habituer à*
glauben: *croire en*
(Er glaubt an Gott, an Märchen …)

an + datif
fehlen, mangeln: *manquer de*
(es fehlt mir an …)
leiden: *souffrir de (maladie)*
liegen (es liegt an …): *être dû à*
Spaß haben: *avoir plaisir à*
teil/nehmen: *participer à*

auf + accusatif
achten: *respecter, faire attention à*
an/kommen: *dépendre de*
(Es kommt darauf an!)
auf/passen: *faire attention à*
sich freuen: *se réjouir à l'idée de*
reagieren: *réagir à*
sich verlassen: *compter sur*
verzichten: *renoncer à*
sich vor/bereiten: *se préparer à*
warten: *attendre*

auf + datif
bestehen: *insister sur*

aus + datif
bestehen: *se composer de*
stammen: *être originaire de*
schließen: *conclure de*

durch + accusatif
ersetzen: *remplacer par*

für + accusatif
danken: *remercier de*
halten: *tenir pour, considérer comme*
sich engagieren: *s'engager*
[illegible] entscheiden: *se décider*

sich entschuldigen: *s'excuser de*
sich interessieren: *s'intéresser à*

gegen + accusatif
protestieren: *protester contre*

in + accusatif
sich verlieben: *tomber amoureux de*
übersetzen: *traduire*
(aus dem Französischen ins Deutsche)

in + datif
bestehen: *consister en / à*

mit + datif
an/fangen, beginnen: *commencer à, par*
auf/hören, fertig sein: *cesser de, avoir fini de*
sich befassen: *traiter de*
sich beschäftigen: *s'occuper de*
enden: *se terminer par*
geschehen, passieren: *arriver, passer*
(Was ist mit ihm geschehen, passiert?)
sich mit jm treffen: *retrouver qn*
sich mit jm unterhalten, sprechen, reden: *parler à qn*
mit jm telefonieren: *être au téléphone avec qn*
verbinden: *relier, mettre en relation avec (au téléphone)*
vergleichen: *comparer à*

nach + datif
fragen: *demander*
sich sehnen: *aspirer à*

über + accusatif
über *(préposition abstraite) est toujours suivie de l'accusatif.*
sich ärgern: *être mécontent de, se fâcher*
sich auf/regen: *s'énerver à cause de*
diskutieren: *discuter de*
debattieren: *débattre de*
sich freuen: *se réjouir de (événement présent)*
sich informieren: *s'informer de*
lachen: *rire de, se moquer de*
sich lustig machen: *se moquer de*
spotten: *se moquer de*
nach/denken: *réfléchir à*
reden, sprechen: *parler de*
sich unterhalten: *s'entretenir de, discuter*
staunen, sich wundern: *s'étonner de*

um + accusatif
bitten: *demander qc, prier qn*
es geht, es handelt sich: *il s'agit de*
sich kümmern: *s'occuper de*
sich Sorgen machen: *se faire du souci pour*

unter + datif
leiden: *souffrir de*

von + datif
ab/hängen: *dépendre de*
halten: *penser de*
handeln: *traiter, parler de*
erzählen: *raconter*
sprechen: *parler de*
träumen: *rêver de*
überzeugen: *convaincre de*
zeugen: *témoigner de*

vor + datif
Angst haben, sich fürchten: *avoir peur de*
warnen: *mettre en garde contre*

zu + datif
dienen: *servir à*
ein/laden: *inviter à*
sich entschließen: *se décider à*
führen: *mener, aboutir à*
gehören: *faire partie de*
meinen: *penser de*
passen: *convenir à, aller avec*
zählen: *compter parmi*

Crédits photographiques

Couverture © Sime/Photononstop
p. 10 © Bridgeman Images (reprise p. 63h)
p. 11 © Rawpixel.com/stock.adobe.com (reprise p. 111)
p. 12 © Artothek/La Collection (reprise p. 126)
p. 13 © Christian Jungeblodt (reprise p. 174)
p. 24 ht © Dermot Flynn
p. 24 bas © Eva Bocek/stock.adobe.com
p. 26 bas © Felix Scholkmann/stock.adobe.com
p. 28ht © Michael Buholzer/AFP
p. 28m © Aladin Klieber/Keystone
p. 28bas © Walter Bieri/ Keystone
p. 30 © Regina Kuehne/ Keystone
p. 33 © Juergen Held /Agefotostock
p. 36g © Eintracht-Frankfurt (reprise p. 38)
p. 36d © Rich Polk/Getty Images/AFP (reprise p. 38)
p. 41h © Photo12/Alamy
p. 41b © Rémy Danquin
p. 42h © Peter Duddek/VISUM
p. 42b © bpk/Deutsches Historisches Museum/Sebastian Ahlers, distribution RMN
p. 43 © Dircinha Welter/Flickr Vision/Getty Images
p. 44 © Interfoto/La Collection
p. 45 © Stefan Volk/LAIF-REA
p. 47 © Shutterstock/Dmitriy NDM
p. 49hg ©Adagp, Paris, 2020, photo Tillmann Franzen
p. 49hd © Mikaela Burstow
p. 49mg © Photo12/Alamy/INSADCO Photography
p. 49bg © Photo12/Alamy/Sunshine Pics
p. 52g © Photo12/Alamy
p. 52d © Photo12/ullstein bild
p. 56h © Wien Museum, Imagno/La Collection
p. 56bg © Torsten Krafaeger/Agefotostock
p. 56Bbd © David Hockney, photo Fabrice Gibert
p. 57 © Photo12/Ullstein Bild
p. 59 © AP/SIPA
p. 60 © Picture-Alliance/dpa/Agefotostock
p. 61 © Mike Nelson/EPA/Maxppp
p. 62hg © Interfoto/La Collection
p. 62bg © Photo12/Picture Alliance
p. 62hd © Bridgeman Images
p. 62bd © Deutsches Historisches Museum/ G. Schnellnberger
p. 63h © Corinne Malet/PhotoAlto/Photononstop
p. 63bd © Photo12/Alamy/Mandoga Media
p. 63bg © Johnér/Photononstop
p. 64 © Deutsches Historisches Museum/ S. Ahlers
p. 65 © Bettmann Archive/Getty Images
p. 66h © Bombshell The Hedy Lamarr Story (2017) real Alexandra Dean, Collection Christophel © Reframed Pictures
p. 66b © Collection Christophel
p. 67 © akg-images/ullstein bild – P. Piel
p. 68 © Erl/toonpool.com
p. 71hg © Photo12/Alamy/Mandoga Media
p. 71hm © akg-images
p. 71hd © akg-images/picture-alliance/dpa
p. 71mg © Stiftung Archiv der deutschen Frauenbewegung, Kassel
p. 71md © Imagno – ÖNB/La Collection
p. 71b © Photo12/Picture Alliance
p. 74g © akg-images/ullstein bild
p. 74d © Xinhua/Zhang Cheng/Sipa
p. 78 © akg-images/picture-alliance/ZB
p. 80 © akg-images/ullstein bild – ull
p. 81 © Barbara Braun/ MuTphoto
p. 82hd © Photo12/imageBROKER/Alf Jonsson
p. 82m © akg-images/ullstein bild – his
p. 82b © Photo12/Picture Alliance
p. 83 Mackie Messer – *Brechts Dreigoschenfilm*, 2018, real Joachim Lang, © Zeitsprung Pictures, Collection Christophel
p. 87g © Brecht, 2019, real Heinrich Breloer © Bavaria Fiction, collection Christophel
p. 87d © akg-images/ullstein bild
p. 88b © Brecht, 2019, real Heinrich Breloer © Bavaria Fiction, Collection Christophel
p. 94hg © Oliver Heissner
p. 94hd © akg-images/Erik Bohr
p. 94m © Jon Arnold Images/ Hemis
p. 94b © istockphoto
p. 96hg © Adagp, Paris, 2020, photo Thomas Robbin/architektur-bildarchiv
p. 96hd © Adagp, Paris, 2020, photo Lucia Moholy (1894 – 1983)
p. 96bd © Victoria and Albert Museum, Londres, Dist. RMN-Grand Palais/ image Victoria and Albert Museum
p. 97h © Adagp, Paris, 2020 Photo12/ullstein bild – Lammel
p. 97b © Architecte: Hermann Reinhard Alker, 1929/1930, photo Hendrik Bohle, thelink.berlin
p. 98h © picture alliance/Getty Image
p. 98b © collection particulière
p. 99 © Kluge, Wolfgang/Bundesarchiv
p. 100 © Harm Bengen/toonpool.com (Bauhaus Hecke)
p. 101 © akg-images
p. 103h © collection particulière
p. 103b © Heritage Images/Alan John Ainsworth/akg-images
p. 104 © akg-images/Bildarchiv Steffens
p. 107 © Interfoto/La Collection
p. 111 © Rawpixel.com/stock.adobe.com
p. 112 © Photo12/Alamy/dpa picture alliance
p. 113h © Photo12/Picture Alliance/Arne Immanuel Bänsch
p. 113m © Photo12/Picture Alliance/Bernd Thissen
p. 113b © Photo12/Alamy/360b
p. 114 © Jakobs Design
p. 115 © auntspray/stock.adobe.com
p. 115 © 3000ad/stock.adobe.com
p. 115 © pray45- stock.adobe.com
p. 115 © Stig Alenas/stock.adobe.com
p. 115 © bennyHelias/stock.adobe.com
p. 115 © eddie toro/stock.adobe.com
p. 115 © nervermond/stock.adobe.com
p. 115 © gorbovoi81/stock.adobe.com
p. 115 © odjulian/stock.adobe.com
p. 115 © Vladislav Ociacia/stock.adobe.com
p. 119 © Syda Productions /stock.adobe.com
p. 123g © selbsthilfe-rlp. de/We KISS
p. 126 © Artothek/La Collection
p. 128h © Shutterstock/suns07butterfly
p. 128mh © Shutterstock/Alik Mulikov
p. 128mb © kurapy/stock.adobe.com
p. 128b © nito/Agefotostock
p. 129 © Artothek/La Collection
p. 130 © Ludvik Glazer-Naudé, *Mein großer Märchenschatz*, ARS Edition Verlag München, 2019
p. 131h © Philippe Matsas/Opale/Leemage
p. 131b © Philipp Reclam jun. Verlag GmbH
p. 132 © Christian Habicht
p. 135 © DER SPIEGEL 16/1996, illustration Ludvik Glazer-Naudé
p. 138 © Dina Goldstein
p. 142 © Photo12/Picture Alliance/Stefan Puchner
p. 144h © Photo12/Ullstein Bild
p. 144b © BPK, Berlin, Dist. RMN-Grand Palais/image BPK
p. 145 © Efe/Maxppp
p. 146 © akg-images
p. 147 © Interfoto/Austrian National Library/La Collection
p. 149 © collection particulière
p. 151 © Photo12/Picture Alliance/Britta Pedersen
p. 155 © Paolo Calleri/toonpool.com (reprise p. 156)
p. 158h © Nasa
p. 158mg © ddr-museum.de
p. 158md © akg/Science Photo Library
p. 158b © DLR (CC-BY 3.0)
p. 159h © Photo12/Picture Alliance
p. 159b © Gagarin Cosmonaut Training Center
p. 160 © Nasa
p. 161 © WeLocal
p. 162 © ESA
p. 163h © Photo12/Picture Alliance
p. 163b © Photo12/Picture Alliance
p. 164 © Yavou/toonpool.com
p. 167 © DRL (CC-BY 3.0)
p. 170g © ESA–David Ducros, 2016
p. 170d © CNES
p. 174h © Christian Jungeblodt
p. 174mg © Montecruz Foto
p. 174bd © Zuma/REA
p. 175b © IPO/Boness/Sipa
p. 177 © Photo12/Picture Alliance
p. 178b © Oliver Killig
p. 179 © Cover Bild © *Gehen, ging, gegangen*, Jenny Erpenbeck, München: Albrecht Knaus Verlag, 2015
p. 183 © Scale
p. 186 © action press/SIPA (reprise p. 188)
p. 190 a © Hannes Grobe CC BY-SA 2.0 DE
p. 190 b © josefkubes/stock.adobe.com
p. 190 c © spuno/stock.adobe.com
p. 191 © Artothek/La Collection
p. 192 © SPIEGEL GESCHICHTE 3/2016
p. 193h © akg-images
p. 193b © akg-images
p. 194hd © Shutterstock/Olga Sukhovskaya
p. 194mg © Jean-Baptiste Rabouan/Hemis
p. 194md © Photo12/Alamy/Abinash Mishra
p. 194bg © Shutterstock/franka55
p. 194bd © Photo12/Alamy/Riccardo Sala
p. 195 © Henning Schacht
p. 196 © Burkhard Mohr
p. 199 © Kunstpalast Düsseldorf/Artothek/La Collection
p. 200h © Photo12/Picture Alliance
p. 200b © Deutsches Historisches Museum/ G. Schnellnberger
p. 203g © rumifaz/stock.adobe.com
p. 203b © Photo12/Picture Alliance/Bernd Settnik
p. 206 © Thomas Imo/photothek.net
p. 208h © Georg Hochmuth/APA
p. 208b © Steine der Erinnerung
p. 209 © Buchhändler, CC-BY-SA-3.0
p. 210 © akg-images
p. 211h © Photo12/Picture Alliance
p. 211m © Rheinisches Bildarchiv Köln Aufn
p. 211b © akg-images/Günter Schneider
p. 213 © Timo Essner/toonpool.com
p. 215 © Christian Hartmann/AFP
p. 216 © Sean Gallup/Getty Images/AFP
p. 218 © Kostas Koufogiorgos/toonpool.com

Crédits textes

p. 27 © *Jung, multikulturell und einsam: So leben Zürichs 30- bis 40-Jährige*, Daniel Fritzsche, www.nzz.ch, 29.09.2018
p. 29 *Der Koch*, Martin Suter, Diogenes Verlag, 2010, Zürich (D.R.)
p. 35 © *Multikulti am Main*, Ludger Fittkau, www.deutschlandfunk.de, 17.07.2017
p. 43 © *„Einwanderung? Das können Deutsche wirklich gut"*, Hildegard Strausberg, WELTonline, 27.09.2015
p. 44 Andrea Paluchs und Robert Habecks neuer Roman *Der Schrei der Hyänen*. In: literaturkritik.de, NR.4, APRIL 2004 (https://literaturkritik.de/id/6911) © Verlag LiteraturWissenschaft.de
p. 44 *Die DDR-Kinder von Namibia – Heimkehrer in ein fremdes Land:* Constance Kenna, Klaus Hess Verlag, Göttingen (D.R.)
p. 45 *Namibia will keine deutschen Straßennamen mehr*, Florian Pütz und Esteban Engel, Stuttgarter Nachrichten, 07.06.2018. (D.R.)
p. 57 © Frido MANN, *Achterbahn. Ein Lebensweg*, 2008
p. 59 Thomas Mann, *Deutsche Hörer!* In: id., Gesammelte Werke in dreizehn Bänden. Band XI. Reden und Aufsätze 3. © S. Fischer Verlag GmbH, Frankfurt am Main 1960, 1974
p. 60 Rede des Bundespräsidenten Frank-Walter Steinmeier zur Eröffnung des Thomas-Mann-Hauses in Pacific Palisades, Los Angeles, 19.06.2018.
p. 64 Gleichberechtigung zwischen Mann und Frau – Ein langer Weg, Teil 1: Die Geschichte der Frauenbewegung. (D.R.)
p. 65 *Lise Meitner, Leben und Werk*, https://lmgporz.de (D.R.)
p. 66 *Hedy Lamarr: Super schlau und super schön*, Stefanie Paul, Nürtingen Zeitung, 25.08.2018. (D.R.)
p. 67 © Handelsblatt, *„Nur mit gelebter Gleichberechtigung haben wir eine Zukunft"*, Ursula von den Leyen
p. 73 *Was bedeutet es, heute Frau zu sein?* Claudia Dießner. (D.R.)
p. 73 *Was also ist die Frau von heute?* Florian Schroeder, 07.06.2017, © 2017 Rowohlt Verlag GmbH, Reinbek bei Hamburg (D.R.)
p. 80 Dr. Lutz Walther, Kai-Britt Albrecht: Berthold Brecht, in: Lebendiges Museum Online © Deutsches Historisches Museum, Berlin. 14. September 2014. https://www.dhm.de/lemo/biografie/bertolt-brecht
p. 81 Textauszug aus: Bertolt Brecht, *Der Aufstieg des Arturo Ui*, in: ders., Werke. Große kommentierte Berliner und Frankfurter Ausgabe, Band 7: Stücke 7. © Bertolt-Brecht-Erben / Suhrkamp Verlag 1991.
p. 82 © Hinz-Wessels, Annette/Würz, Markus: Literatur Ost, in: Lebendiges Museum Online, Stiftung Haus der Geschichte der Bundesrepublik Deutschland, URL: http://www.hdg.de/lemo/
p. 83 © *Mackie Messer – Brechts Dreigroschenfilm* von Lydia Starkulla, veröffentlicht am 12.09. 2018.
p. 89 *Tom Schilling über Bertolt Brecht, seine Message und die gegenwärtige Hysterie*, Carsten Heidböhmer, © stern.de, 22.03.2019. (D.R.)
p. 89 © press booklet ARD, 2019
p. 98 © Jochen Lambernd, NDR 2019
p. 99 © Hanns-Josef Ortheil, *Die Berlinreise* © 2014 Luchterhand Literaturverlag, München, in der Verlagsgruppe Random House GmbH
p. 105 *„Die Neue Zeit": Serie zum Bauhaus-Jubiläum*, von Svenja Runciman, Interviews: Mike Powelz, www.goldenekamera.de, 02.09.2019. (D.R.)
p. 105 *„Bundesländer wollen Bauhaus-Erbe stärker vermitteln"*, www.paz-online.de, 05.11.2012. (D.R.)
p. 112 © *Frag' doch YouTube*, Markus Ehrenberg, Tilmann Warnecke, 05.06.2019
p. 114 Jungen und medien – Selbstdarstellung und Schönheitsideale.
p. 115 © *Mikado am Morgen* „Fake News – Falschmeldungen und wie man sie erkennt" Jessica Schlage, NDR
p. 121 *„Soziale Netzwerke: ohne mich!* Berliner Morgenpost, Dijana Kolak und Moana Zippan, 18.07.2017. (D.R.)
p. 130 *Wer hat Dornröschen wachgeküsst?*, Iring Fetscher, Fischer Taschenbuch Verlag. (D.R.)
p. 137 *„Kinder brauchen Märchen"*, www.abendblatt.de, 21.05.02. (D.R.)
p. 146 © *Einstein: Ist alles relativ?*, Sybille De Fenn, 1991
p. 147 *Albert Einstein*, Hubert Goenner, C.H. Beck Verlag, 2015. (D.R.)
p. 147 © DPG press release 2005
p. 152 *„Die Forscher haben mich total beeindruckt"*, Mint, www.bmbf.de, 24.07.2019. (D.R.)
p. 153 *„Weniger Tierversuche sind das Ziel"*, Jens Milde, nwzonline.de, 29.10.2019. (D.R.)
p. 160 © *„Alexander Gerst über Thüringen, dramatische Umweltsünden und Kino im All"*, Gerald Müller, Thüringer allgemeine, 05.06.2019
p. 161 © *Schüler als „Beschützer der Erde" nutzten Erdbeobachtungstechnologie für Artenschutzprojekt*, DLR, 13. 05. 2019
p. 162 *Drei Gymnasiasten entwickeln Verfahren, um Weltraumschrott zu recyceln*, www.kreiszeitung.de, 11.07.2018. (D.R.)
p. 167 © DLR
p. 168 *Eine deutsche Meteorologin auf dem Weg zu den Sternen*, 27.10.2017, *Ralf Thomas Baus*, www.kas.de (D.R.)
p. 176 © Shadi Al Salamat for Flüchtling-Magazin Hamburg, 12.09.2019. https://www.fluechtling-magazin.de/2019/09/12/das-ende-der-willkommenskultur/
p. 179 © *Gehen, ging, gegangen*, Jenny Erpenbeck, München: Albrecht Knaus Verlag, 2015
p. 185 *Viele Flüchtlinge lernen nicht schnell genug Deutsch*, Gudrun Mallwitz, Berliner Morgenpost, www.morgenpost.de, 23. 07. 2018. (D.R.)
p. 185 © Matthias Bartsch et al., DER SPIEGEL 31/2018, page 16pp.
p. 195 © Festakt zum 300. Geburtstag von Friedrich II. Berlin, 24. 01. 2012, www.bundespraesident.de
p. 201 *„Friedrich der Große, Jedem seinen König"*, Anna Pataczek, www.tagesspiegel.de, 21.03.2012. (D.R.)
p. 208 www.bundespraesident.at
p. 209 *Peter Henisch: Suchbild mit Katze* © Deuticke im Paul Zsolnay Verlag Wien 2016
p. 210-211 *Hauptweg und Nebenwege, Erinnerungen eines Kunstsammlers*, Heinz Berggruen, Nicolai Publishing & Intelligence GmbH, Berlin, 01.10.2000 (D.R.)
p. 217 © www.deutschland.de/Matthias Jügler
p. 217 © www.deutschland.de

MIXTE
Papier issu de sources responsables
FSC® C022030
FSC www.fsc.org

Bordas est un éditeur qui s'engage pour la préservation de l'environnement et utilise du papier issu de forêts gérées de manière responsable et d'autres sources contrôlées.

Ce livre a été imprimé en France en août 2020 par Pollina, 13998, imprimeur certifié IMPRIM'VERT®

N° de projet : 10266653
Dépôt légal : août 2020